The Complete Spain FC 1920-2020

Dirk Karsdorp

British Library Cataloguing in Publication Data
A catalogue record for this book is available from the British Library

ISBN 978-1-86223-463-5

Copyright © 2021, SOCCER BOOKS LIMITED. (01472 696226)
72 St. Peter's Avenue, Cleethorpes, N.E. Lincolnshire, DN35 8HU, England

www.soccer-books.co.uk

All rights are reserved. No part of this publication may be reproduced, stored in a retrieval system or transmitted, in any form or by any means, electronic, mechanical, photocopying, recording, or otherwise, without the prior written permission of Soccer Books Limited.

Manufactured in the UK by Severn

FOREWORD

Thirteen years ago we published a series of books about the international games played by the Home Nations – England, Scotland, Wales, Northern Ireland and the Republic of Ireland. These books contained full line-ups (including that of the opponents) and statistics for every game played by each country covered and proved very popular. So popular, in fact, that the 3rd edition of each of these books was published in 2020, bringing the statistics up to date.

We have decided to extend this series to cover a number of other European countries and this book covers every official match played by the Spanish national team from their very first game against Denmark in 1920, through to the end of 2020. Other books also available in this series cover matches played by the Belgian national team 1904 to 2020, the Netherlands national team from 1905 to 2020, the French national team 1904 to 2020 and the Italian national team from 1910 to 2020.

1. 28.08.1920   VII Olympic Games Final Tournament – First round
SPAIN v DENMARK 1-0 (0-0)
Parc Duden, Forest (Belgium)
Referee: Willem Eijmers (Netherlands)   Attendance: 3,000
DENMARK: Sophus Hansen, Nils Middelboe, Steen Blicher, Christian Grøthan, Ivar Lykke, Gunnar Aaby, Leo Dannin, Michael Rohde, Viggo Jørgensen, Alf Olsen, Bernard Andersen.   Manager: John Carr
SPAIN: Ricardo ZAMORA Martínez, Luis OTERO Sánchez-Encinas, Mariano ARRATE Esnaola, Josep "JOSÉ" SAMITIER Vilalta, José María Belausteguigoitia Landaluce "BELAÚSTE", Ramón EGUIAZÁBAL Berroa, Francisco Pagazaurtundúa González-Murrieta "PAGAZA", Félix SESÚMAGA Ugarte, PATRICIO Arabolaza Aramburu, Rafael Moreno Aranzadi "PICHICHI", Domingo Gómez-ACEDO Villanueva.   Manager: Francisco "PACO" BRU SANZ
Goal: PATRICIO Arabolaza Aramburu (54)

2. 29.08.1920   VII Olympic Games Final Tournament – Quarter-final
BELGIUM v SPAIN 3-1 (1-0)
Olympisch Stadion, Antwerp (Belgium)
Referee: Johannes Mutters (Netherlands)
Attendance: 18,000
BELGIUM: Jean De Bie, Armand Swartenbroeks, Oscar Verbeeck, Joseph Musch, Émile Hanse, André Fierens, Louis Van Hege, Robert Coppée, Félix Balyu, Fernand Nisot, Georgy Hebdin.   Manager: William Sturrock Maxwell
SPAIN: Ricardo ZAMORA Martínez, Pedro Vicente Saturnino VALLANA Jeanguenat, Mariano ARRATE Esnaola, Juan Ramón Gregorio ARTOLA Letamendía, Agustín SANCHO Agustina, Ramón EGUIAZÁBAL Berroa, Francisco Pagazaurtundúa González-Murrieta "PAGAZA", Rafael Moreno Aranzadi "PICHICHI", PATRICIO Arabolaza Aranburu, Joaquín VÁZQUEZ González, Domingo Gómez-ACEDO Villanueva.   Manager: Francisco "PACO" BRU SANZ
Goals: Robert Coppée (11, 52, 55) / Mariano ARRATE Esnaola (62 pen)

3. 01.09.1920   VII Olympic Games Final Tournament – Consolation Tournament – First Round
SPAIN v SWEDEN 2-1 (0-1)
Stadion aan de Broodstraat, Antwerp (Belgium)
Referee: Giovanni Mauro (Italy)   Attendance: 1,500
SPAIN: Ricardo ZAMORA Martínez, Pedro Vicente Saturnino VALLANA Jeanguenat, Mariano ARRATE Esnaola, Josep "JOSÉ" SAMITIER Vilalta, José María Belausteguigoitia Landaluce "BELAÚSTE", SABINO Bilbao Líbano, Francisco Pagazaurtundúa González-Murrieta "PAGAZA", Félix SESÚMAGA Ugarte, PATRICIO Arabolaza Aranburu, Rafael Moreno Aranzadi "PICHICHI", Domingo Gómez-ACEDO Villanueva.   Manager: Francisco "PACO" BRU SANZ
SWEDEN: Adolf Robert Zander, Valdus Lund, Bertil Nordenskjöld, Albert Öijermark, Ragnar Wicksell, Karl Gustafsson, Karl Rune Bergström, Albert Olsson, Herbert Carlsson, Albin Dahl, Mauritz Sandberg.
Manager: Anton Johanson
Goals: José María Belausteguigoitia "BELAÚSTE" (51), Domingo Gómez-ACEDO Villanueva (53) / Albin Dahl (28)

4. 02.09.1920   VII. Olympic Games Final Tournament – Consolation Tournament – Semi-final
SPAIN v ITALY 2-0 (1-0)
Olympisch Stadion, Antwerp (Belgium)
Referee: Paul Putz (Belgium)   Attendance: 10,000
SPAIN: Ricardo ZAMORA Martínez, Pedro VALLANA Jeanguenat, Luis OTERO Sánchez-Encinas, Juan ARTOLA Letamendía, Agustín SANCHO Agustina, SABINO Bilbao Líbano, Ramón "MONCHO" GIL Sequeiros, Francisco Pagazaurtundúa González-Murrieta "PAGAZA", Félix SESÚMAGA Ugarte, Rafael Moreno Aranzadi "PICHICHI", Marcelino SILVERIO Izaguirre Sorzabalbere.   Manager: Francisco "PACO" BRU SANZ
ITALY: Piero Campelli, Antonio Bruna, Renzo De Vecchi, Giuseppe Parodi, Mario Meneghetti, Gracco De Nardo, Adevildo De Marchi, Adolfo Baloncieri, Guglielmo Brezzi, Emilio Badini, Giustiniano Marucco.
Manager: Giuseppe Milano (I)
Goals: Félix SESÚMAGA Ugarte (43, 72)
Sent off: Ricardo ZAMORA Martínez (78)

5. 05.09.1920   VII Olympic Games Final Tournament – Consolation Tournament – Third Place Play-off
SPAIN v NETHERLANDS 3-1 (2-0)
Olympisch Stadion, Antwerp (Belgium)
Referee: Paul Putz (Belgium)   Attendance: 14,000
SPAIN: Ricardo ZAMORA Martínez, Pedro VALLANA Jeanguenat, Mariano ARRATE Esnaola, Josep "JOSÉ" SAMITIER Vilalta, José María Belausteguigoitia Landaluce "BELAÚSTE", Ramón EGUIAZÁBAL Berroa, Ramón "MONCHO" GIL Sequeiros, Félix SESÚMAGA Ugarte, PATRICIO Arabolaza Aranburu, Rafael Moreno Aranzadi "PICHICHI", Domingo Gómez-ACEDO Villanueva.
Manager: Francisco "PACO" BRU SANZ

NETHERLANDS: Dick MacNeill, Harry Dénis, Ben Verweij, Leo Bosschart, Frits Kuipers, Henk Steeman, Oscar van Rappard, Joop van Dort, Ber Groosjohan, Felix von Heijden, Evert Bulder.   Manager: Frederick Warburton

Goals: Félix SESÚMAGA Ugarte (7, 35), Rafael Moreno Aranzadi "PICHICHI" (72) / Ber Groosjohan (68)

Spain won the silver medal and Netherlands won the bronze medal after Czechoslovakia were disqualified for walking off the field during the Final against Belgium.

6. 06.10.1921
SPAIN v BELGIUM 2-0 (0-0)
Estadio de San Mamés, Bilbao
Referee: Jorge Gomes Vieira (Portugal)   Attendance: 10,000
SPAIN: Ricardo ZAMORA Martínez, Luis OTERO Sánchez-Encinas, Domingo CAREAGA Achalandabaso "Monacho", Francisco GAMBORENA Hernandorena, Manuel MEANA Vallina, Anacleto José María PEÑA Salegui, Francisco Pagazaurtundúa González-Murrieta "PAGAZA", Félix SESÚMAGA Ugarte, PATRICIO Arabolaza Aranburu, Paulino ALCÁNTARA Riestrá, Domingo Gómez-ACEDO Villanueva.
Managers: JOSÉ Ángel BERRAONDO Insausti & MANUEL DE CASTRO González & JULIÁN RUETE Muniesa

BELGIUM: Jean De Bie, Oscar Verbeeck, Léopold De Groof, André Fierens, Émile Hanse, Jacques Vandevelde, Fernand Wertz, Robert Coppée, Mathieu Bragard, Rik Larnoe, Désiré Bastin.   Manager: William Sturrock Maxwell

Goals: Paulino ALCÁNTARA Riestrá (55, 80)

7. 18.12.1921
SPAIN v PORTUGAL 3-1 (2-0)
Campo de la calle O'Donnell, Madrid
Referee: Charles Barette (Belgium)   Attendance: 14,000
SPAIN: Ricardo ZAMORA Martínez, Miguel Durán Terry "POLOLO", Mariano ARRATE Esnaola, BALBINO Clemente García, Manuel MEANA Vallina, Desiderio FAJARDO Hermida, Francisco Pagazaurtundúa González-Murrieta "PAGAZA", Eduardo ARBIDE Allende, Félix SESÚMAGA Ugarte, Paulino ALCÁNTARA Riestrá, Luis OLASO Anabitarte. Managers: MANUEL DE CASTRO González & JULIÁN RUETE Muniesa

PORTUGAL: CARLOS GUIMARÃES, ANTÓNIO PINHO, JORGE Gomes VIEIRA, JOÃO FRANCISCO Maia, VÍTOR Cândido GONÇALVES, CÂNDIDO Fernandes Plácido DE OLIVEIRA, José Maria GRALHA, António AUGUSTO LOPES, António RIBEIRO DOS REIS, ALBERTO João AUGUSTO, ARTUR AUGUSTO.

Goals: Manuel MEANA Vallina (20), Paulino ALCÁNTARA Riestrá (23, 50) / ALBERTO João AUGUSTO (75 pen)

8. 30.04.1922
FRANCE v SPAIN 0-4 (0-4)
Stade Sainte-Germaine, Le-Bouscat
Referee: Raphaël Van Praag (Belgium)   Attendance: 10,000
FRANCE: Émiele Friess, Marcel Vanco, Marcel Domergue, Grégoire Berg, Philippe Bonnardel, Jules Devaquez, Paul Nicolas, André Ryssen, Jean Boyer, Raymond Dubly, François Hugues.   Manager: Gaston Barreau

SPAIN: Ricardo ZAMORA Martínez, Pedro VALLANA Jeanguenat, Domingo CAREAGA Achalandabaso "Monacho", Josep "JOSÉ" SAMITIER Vilalta, Manuel MEANA Vallina, Anacleto José María PEÑA Salegui, José ECHEVESTE Galfarsoro, Félix SESÚMAGA Ugarte, Manuel López Llamosas "TRAVIESO", Paulino ALCÁNTARA Riestrá, Domingo Gómez-ACEDO Villanueva.
Managers: MANUEL DE CASTRO González & SALVADOR DÍAZ Iraola & JOSÉ MARÍA MATEOS Larrucea

Goals: Paulino ALCÁNTARA Riestrá (20, 27), Manuel López Llamosas "TRAVIESO" (33, 35)

9. 17.12.1922
PORTUGAL v SPAIN 1-2 (1-0)
Estádio do Lumiar, Lisboa
Referee: Georges Balvay (France)   Attendance: 25,000
PORTUGAL: CARLOS GUIMARÃES, ANTÓNIO PINHO, JORGE Gomes VIEIRA, FERNANDO de JESUS, VÍTOR Cândido GONÇALVES, HENRIQUE PORTELA, Alfredo TORRES PEREIRA, JAIME GONÇALVES, JOÃO FRANCISCO Maia, ALBERTO João AUGUSTO, ALBERTO RIO.

SPAIN: Ricardo ZAMORA Martínez, Eugenio MONTESINOS Somoza, Domingo CAREAGA Achalandabaso "Monacho", Josep "JOSÉ" SAMITIER Vilalta, Manuel MEANA Vallina, Anacleto José María PEÑA Salegui, Vicente PIERA Pañella, Francisco Pagazaurtundúa González-Murrieta "PAGAZA", Juan MONJARDÍN Callejón, CARMELO Goyenechea Urrusolo, Domingo Gómez-ACEDO Villanueva.
Managers: MANUEL DE CASTRO González & JULIÁN RUETE Muniesa

Goals: JAIME GONÇALVES (37) / Vicente PIERA Pañella (61), Juan MONJARDÍN Callejón (82)

10. 28.01.1923
SPAIN v FRANCE 3-0 (2-0)
Estadio Municipal de Atoche, San Sebastián
Referee: Charles Barette (Belgium)   Attendance: 22,000

SPAIN: Ricardo ZAMORA Martínez, Pedro VALLANA Jeanguenat, Domingo CAREAGA Achalandabaso "Monacho", Josep "JOSÉ" SAMITIER Vilalta, Manuel MEANA Vallina, Anacleto José María PEÑA Salegui, Vicente PIERA Pañella, José Luis ZABALA Arrondo, Juan MONJARDÍN Callejón, CARMELO Goyenechea Urrusolo, Domingo Gómez-ACEDO Villanueva.   Manager: LUIS ARGÜELLO Brage

FRANCE: Pierre Chayriguès, Pierre Mony, Lucien Gamblin, Robert Joyaut, François Hugues, Philippe Bonnardel, Jules Devaquez, Juste Brouzes, Paul Nicolas, Henri Bard, Raymond Dubly.   Manager: Gaston Barreau

Goals: Juan MONJARDÍN Callejón (11, 83), José Luis ZABALA Arrondo (42)

11. 04.02.1923
BELGIUM v SPAIN 1-0 (0-0)
Olympisch Stadion, Antwerp
Referee: Johannes Mutters (Netherlands)
Attendance: 30,000

BELGIUM: Jean De Bie, Armand Swartenbroeks, Oscar Verbeeck, André Fierens, Florimond Vanhalme, Achille Schelstraete, Louis Bessems, Robert Coppée, Rik Larnoe, Maurice Gillis, Désiré Bastin.
Manager: William Sturrock Maxwell

SPAIN: Ricardo ZAMORA Martínez, Pedro VALLANA Jeanguenat, Mariano ARRATE Esnaola, Josep "JOSÉ" SAMITIER Vilalta, Manuel MEANA Vallina, Anacleto José María PEÑA Salegui, Vicente PIERA Pañella, Félix SESÚMAGA Ugarte, Juan MONJARDÍN Callejón, Paulino ALCÁNTARA Riestrá, Domingo Gómez-ACEDO Villanueva.
Manager: LUIS ARGÜELLO Brage

Goal: Robert Coppée (60 pen)

12. 16.12.1923
SPAIN v PORTUGAL 3-0 (1-0)
Avenida de la Reina Victoria, Sevilla
Referee: Paul Putz (Belgium)   Attendance: 10,000

SPAIN: Ricardo ZAMORA Martínez, Miguel Durán Terry "POLOLO", HERMINIO Martínez Álvarez, Josep "JOSÉ" SAMITIER Vilalta, Agustín SANCHO Agustina, Anacleto José María PEÑA Salegui, Vicente PIERA Peñella, Enrique Gómez Muñoz "SPENCER", José Luis ZABALA Arrondo, Paulino ALCÁNTARA Riestrá, Gerónim Víctor DEL CAMPO Lenguas.
Managers: JOSÉ María GARCÍA CERNUDA Estrada de Nora & PEDRO PARAGES Díaz-Madrazo

PORTUGAL: FRANCISCO VIEIRA, ANTÓNIO PINHO, JOAQUIM Rodrigues FERREIRA, FERNANDO de JESUS, Joaquim FILIPE DOS SANTOS, HENRIQUE PORTELA, Fernando António, José BALBINO da Silva, ALBERTO João AUGUSTO, Jesus Muñoz CRESPO, ALBERTO RIO.

Goals: José Luis ZABALA Arrondo (14, 57, 70)

13. 09.03.1924
ITALY v SPAIN 0-0
Campo di viale Lombardia, Milano
Referee: Henri Christophe (Belgium)   Attendance: 20,000

ITALY: Giovanni De Prà, Virginio Rosetta, Renzo De Vecchi, Ottavio Barbieri, Luigi Burlando, Ettore Leale, Leopoldo Conti, Luigi Cevenini, Edoardo Catto, Adolfo Baloncieri, Francesco Borello.   Manager: Vittorio Pozzo

SPAIN: Ricardo ZAMORA Martínez, Ángel María ROUSSE Guerequiz, Domingo Gómez-ACEDO Villanueva, Francisco GAMBORENA Hernandorena, Manuel MEANA Vallina, Anacleto José María PEÑA Salegui, Vicente PIERA Pañella, Josep "JOSÉ" SAMITIER Vilalta, José Luis ZABALA Arrondo, José María LACA Salcedo, Jorge Marcelino Aguirrezabala Ibarbia "CHIRRI".
Managers: JOSÉ María GARCÍA CERNUDA Estrada de Nora & PEDRO PARAGES Díaz-Madrazo

14. 25.05.1924   VIII Olympic Games Final Tournament – First round
ITALY v SPAIN 1-0 (0-0)
Stade Olympique de Colombes, Colombes (France)
Referee: Marcel Slawick (France)   Attendance: 18,991
ITALY: Giovanni De Prà, Virginio Rosetta, Umberto Caligaris, Ottavio Barbieri, Luigi Burlando, Giuseppe Aliberti, Leopoldo Conti, Adolfo Baloncieri, Giuseppe Della Valle, Mario Magnozzi, Virgilio Felice Levratto.
Manager: Vittorio Pozzo
SPAIN: Ricardo ZAMORA Martínez, Pedro VALLANA Jeanguenat, Luis Casas PASARÍN, Francisco GAMBORENA Hernandorena, Jesús LARRAZA Renovales, Anacleto José María PEÑA Salegui, Vicente PIERA Pañella, Josep "JOSÉ" SAMITIER Vilalta, Juan MONJARDÍN Callejón, CARMELO Goyenechea Urrusolo, Jorge Marcelino Aguirrezabala Ibarbia "CHIRRI".   Manager: PEDRO PARAGES Díaz-Madrazo
Goal: Pedro VALLANA Jeanguenat (84 og)
Sent off: Jesús LARRAZA Renovales (55)

15. 21.12.1924
SPAIN v AUSTRIA 2-1 (1-1)
Estadio de Les Corts, Barcelona
Referee: Charles Barette (Belgium)   Attendance: 25,000
SPAIN: Ricardo ZAMORA Martínez, Luis OTERO Sánchez-Encinas, Félix QUESADA Mas, MATÍAS Aranzábal Arocena, Francisco GAMBORENA Hernandorena, Josep "JOSÉ" SAMITIER Vilalta, Vicente PIERA Pañella, Antonio JUANTEGUI Eguren, José Luis ZABALA Arrondo, CARMELO Goyenechea Urrusolo, Domingo Gómez-ACEDO Villanueva.
Managers: LUIS COLINA ÁLVAREZ, Julián "JUAN" OLAVE Videa & JOSÉ ROSICH Rubiera
AUSTRIA: Karl Ostricek, Karl Rainer, Johann Tandler, Johann Richter, Erwin Puschner (40 Robert Seufert), Leopold Nitsch, Karl Wondrak, Johann Schierl, Johann Horvath, Gustav Wieser, Ferdinand Wesely.   Manager: Hugo Meisl
Goals: Antonio JUANTEGUI Eguren (3), Josep "JOSÉ" SAMITIER Vilalta (87) / Johann Horvath (31)

16. 17.05.1925
PORTUGAL v SPAIN 0-2 (0-2)
Estádio do Lumiar, Lisboa
Referee: Georges Vallat (France)   Attendance: 17,000
PORTUGAL: FRANCISCO VIEIRA, JOAQUIM Rodrigues FERREIRA, JORGE Gomes VIEIRA, Raul Soares de Figueiredo "TAMANQUEIRO", AUGUSTO da SILVA, CÉSAR DE MATOS Rodrigues, MÁRIO De CARVALHO, JAIME GONÇALVES, JOÃO FRANCISCO Maia, José Carlos DELFIM Santos, MANUEL RODRIGUES.
Manager: António RIBEIRO DOS REIS
SPAIN: Ricardo ZAMORA Martínez, Félix QUESADA Mas, HERMINIO Martínez Álvarez, Josep "JOSÉ" SAMITIER Vilalta, Francisco GAMBORENA Hernandorena, Anacleto José María PEÑA Salegui, Vicente PIERA Pañella, Eduardo CUBELLS Ridaura, ÓSCAR Rodríguez López, CARMELO Goyenechea Urrusolo, Jorge Marcelino Aguirrezabala Ibarbia "CHIRRI".   Manager: FERNANDO GUTIÉRREZ Alzaga
Goals: CARMELO Goyenechea Urrusolo (8), Vicente PIERA Pañella (17)

17. 01.06.1925
SWITZERLAND v SPAIN 0-3 (0-0)
Stadion Neufeld, Bern
Referee: John W.D. Fowler (England)   Attendance: 18,000
SWITZERLAND: Alfred Berger, Jakob Schneebeli, Rudolf Ramseyer, August Oberhauser, Paul Schmiedlin, Paul Fässler, Karl Ehrenbolger, Max Brand, Walter Dietrich, Max Abegglen, Max Schmid.   Manager: Teddy Duckworth
SPAIN: Ricardo ZAMORA Martínez, Félix QUESADA Mas, Luis Casas PASARÍN, Josep "JOSÉ" SAMITIER Vilalta, Francisco GAMBORENA Hernandorena, Anacleto José María PEÑA Salegui, Vicente PIERA Pañella, Eduardo CUBELLS Ridaura, Juan ERRAZQUÍN Tomás, José ECHEVESTE Galfarsoro, Antonio ALCÁZAR Alonso.
Manager: FERNANDO GUTIÉRREZ Alzaga
Goals: Juan ERRAZQUÍN Tomás (55, 70, 75)

18. 14.06.1925
SPAIN v ITALY 1-0 (1-0)
Estadio de Mestalla, Valencia
Referee: Arthur Henry Kingscott (England)
Attendance: 20,000
SPAIN: Ricardo ZAMORA Martínez, Félix QUESADA Mas, Luis Casas PASARÍN, Josep "JOSÉ" SAMITIER Vilalta, Francisco GAMBORENA Hernandorena, Anacleto José María PEÑA Salegui, Vicente PIERA Pañella, Eduardo CUBELLS Ridaura, Juan ERRAZQUÍN Tomás, José ECHEVESTE Galfarnoso, Antonio ALCÁZAR Alonso.
Manager: FERNANDO GUTIÉRREZ Alzaga
ITALY: Gianpiero Combi, Virginio Rosetta, Umberto Caligaris, Pietro Genovesi, Luigi Burlando, Giuseppe Gandini, Leopoldo Conti, Adolfo Baloncieri, Giuseppe Della Valle, Mario Magnozzi, Giuseppe Forlivesi.
Goal: Juan ERRAZQUÍN Tomás (27)

19. 27.09.1925
AUSTRIA v SPAIN 0-1 (0-1)
Hohe Warte, Vienna
Referee: Frantisek Cejnar (Czechoslovakia)
Attendance: 62,000
AUSTRIA: Eduard Kanhäuser, Karl Rainer, Johann Tandler, Karl Kurz, Leopold Resch, Leopold Nitsch, Wilhelm Morocutti, Moses Häusler, Johann Horvath, Gustav Wieser, Ferdinand Wesely.   Manager: Hugo Meisl
SPAIN: Ricardo ZAMORA Martínez, Pedro VALLANA Jeanguenat, Luis Casas PASARÍN, Josep "JOSÉ" SAMITIER Vilalta, Francisco GAMBORENA Hernandorena, Anacleto José María PEÑA Salegui, Vicente PIERA Pañella, Eduardo CUBELLS Ridaura, Juan ERRAZQUÍN Tomás, CARMELO Goyenechea Urrusolo, Jorge Marcelino Aguirrezabala Ibarbia "CHIRRI".
Managers: RICARDO CABOT Montalt, MANUEL DE CASTRO González & JOSÉ MARÍA MATEOS Larrucea
Goal: Eduardo CUBELLS Ridaura (16)
Ferdinand Wesely missed a penalty kick (62)
Sent off: Anacleto José María PEÑA Salegui (79)

20.   04.10.1925
HUNGARY v SPAIN 0-1 (0-0)
Üllöi út, Budapest
Referee: Eugen Braun (Austria)   Attendance: 34,830
HUNGARY: Károly Zsák, Károly Fogl, János Hungler (38 Imre Senkey), Béla Rebró (25 Gyula Zloch, 29 Béla Rebró), Gábor Kléber, Károly Furmann, Gyula Senkey, György Molnár, Zoltán Opata (24 József Takács), Vilmos Kohut, István Priboj.   Manager: Lajos Máriássy
SPAIN: Ricardo ZAMORA Martínez, Luis Casas PASARÍN, Juan Bilbao Mintegi "JUANÍN", Josep "JOSÉ" SAMITIER Vilalta, Anacleto José María PEÑA Salegui, Vicente PIERA Pañella, Eduardo CUBELLS Ridaura, Juan ERRAZQUÍN Tomás, CARMELO Goyenechea Urrusolo, Francisco GAMBORENA Hernandorena, Jorge Marcelino Aguirrezabala Ibarbia "CHIRRI" (20 Ramón POLO Pardo).
Managers: RICARDO CABOT Montalt, MANUEL DE CASTRO González & JOSÉ MARÍA MATEOS Larrucea
Goal: CARMELO Goyenechea Urrusolo (52)

21.   19.12.1926
SPAIN v HUNGARY 4-2 (2-1)
Estadio Campo de Coya, Vigo
Referee: Albert James Prince-Cox (England)
Attendance: 15,000
SPAIN: Ricardo ZAMORA Martínez, Pedro VALLANA Jeanguenat, Luis Casas PASARÍN (40 Félix QUESADA Mas), MATÍAS Aranzábal Arocena, Francisco GAMBORENA Hernandorena, Anacleto José María PEÑA Salegui, VICENTE PIERA Pañella, Severiano "Seve" GOIBURU Lopetegui, Juan ERRAZQUÍN Tomás, CARMELO Goyenechea Urrusolo, Emilio Sagi Liñán "SAGI-BARBA".
Managers: MANUEL DE CASTRO González, JOSÉ MARÍA MATEOS Larrucea & EZEQUIEL MONTERO Román
HUNGARY: Ferenc Weinhardt, József Fogl, Károly Fogl, Ferenc Borsányi (17 Jenö Tóth), Márton Bukovi, Gábor Obitz, József Braun, György Molnár, József Holzbauer, Zoltán Opata, Vilmos Kohut.   Manager: Gyula Kiss
Goals: Juan ERRAZQUÍN Tomás (12, 87), Severiano "Seve" GOIBURU Lopetegui (17), CARMELO Goyenechea (66) / Zoltán Opata (36), József Braun (84)

22.   17.04.1927
SPAIN v SWITZERLAND 1-0 (1-0)
Estadio El Sardinero, Santander
Referee: Albert Edward Fogg (England)   Attendance: 10,000
SPAIN: Ricardo ZAMORA Martínez, Conrad PORTAS Burcet, Juan Bilbao Mintegi "JUANÍN", Manuel PRATS Guerendiáin "Pachuco", CARMELO Goyenechea Urrusolo, Manuel Fernández de VALDERRAMA Tejedor, Leal Ramón De la Fuente "LAFUENTE", Severiano "Seve" GOIBURU Lopetegui, ÓSCAR Rodríguez López, Marcelino GÁLATAS Rentería, LUIS OLASO Anabitarte.
Managers: MANUEL DE CASTRO González, JOSÉ MARÍA MATEOS Larrucea & EZEQUIEL MONTERO Román
SWITZERLAND: Frank Séchehaye, Rudolf Ramseyer, Edmond De Weck, Max Neuenschwander, Battista Rezzonico, Alfred Amiet, Gaston Tschirren, Willy Jäggi, René Barrière, Charles Wille, Edmond Bailly.   Manager: Teddy Duckworth
Goal: ÓSCAR Rodríguez López (34)

23. 22.05.1927
FRANCE v SPAIN 1-4 (1-2)

Stade Olympique de Colombes, Colombes

Referee: Arthur Henry (Harry) Kingscott (England)
Attendance: 25,000

FRANCE: Maurice Cottenet, Urbain Wallet, André Rollet, Louis Cazal, Robert Dauphin, Jacques Wild, Jules Dewaquez, Guillaume Lieb, Julien Sotiault, Jean Boyer, Maurice Gallay (46 Marcel Langiller).   Manager: Gaston Barreau

SPAIN: Ricardo ZAMORA Martínez (49 Manuel VIDAL Hermosa), Antonio ARRILLAGA Izaguirre, Domingo ZALDÚA Anabitarte, Manuel PRATS Guerendiáin "Pachuco", Francisco GAMBORENA Hernandorena, Anacleto José María PEÑA Salegui, Manuel SAGARZAZU Martínez, Luis REGUEIRO Pagola, José María YERMO Solaegui, FÉLIX PÉREZ Marcos, Luis OLASO Anabitarte.
Managers: MANUEL DE CASTRO González, JOSÉ MARÍA MATEOS Larrucea & EZEQUIEL MONTERO Román

Goals: Jean Boyer (22) /
Domingo ZALDÚA Anabitarte (23 pen, 75 pen), José María YERMO Solaegui (27), Luis OLASO Anabitarte (68)

25. 08.01.1928
PORTUGAL v SPAIN 2-2 (1-1)

Estádio do Lumiar, Lisboa

Referee: Albert James Prince-Cox (England)
Attendance: 30,000

PORTUGAL: CIPRIANO Nunes dos Santos, CARLOS ALVES Júnior, JORGE Gomes VIEIRA, Raul Soares de Figueiredo "TAMANQUEIRO", AUGUSTO da SILVA, CÉSAR DE MATOS Rodrigues, Waldemar "VALDEMAR" MOTA da Fonseca, JOÃO DOS SANTOS, VÍTOR Marcolino da SILVA, ARMANDO Da Silva MARTINS, JOSÉ Manuel MARTINS.
Manager: CÂNDIDO Fernandes Plácido de OLIVEIRA

SPAIN: Ricardo ZAMORA Martínez, Pedro VALLANA Jeanguenat, Domingo de ZALDÚA Anabitarte, PEDRO REGUEIRO Pagola, Francisco GAMBORENA Hernandorena, José TRINO Arizcorreta Sein, Leal Ramón De la fuente "LAFUENTE", Luis Pagola REGUEIRO "Corzo", Josep "JOSÉ" SAMITIER Vilalta, Severiano "Seve" GOIBURU Lopetegui, Luis Iruretagoyena Ayestarán "KIRIKI".
Manager: JOSÉ Angel BERRAONDO Insausti

Goals: JOSÉ MARTINS (25 pen), JOÃO DOS SANTOS (84) /
Domingo de ZALDÚA Anabitarte (32 pen), Severiano "Seve" GOIBURU Lopetegui (58)

24. 29.05.1927
ITALY v SPAIN 2-0 (1-0)

Stadio Littoriale, Bologna

Referee: Stanley Frederick Rous (England)
Attendance: 60,000

ITALY: Mario Gianni, Delfo Bellini, Umberto Caligaris, Pietro Genovesi, Fulvio Bernardini, Alberto Giordani, Federico Munerati, Adolfo Baloncieri, Julio Libonatti, Giuseppe Della Valle, Virgilio Felice Levratto.   Manager: Augusto Rangone

SPAIN: Ricardo ZAMORA Martínez, ALFONSO OLASO Anabitarte, Domingo de ZALDÚA Anabitarte, Manuel PRATS Guerendiáin "Pachuco", Francisco GAMBORENA Hernandorena, Anacleto José María PEÑA Salegui, Manuel SAGARZAZU Martínez, Luis Pagola REGUEIRO "Corzo", José María YERMO Solaegui, José ECHEVESTE Galfarnoso, Luis OLASO Anabitarte.
Managers: MANUEL DE CASTRO González, JOSÉ MARÍA MATEOS Larrucea & EZEQUIEL MONTERO Román

Goals: Adolfo Baloncieri (31), Manuel PRATS Guerendiáin "Pachuco" (52 og)

26. 22.04.1928
SPAIN v ITALY 1-1 (1-0)

Estadio Municipal el Molinón, Gijón

Referee: René Mercet (Switzerland)   Attendance: 20,000

SPAIN: Ricardo ZAMORA Martínez, Félix QUESADA Mas, Conrado PORTAS Burcet, Manuel PRATS Guerendiáin "Pachuco", Francisco GAMBORENA Hernandorena, ROBERTO ETXEBARRÍA Arruti, ADOLFO Suárez Morán, Severiano "Seve" GOIBURU Lopetegui, Josep "JOSÉ" SAMITIER Vilalta (70 Juan ERRAZQUÍN Tomás), CARMELO Goyenechea Urrusolo, Ignacio María Aguirrezabala Ibarbia "CHIRRI" (II).   Manager: JOSÉ Angel BERRAONDO Insausti

ITALY: Giovanni De Prà, Delfo Bellini, Umberto Caligaris, Silvio Pietroboni, Fulvio Bernardini, Antonio Janni, Enrico Rivolta, Adolfo Baloncieri, Julio Libonatti, Gino Rossetti, Virgilio Felice Levratto.   Manager: Augusto Rangone

Goals: Félix QUESADA Mas (15 pen) / Julio Libonatti (66)

27. 30.05.1928   IX Olympic Games Final Tournament – First round
SPAIN v MEXICO 7-1 (3-0)
Het Nederlandsch Sportpark, Amsterdam (Netherlands)
Referee: Gábor Boronkay (Hungary)   Attendance: 2,344
SPAIN: José María JÁUREGUI Lagunes, Pedro VALLANA Jeanguenat, Jacinto Francisco Fernández de QUINCOCES y López de Arbina, AMADEO Labarta Rey, Francisco GAMBORENA Hernandorena, José TRINO Arizcorreta Sein, Ángel MARISCAL Beuba, Luis Pagola REGUEIRO "Corzo", José María YERMO Solaegui, Martín MARCULETA Barbería, Luis Iruretagoyena Ayestarán "KIRIKI".
Manager: JOSÉ Angel BERRAONDO Insausti
MEXICO: Oscar BONFÍGLIO Martínez, Pedro SUINAGA, Agustín OJEDA, Nieves HERNÁNDEZ, Ernesto SOTA García, Luis CERRILLA, Rafael GARZA GUTIÉRREZ, Carlos GARCÉS, Benito CONTRERAS, Juan TERRAZAS, Juan CARREÑO Sandoval.   Manager: Alfonso Roja DE LA VEGA
Goals: Luis Pagola REGUEIRO "Corzo" (13, 27), José María YERMO Solaegui (43, 63, 85), Martín MARCULETA Barbería (66), Ángel MARISCAL Beuba (70) / Juan CARREÑO Sandoval (76)

28. 01.06.1928   IX Olympic Games Final Tournament – Quarter-final
ITALY v SPAIN 1-1 (0-1, 1-1) (AET)
Olympisch Stadion, Amsterdam (Netherlands)
Referee: Domingo Lombardi (Uruguay)   Attendance: 3,388
ITALY: Gianpiero Combi, Virginio Rosetta, Umberto Caligaris, Silvio Pietroboni, Alfredo Pitto, Antonio Janni, Enrico Rivolta, Adolfo Baloncieri, Angelo Schiavio, Gino Rossetti, Virgilio Felice Levratto.   Manager: Augusto Rangone
SPAIN: José María JÁUREGUI Lagunes, Domingo de ZALDÚA Anabitarte, Jacinto Fernández de QUINCOCES y López de Arbina, AMADEO Labarta Rey, ANTERO González de Audicana Inchaurraga, José LEGARRETA Abaitúa, Ángel MARISCAL Beuba, Luis Pagola REGUEIRO "Corzo", José María YERMO Solaegui, Martin MARCULETA Barbería, Luis Iruretagollena Ayestarán "KIRIKI".
Manager: JOSÉ Angel BERRAONDO Insausti
Goals: Adolfo Baloncieri (63) / Domingo de ZALDÚA Anabitarte (11)

29. 04.06.1928   IX Olympic Games Final Tournament – Quarter-final Replay
ITALY v SPAIN 7-1 (4-0)
Olympisch Stadion, Amsterdam (Netherlands)
Referee: Hans Samuel Boekman (Netherlands)
Attendance: 4,770
ITALY: Gianpiero Combi, Virginio Rosetta, Umberto Caligaris, Alfredo Pitto, Fulvio Bernardini, Antonio Janni, Enrico Rivolta, Adolfo Baloncieri, Angelo Schiavio, Mario Magnozzi, Virgilio Felice Levratto.
Manager: Augusto Rangone
SPAIN: José María JÁUREGUI Lagunes, Domingo de ZALDÚA Anabitarte, Jacinto Fernández de QUINCOCES y López de Arbina, AMADEO Labarta Rey, Francisco GAMBORENA Hernandorena, José TRINO Arizcorreta Sein, Francisco "Paco" BIENZOBAS Ocáriz, Ignacio María Alcorta Hermoso "CHOLÍN", José María YERMO Solaegui, Martin MARCULETA Barbería, Robustiano Bilbao Echevarría "ROBUS".   Manager: JOSÉ Angel BERRAONDO Insausti
Goals: Mario Magnozzi (14), Angelo Schiavio (15), Adolfo Baloncieri (18), Fulvio Bernardini (40), Enrico Rivolta (72), Virgilio Felice Levratto (76, 77) / José María YERMO Solaegui (47)

30. 17.03.1929
SPAIN v PORTUGAL 5-0 (5-0)
Estadio de la Exposición, Sevilla
Referee: Johannes Julianus (John) Langenus (Belgium)
Attendance: 14,000
SPAIN: Ricardo ZAMORA Martínez, Félix QUESADA Mas, Juan José URQUIZU Sustaeta, Manuel PRATS Guerendiaín "Pachuco", Pere SOLÉ Junoy, Anacleto José María PEÑA Salegui, Jaime LAZCANO Escolá, Ramón TRIANA y del Arroyo "Monchín", GASPAR RUBIO Meliá, José PADRÓN Martín, Crisanto BOSCH Espín "Tin".
Manager: José María MATEOS y Larrucea
PORTUGAL: ANTÓNIO Fernandes ROQUETE, CARLOS ALVES Júnior, MARTINHO Andrade de OLIVEIRA, Raul Soares de Figueiredo "TAMANQUEIRO", AUGUSTO da SILVA, Manuel Gonçalves "VARELA", Waldemar "VALDEMAR" MOTA da Fonseca, JORGE Gonçalves TAVARES, VÍTOR Marcolino da SILVA, José Manuel Soares "PEPE", ALFREDO RAMOS.
Manager: CÂNDIDO Fernandes Plácido de OLIVEIRA
Goals: GASPAR RUBIO Meliá (2, 9, 20), José PADRÓN Martín (30, 44)

31. 14.04.1929
SPAIN v FRANCE 8-1 (2-0)
Estadio de Torrero, Zaragoza
Referee: Albert James Prince-Cox (England)   Att: 15,000
SPAIN: Ricardo ZAMORA Martínez, Félix QUESADA Mas, Jacinto Francisco Fernández de QUINCOCES López de Arbina, Manuel PRATS Guerendiáin "Pachuco", Martín MARCULETA Barbería, Anacleto José María PEÑA Salegui, Jaime LAZCANO Escolá, Severiano "Seve" GOIBURU Lopetegui, GASPAR RUBIO Meliá, Francisco "Paco" BIENZOBAS Ocáriz, Mariano YURRITA Llorente.   Manager: José María MATEOS y Larrucea
FRANCE: Laurent Henric, Urbain Wallet, Marcel Bertrand, Robert Dauphin, Maurice Banide, Alexandre Villaplane, Raoul Dutheil, Guillaume Lieb, Paul Nicolas, Émile Veinante, Marcel Galey.   Manager: Gaston Barreau
Goals: Francisco "Paco" BIENZOBAS Ocáriz (6), GASPAR RUBIO Meliá (40, 60 pen, 77, 81), Mariano YURRITA Llorente (56), Severiano "Seve" GOIBURU Lopetegui (73, 80) / Émile Veinante (86)

32. 15.05.1929
SPAIN v ENGLAND 4-3 (2-2)
Estadio Metropolitano de Madrid, Madrid
Referee: Johannes Julianus (John) Langenus (Belgium)
Attendance: 45,000
SPAIN: Ricardo ZAMORA Martínez, Félix QUESADA Mas, Jacinto Francisco Fernández de QUINCOCES López de Arbina, Manuel PRATS Guerendiáin "Pachuco", Martín MARCULETA Barbería, Anacleto José María PEÑA Salegui, Jaime LAZCANO Escolá, Severiano "Seve" GOIBURU Lopetegui, GASPAR RUBIO Meliá, José PADRÓN Martín, Mariano YURRITA Llorente.
Manager: José María MATEOS y Larrucea
ENGLAND: Ted Hufton, Tommy Cooper, Ernest Blenkinsop, Fred Kean, Jack Hill, John Joseph Peacock, Hugh Adcock, Edgar Kail, Joe Bradford, Joe Carter, Leonard Barry.
Goals: GASPAR RUBIO Meliá (35, 79), Jaime LAZCANO Escolá (39), Severiano "Seve" GOIBURU Lopetegui (83) / Joe Carter (13, 20), Joe Bradford (50)

33. 01.01.1930
SPAIN v CZECHOSLOVAKIA 1-0 (0-0)
Estadio de la Exposición, Barcelona
Referee: Henri Christophe (Belgium)   Attendance: 40,000
SPAIN: Ricardo ZAMORA Martínez, CIRIACO Errasti Suinaga, Jacinto Francisco Fernández de QUINCOCES López de Arbina, Cristóbal "Cristòfor" MARTÍ Batalla, Ramón GUZMÁN Martorell, José OBIOLS Navarro, Vicente PIERA Pañella, José SASTRE Parciba, GASPAR RUBIO Meliá, José PADRÓN Martín, Crisanto BOSCH Espín "Tin".
Manager: José María MATEOS y Larrucea

CZECHOSLOVAKIA: Josef Sloup, Frantisek Svoboda, Jaroslav Burgr, Antonín Hojer, Antonín Vodicka, Karel Pesek, Adolf Simperský, Frantisek Junek, Josef Silný, Antonín Puc, Josef Kratochvíl.   Manager: Václav Valousek
Goal: José SASTRE Parciba (71)

34. 14.06.1930
CZECHOSLOVAKIA v SPAIN 2-0 (0-0)
Letenský Stadion, Prague
Referee: Johannes Julianus (John) Langenus (Belgium)
Attendance: 22,000
CZECHOSLOVAKIA: Frantisek Plánicka, Jaroslav Burgr, Antonín Hojer, Antonín Vodicka, Karel Pesek, Antonín Carvan, Frantisek Junek, Josef Kostálek, Frantisek Svoboda, Josef Silný, Antonín Puc (46 Karel Hejma).   Manager: Josef Fanta
SPAIN: Ricardo ZAMORA Martínez, CIRIACO Errasti Suinaga, Jacinto Francisco Fernández de QUINCOCES López de Arbina, Juan GARIZURIETA Gorroño, José MUGUERZA Anitúa, ROBERTO ETXEBARRÍA Arruti, Jaime LAZCANO Escolá, Severiano "Seve" GOIBURU Lopetegui, Manuel OLIVARES Lapeña, José PADRÓN Martín, Guillermo GOROSTIZA Paredes.
Manager: José María MATEOS y Larrucea
Goals: Antonín Hojer (62 pen), Frantisek Svoboda (83)

35. 22.06.1930
ITALY v SPAIN 2-3 (2-1)
Stadio Littoriale, Bologna
Referee: Raphaël Van Praag (Belgium)   Attendance: 46,000
ITALY: Gianpiero Combi, Virginio Rosetta (46 Eraldo Monzeglio), Umberto Caligaris, Enrico Colombari, Attilio Ferraris, Alfredo Pitto (46 Dario Martin), Adolfo Baloncieri, Raffaele Costantino, Giuseppe Meazza, Raimundo Orsi, Mario Magnozzi.   Manager: Vittorio Pozzo
SPAIN: Ricardo ZAMORA Martínez, Ramón GUZMÁN Martorell, CIRIACO Errasti Suinga, Jacinto Fernández de QUINCOCES y López de Arbina, José PADRÓN Martín, Severiano "Seve" GOIBURU Lopetegui, Luis Pagola REGUEIRO "Corzo", Manuel PRATS Guerendiaín "Pachuco", Anacleto José María PEÑA Salegui, Martí VENTOLRÀ Fort, Crisanto BOSCH Espín "Tin".
Manager: José María MATEOS y Larrucea
Goals: Raffaele Costantino (3, 40) / Luis Pagola REGUEIRO "Corzo" (30, 72), Martí VENTOLRÀ Fort (87)

36. 30.11.1930
PORTUGAL v SPAIN 0-1 (0-1)
Campo do Ameal, Porto
Referee: Louis Baert (Belgium)   Attendance: 20,000
PORTUGAL: ARTUR Augusto CAMOLAS Júnior, CARLOS ALVES Júnior, AVELINO da Silva Martins, RAÚL ALEXANDRE, ÁLVARO PINA, ÁLVARO Cardoso PEREIRA, Waldemar "VALDEMAR" MOTA da Fonseca, JOÃO Dos SANTOS, Artur De Sousa PINGA, ARMANDO Da Silva MARTINS, FRANCISCO Pinto de CASTRO.
Manager: LAURINDO GRIJ
SPAIN: Gregorio BLASCO Sánchez, CIRIACO Errasti Suinga, Jacinto Fernández de QUINCOCES y López de Arbina, Manuel PRATS Guerendiaín "Pachuco", Ramón GUZMÁN Martorell, Anacleto José María PEÑA Salegui, Leal Ramón De la Fuente "LAFUENTE", Luis Pagola REGUEIRO "Corzo", Severiano "Seve" GOIBURU Lopetegui (15 Jaime LAZCANO Escolá), Ignacio María Aguirrezabala Ibarbia "CHIRRI" (II), Guillermo GOROSTIZA Paredes.
Manager: José María MATEOS y Larrucea
Goal: Anacleto José María PEÑA Salegui (16').

37. 19.04.1931
SPAIN v ITALY 0-0
Estadio de San Mamés, Bilbao
Referee: Louis Baert (Belgium)   Attendance: 22,000
SPAIN: Ricardo ZAMORA Martínez, CIRIACO Errasti Suinga, Jacinto Fernández de QUINCOCES y López de Arbina, Cristóbal "Cristòfor" MARTÍ Batalla, Martin MARCULETA Barbería, ROBERTO ETXEBARRÍA Arruti, Leal Ramón De la Fuente "LAFUENTE", Luis Pagola REGUEIRO "Corzo" (17 José IRARAGORRI Ealo), Agustín Sauto Arana "BATA", Ignacio María Aguirrezabala Ibarbia "CHIRRI" (II), Guillermo GOROSTIZA Paredes.
Manager: José María MATEOS y Larrucea
ITALY: Gianpiero Combi, Virginio Rosetta, Umberto Caligaris, Alfredo Pitto, Attilio Ferraris, Luigi Bertolini, Raffaele Costantino, Renato Cesarini, Giuseppe Meazza, Giovanni Ferrari, Raimundo Orsi.   Manager: Vittorio Pozzo

38. 26.04.1931
SPAIN v IRISH FREE STATE 1-1 (1-1)
Estadio Olímpico de Montjuïc, Barcelona
Referee: Silvestre Augusto Rosmaninho (Portugal)
Attendance: 35,000
SPAIN: Ricardo ZAMORA Martínez, CIRIACO Errasti Suinga, Jacinto Fernández de QUINCOCES y López de Arbina, Cristóbal "Cristòfor" MARTÍ Batalla, Pere SOLÉ Junoy, José Carlos CASTILLO García-Tudela, Vicente PIERA Pañella, Severiano "Seve" GOIBURU Lopetegui, Josep "JOSÉ" SAMITIER Vilalta, Ángel AROCHA Guillén, Guillermo GOROSTIZA Paredes.
Manager: José María MATEOS y Larrucea
IRISH FREE STATE: Tom Farquharson, George Lennox, Paddy Byrne, Harry Chatton, Sean Byrne, John Joe Flood, Charlie Dowdall, Paddy Moore, Charlie Reid, Peter Kavanagh, Jeremiah Robinson.
Goals: Ángel AROCHA Guillén (38) / Paddy Moore (35)

39. 09.12.1931
ENGLAND v SPAIN 7-1 (3-0)
Highbury Stadium, London
Referee: Dr. Peter Joseph (Peco) Bauwens (Germany)
Attendance: 55,000
ENGLAND: Harry Hibbs, Tommy Cooper, Ernest Blenkinsop, Alfred Strange, Charlie Gee, Austen Campbell, Sammy Crooks, John William Smith, Dixie Dean, Thomas Johnson, Ellis Rimmer.
SPAIN: Ricardo ZAMORA Martínez, Ramón ZABALO Zubiaurre, Jacinto Fernández de QUINCOCES y López de Arbina, Leonardo CILAURREN Uriarte, Francisco GAMBORENA Hernandorena, ROBERTO ETXEBARRÍA Arruti, Martí VENTOLRÀ Fort, Antonio León Amador "LEONCITO", Josep "JOSÉ" SAMITIER Vilalta, Juan Marrero Pérez "HILARIO", Guillermo GOROSTIZA Paredes.
Manager: José María MATEOS y Larrucea
Goals: John William Smith (2, 44), Thomas Johnson (3, 76), Sammy Crooks (50, 85), Dixie Dean (68) / Guillermo GOROSTIZA Paredes (87)

40. 13.12.1931
IRISH FREE STATE v SPAIN 0-5 (0-3)
Dalymount Park, Dublin
Referee: Johannes Julianus (John) Langenus (Belgium)
Attendance: 31,000

IRISH FREE STATE: Tom Farquharson, George Lennox, Larry Doyle, William Glen, Harry Chatton, Frank McLoughlin, John Joe Flood, Patsy Gallagher, David Byrne, Fred Horlacher, Peter Kavanagh.   Manager: Bill Lacey

SPAIN: Gregorio BLASCO Sánchez, CIRIACO Errasti Suinga, Ramón ZABALO Zubiaurre, Antonio León Amador "LEONCITO", Francisco GAMBORENA Hernandorena, ROBERTO ETXEBARRÍA Arruti, Martí VENTOLRÀ Fort, Luis Pagola REGUEIRO "Corzo", Josep "JOSÉ" SAMITIER Vilalta, Ángel AROCHA Guillén, Guillermo GOROSTIZA Paredes.
Manager: José María MATEOS y Larrucea

Goals: Luis Pagola REGUEIRO "Corzo" (6, 34), Ángel AROCHA Guillén (40), Josep "JOSÉ" SAMITIER Vilalta (80), Martí VENTOLRÀ Fort (88).

42. 02.04.1933
SPAIN v PORTUGAL 3-0 (1-0)
Estadio Municipal de Balaídos, Vigo
Referee: Johannes Julianus (John) Langenus (Belgium)
Attendance: 20,000

SPAIN: Ricardo ZAMORA Martínez, Ramón ZABALO Zubiaurre, Jacinto Fernández de QUINCOCES y López de Arbina, Leonardo CILAURREN Uriarte, Pere SOLÉ Junoy, Martin MARCULETA Barbería, José PRAT Ripollés "Pitus", Luis Pagola REGUEIRO "Corzo", Julio Antonio ELÍCEGUI Cans, Enrique LARRÍNAGA Esnal (25 Ramón POLO Pardo), Crisanto BOSCH Espín "Tin".
Manager: José María MATEOS y Larrucea

PORTUGAL: ANTÓNIO Fernandes ROQUETE, CARLOS ALVES Júnior, JOÃO Pedro Bellard BELO (30 João De Almeida JURADO), ÁLVARO Cardoso PEREIRA, AUGUSTO da SILVA, CÉSAR DE MATOS Rodrigues, Waldemar "VALDEMAR" MOTA da Fonseca (27 RAUL JORGE Da Silva), LUÍS XAVIER Júnior, VÍTOR Marcolino da SILVA, Artur De Sousa PINGA, Alfredo VALADAS Mendes.
Manager: SALVADOR DO CARMO

Goals: Enrique LARRÍNAGA Esnal (22), Julio Antonio ELÍCEGUI Cans (59, 65)

41. 24.04.1932
SPAIN v YUGOSLAVIA 2-1 (2-1)
Estadio Buenavista, Oviedo
Referee: João Joaquim Tavares da Silva (Portugal)
Attendance: 25,000

SPAIN: Ricardo ZAMORA Martínez (74 Gregorio BLASCO Sánchez), CIRIACO Errasti Suinga, Jacinto Fernández de QUINCOCES y López de Arbina, Leonardo CILAURREN Uriarte, Francisco GAMBORENA Hernandorena, Martin MARCULETA Barbería, Leal Ramón De la Fuente "LAFUENTE", Luis Pagola REGUEIRO "Corzo", Isidro LÁNGARA Galarraga, Ignacio María Aguirrezabala Ibarbia "CHIRRI" (II), Guillermo GOROSTIZA Paredes.
Manager: José María MATEOS y Larrucea

YUGOSLAVIA: Jovan Spasic, Slavko Zagorac, Dragomir Tosic, Milorad Arsenijevic, Bosko Ralic, Alesandar Tirnanic, Blagoje Marjanovic, Djordje Vujadinovic, Franjo Giler, Nikola Babic, Danijel Premerl.   Manager: Bosko Simonovic

Goals: Isidro LÁNGARA Galarraga (25), Luis Pagola REGUEIRO "Corzo" (27) / Djordje Vujadinovic (30)

43. 23.04.1933
FRANCE v SPAIN 1-0 (1-0)
Stade Olympique Yves-du-Manoir, Colombes
Referee: William Bangerter (Switzerland)
Attendance: 45,010

FRANCE: Robert Défossé, Jules Vandooren (37 Jules Cottenier), Étienne Mattler, Raoul Diagne, Joseph Kaucsar (30 Georges Verriest), Edmond Delfour, Robert Mercier, René Gérard, Jean Nicolas, Roger Rio, Marcel Langiller.
Manager: Gaston Barreau

SPAIN: Ricardo ZAMORA Martínez, CIRIACO Errasti Suinaga, Jacinto Francisco Fernández de QUINCOCES López de Arbina, Leonardo CILAURREN Uriarte, Miguel AYESTARÁN Elizalde, Martín MARCULETA Barbería, José PRAT Ripollés "Pitus", Luis Pagola REGUEIRO "Corzo", Julio Antonio ELÍCEGUI Cans, José Gonzalo Díez GALÉ "Chalo" (37 Severiano "Seve" GOIBURU Lopetegui), Cristanto BOSCH Espín "Tin".   Manager: José María MATEOS y Larrucea

Goal: Jean Nicolas (32)

44. 30.04.1933
YUGOSLAVIA v SPAIN 1-1 (0-1)
Stadion S.K. Jugoslavija, Beograd

Referee: Mihály Iváncsics (Hungary)   Attendance: 17,000

YUGOSLAVIA: Franjo Glaser, Milutin Ivkovic, Dragomir Tosic, Milorad Arsenijevic, Gustav Lechner, Andjelko Marusic, Alesandar Tirnanic, Blagoje Marjanovic, Svetislav Valjarevic (40 Nikola Marjanovic), Djordje Vujadinovic, Dobrivoje Zecevic.   Manager: Branislav Veljkovic

SPAIN: Ricardo ZAMORA Martínez, CIRIACO Errasti Suinaga, Jacinto Francisco Fernández de QUINCOCES López de Arbina, Leonardo CILAURREN Uriarte, Luis VALLE Benítez, Martín MARCULETA Barbería, José PRAT Ripollés "Pitus", Luis Pagola REGUEIRO "Corzo", Julio Antonio ELÍCEGUI Cans, José Gonzalo Díez GALÉ "Chalo" (35 Severiano "Seve" GOIBURU Lopetegui), Cristanto BOSCH Espín "Tin".   Manager: José María MATEOS y Larrucea

Goals: Blagoje Marjanovic (65) /
Severiano "Seve" GOIBURU Lopetegui (36)

Sent off: Blagoje Marjanovic (86)

45. 21.05.1933
SPAIN v BULGARIA 13-0 (6-0)
Estadio Chamartín, Madrid

Referee: António dos Santos Palhinhas (Portugal)
Attendance: 60,000

SPAIN: Ricardo ZAMORA Martínez, CIRIACO Errasti Suinaga, Jacinto Francisco Fernández de QUINCOCES López de Arbina, Leonardo CILAURREN Uriarte, Francisco GAMBORENA Hernandorena, Martín MARCULETA Barbería, José PRAT Ripollés "Pitus", Luis Pagola REGUEIRO "Corzo", Julio Antonio ELÍCEGUI Cans, Eduardo González Valiño "CHACHO", Cristanto BOSCH Espín "Tin".
Manager: José María MATEOS y Larrucea

BULGARIA: Todor Dermonski (30 Radi Maznikov), Ivan Mokanov, Todor Mishtalov, Stefan Georgiev (46 Penko Rafailov), Dimitar Baykushev, Konstantin Efremov, Nikola Staykov, Liubomir Angelov, Mihail Lozanov, Asen Peshev, Asen Panchev.   Manager: Pavel Grozdanov

Goals: E. González Valiño "CHACHO" (6, 9, 21, 68, 77, 87), Luis Pagola REGUEIRO "Corzo" (29, 76), Julio Antonio ELÍCEGUI Cans (40, 42, 59), Todor Mishtalov (46 og), Cristanto BOSCH Espín "Tin" (85)

Sent off: Konstantin Efremov (55)

46. 11.03.1934   FIFA World Cup Qualification – Group 2
SPAIN v PORTUGAL 9-0 (3-0)
Estadio Chamartín, Madrid

Referee: Raphaël Van Praag (Belgium)   Attendance: 50,000

SPAIN: Ricardo ZAMORA Martínez, Ramón ZABALO Zubiaurre, Jacinto Francisco Fernández de QUINCOCES López de Arbina, Leonardo CILAURREN Uriarte, Martín MARCULETA Barbería, Domingo Germán "FEDE" Saiz Villegas, Martí VENTOLRÀ Fort, Luis Pagola REGUEIRO "Corzo", Isidro LÁNGARA Galarraga, Eduardo González Valiño "CHACHO", Guillermo GOROSTIZA Paredes.
Manager: AMADEO GARCÍA de Salazar Luco

PORTUGAL: Manuel José SOARES DOS REIS (15 AUGUSTO Marques Rodrigues AMARO), AVELINO da Silva Martins, JOÃO Vicente da NOVA (60 João De Almeida JURADO), João De Almeida JURADO (40 JOAQUIM Oliveira SERRANO), AUGUSTO da SILVA (35 ÁLVARO Cardoso PEREIRA), Álvaro GASPAR PINTO, Adolfo Albino MOURÃO, Waldemar "VALDEMAR" MOTA da Fonseca, ACÁCIO Pereira de MESQUITA, Artur De Sousa PINGA, DOMINGOS António LOPES.   Manager: António RIBEIRO DOS REIS

Goals: Eduardo González Valiño "CHACHO" (3), Isidro LÁNGARA Galarraga (10, 12 pen, 46, 77, 86), Luis Pagola REGUEIRO "Corzo" (68, 76), Martí VENTOLRÀ Fort (75)

47. 18.03.1934   FIFA World Cup Qualification – Group 2
PORTUGAL v SPAIN 1-2 (1-2)
Estádio do Lumiar, Lisboa

Referee: Raphaël Van Praag (Belgium)   Attendance: 35,000

PORTUGAL: AUGUSTO Marques Rodrigues AMARO (46 Artur DYSON dos Santos), AVELINO da Silva Martins, João De Almeida JURADO, ÁLVARO Cardoso PEREIRA, AUGUSTO da SILVA, Álvaro GASPAR PINTO, Adolfo Albino MOURÃO, Waldemar "VALDEMAR" MOTA da Fonseca, VÍTOR Marcolino da SILVA, Artur De Sousa PINGA, DOMINGOS António LOPES.
Manager: António RIBEIRO DOS REIS

SPAIN: Ricardo ZAMORA Martínez, Ramón ZABALO Zubiaurre, Jacinto Francisco Fernández de QUINCOCES López de Arbina, Leonardo CILAURREN Uriarte, Martín MARCULETA Barbería, Domingo Germán "FEDE" Saiz Villegas, Martí VENTOLRÀ Fort, Luis Pagola REGUEIRO "Corzo", Isidro LÁNGARA Galarraga, Eduardo Herrera Bueno "HERRERITA", Guillermo GOROSTIZA Paredes.
Manager: AMADEO GARCÍA de Salazar Luco

Goals: VÍTOR Marcolino da SILVA (11) /
Isidro LÁNGARA Galarraga (13, 25)

48. 27.05.1934 FIFA World Cup Final Tournament – Round of 16
SPAIN v BRAZIL 3-1 (3-0)
Stadio Comunale Luigi Ferraris, Genova (Italy)
Referee: Alfred Birlem (Germany)   Attendance: 21,000
SPAIN: Ricardo ZAMORA Martínez, CIRIACO Errasti Suinaga, Jacinto Francisco Fernández de QUINCOCES López de Arbina, Leonardo CILAURREN Uriarte, José MUGUERZA Anitúa, Martín MARCULETA Barbería, Leal Ramón De la Fuente "LAFUENTE", José IRARAGORRI Ealo, Isidro LÁNGARA Galarraga, Simón LECUE Andrade, Guillermo GOROSTIZA Paredes.
Manager: AMADEO GARCÍA de Salazar Luco
BRAZIL: Roberto Gomes PEDROSA, SYLVIO Hoffmann Mazzi, LUIZ dos Santos LUZ, Alfredo Alves TINOCO, MARTIM Mércio da SILVEIRA, Heitor CANALLI, Luís Mesquita de Oliveira "LUISINHO", WALDEMAR de Brito, Armando "ARMANDINHO" dos Santos, José LEÔNIDAS da Silva, Rodolpho Barteczko "PATESKO".
Manager: LUÍZ Augusto VINHAES
Goals: José IRARAGORRI Ealo (17 pen), Isidro LÁNGARA Galarraga (25, 29) / LEÔNIDAS da Silva (55)
WALDEMAR de Brito missed a penalty kick (62)

49. 31.05.1934 FIFA World Cup Final Tournament – Quarter-final
ITALY v SPAIN 1-1 (1-1, 1-1) (AET)
Stadio Comunale Giovanni Berta, Firenze (Italy)
Referee: Louis Baert (Belgium)   Attendance: 35,000
ITALY: Gianpiero Combi, Eraldo Monzeglio, Luigi Allemandi, Mario Pizziolo, Luis Felipe Monti, Armando Castellazzi, Enrique Guaita, Giuseppe Meazza, Angelo Schiavio, Giovanni Ferrari, Raimundo Orsi.   Manager: Vittorio Pozzo
SPAIN: Ricardo ZAMORA Martínez, CIRIACO Errasti Suinaga, Jacinto Fernández de QUINCOCES y López de Arbina, Leonardo CILAURREN Uriarte, José MUGUERZA Anitúa, Federico Sáiz Villegas "FEDE", Leal Ramón De la Fuente "LAFUENTE", José IRARAGORRI Ealo, Isidro LÁNGARA Galarraga, Luis Pagola REGUEIRO "Corzo", Guillermo GOROSTIZA Paredes.
Manager: AMADEO GARCÍA de Salazar Luco
Goals: Giovanni Ferrari (45) / Luis Pagola REGUEIRO "Corzo" (31)

50. 01.06.1934 FIFA World Cup Final Tournament – Quarter-final Replay
ITALY v SPAIN 1-0 (1-0)
Stadio Comunale Giovanni Berta, Firenze (Italy)
Referee: René Mercet (Switzerland)   Attendance: 43,000
ITALY: Gianpiero Combi, Eraldo Monzeglio, Luigi Allemandi, Attilio Ferraris, Luis Felipe Monti, Luigi Bertolini, Enrique Guaita, Giuseppe Meazza, Felice Placido Borel (II), Attilio Demaría, Raimundo Orsi.   Manager: Vittorio Pozzo
SPAIN: Juan José NOGUÉS Portalatín, Ramón ZABALO Zubiaurre, Jacinto Fernández de QUINCOCES y López de Arbina, Leonardo CILAURREN Uriarte, José MUGUERZA Anitúa, Simón LECUE Andrade, Martí VENTOLRÀ Fort, Luis Pagola REGUEIRO "Corzo", Guillermo González del Río García "CAMPANAL" (I), Eduardo González Valiño "CHACHO", Crisanto BOSCH Espín "Tin".
Manager: AMADEO GARCÍA de Salazar Luco
Goals: Giuseppe Meazza (12)

51. 24.01.1935
SPAIN v FRANCE 2-0 (1-0)
Estadio Chamartín, Madrid
Referee: Walter James Lewington (England)
Attendance: 22,000
SPAIN: Ricardo ZAMORA Martínez, Pedro Pablo ARESO Aramburu, Serafin AEDO Renieblas, Leonardo CILAURREN Uriarte, José MUGUERZA Anitúa, Martín MARCULETA Barbería, Leal Ramón De la Fuente "LAFUENTE", Luis Pagola REGUEIRO "Corzo", Isidro LÁNGARA Galarraga, Juan Marrero Pérez "HILARIO", Guillermo GOROSTIZA Paredes.
Manager: AMADEO GARCÍA de Salazar Luco
FRANCE: Alexis Thépot, Jules Vandooren, Étienne Mattler, Louis Gabrillargues, Georges Verriest, Maxime Lehmann, Roger Courtois, Joseph Alcazar, Jean Nicolas, Roger Rio, Marcel Langiller.   Manager: Gaston Barreau
Goals: Luis Pagola REGUEIRO "Corzo" (13), Juan Marrero Pérez "HILARIO" (78)

52. 05.05.1935
PORTUGAL v SPAIN 3-3 (0-2)
Estádio do Lumiar, Lisboa
Referee: Roger Conrié (France)   Attendance: 50,000
PORTUGAL: Manuel José SOARES DOS REIS (23 Artur DYSON dos Santos), João De Almeida JURADO, GUSTAVO Antunes TEIXEIRA, Francisco Alves ALBINO, RUI de ARAÚJO, CARLOS Jesus PEREIRA, Adolfo Albino MOURÃO, VÍTOR Marcolino da SILVA, Manuel Esteves SOEIRO Vasques, Artur De Sousa PINGA, Carlos Ferreira da Silva "NUNES" (46 Alfredo VALADAS Mendes).
Manager: CÂNDIDO Fernandes Plácido de OLIVEIRA
SPAIN: Guillermo EIZAGUIRRE Olmos, Pedro Pablo ARESO Aramburu, Jacinto Fernández de QUINCOCES y López de Arbina, Leonardo CILAURREN Uriarte, Enrique SOLADRERO Arbide (46 Esteban PEDROL Albareda), Simón LECUE Andrade, Martí VENTOLRÀ Fort, Luis Pagola REGUEIRO "Corzo", Isidro LÁNGARA Galarraga, José IRARAGORRI Ealo, Guillermo GOROSTIZA Paredes.
Manager: AMADEO GARCÍA de Salazar Luco
Goals: Manuel Esteves SOEIRO Vasques (61), Artur De Sousa PINGA (70, 77 pen) / Isidro LÁNGARA Galarraga (23, 38), Guillermo GOROSTIZA Paredes (58)

54. 19.01.1936
SPAIN v AUSTRIA 4-5 (2-2)
Estadio Metropolitano de Madrid, Madrid
Referee: Johannes Julianus (John) Langenus (Belgium)
Attendance: 40,000
SPAIN: Guillermo EIZAGUIRRE Olmos, CIRIACO Errasti Suinga, Jacinto Fernández de QUINCOCES y López de Arbina (20 Ramón ZABALO Zubiaurre), PEDRO REGUEIRO Pagola, Fernando GARCÍA Lorenzo, Juan Antonio IPIÑA Iza, Martí VENTOLRÀ Fort, Luis Pagola REGUEIRO "Corzo", Isidro LÁNGARA Galarraga, José IRARAGORRI Ealo, "EMILÍN" ALONSO Larrazabal Emilio.
Manager: AMADEO GARCÍA de Salazar Luco
AUSTRIA: Peter Platzer, Karl Sesta, Willibald Schmaus, Hans Urbanek, Josef Smistik, Franz Wagner, Karl Zischek, Wilhelm Hahnemann, Josef Bican, Franz Binder, Adolf Vogl (30 Franz Hanreiter).   Manager: Hugo Meisl
Goals: Isidro LÁNGARA Galarraga (26, 48), Luis Pagola REGUEIRO "Corzo" (28, 61) / Karl Zischek (4), Franz Binder (31), Josef Bican (58), Franz Hanreiter (69, 73)

53. 12.05.1935
GERMANY v SPAIN 1-2 (1-2)
Müngersdorfer Stadion, Köln
Referee: Johannes Julianus (John) Langenus (Belgium)
Attendance: 74,000
GERMANY: Fritz Buchloh, Paul Janes, Wilhelm Busch, Rudi Gramlich, Reinhold Münzenberg, Jakob Bender, Ernst Lehner, Karl Hohmann, Edmund Conen, Josef Rasselnberg, Josef Fath.
Manager: Otto Nerz
SPAIN: Guillermo EIZAGUIRRE Olmos, Ramón ZABALO Zubiaurre, Jacinto Fernández de QUINCOCES y López de Arbina (54 Pedro Pablo ARESO Aramburu), Leonardo CILAURREN Uriarte, José MUGUERZA Anitúa, Simón LECUE Andrade (54 PEDRO REGUEIRO Pagola), Martí VENTOLRÀ Fort, Luis Pagola REGUEIRO "Corzo", Isidro LÁNGARA Galarraga, José IRARAGORRI Ealo, Guillermo GOROSTIZA Paredes.
Manager: AMADEO GARCÍA de Salazar Luco
Goals: Edmund Conen (11) /
Isidro LÁNGARA Galarraga (29, 45)

55. 23.02.1936
SPAIN v GERMANY 1-2 (1-1)
Estadio Olímpico de Montjuïc, Barcelona
Referee: Johannes Julianus (John) Langenus (Belgium)
Attendance: 40,000
SPAIN: Ricardo ZAMORA Martínez, Ramón ZABALO Zubiaurre, Serafin AEDO Renieblas, Inocencio Bertolin Izquierdo "BERTOLÍ" (43 PEDRO REGUEIRO Pagola), José MUGUERZA Anitúa (32 Pere SOLÉ Junoy), Simón LECUE Andrade, Martí VENTOLRÀ Fort, Luis Pagola REGUEIRO "Corzo", Isidro LÁNGARA Galarraga, José IRARAGORRI Ealo, "EMILÍN" ALONSO Larrazabal Emilio.
Manager: AMADEO GARCÍA de Salazar Luco
GERMANY: Hans Jakob, Reinhold Münzenberg, Andreas Munkert, Paul Janes, Ludwig Goldbrunner, Rudi Gramlich, Ernst Lehner, Otto Siffling, August Lenz, Fritz Szepan, Josef Fath.   Manager: Otto Nerz
Goals: Luis Pagola REGUEIRO "Corzo" (34) /
Josef Fath (15, 68)

56.   26.04.1936
CZECHOSLOVAKIA v SPAIN 1-0 (1-0)
Letenský Stadion, Prague
Referee: Dr. Peter Joseph (Peco) Bauwens (Germany)
Attendance: 30,000

CZECHOSLOVAKIA: Frantisek Plánicka, Jaroslav Burgr (26 Josef Suchý), Václav Bouska, Erich Srbek, Ferdinand Faczinek, Oldrich Zajícek, Jirí Sobotka, Oldrich Nejedlý, Antonín Puc, Jaroslav Boucek, Josef Ctyroký.   Manager: Jaroslav Bezecný

SPAIN: Gregorio BLASCO Sánchez, Ramón ZABALO Zubiaurre, Serafin AEDO Renieblas, Ángel ZUBIETA Redondo, José MUGUERZA Anitúa (43 Eduardo Herrera Bueno "HERRERITA"), ROBERTO ETXEBARRÍA Arruti, Martí VENTOLRÀ Fort, Luis Pagola REGUEIRO "Corzo", Isidro LÁNGARA Galarraga, Simón LECUE Andrade, Guillermo GOROSTIZA Paredes.
Manager: AMADEO GARCÍA de Salazar Luco

Goal: Oldrich Zajícek (12 pen)

57.   03.05.1936
SWITZERLAND v SPAIN 0-2 (0-0)
Stadion Neufeld, Bern
Referee: Karl Weingärtner (Germany)   Attendance: 22,000

SWITZERLAND: Gustav Schlegel, Severino Minelli, Walter Weiler, Francis Defago, Fernand Jaccard, Eduard Müller, Eugen Diebold, Jacques Spagnoli, Leopold Kielholz, Max Abeggln, Alfred Jäck.   Manager: Heinrich Müller

SPAIN: Gregorio BLASCO Sánchez, Ramón ZABALO Zubiaurre, Serafin AEDO Renieblas, Ángel ZUBIETA Redondo, José MUGUERZA Anitúa (32 José VEGA Lago), ROBERTO ETXEBARRÍA Arruti, Martí VENTOLRÀ Fort, Luis Pagola REGUEIRO "Corzo", Isidro LÁNGARA Galarraga, Simón LECUE Andrade, Guillermo GOROSTIZA Paredes.
Manager: AMADEO GARCÍA de Salazar Luco

Goals: Isidro LÁNGARA Galarraga (62), Simón LECUE Andrade (64)

58.   12.01.1941
PORTUGAL v SPAIN 2-2 (0-1)
Estádio José Manuel Soares, Lisboa
Referee: Rinaldo Barlassina (Italy)   Attendance: 42,000

PORTUGAL: JOÃO Mendonça AZEVEDO, JOSÉ Ribeiro SIMÕES Costa (28 ALVARO CARDOSO da Silva), Vítor Augusto Da Veiga GUILHAR, Mariano Rodrigues AMARO, CARLOS Jesus PEREIRA, FRANCISCO FERREIRA "Xico", Adolfo Albino MOURÃO, PEDRO PIREZA (42 ARMANDO Félix FERREIRA), Artur De Sousa PINGA, JOÃO Pedro Da CRUZ, FERNANDO Baptista de Seixas PEYROTEO de Vasconcelos.
Manager: CÂNDIDO Fernandes Plácido de OLIVEIRA

SPAIN: José PÉREZ García "El Chorro" (38 José María ECHEVARRÍA Ayestarán "Echeva"), Juan José MIEZA Goiri, Isaac OCEJA Oceja, Ramón GABILONDO Alberdi, Isidro ROVIRA Tuset, Juan Antonio IPIÑA Iza, Epifanio "EPI" Fernández Berridi, Guillermo González del Río García "CAMPANAL" (I), Francisco CAMPOS Salamanca, Guillermo GOROSTIZA Paredes, Gabriel JORGE Sosa (46 Josep "José" ESCOLÁ Segalés).
Manager: EDUARDO TEUS López-Navarro

Goals: CARLOS Jesus PEREIRA (59), FERNANDO Baptista de Seixas PEYROTEO de Vasconcelos (80) / Guillermo González del Río García "CAMPANAL" (I) (9), Josep "José" ESCOLÁ Segalés (50)

59.   16.03.1941
SPAIN v PORTUGAL 5-1 (3-0)
Estadio de San Mamés, Bilbao
Referee: Dr. Peter Joseph (Peco) Bauwens (Germany)
Attendance: 25,000

SPAIN: José TRÍAS Solé, Juan José MIEZA Goiri, Isaac OCEJA Oceja, Ramón GABILONDO Alberdi, Isidro ROVIRA Tuset, Juan Antonio IPIÑA Iza, Epifanio "EPI" Fernández Berridi, Eduardo Herrera Bueno "HERRERITA", Guillermo González del Río García "CAMPANAL" (I), Francisco CAMPOS Salamanca, Guillermo GOROSTIZA Paredes (46 Juan VÁZQUEZ Terreiro).
Manager: EDUARDO TEUS López-Navarro

PORTUGAL: JOÃO Mendonça AZEVEDO, ALVARO CARDOSO da Silva, Vítor Augusto Da Veiga GUILHAR, Mariano Rodrigues AMARO (46 Manuel Dos Anjos "POCAS"), Aníbal da Fonseca PACIÊNCIA, FRANCISCO FERREIRA "Xico", GUILHERME Santana Graça ESPÍRITO SANTO, ARMANDO Félix FERREIRA, Manuel Esteves SOEIRO Vasques (46 Adolfo Albino MOURÃO), Artur De Sousa PINGA, JOÃO Pedro Da CRUZ.
Manager: CÂNDIDO Fernandes Plácido de OLIVEIRA

Goals: Eduardo Herrera Bueno "HERRERITA" (10), Guillermo González del Río García "CAMPANAL" (I) (13), Francisco CAMPOS Salamanca (17), Epifanio "EPI" Fernández Berridi (80, 87) / Artur De Sousa PINGA (63)

60. 28.12.1941
SPAIN v SWITZERLAND 3-2 (1-1)
Estadio de Mestalla, Valencia
Referee: Carlos Canuto Júlio de Almeida (Portugal)
Attendance: 21,000

SPAIN: Alberto MARTORELL Otzet (74 Juan ACUÑA Naya), Ricardo TERUEL García, Isaac OCEJA Oceja, José RAICH Garriga, GERMÁN GÓMEZ Gómez, Francisco MACHÍN Domínguez, Epifanio "EPI" Fernández Berridi, Eduardo Herrera Bueno "HERRERITA", Edmundo "MUNDO" Suárez de Trabanco, Francisco CAMPOS Salamanca, Guillermo GOROSTIZA Paredes.
Manager: EDUARDO TEUS López-Navarro

SWITZERLAND: Erwin Ballabio, Severino Minelli, August Lehmann, Luigi Fornara, Franco Andreoli, Franz Rickenbach, Alfons Weber, Robert Aeby, Alfred Bickel, Lauro Amadò, Rodolfo Kappenberger.   Manager: Heinrich Müller

Goals: Francisco CAMPOS Salamanca (4), Edmundo "MUNDO" Suárez de Trabanco (64, 70) / Rodolfo Kappenberger (26), Robert Aeby (87)

61. 15.03.1942
SPAIN v FRANCE 4-0 (2-0)
Estadio de Nervión, Sevilla
Referee: António dos Santos Palhinhas (Portugal)
Attendance: 40,000

SPAIN: Alberto MARTORELL Otzet, Ricardo TERUEL García, Isaac OCEJA Oceja (37 Salvador ARQUETA Echevarría), Ramón GABILONDO Alberdi, GERMÁN GÓMEZ Gómez, Ángel Andrés MATEO Vilches, Epifanio "EPI" Fernández Berridi, JESÚS "Chus" ALONSO Fernández, Edmundo "MUNDO" Suárez de Trabanco, Francisco CAMPOS Salamanca, José BRAVO Domínguez.
Manager: EDUARDO TEUS López-Navarro

FRANCE: Julien Darui, Jules Vandooren, François Mercier, François Bourbotte, Auguste Jordan, Henri Roessler, Alfred Aston, André Simonyi, Désiré Koranyi (III), Maurice Dupuis, Henri Arnaudeau.   Manager: Gaston Barreau

Goals: Francisco CAMPOS Salamanca (4, 68), Edmundo "MUNDO" Suárez de Trabanco (38), Epifanio "EPI" Fernández Berridi (85)

62. 12.04.1942
GERMANY v SPAIN 1-1 (0-0)
Olympiastadion, Berlin
Referee: Rinaldo Barlassina (Italy)   Attendance: 80,000

GERMANY: Helmut Jahn, Paul Janes, Karl Miller, Albin Kitzinger, Hans Rohde, Albert Sing, Friedo Dörfel, Karl Decker, Edmund Conen, Fritz Walter, Ludwig Durek.
Manager: Sepp Herberger

SPAIN: Alberto MARTORELL Otzet, Ricardo TERUEL García, JUAN RAMÓN Santiago, Ramón GABILONDO Alberdi, GERMÁN GÓMEZ Gómez, Ángel Andrés MATEO Vilches, Epifanio "EPI" Fernández Berridi, JESÚS "Chus" ALONSO Fernández (35 Francisco Martín ARENCIBIA), Edmundo "MUNDO" Suárez de Trabanco (39 Mariano MARTÍN Alonso), Francisco CAMPOS Salamanca, Emilio "EMILÍN" GARCÍA Martínez.
Manager: EDUARDO TEUS López-Navarro

Goals: Karl Decker (58) / Francisco CAMPOS (76 pen)

63. 19.04.1942
ITALY v SPAIN 4-0 (0-0)
Stadio San Siro, Milano
Referee: Dr. Peter Joseph (Peco) Bauwens (Germany)
Attendance: 55,000

ITALY: Luigi Griffanti, Alfredo Foni, Pietro Rava, Teobaldo Depetrini, Michele Andreolo, Aldo Campatelli, Amedeo Biavati, Ezio Loik, Silvio Piola, Valentino Mazzola, Pietro Ferraris.   Manager: Vittorio Pozzo

SPAIN: Alberto MARTORELL Otzet, Ricardo TERUEL García, JUAN RAMÓN Santiago, Ramón GABILONDO Alberdi, GERMÁN GÓMEZ Gómez, Ángel Andrés MATEO Vilches, Epifanio "EPI" Fernández Berridi, JESÚS "Chus" ALONSO Fernández, Mariano MARTÍN Alonso, Francisco CAMPOS Salamanca, Emilio "EMILÍN" GARCÍA Martínez.
Manager: EDUARDO TEUS López-Navarro

Goals: Valentino Mazzola (48), Pietro Ferraris (49), Silvio Piola (87), Ezio Loik (88)

64. 11.03.1945
PORTUGAL v SPAIN 2-2 (0-1)
Estádio Nacional do Jamor, Oeiras
Referee: Eugen Scherz (Switzerland)   Attendance: 55,000

PORTUGAL: JOÃO Mendonça AZEVEDO, ALVARO CARDOSO da Silva, SERAFIM Das NEVES, Octávio Dos Santos BARROSA, MANUEL Soares MARQUES, FRANCISCO FERREIRA "Xico", GUILHERME Santana Graça ESPÍRITO SANTO, ARTUR Da Silva QUARESMA, FERNANDO Baptista de Seixas PEYROTEO de Vasconcelos, FERNANDO Da Silva CABRITA, RAFAEL António CORREIA.
Manager: CÂNDIDO Fernandes Plácido de OLIVEIRA

SPAIN: Ignacio "Iñaki" EIZAGUIRRE Arregui, José MILLÁN González, Alfonso APARICIO Gutiérrez de la Fuente, José Morales Berriguete "MOLEIRO", GERMÁN GÓMEZ Gómez, Juan Antonio IPIÑA Iza, Epifanio "EPI" Fernández Berridi, Josep "José" ESCOLÁ Segalés, Pedro Telmo Zarraonandia Montoya "ZARRA", CÉSAR Rodríguez Alvarez, Agustín "Piru" GAÍNZA Vicandi.   Manager: JACINTO Fernández de QUINCOCES y López de Arbina

Goals: FERNANDO Baptista de Seixas PEYROTEO de Vasconcelos (70, 75) / CÉSAR Rodríguez Alvarez (21), Epifanio "EPI" Fernández Berridi (58)

65. 06.05.1945
SPAIN v PORTUGAL 4-2 (2-1)
Estadio Municipal de Raizaro, La Coruña
Referee: Eugen Scherz (Switzerland)   Attendance: 43,000
SPAIN: Ignacio "Iñaki" EIZAGUIRRE Arregui, Pedro "PEDRITO" López Crespo, Alfonso APARICIO Gutiérrez de la Fuente, Vicente ASENSI Albentosa, GERMÁN GÓMEZ Gómez, Juan Antonio IPIÑA Iza, Epifanio "EPI" Fernández Berridi, Eduardo Herrera Bueno "HERRERITA", Pedro Telmo Zarraonandia Montoya "ZARRA", CÉSAR Rodríguez Alvarez, Agustín "Piru" GAÍNZA Vicandi.   Manager: JACINTO Fernández de QUINCOCES y López de Arbina
PORTUGAL: JOÃO Mendonça AZEVEDO, ALVARO CARDOSO da Silva, FRANCISCO FERREIRA "Xico", Mariano Rodrigues AMARO, António FELICIANO, Francisco MOREIRA, GUILHERME Santana Graça ESPÍRITO SANTO, Francisco GOMES DA COSTA, FERNANDO Baptista de Seixas PEYROTEO de Vasconcelos, ARTUR Da Silva QUARESMA, RAFAEL António CORREIA.
Manager: João Joaquim TAVARES DA SILVA
Goals: Pedro Zarraonandia Montoya "ZARRA" (38, 41), Eduardo Herrera Bueno "HERRERITA" (72), CÉSAR Rodríguez Alvarez (76 pen) / FERNANDO Baptista de Seixas PEYROTEO de Vasconcelos (10, 87)

67. 26.01.1947
PORTUGAL v SPAIN 4-1 (2-1)
Estádio Nacional do Jamor, Oeiras
Referee: John Moore (Jim) Wiltshire (England)
Attendance: 68,000
PORTUGAL: Manuel Maria Nogueira CAPELA, ALVARO CARDOSO da Silva, FRANCISCO FERREIRA "Xico", Mariano Rodrigues AMARO, António FELICIANO, Francisco MOREIRA, António JESUS CORREIA, Antonio De ARAÚJO, FERNANDO Baptista de Seixas PEYROTEO de Vasconcelos, JOSÉ António Barreto TRAVASSOS, ROGÉRIO "PIPI" Lantres de Carvalho. Manager: João Joaquim TAVARES DA SILVA
SPAIN: José BAÑÓN González (34 Raimundo Pérez LEZAMA), José María QUEREJETA Alberro, José Puig Puig "CURTA", Mariano GONZALVO Falcón (III), Roberto BERTOL Garrastazu, Fernando "NANDO" González Valenciaga, Rafael IRIONDO Aurtenetxea, José Luis López PANIZO, Pedro Telmo Zarraonandia Montoya "ZARRA", CÉSAR Rodríguez Alvarez, Agustín "Piru" GAÍNZA Vicandi.
Manager: PABLO HERNÁNDEZ Coronado
Goals: Antonio De ARAÚJO (15, 32), JOSÉ António Barreto TRAVASSOS (60, 88) / Rafael IRIONDO Aurtenetxea (1)

66. 23.06.1946
SPAIN v REPUBLIC OF IRELAND 0-1 (0-1)
Estadio Metropolitano de Madrid, Madrid
Referee: Paul von Wartburg (Switzerland)
Attendance: 45,000
SPAIN: Ignacio "Iñaki" EIZAGUIRRE Arregui, Juan JUGO Larrauri, Alfonso APARICIO Gutiérrez de la Fuente, Mariano GONZALVO Falcón (III), Juan Antonio IPIÑA Iza, Félix HUETE Pineño, Rafael IRIONDO Aurtenetxea, José Luis López PANIZO, Mariano MARTÍN Alonso (35 Pedro Telmo Zarraonandia Montoya "ZARRA"), CÉSAR Rodríguez Alvarez, Agustín "Piru" GAÍNZA Vicandi.
Manager: Luis Casas PASARÍN
REPUBLIC OF IRELAND: Con Martin, Billy McMillan, Thomas Aherne, Johnny Carey, Jackie Vernon, Peter Farrell, Jack O'Reilly, Paddy Sloan, Davy Walsh, Jimmy McAlinden, Tommy Eglington.
Goal: Paddy Sloan (37)

68. 02.03.1947
REPUBLIC OF IRELAND v SPAIN 3-2 (2-1)
Dalymount Park, Dublin
Referee: Cyril John (Jack) Barrick (England)
Attendance: 42,102
REPUBLIC OF IRELAND: Tommy Breen, John McGowan, Johnny Carey, Peter Farrell, Con Martin, Billy Walsh, Kevin O'Flanagan, Paddy Coad, Davy Walsh, Alex Stevenson, Tommy Eglington. Manager: Johnny Carey
SPAIN: Ignacio "Iñaki" EIZAGUIRRE Arregui, José María QUEREJETA Alberro, José Puig Puig "CURTA", Mariano GONZALVO Falcón (III), Juan SANS Alsina, Fernando "NANDO" González Valenciaga, Epifanio "EPI" Fernández Berridi, Juan ARZA Iñigo, Pedro Telmo Zarraonandia Montoya "ZARRA", Eduardo Herrera Bueno "HERRERITA", Agustín "Piru" GAÍNZA Vicandi.
Manager: PABLO HERNÁNDEZ Coronado
Goals: Davy Walsh (16, 79), Paddy Coad (23) / Pedro Telmo Zarraonandia Montoya "ZARRA" (25, 59)

69. 21.03.1948
SPAIN v PORTUGAL 2-0 (1-0)

Nuevo Estadio Chamartín, Madrid

Referee: William H. (Bill) Evans (England)
Attendance: 80,000

SPAIN: Ignacio "Iñaki" EIZAGUIRRE Arregui, CLEMENTE Fernández López, Alfonso APARICIO Gutiérrez de la Fuente, GABRIEL ALONSO Aristiaguirre, Pedro ALCONERO Artagoitia, Fernando "NANDO" González Valenciaga, Epifanio "EPI" Fernández Berridi, Antonio VIDAL Caturla, CÉSAR Rodríguez Alvarez, Silvestre IGOA Garciandía, Agustín "Piru" GAÍNZA Vicandi. Manager: Guillermo EIZAGUIRRE Olmos

PORTUGAL: José Carvalho SÉRIO (46 Frederico BARRIGANA), VASCO De Jesus OLIVEIRA (35 SERAFIM Das NEVES), ALBERTO Ferreira de JESUS, Francisco MOREIRA, António FELICIANO, FRANCISCO FERREIRA "Xico", António JESUS CORREIA, Antonio De ARAÚJO, Júlio Correia da Silva "JULINHO", Manuel Soeiro VASQUES, JOSÉ António Barreto TRAVASSOS.   Manager: VIRGÍLIO PAULA

Goals: CÉSAR Rodríguez Alvarez (32), Agustín "Piru" GAÍNZA Vicandi (48 pen)

70.   30.05.1948
SPAIN v REPUBLIC OF IRELAND 2-1 (1-1)

Estadio Olímpico de Montjuïc, Barcelona

Referee: Victor Sdez (France)   Attendance: 65,000

SPAIN: Ignacio "Iñaki" EIZAGUIRRE Arregui, GABRIEL ALONSO Aristiaguirre, Alfonso APARICIO Gutiérrez de la Fuente, Josep GONZALVO Falcón (II), Pedro ALCONERO Artagoitia, Fernando "NANDO" González Valenciaga, José JUNCOSA Bellmunt (31 Emilio ALDECOA Gómez), José Luis López PANIZO, CÉSAR Rodríguez Alvarez, Silvestre IGOA Garciandía, Epifanio "EPI" Fernández Berridi.   Manager: Guillermo EIZAGUIRRE Olmos

REPUBLIC OF IRELAND: George Moulson, Johnny Carey, Con Martin, Billy Walsh, Kevin Clarke, Peter Farrell, Alex Stevenson, Paddy Coad, Davy Walsh, Tommy Moroney, Benny Henderson.

Goals: Silvestre IGOA Garciandía (35, 72) / Tommy Moroney (24)

71.   20.06.1948
SWITZERLAND v SPAIN 3-3 (1-2)

Hardturm Stadion, Zürich

Referee: Victor Sdez (France)   Attendance: 22,000

SWITZERLAND: Eugenio Corrodi, André Belli, Willi Steffen, Gerhard Lusenti, Olivier Eggimann, Roger Bocquet, Charles Antenen, Hans-Peter Friedländer, Jean Tamini, René Maillard, Robert Ballaman.   Manager: Karl Rappan

SPAIN: Ignacio "Iñaki" EIZAGUIRRE Arregui, CLEMENTE Fernández López, José Puig Puig "CURTA" (46 Roberto BERTOL Garrastazu), GABRIEL ALONSO Aristiaguirre, Pedro ALCONERO Artagoitia, Fernando "NANDO" González Valenciaga, Epifanio "EPI" Fernández Berridi, Miguel MUÑOZ Mozún, Manuel Joaquín Fernández Fernández "PAHÍÑO", Silvestre IGOA Garciandía, Agustín "Piru" GAÍNZA Vicandi.   Manager: Guillermo EIZAGUIRRE Olmos

Goals: José Puig Puig "CURTA" (17 og), Hans-Peter Friedländer (60), Charles Antenen (71) / Manuel Joaquín Fernández Fernández "PAHÍÑO" (7), Silvestre IGOA Garciandía (10, 67)

72.   02.01.1949
SPAIN v BELGIUM 1-1 (1-0)

Estadio Olímpico de Montjuïc, Barcelona

Referee: Generoso Dattilo (Italy)   Attendance: 62,000

SPAIN: Ignacio "Iñaki" EIZAGUIRRE Arregui, CLEMENTE Fernández López, Alfonso APARICIO Gutiérrez, Diego LOZANO Rodríguez, Pedro ALCONERO Artagoitia, GABRIEL ALONSO Aristeaguirre, Epifanio "EPI" Fernández Berridi, Alfonso SILVA Placeres, CÉSAR Rodríguez Álvarez, Silvestre IGOA Garciandía (20 Manuel Fernández Fernández "PAHÍÑO"), Agustín "Piru" GAÍNZA Vicandi.   Manager: Guillermo EIZAGUIRRE Olmos

BELGIUM: Henri Meert, Léon Aernaudts, Victor Mees, Louis Carré, Jules Henriet, Victor Lemberechts, Hendrik Coppens, Joseph Mermans (42 Michel Van Vaerenbergh), René Thirifays, Albert De Hert, Léopold Anoul.
Manager: William Joseph Gormlie

Goals: Alfonso SILVA Placeres (28) / Hendrik Coppens (61)

73.   20.03.1949
PORTUGAL v SPAIN 1-1 (0-0)

Estádio Nacional do Jamor, Oeiras

Referee: Charles de la Salle (France)   Attendance: 54,000

PORTUGAL: Frederico BARRIGANA, VIRGÍLIO Marques MENDES, SERAFIM Das NEVES, Carlos Augusto Ribeiro CANÁRIO, FÉLIX Assunção Antunes (46 António FELICIANO), FRANCISCO FERREIRA "Xico", António JESUS CORREIA, Manuel Soeiro VASQUES, FERNANDO Baptista de Seixas PEYROTEO de Vasconcelos, JOSÉ António Barreto TRAVASSOS, ALBANO Narciso Pereira.
Manager: ARMANDO Francisco Coelho SAMPAIO

SPAIN: Ignacio "Iñaki" EIZAGUIRRE Arregui, José Luis RIERA Biosca, Alfonso APARICIO Gutiérrez, Diego LOZANO Rodríguez, Mariano GONZALVO Falcón (III), Antonio PUCHADES Casanova, Epifanio "EPI" Fernández Berridi, Alfonso SILVA Placeres, Pedro Telmo Zarraonandia Montoya "ZARRA", Rosendo HERNÁNDEZ González, Agustín "Piru" GAÍNZA Vicandi.   Manager: Guillermo EIZAGUIRRE Olmos

Goals: FERNANDO PEYROTEO de Vasconcelos (57) / Pedro Telmo Zarraonandia Montoya "ZARRA" (47)

74. 27.03.1949
SPAIN v ITALY 1-3 (1-1)
Nuevo Estadio Chamartín, Madrid
Referee: William Ling (England)   Attendance: 80,000
SPAIN: Ignacio "Iñaki" EIZAGUIRRE Arregui, José Luis RIERA Biosca, Alfonso APARICIO Gutiérrez, Diego LOZANO Rodríguez, Mariano GONZALVO Falcón (III), Antonio PUCHADES Casanova, Epifanio "EPI" Fernández Berridi, Alfonso SILVA Placeres, Telmo Zarraonaindía Montoya "ZARRA", Rosendo HERNÁNDEZ González (46 CÉSAR Rodríguez Álvarez), Augustín "Piru" GAÍNZA Vicandi. Manager: Guillermo EIZAGUIRRE Olmos
ITALY: Valerio Bacigalupo, Aldo Ballarin, Fosco Becattini, Carlo Annovazzi, Mario Rigamonti, Eusebio Castigliano, Romeo Menti, Benito Lorenzi, Amedeo Amadei, Valentino Mazzola, Riccardo Carapellese.
Goals: Augustín "Piru" GAÍNZA Vicandi (34 pen) / Benito Lorenzi (9), Riccardo Carapellese (48), Amedeo Amadei (50)

75. 12.06.1949
REPUBLIC OF IRELAND v SPAIN 1-4 (1-3)
Dalymount Park, Dublin
Referee: Arthur Edward Ellis (England)   Attendance: 30,171
REPUBLIC OF IRELAND: Tommy Godwin, Johnny Carey, Rory Keane, Peter Farrell, Con Martin, Tommy Moroney, Peter Corr, Eddie Gannon, Davy Walsh, Daniel McGowan, Jimmy Hartnett.
SPAIN: Ignacio "Iñaki" EIZAGUIRRE Arregui, Vicente ASENSI Albentosa, Francisco ANTÚNEZ Espada, Diego LOZANO Rodríguez, Mariano GONZALVO Falcón (III), Antonio PUCHADES Casanova, Estanislao BASORA Brunet "El Pipo", VENANCIO Pérez García, Telmo Zarraonaindía Montoya "ZARRA", Josep ARTIGAS Morraja (39 Silvestre IGOA Garciandía), Augustín "Piru" GAÍNZA Vicandi. Manager: Guillermo EIZAGUIRRE Olmos
Goals: Con Martin (14 pen) / Telmo Zarraonaindía Montoya "ZARRA" (29, 34), Estanislao BASORA Brunet "El Pipo" (32), Silvestre IGOA Garciandía (85)

76. 19.06.1949
FRANCE v SPAIN 1-5 (0-3)
Stade Olympique Yves-du-Manoir, Colombes
Referee: Giacomo Bertolio (Italy)   Attendance: 52,217
FRANCE: René Vignal, André Grillon, Roger Mindonnet, Jean Grégoire, Henri Guérin, Louis Hon, Henri Baillot, Albert Batteux, Jean Baratte, Ernest Vaast, Jean Grumellon. Manager: Gaston Barreau
SPAIN: Ignacio "Iñaki" EIZAGUIRRE Arregui, Vicente ASENSI Albentosa, Francisco ANTÚNEZ Espada, Diego LOZANO Rodríguez, Mariano GONZALVO Falcón (III), Antonio PUCHADES Casanova, Estanislao BASORA Brunet "El Pipo", VENANCIO Pérez García, Telmo Zarraonaindía Montoya "ZARRA", José Luis López PANIZO, Augustín "Piru" GAÍNZA Vicandi. Manager: Guillermo EIZAGUIRRE Olmos
Goals: Jean Baratte (64 pen) / Estanislao BASORA Brunet "El Pipo" (15, 20, 26), Augustín "Piru" GAÍNZA Vicandi (65, 84 pen)

77. 02.04.1950   FIFA World Cup Qualification – Group 6
SPAIN v PORTUGAL 5-1 (3-1)
Nuevo Estadio Chamartín, Madrid
Referee: Reginald James (Reg) Leafe (England)
Attendance: 80,000
SPAIN: Ignacio "Iñaki" EIZAGUIRRE Arregui, Vicente ASENSI Albentosa, José Luis RIERA Biosca, Josep GONZALVO Falcón (II), Mariano GONZALVO Falcón (III), Antonio PUCHADES Casanova, Estanislao BASORA Brunet "El Pipo", Luis MOLOWNY Arbelo, Telmo Zarraonaindía Montoya "ZARRA", José Luis López PANIZO, Augustín "Piru" GAÍNZA Vicandi. Manager: Guillermo EIZAGUIRRE Olmos
PORTUGAL: Frederico BARRIGANA, VIRGÍLIO Marques MENDES, SERAFIM Das NEVES, Octávio Dos Santos BARROSA, FÉLIX Assunção Antunes, FRANCISCO FERREIRA "Xico", António JESUS CORREIA, ARSÉNIO Trindade Duarte, Fernando Da Silva CABRITA, Fernando Augusto Amaral CAIADO, JOSÉ António Barreto TRAVASSOS.   Manager: SALVADOR DO CARMO
Goals: Telmo Zarraonaindía Montoya "ZARRA" (11, 58), Estanislao BASORA Brunet "El Pipo" (13), José Luis López PANIZO (14), Luis MOLOWNY Arbelo (65) / Fernando Da Silva CABRITA (38)

78. 09.04.1950 FIFA World Cup Qualification – Group 6
PORTUGAL v SPAIN 2-2 (0-1)

Estádio Nacional do Jamor, Oeiras

Referee: John Alexander (Jack) Mowat (Scotland)
Attendance: 65,000

PORTUGAL: Manuel Maria Nogueira CAPELA, Octávio Dos Santos BARROSA, Ângelo Ferreira CARVALHO, SERAFIM Pereira BAPTISTA, FÉLIX Assunção Antunes, FRANCISCO FERREIRA "Xico", António JESUS CORREIA, ARSÉNIO Trindade Duarte, Fernando Da Silva CABRITA, JOSÉ António Barreto TRAVASSOS, ALBANO Narciso Pereira. Manager: SALVADOR DO CARMO

SPAIN: Ignacio "Iñaki" EIZAGUIRRE Arregui, Vicente ASENSI Albentosa, José PARRA Martinez, Josep GONZALVO Falcón (II), Sebastián ONTORIA Escolaza, Antonio PUCHADES Casanova, Estanislao BASORA Brunet "El Pipo", Luis MOLOWNY Arbelo, Telmo Zarraonaindía Montoya "ZARRA", José Luis López PANIZO, Augustín "Piru" GAÍNZA Vicandi. Manager: Guillermo EIZAGUIRRE Olmos

Goals: JOSÉ António Barreto TRAVASSOS (52), FRANCISCO FERREIRA "Xico" (54) / Telmo Zarraonaindía Montoya "ZARRA" (25), Augustín "Piru" GAÍNZA Vicandi (82)

Octávio Dos Santos BARROSA missed a penalty kick (29).

79. 25.06.1950 FIFA World Cup Final Tournament – Group 2
SPAIN v UNITED STATES 3-1 (0-1)

Estádio Durival Britto e Silva, Curitiba (Brazil)

Referee: Mário Gonçalves Vianna (Brazil)
Attendance: 9,511

SPAIN: Ignacio "Iñaki" EIZAGUIRRE Arregui, GABRIEL ALONSO Aristeaguirre, Francisco ANTÚNEZ Espada, Mariano GONZALVO Falcón (III), Josep GONZALVO Falcón (II), Antonio PUCHADES Casanova, Estanislao BASORA Brunet "El Pipo", Rosendo HERNÁNDEZ González, Telmo Zarraonaindía Montoya "ZARRA", Silvestre IGOA Garciandía, Augustín "Piru" GAÍNZA Vicandi. Manager: Guillermo EIZAGUIRRE Olmos

UNITED STATES: Frank Borghi, Harry Keough, Joseph Maca, Edward McIlvenny, Charles Colombo, Walter Bahr, Robert Craddock, John Souza-Benavides, Joseph Gaetjens, Verginio Pariani, Adam Wolanin. Manager: William Jeffrey

Goals: Silvestre IGOA Garciandía (81), Estanislao BASORA Brunet "El Pipo" (83), T. Zarraonaindía Montoya "ZARRA" (89) / John Souza-Benavides (17)

80. 29.06.1950 FIFA World Cup Final Tournament – Group 2
SPAIN v CHILE 2-0 (2-0)

Estádio do Maracanã, Rio de Janeiro (Brazil)

Referee: Alberto Monard da Gama Malcher (Brazil)
Attendance: 19,790

SPAIN: Antonio RAMALLETS Simón, GABRIEL ALONSO Aristeaguirre, José PARRA Martinez, Josep GONZALVO Falcón (II), Mariano GONZALVO Falcón (III), Antonio PUCHADES Casanova, Estanislao BASORA Brunet "El Pipo", Silvestre IGOA Garciandía, Telmo Zarraonaindía Montoya "ZARRA", José Luis López PANIZO, Augustín "Piru" GAÍNZA Vicandi. Manager: Guillermo EIZAGUIRRE Olmos

CHILE: Sergio Roberto LIVINGSTONE Pohlhammer, Arturo Segundo FARÍAS Barraza, Fernando ROLDÁN Campos, Manuel Hernán ÁLVAREZ Jiménez, Miguel BUSQUETS Terrasa, Luis Hernán CARVALHO Castro, Andrés Rafael PRIETO Urrejola, Atilio CREMASCHI Oyarzún, Jorge ROBLEDO Oliver, Manuel MUÑOZ Muñoz, Guillermo Eduardo DÍAZ Zambrano. Manager: Arturo BUCCIARDI

Goals: Estanislao BASORA Brunet "El Pipo" (17), Telmo Zarraonaindía Montoya "ZARRA" (30)

81. 02.07.1950 FIFA World Cup Final Tournament – Group 2
SPAIN v ENGLAND 1-0 (0-0)

Estádio do Maracanã, Rio de Janeiro (Brazil)

Referee: Giovanni Galeati (Italy)   Attendance: 74,462

SPAIN: Antonio RAMALLETS Simón, GABRIEL ALONSO Aristeaguirre, José PARRA Martinez, Josep GONZALVO Falcón (II), Mariano GONZALVO Falcón (III), Antonio PUCHADES Casanova, Estanislao BASORA Brunet "El Pipo", Silvestre IGOA Garciandía, Telmo Zarraonaindía Montoya "ZARRA", José Luis López PANIZO, Augustín "Piru" GAÍNZA Vicandi. Manager: Guillermo EIZAGUIRRE Olmos

ENGLAND: Bert Williams, Alf Ramsey, Bill Eckersley, Billy Wright, Laurie Hughes, Jimmy Dickinson, Stanley Matthews, Stan Mortensen, Jackie Milburn, Eddie Baily, Tom Finney. Manager: Walter Winterbottom

Goal: Telmo Zarraonaindía Montoya "ZARRA" (48)

82.   09.07.1950   FIFA World Cup Final Tournament – Final group
URUGUAY v SPAIN 2-2 (1-2)

Estádio do Pacaembú, São Paulo (Brazil)

Referee: Benjamin Mervyn (Sandy) Griffiths (Wales)
Attendance: 44,802

URUGUAY: Roque Gastón MÁSPOLI Arbelvide, Matías GONZÁLEZ, Eusebio Ramón TEJERA Kirkerup, Juan Carlos GONZÁLEZ Ortiz, Obdulio Jacinto Muiños VARELA, Víctor Carlos RODRÍGUEZ Andrade, Alcides Edgardo GHIGGIA Pereyra, Julio Gervasio PÉREZ Gutiérrez, Óscar Omar MÍGUEZ Antón, Juan Alberto SCHIAFFINO Villano, Ernesto José VIDAL.   Manager: Juan LÓPEZ Fontana

SPAIN: Antonio RAMALLETS Simón, GABRIEL ALONSO Aristeaguirre, José PARRA Martinez, Josep GONZALVO Falcón (II), Mariano GONZALVO Falcón (III), Antonio PUCHADES Casanova, Estanislao BASORA Brunet "El Pipo", Silvestre IGOA Garciandía, Telmo Zarraonaindía Montoya "ZARRA", Luis MOLOWNY Arbelo, Augustín "Piru" GAÍNZA Vicandi.   Manager: Guillermo EIZAGUIRRE Olmos

Goals: Alcides Edgardo GHIGGIA Pereyra (29), Obdulio Jacinto Muiños VARELA (73) / Estanislao BASORA Brunet "El Pipo" (39, 41)

83.   13.07.1950   FIFA World Cup Final Tournament – Final group
BRAZIL v SPAIN 6-1 (3-0)

Estádio do Maracanã, Rio de Janeiro (Brazil)

Referee: Reginald James (Reg) Leafe (England)
Attendance: 152,772

BRAZIL: Moacir BARBOSA Nascimento, AUGUSTO da Costa, JUVENAL Amarijo, José Carlos BAUER, DANILO Alvim Faria João Ferreira "BIGODE", Albino FRIAÇA Cardoso, Thomaz Soares da Silva "ZIZINHO", ADEMIR Marques de Menezes, JAIR da Rosa Pinto, Francisco Aramburu "CHICO".   Manager: FLÁVIO Rodrigues da COSTA

SPAIN: Antonio RAMALLETS Simón, GABRIEL ALONSO Aristeaguirre, José PARRA Martinez, Josep GONZALVO Falcón (II), Mariano GONZALVO Falcón (III), Antonio PUCHADES Casanova, Estanislao BASORA Brunet "El Pipo", Silvestre IGOA Garciandía, Telmo Zarraonaindía Montoya "ZARRA", José Luis López PANIZO, Augustín "Piru" GAÍNZA Vicandi.   Manager: Guillermo EIZAGUIRRE Olmos

Goals: ADEMIR Marques de Menezes (15, 57), JAIR da Rosa Pinto (21), F. Aramburu "CHICO" (31, 55), Thomaz Soares da Silva "ZIZINHO" (67) / Silvestre IGOA Garciandía (73)

84.   16.07.1950   FIFA World Cup Final Tournament – Final group
SWEDEN v SPAIN 3-1 (2-0)

Estádio do Pacaembú, São Paulo (Brazil)

Referee: Karel van der Meer (Netherlands)
Attendance: 11,227

SWEDEN: Karl Oskar Svensson, Lennart Samuelsson, Erik Nilsson, Sune Andersson, Gunnar Johansson, Ingvar Gärd, Egon Jönsson, Bror Mellberg, Ingvar Rydell, Karl-Erik Palmér, Stig Sundqvist.   Manager: George Raynor

SPAIN: Ignacio "Iñaki" EIZAGUIRRE Arregui, Vicente ASENSI Albentosa, José PARRA Martinez, GABRIEL ALONSO Aristeaguirre, Alfonso SILVA Placeres, Antonio PUCHADES Casanova, Estanislao BASORA Brunet "El Pipo", Rosendo HERNÁNDEZ González, Telmo Zarraonaindía Montoya "ZARRA", José Luis López PANIZO, José JUNCOSA Bellmunt.   Manager: Guillermo EIZAGUIRRE Olmos

Goals: Stig Sundqvist (15), Bror Mellberg (34), Karl-Erik Palmér (79) / Telmo Zarraonaindía Montoya "ZARRA" (83)

85.   18.02.1951
SPAIN v SWITZERLAND 6-3 (2-1)

Nuevo Estadio Chamartín, Madrid

Referee: Reginald James (Reg) Leafe (England)
Attendance: 80,000

SPAIN: Ignacio "Iñaki" EIZAGUIRRE Arregui, Juan José MENCÍA Angulo, Francisco ANTÚNEZ Espada, Fernando "NANDO" González Valenciaga, Alfonso SILVA Placeres (46 CÉSAR Rodríguez Álvarez), Antonio PUCHADES Casanova, Estanislao BASORA Brunet "El Pipo", Miguel MUÑOZ Mozún, Telmo Zarraonaindía Montoya "ZARRA", Luis MOLOWNY Arbelo, Augustín "Piru" GAÍNZA Vicandi.
Managers: PAULINO ALCÁNTARA Riestrá,
LUIS ICETA Zubiaur & FÉLIX QUESADA Mas

SWITZERLAND: Adolphe Hug, André Neury, Roger Quinche, Willy Kernen (46 Bernard Lanz), Olivier Eggimann, Charles Casali, Charles Antenen, Alfred Bickel, Hans-Peter Friedländer, René Bader, Jacques Fatton.

Goals: T. Zarraonaindía Montoya "ZARRA" (12, 35, 60, 65), Augustín "Piru" GAÍNZA Vicandi (52), CÉSAR Rodríguez Álvarez (72) / Alf. Bickel (38, 89), Hans-Peter Friedländer (68)

86.   10.06.1951
BELGIUM v SPAIN 3-3 (1-1)

Stade du Heysel, Brussels

Referee: Agostino Gamba (Italy)   Attendance: 35,367

BELGIUM: Ferdinand Boogaerts, Alfons Van Brandt, Jan Van Der Auwera, Louis Carré, Victor Mees, Raymond Van Gestel, August Van Steelant, Joseph Mermans, Joseph Givard, Léopold Anoul, François Sermon.   Manager: William Joseph Gormlie

SPAIN: Antoni RAMALLETS Simón, Francisco CALVET Puig (12 Antonio PUCHADES Casanova), José PARRA Martínez, GABRIEL ALONSO Aristeaguirre, Mariano GONZALVO Falcón (III), Fernando Gómez Valenciaga "NANDO", Estanislao BASORA Brunet, VENANCIO Pérez García, Telmo Zarraonaindía Montoya "ZARRA", José Luis López PANIZO, Augustín "Piru" GAÍNZA Vicandi. Managers: PAULINO ALCÁNTARA Riestrá, LUIS ICETA Zubiaur & FÉLIX QUESADA Mas

Goals: Raymond Van Gestel (1, 85), August Van Steelant (57) / Mariano GONZALVO Falcón (III) (28), Telmo Zarraonaindía Montoya "ZARRA" (47, 71)

87. 17.06.1951
SWEDEN v SPAIN 0-0
Råsunda Fotbollstadion, Solna

Referee: Giorgio Bernardi (Italy)   Attendance: 26,729

SWEDEN: Magnus Bergström, Hans Malmström (46 Orvar Bergmark), Erik Nilsson, Olle Åhlund, Sven Hjertsson, Gustaf Lindh, Egon Jönsson, Arne Lundqvist, Ingvar Rydell, Sigvard Löfgren, Rolf Andersson.   Manager: George Raynor

SPAIN: Antoni RAMALLETS Simón, Francisco CALVET Puig, Gustavo BIOSCA Pagés, Joan SEGARRA Iracheta, Mariano GONZALVO Falcón (III) (46 Antonio PUCHADES Casanova), Fernando Gómez Valenciaga "NANDO", Estanislao BASORA Brunet, Eduardo SOBRADO Vázquez, Telmo Zarraonaindía Montoya "ZARRA", Francisco Javier MARCET Mundo (46 VENANCIO Pérez García), Augustín "Piru" GAÍNZA Vicandi.   Managers: PAULINO ALCÁNTARA Riestrá, LUIS ICETA Zubiaur & FÉLIX QUESADA Mas

88. 01.06.1952
SPAIN v REPUBLIC OF IRELAND 6-0 (4-0)
Nuevo Estadio Chamartín, Madrid

Referee: Reginald James (Reg) Leafe (England)
Attendance: 75,000

SPAIN: Antoni RAMALLETS Simón, José María MARTÍN Rodríguez, Gustavo BIOSCA Pagés, José SEGUER Sans, Miguel MUÑOZ Mozún, Antonio PUCHADES Casanova, Estanislao BASORA Brunet, Gerardo COQUE Benavente, CÉSAR Rodríguez Álvarez, José Luis López PANIZO, Augustín "Piru" GAÍNZA Vicandi.   Manager: Ricardo ZAMORA Martínez

REPUBLIC OF IRELAND: James O'Neill, Sean Fallon, Thomas Aherne, Peter Farrell, Con Martin, Reg Ryan, Alf Ringstead, Paddy Coad, Davy Walsh, Arthur Fitzsimons, Tommy Eglington.   Manager: Doug Livingstone

Goals: Gerardo COQUE Benavente (2), Augustín "Piru" GAÍNZA Vicandi (9), CÉSAR Rodríguez Álvarez (14), E. BASORA Brunet (43, 69), José Luis López PANIZO (52)

89. 08.06.1952
TURKEY v SPAIN 0-0
Mithatpasa Stadyumu, Istanbul

Referee: Giuseppe Carpani (Italy)   Attendance: 30,000

TURKEY: Turgay Seren, Naci Özkaya, Vedii Tosuncuk, Mustafa Ertan, Ali Ihsan Karayigit, Nusret Ülük, Isfendiyar Açiksöz, Sevket Yorulmaz, Garbis Istanbulluoglu, Muzaffer Tokaç, Ismet Yamanoglu.   Manager: Sandro Puppo

SPAIN: Antoni RAMALLETS Simón, GABRIEL ALONSO Aristeaguirre, Gustavo BIOSCA Pagés, José SEGUER Sans, Miguel MUÑOZ Mozún, Antonio PUCHADES Casanova, Estanislao BASORA Brunet, Juan ARZA Iñigo, CÉSAR Rodríguez Álvarez, José Luis López PANIZO, Augustín "Piru" GAÍNZA Vicandi.   Manager: Ricardo ZAMORA Martínez

90. 07.12.1952
SPAIN v ARGENTINA 0-1 (0-0)
Nuevo Estadio Chamartín, Madrid

Referee: Arthur Edward Ellis (England)   Attendance: 72,000

SPAIN: Antoni RAMALLETS Simón, Joaquín NAVARRO Perona, Gustavo BIOSCA Pagés, José SEGUER Sans, Ramón Martínez Pérez "RAMONÍ", Antonio PUCHADES Casanova, Estanislao BASORA Brunet, Antonio FUERTES Pascual, Adrián ESCUDERO García, Francisco Javier MARCET Mundo, Augustín "Piru" GAÍNZA Vicandi.
Manager: Pedro ESCARTÍN Morán

ARGENTINA: Gabriel Mario Ogando (53 Julio Elías Musimessi), Ángel Natalio Allegri, José García Pérez, Juan Francisco Lombardo, Eliseó Victor Mouriño, Ernesto Gutiérrez, Mario Heriberto Boyé, Norberto Doroteo Méndez, Ricardo Raymondo Infante, Ángel Amadeo Labruna (46 Ernesto Grillo), Félix Loustau.   Manager: Guillermo Stábile

Goal: Ricardo Raymondo Infante (59)

91. 28.12.1952
SPAIN v WEST GERMANY 2-2 (1-2)
Nuevo Estadio Chamartín, Madrid
Referee: Vincenzo Orlandini (Italy)   Attendance: 80,000
SPAIN: Ignacio "Iñaki" EIZAGUIRRE Arregui, Joaquín NAVARRO Perona (25 Marcelino Vaquero González del Río "CAMPANAL" (II)), Gustavo BIOSCA Pagés, José SEGUER Sans, Ramón Martínez Pérez "RAMONÍ", Antonio PUCHADES Casanova, Estanislao BASORA Brunet, José "JOSEÍTO" Iglesias Fernández, CÉSAR Rodríguez Álvarez, Luis MOLOWNY Arbelo, Augustín "Piru" GAÍNZA Vicandi.   Manager: Pedro ESCARTÍN Morán
WEST GERMANY: Toni Turek, Erich Retter, Werner Kohlmeyer, Horst Eckel, Jupp Posipal, Erich Schanko, Helmut Rahn, Max Morlock, Ottmar Walter (27 Karl-Heinz Metzner), Fritz Walter, Bernhard Termath.   Manager: Sepp Herberger
Goals: Augustín "Piru" GAÍNZA Vicandi (19), CÉSAR Rodríguez Álvarez (67 pen) / Ottmar Walter (5'), Bernhard Termath (28)

92. 19.03.1953
SPAIN v BELGIUM 3-1 (1-0)
Campo de Les Corts, Barcelona
Referee: Joaquim Reis e Santos (Portugal)   Attendance: 50,000
SPAIN: Antoni RAMALLETS Simón, Joaquín NAVARRO Perona, Gustavo BIOSCA Pagés, Jesús GARAY Vecino, Andrés BOSCH Pujol, Antonio PUCHADES Casanova, Estanislao BASORA Brunet, Francisco Javier MARCET Mundo, VENANCIO Pérez García, José Luis López PANIZO, Augustín "Piru" GAÍNZA Vicandi.   Manager: Pedro ESCARTÍN Morán
BELGIUM: Armand Seghers, Henri Dirickx, Alfons Van Brandt, Jan Van Der Auwera, Louis Carré, Victor Mees, Victor Lemberechts, Léopold Anoul, Rik Coppens, Jean Straetmans, Augustin Janssens.   Manager: William Joseph Gormlie
Goals: VENANCIO Pérez García (42), Francisco Javier MARCET Mundo (67, 82) / Victor Lemberechts (84)

93. 05.07.1953
ARGENTINA v SPAIN 1-0 (0-0)
Estadio Monumental, Buenos Aires
Referee: Arthur Walter Luty (England)   Attendance: 100,000
ARGENTINA: Julio Elías Musimessi, Juan Carlos Lacasia, Ernesto Grillo, Pedro Rodolfo Dellacha, Rodolfo Joaquín Micheli, Juan Francisco Lombardo, José García Pérez, Ernesto Gutiérrez, Carlos José Cecconato, Eliseó Victor Mourino, Osvaldo Bernardo Cruz.   Manager: Guillermo Stábile

SPAIN: Antoni RAMALLETS Simón, Joaquín NAVARRO Perona, Gustavo BIOSCA Pagés, Joan SEGARRA Iracheta, Manuel Martínez Canales "MANOLÍN", Andrés BOSCH Pujol, Estanislao BASORA Brunet, VENANCIO Pérez García, Ladislav (László) KUBALA Stécz, Tomás Hernández Burillo "MORENO", Augustín "Piru" GAÍNZA Vicandi.   Manager: Pedro ESCARTÍN Morán
Goal: Ernesto Grillo (86)

94. 12.07.1953
CHILE v SPAIN 1-2 (0-2)
Estadio Nacional de Chile, Ñuñoa
Referee: Ralph Ernest Tarratt (England)   Attendance: 54,877
CHILE: Misael ESCUTI Rovira, Sergio Ramiro CORTÉS Alba, Rogelio NÚÑEZ Guajardo, René Antonio VALJALO Ramírez, Enrique Daniel HORMAZÁBAL Silva, Mario Eduardo CASTRO Pizarro, Atilio CREMASCHI Oyarzún, Arturo Segundo FARÍAS Barraza, Manuel Hernán ÁLVAREZ Jiménez, Jorge ROBLEDO Oliver, Manuel Jesús MUÑOZ Muñoz.   Manager: Luis TIRADO Gordillo
SPAIN: Antoni RAMALLETS Simón, Joaquín NAVARRO Perona, Gustavo BIOSCA Pagés, Joan SEGARRA Iracheta, Miguel MUÑOZ Mozún, Andrés BOSCH Pujol, Estanislao BASORA Brunet, VENANCIO Pérez García, Ladislav (László) KUBALA Stécz, Tomás Hernández Burillo "MORENO", Augustín "Piru" GAÍNZA Vicandi.   Manager: Pedro ESCARTÍN Morán
Goals: Manuel Jesús MUÑOZ Muñoz (83) / VENANCIO Pérez García (9), Ladislav (László) KUBALA Stécz (33)

95. 08.11.1953
SPAIN v SWEDEN 2-2 (1-2)
Estadio de San Mamés, Bilbao
Referee: Raymond Vincenti (France)   Attendance: 45,000
SPAIN: Antoni RAMALLETS Simón, José María ORÚE Aranguren, Gustavo BIOSCA Pagés, Jesús GARAY Vecino, Miguel MUÑOZ Mozún, Andrés BOSCH Pujol, MIGUEL González Pérez VENANCIO Pérez García,, Ladislav (László) KUBALA Stécz, Luis MOLOWNY Arbelo, Augustín "Piru" GAÍNZA Vicandi.   Manager: Luis IRIBARREN Cavanilles
SWEDEN: Karl Oskar Svensson, Lennart Samuelsson, Orvar Bergmark, Sven-Ove Svensson, Bengt Gustavsson, Gustaf Lindh, Herbert Sandin, Karl-Alfred Jacobsson, John Eriksson, Åke Jönsson, Frank Jacobsson.   Manager: George Raynor
Goals: VENANCIO Pérez García (12), Luis MOLOWNY Arbelo (62) / John Eriksson (16), Frank Jacobsson (23)

96.   06.01.1954   FIFA World Cup Qualification – Group 6
SPAIN v TURKEY   4-1 (1-1)
Nuevo Estadio Chamartín, Madrid
Referee: Raymond Vincenti (France)   Attendance: 110,000
SPAIN: Fernando de ARGILA Pazzaglia, Francisco LESMES Bobed (I), Marcelino Vaquero González del Río "CAMPANAL" (II), Joan SEGARRA Iracheta, Andrés BOSCH Pujol, Antonio PUCHADES Casanova, MIGUEL González Pérez, Rafael ALSÚA Alonso (II), VENANCIO Pérez García, Bernardino Pérez Elizarán "PASIEGUITO", Augustín "Piru" GAÍNZA Vicandi.   Manager: Luis IRIBARREN Cavanilles
TURKEY: Sükrü Ersoy, Bülent Eken, Müzdat Yetkiner, Esref Özmenç, Ali Ihsan Karayigit, Rober Eryol, Lefter Küçükandonyadis, Mehmet Ali Has, Recep Adanir, Fahrettin Cansever, Burhan Sargin.   Manager: Sandro Puppo
Goals: VENANCIO Pérez García (12), Augustín "Piru" GAÍNZA Vicandi (48), MIGUEL González Pérez (49), Rafael ALSÚA Alonso (II) (65) / Recep Adanir (31)

97.   14.03.1954   FIFA World Cup Qualification – Group 6
TURKEY v SPAIN   1-0 (1-0)
Mithatsapa Stadyumu, Istanbul
Referee: Emil Schmetzer (West Germany)
Attendance: 25,449
TURKEY: Turgay Seren, Ridvan Bolatli, Basri Dirimlili, Mustafa Ertan, Çetin Zeybek, Rober Eryol, Lefter Küçükandonyadis, Suat Mamat, Feridun Bugeker, Burhan Sargin, Coskun Tas.   Manager: Sandro Puppo
SPAIN: CARMELO CEDRÚN Ochandategui, Joan SEGARRA Iracheta, Gustavo BIOSCA Pagés, Marcelino Vaquero González del Río "CAMPANAL" (II), Bernardino Pérez Elizarán "PASIEGUITO", Antonio PUCHADES Casanova, MIGUEL González Pérez, VENANCIO Pérez García, Ladislav (László) KUBALA Stécz, Rafael ALSÚA Alonso (II), Eduardo MANCHÓN Molina.   Manager: Luis IRIBARREN Cavanilles
Goal: Burhan Sargin (14)

98.   17.03.1954   FIFA World Cup Qualification – Play-off
SPAIN v TURKEY   2-2 (1-1, 2-2) (AET)
Stadio Olimpico, Roma (Italy)
Referee: Giorgio Bernardi (Italy)   Attendance: 60,000
SPAIN: CARMELO CEDRÚN Ochandategui, Joan SEGARRA Iracheta, Gustavo BIOSCA Pagés, Marcelino Vaquero González del Río "CAMPANAL" (II), Mariano GONZALVO Falcón (III), Antonio PUCHADES Casanova, José Luis ARTETXE Muguire, VENANCIO Pérez García, Adrián ESCUDERO García, Bernardino Pérez Elizarán "PASIEGUITO", Augustín "Piru" GAÍNZA Vicandi.   Manager: Luis IRIBARREN Cavanilles

TURKEY: Turgay Seren (83 Sükrü Ersoy), Ridvan Bolatli, Basri Dirimlili, Mustafa Ertan, Çetin Zeybek, Rober Eryol, Coskun Tas, Suat Mamat, Feridun Bugeker, Burhan Sargin, Lefter Küçükandonyadis.   Manager: Sandro Puppo
Goals: José Luis ARTETXE Muguire (18), Adrián ESCUDERO García (78) / Burhan Sargin (32), Suat Mamat (63)
Turkey qualified after a drawing of lots.

99.   17.03.1955
SPAIN v FRANCE   1-2 (1-1)
Estadio Santiago Bernabéu, Madrid
Referee: Vincenzo Orlandini (Italy)   Attendance: 125,000
SPAIN: Antoni RAMALLETS Simón, Joan SEGARRA Iracheta, Marcos Alonso Imaz "MARQUITOS", Rafael LESMES Bobed (II), Miguel MUÑOZ Mozún, Andrés BOSCH Pujol, Estanislao BASORA Brunet, Luis MOLOWNY Arbelo (43 José Luis ARTETXE Muguire), Eneko ARIETA-Araunabeña Piedra (I), José Héctor RIAL Laguía, Augustín "Piru" GAÍNZA Vicandi.   Manager: Ramón MELCÓN Bartolomé
FRANCE: François Remetter, Guillaume Bieganski, Roger Marche, Armand Penverne, Robert Jonquet, Xercès Louis, Raymond Kopa, Léon Glovacki, René Bliard, Abderrahman Mahjoub, Jean Vincent.   Manager: Albert Batteux
Goals: Augustín "Piru" GAÍNZA Vicandi (11) / Raymond Kopa (35), Jean Vincent (73)

100.   18.05.1955
SPAIN v ENGLAND   1-1 (0-1)
Estadio Santiago Bernabéu, Madrid
Referee: Riccardo Pieri (Italy)   Attendance: 125,000
SPAIN: Antoni RAMALLETS Simón, Román MATITO Domínguez, Jesús GARAY Vecino, Marcelino Vaquero González del Río "CAMPANAL" (II), Mauricio "MAURI" Ugartemendia Lauzirika, José María ZÁRRAGA Martín, Daniel MAÑÓ Villagrasa, José Luis PÉREZ-PAYÁ Soler, Ladislav (László) KUBALA Stécz, José Héctor RIAL Laguía, Francisco GENTO López.
Manager: Ramón MELCÓN Bartolomé
ENGLAND: Bert Williams, Peter Sillett, Roger Byrne, Jimmy Dickinson, Billy Wright, Duncan Edwards, Stanley Matthews, Roy Bentley, Nat Lofthouse, Albert Quixall, Dennis Wilshaw.   Manager: Walter Winterbottom
Goals: José Héctor RIAL Laguía (65) / Roy Bentley (38)

101. 19.06.1955
SWITZERLAND v SPAIN 0-3 (0-1)
Stade des Charmilles, Geneva

Referee: Giorgio Bernardi (Italy)   Attendance: 25,500

SWITZERLAND: Antonio Permunian, Fausto Robustelli, Gilbert Dutoît, Hannes Schmidhauser, Gilbert Fesselet, Heinz Bigler, Gilbert Rey, Josef Hügi, Eugen Meier, Robert Ballaman, Jacques Fatton (58 Marcel Vonlanden).

SPAIN: CARMELO CEDRÚN Ochandategui, Fernando GUILLAMÓN Rodríguez, Jesús GARAY Vecino, Marcelino Vaquero González del Río "CAMPANAL" (II), Mauricio "MAURI" Ugartemendia Lauzirika, José María MAGUREGUI Ibargutxi, José Luis ARTETXE Muguire (46 MIGUEL González Pérez), Ladislav (László) KUBALA Stécz, Eneko ARIETA-Araunabeña Piedra (I), Manuel DOMÉNECH Pinto, Enrique COLLAR Monterrubio.
Manager: Juan TOUZÓN Jurjo

Goals: Enrique COLLAR Monterrubio (2), Eneko ARIETA-Araunabeña Piedra (I) (54), José María MAGUREGUI Ibargutxi (89)

102. 27.11.1955
REPUBLIC OF IRELAND v SPAIN 2-2 (1-2)
Dalymount Park, Dublin

Referee: Arthur Edward Ellis (England)   Attendance: 35,000

REPUBLIC OF IRELAND: James O'Neill, Seamus Dunne, Noel Cantwell, Peter Farrell, Con Martin, Reg Ryan, Alf Ringstead, Arthur Fitzsimons, Shay Gibbons, George Cummins, Tommy Eglington.   Manager: John Carey

SPAIN: CARMELO CEDRÚN Ochandategui, Fernando GUILLAMÓN Rodríguez, Jesús GARAY Vecino, Marcelino Vaquero González del Río "CAMPANAL" (II), Mauricio "MAURI" Ugartemendia Lauzirika, Joan SEGARRA Iracheta, MIGUEL González Pérez, Manuel DOMÉNECH Pinto (38 José Luis ARTETXE Muguire), Manuel Fernández Fernández "PAHÍÑO", José María MAGUREGUI Ibargutxi, Enrique COLLAR Monterrubio.
Manager: Guillermo EIZAGUIRRE Olmos

Goals: Arthur Fitzsimons (8), Alf Ringstead (76) / Manuel Fernández Fernández "PAHÍÑO" (24, 44)

103. 30.11.1955
ENGLAND v SPAIN 4-1 (2-0)
British Empire Exhibition Stadium, London

Referee: Maurice Guigue (France)   Attendance: 95,550

ENGLAND: Ronald Baynham, Jeff Hall, Roger Byrne, Ronnie Clayton, Billy Wright, Jimmy Dickinson, Tom Finney, John Atyeo, Nat Lofthouse, Johnny Haynes, Bill Perry.
Manager: Walter Winterbottom

SPAIN: CARMELO CEDRÚN Ochandategui, Joan SEGARRA Iracheta, Jesús GARAY Vecino, Marcelino Vaquero González del Río "CAMPANAL" (II), Mauricio "MAURI" Ugartemendia Lauzirika, José María MAGUREGUI Ibargutxi, MIGUEL González Pérez, José Luis PÉREZ-PAYÁ Soler, Eneko ARIETA-Araunabeña Piedra (I), Manuel DOMÉNECH Pinto, Enrique COLLAR Monterrubio.   Manager: Guillermo EIZAGUIRRE

Goals: John Atyeo (12), Bill Perry (13, 60), Tom Finney (59) / Eneko ARIETA-Araunabeña Piedra (I) (78)

104. 03.06.1956
PORTUGAL v SPAIN 3-1 (3-1)
Estádio Nacional do Jamor, Oeiras

Referee: Jacques Devillers (France)   Attendance: 75,000

PORTUGAL: CARLOS António do Carmo Costa GOMES (36 Alberto Da COSTA PEREIRA), VIRGÍLIO Marques MENDES, ÂNGELO Gaspar MARTINS Pereira, JOSÉ MARIA Carvalho PEDROTO, Manuel PASSOS Fernandes (46 EMÍDIO Da Silva GRAÇA), Júlio Cernades Pereira "JUCA", Francisco Luis PALMEIRO Rodrigues, Manuel Soeiro VASQUES, JOSÉ Pinto de Carvalho Santos ÁGUAS, FERNANDO Augusto Amaral CAIADO, HERNÂNI Ferreira da Silva.
Manager: João Joaquim TAVARES DA SILVA

SPAIN: CARMELO CEDRÚN Ochandategui, Fernando GUILLAMÓN Rodríguez, Jesús GARAY Vecino, Joan SEGARRA Iracheta, Mauricio "MAURI" Ugartemendia Lauzirika, José María MAGUREGUI Ibargutxi, MIGUEL González Pérez, Joaquín PEIRÓ Lucas, Adrián ESCUDERO García, José Héctor RIAL Laguía, Francisco GENTO López.
Manager: Guillermo EIZAGUIRRE Olmos

Goals: Francisco Luis PALMEIRO Rodrigues (5, 26, 43) / Joaquín PEIRÓ Lucas (38)

105. 30.01.1957
SPAIN v NETHERLANDS 5-1 (1-0)
Estadio Santiago Bernabéu, Madrid

Referee: Reginald James (Reg) Leafe (England)
Attendance: 105,000

SPAIN: Antoni RAMALLETS Simón, José María ORÚE Aranguren, Marcelino Vaquero González del Río "CAMPANAL" (II), Antonio VALERO Yubero, José María MAGUREGUI Ibargutxi, Jesús GARAY Vecino, MIGUEL González Pérez, Ladislav (László) KUBALA Stecz, Alfredo Stéfano DI STÉFANO Laulhé, Luis SUÁREZ Miramontes, Francisco GENTO López.   Manager: Manuel MEANA Vallina

NETHERLANDS: Frans de Munck, Roel Wiersma, Kees Kuijs, Jan Notermans, Cor van der Hart, Jan Klaassens, Henk Angenent, Tinus Bosselaar, Faas Wilkes, Tonny van der Linden, Coen Moulijn (89 Cor van der Gijp).
Manager: George Francis Moutrey Hardwick

Goals: Jesús GARAY Vecino (14), Alfredo Stéfano DI STÉFANO (46, 70, 89), Ladislav (László) KUBALA Stecz (54) / Tinus Bosselaar (76 pen)

106. 10.03.1957   FIFA World Cup Qualification – Group 9
SPAIN v SWITZERLAND 2-2 (1-1)
Estadio Santiago Bernabéu, Madrid
Referee: Erich Asmussen (West Germany)
Attendance: 110,000
SPAIN: Antoni RAMALLETS Simón, José María ORÚE Aranguren, Heriberto HERRERA Udrizar, Nicanor Sagarduy Gonzalo "CANITO", José María MAGUREGUI Ibargutxi, Jesús GARAY Vecino, MIGUEL González Pérez, Ladislav (László) KUBALA Stecz, Alfredo Stéfano DI STÉFANO Laulhé, Luis SUÁREZ Miramontes, Francisco GENTO López. Manager: Manuel MEANA Vallina
SWITZERLAND: Eugène Parlier, Willy Kernen, Harry Koch, Fritz Morf, Ivo Frosio, Heinz Schneiter, Charles Antenen, Robert Ballaman, Josef Hügi, Eugen Meier, Ferdinando Riva. Manager: Jacques Spagnoli
Goals: Luis SUÁREZ Miramontes (29), MIGUEL González Pérez (48) / Josef Hügi (6, 67)

107. 31.03.1957
BELGIUM v SPAIN 0-5 (0-3)
Stade du Heysel, Brussels
Referee: Josef Gulde (Switzerland)   Attendance: 54,719
BELGIUM: Henri Meert, Henri Dirickx, Théo Van Rooy, François Degelas, Victor Mees, Léon Close, Martin Lippens, Paul Van Den Berg (43 Hippolyte van den Bosch), Gaston De Wael, Denis Houf, Richard Orlans. Manager: André Vandeweyer
SPAIN: Antoni RAMALLETS Simón, Fernando "Ferran" OLIVELLA Pons, Marcelino Vaquero González del Río "CAMPANAL" (II), Jesús GARAY Vecino, José Maria MAGUREGUI Ibargutxi, José María ZÁRRAGA Martín, MIGUEL González Pérez, Enrique MATEOS Mancebo, Alfredo Stéfano DI STÉFANO Laulhé, Luis SUÁREZ Miramontes, Francisco GENTO López. Manager: Manuel MEANA Vallina
Goals: Alfredo Stéfano DI STÉFANO Laulhé (26, 73), Luis SUÁREZ Miramontes (28, 76), Enrique MATEOS Mancebo (30)

108. 08.05.1957   FIFA World Cup Qualification – Group 9
SCOTLAND v SPAIN 4-2 (2-1)
Hampden Park, Glasgow
Referee: Albert Dusch (West Germany)   Attendance: 88,980
SCOTLAND: Tommy Younger, Eric Caldow, John Hewie, Ian McColl, George Lewis Young, Tommy Docherty, Gordon Smith, Bobby Collins, Jackie Mudie, Samuel Baird, Tommy Ring.
SPAIN: Antoni RAMALLETS Simón, Fernando "Ferran" OLIVELLA Pons, Marcelino Vaquero González del Río "CAMPANAL" (II), Jesús GARAY Vecino, Martín VERGÉS Massa, José María ZÁRRAGA Martín, MIGUEL González Pérez, Ladislav (László) KUBALA Stecz, Alfredo Stéfano DI STÉFANO Laulhé, Luis SUÁREZ Miramontes, Francisco GENTO López. Manager: Manuel MEANA Vallina
Goals: Jackie Mudie (23, 65, 78), John Hewie (40 pen) / Ladislav (László) KUBALA Stecz (28), Luis SUÁREZ Miramontes (49)

109. 26.05.1957   FIFA World Cup Qualification – Group 9
SPAIN v SCOTLAND 4-1 (2-0)
Estadio Santiago Bernabéu, Madrid
Referee: Reginald James (Reg) Leafe (England)
Attendance: 90,000
SPAIN: Antoni RAMALLETS Simón, Juan Carlos Díaz QUINCOCES (II), Jesús GARAY Vecino, Joan SEGARRA Iracheta, Martín VERGÉS Massa, Enric GENSANA Merola, Estanislao BASORA Brunet, Ladislav (László) KUBALA Stecz, Alfredo Stéfano DI STÉFANO Laulhé, Enrique MATEOS Mancebo, Francisco GENTO López. Manager: Manuel MEANA Vallina
SCOTLAND: Tommy Younger, Eric Caldow, John Hewie, Dave Mackay, Bobby Evans, Tommy Docherty, Gordon Smith, Bobby Collins, Jackie Mudie, Samuel Baird, Tommy Ring.
Goals: Estanislao BASORA Brunet (27, 63), Ladislav (László) KUBALA Stecz (34), Enrique MATEOS Mancebo (70) / Gordon Smith (84)

110. 06.11.1957
SPAIN v TURKEY 3-0 (2-0)
Estadio Santiago Bernabéu, Madrid
Referee: Francisco Gonçalves Guerra (Portugal)
Attendance: 23,578
SPAIN: Antoni RAMALLETS Simón, Juan Carlos Díaz QUINCOCES (II), Jesús GARAY Vecino, Joan SEGARRA Iracheta, Juan SANTISTEBAN Troyano, José María ZÁRRAGA Martín, MIGUEL González Pérez, Ladislav (László) KUBALA Stecz, Alfredo Stéfano DI STÉFANO Laulhé, José Héctor RIAL Laguía (46 Luis SUÁREZ Miramontes), Francisco GENTO López. Manager: Manuel MEANA Vallina
TURKEY: Turgay Seren, Ali Beratligil, Basri Dirimlili, Mustafa Ertan, Naci Erdem, Ahmet Berman, Hilmi Kiremitçi (46 Isfendiyar Açiksöz), Mehmet Ali Has (61 Suat Mamat), Lefter Küçükandonyadis, Metin Oktay, Kadri Aytaç. Manager: László Székely
Goals: Ladislav (László) KUBALA Stecz (18, 38 pen, 80)

111. 24.11.1957   FIFA World Cup Qualification – Group 9
SWITZERLAND v SPAIN 1-4 (0-2)
Stade Olympique de La Pontaise, Lausanne
Referee: Albert Alsteen (Belgium)   Attendance: 43,500
SWITZERLAND: Eugène Parlier, Willy Kernen, Harry Koch, André Grobéty, Marcel Vonlanden, Kurt Leuenberger, Gilbert Rey, Charles Antenen, Eugen Meier, Robert Ballaman, Ferdinando Riva.   Manager: Jacques Spagnoli
SPAIN: CARMELO CEDRÚN Ochandategui, Juan Carlos Díaz QUINCOCES (II), Jesús GARAY Vecino, Joan SEGARRA Iracheta, Juan SANTISTEBAN Troyano, José María ZÁRRAGA Martín, MIGUEL González Pérez, Ladislav (László) KUBALA Stecz, Alfredo Stéfano DI STÉFANO Laulhé, Luis SUÁREZ Miramontes, Francisco GENTO López.
Manager: Manuel MEANA Vallina

Goals: Robert Ballaman (61) / Ladislav (László) KUBALA Stecz (19, 72), Alfredo Stéfano DI STÉFANO Laulhé (24, 56)

112. 13.03.1958
FRANCE v SPAIN 2-2 (0-1)
Parc des Princes, Paris
Referee: John Holden (Jack) Clough (England)
Attendance: 37,983
FRANCE: Claude Abbès, Raymond Kaelbel, André Lerond, Armand Penverne, Mustapha Zitouni, Jean-Jacques Marcel, Maryan Wisniewski, Yvon Douis, Just Fontaine, Roger Piantoni, Jean Vincent.   Manager: Albert Batteux
SPAIN: CARMELO CEDRÚN Ochandategui, Juan Carlos Díaz QUINCOCES (II), Jesús GARAY Vecino, Alberto CALLEJO Román, Juan SANTISTEBAN Troyano, José María ZÁRRAGA Martín, MIGUEL González Pérez, Ladislav (László) KUBALA Stecz, Alfredo Stéfano DI STÉFANO Laulhé, Luis SUÁREZ Miramontes, Enrique COLLAR Monterrubio.
Manager: Manuel MEANA Vallina

Goals: Just Fontaine (49), Roger Piantoni (65) / Ladislav (László) KUBALA Stecz (15), Luis SUÁREZ Miramontes (58)

113. 19.03.1958
WEST GERMANY v SPAIN 2-0 (1-0)
Waldstadion, Frankfurt am Main
Referee: Arthur Edward Ellis (England)   Attendance: 81,000
WEST GERMANY: Fritz Herkenrath, Georg Stollenwerk, Erich Juskowiak, Horst Eckel, Herbert Erhardt, Horst Szymaniak, Berni Klodt, Aki Schmidt, Fritz Walter, Hans Schäfer, Hans Cieslarczyk.   Manager: Sepp Herberger
SPAIN: CARMELO CEDRÚN Ochandategui, Juan Carlos Díaz QUINCOCES (II), Jesús GARAY Vecino, Alberto CALLEJO Román, Juan SANTISTEBAN Troyano, Enric GENSANA Merola, MIGUEL González Pérez, Ladislav (László) KUBALA Stecz, Alfredo Stéfano DI STÉFANO Laulhé, Luis SUÁREZ Miramontes, Enrique COLLAR Monterrubio.
Manager: Manuel MEANA Vallina

Goals: Berni Klodt (45), Hans Cieslarczyk (47)

114. 13.04.1958
SPAIN v PORTUGAL 1-0 (0-0)
Estadio Santiago Bernabéu, Madrid
Referee: Marcel Lequesne (France)   Attendance: 80,000
SPAIN: CARMELO CEDRÚN Ochandategui, Juan Carlos Díaz QUINCOCES (II), Jesús GARAY Vecino, Alberto CALLEJO Román, Juan SANTISTEBAN Troyano, José María ZÁRRAGA Martín, Justo TEJADA Martínez, Ramón MARSAL Ribó, Alfredo Stéfano DI STÉFANO Laulhé, José Héctor RIAL Laguía, Francisco GENTO López.
Manager: Manuel MEANA Vallina

PORTUGAL: CARLOS António do Carmo Costa GOMES, VIRGÍLIO Marques MENDES, ÂNGELO Gaspar Martins Pereira, MÁRIO TORRES, Miguel ARCANJO Arsénio de Oliveira, EMÍDIO Da Silva GRAÇA, CARLOS Domingos DUARTE, Mário Esteves COLUNA, Lucas Sebastião Da Fonseca "MATATEU", AUGUSTO Francisco ROCHA, HERNÂNI Ferreira da Silva.
Manager: JOSÉ MARIA ANTUNES Junior

Goal: Alfredo Stéfano DI STÉFANO Laulhé (85)

115. 15.10.1958
SPAIN v NORTHERN IRELAND 6-2 (2-0)
Estadio Santiago Bernabéu, Madrid
Referee: Joaquim Fernandes de Campos (Portugal)
Attendance: 120,000
SPAIN: JUAN ALSONSO "Juanito" Adelarpe, Juan Carlos Díaz QUINCOCES (II), José Emilio SANTAMARÍA Iglesias, Rafael LESMES Bobed (II), Juan SANTISTEBAN Troyano, José María ZÁRRAGA Martín, Justo TEJADA Martínez, Ladislav (László) KUBALA Stecz, Alfredo Stéfano DI STÉFANO Laulhé, Luis SUÁREZ Miramontes, Francisco GENTO López.
Manager: Manuel MEANA Vallina

NORTHERN IRELAND: Norman Uprichard, Dick Keith, Alf McMichael, Danny Blanchflower, Tommy Forde, Tommy Casey, Billy Bingham, Billy Cush, Peter McParland, Jimmy McIlroy, Charlie Tully.   Manager: Peter Doherty

Goals: Justo TEJADA Martínez (3, 47, 77, 84), Ladislav (László) KUBALA Stecz (11 pen), Luis SUÁREZ Miramontes (57) / Billy Cush (49), Jimmy McIlroy (76)

116. 28.02.1959
ITALY v SPAIN 1-1 (0-0)
Stadio Olimpico, Roma
Referee: Friedrich Seipelt (Austria)   Attendance: 65,000
ITALY: Lorenzo Buffon, Enzo Robotti, Sergio Castelletti, Mario David, Gaudenzio Bernasconi, Franco Zaglio, Alcides Edgardo Ghiggia Pereyra, Francisco Ramon Lojácono, Bruno Nicolè, Miguel Montuori, Paolo Barison.
Manager: Giovanni Ferrari
SPAIN: JUAN ALSONSO "Juanito" Adelarpe, Juan Carlos Díaz QUINCOCES (II), José Emilio SANTAMARÍA Iglesias, Joan SEGARRA Iracheta, Juan SANTISTEBAN Troyano, Enric GENSANA Merola, Justo TEJADA Martínez, Ladislav (László) KUBALA Stecz, Alfredo Stéfano DI STÉFANO Laulhé, Luis SUÁREZ Miramontes, Francisco GENTO López.
Manager: Manuel MEANA Vallina
Goals: Francisco Ramon Lojácono (84) / Alfredo Stéfano DI STÉFANO Laulhé (68)

117. 28.06.1959   European Nation's Cup Qualifying – Round of 16
POLAND v SPAIN 2-4 (1-2)
Stadion Slaski, Chorzów
Referee: Arthur Edward Ellis (England)   Attendance: 71,469
POLAND: Tomasz Stefaniszyn, Henryk Szczepanski, Roman Korynt, Jerzy Wozniak, Marceli Strzykalski, Edmund Zientara, Ernest Pol, Lucjan Brychczy, Stanislaw Hachorek, Jan Liberda, Krzysztof Baszkiewicz.   Manager: Tadeusz Forys
SPAIN: Antoni RAMALLETS Simón, Fernando "Ferran" OLIVELLA Pons, Jesús GARAY Vecino, Sigfrido GRACIA Royo, Joan SEGARRA Iracheta, Enric GENSANA Merola, Justo TEJADA Martínez, Enrique MATEOS Mancebo, Alfredo Stéfano DI STÉFANO Laulhé, Luis SUÁREZ Miramontes, Francisco GENTO López.
Managers: José Luis COSTA, Ramón GABILONDO Alberdi & José Luis LASPLAZAS Pujolar
Goals: Ernest Pol (34), Lucjan Brychczy (62) / Luis SUÁREZ Miramontes (41, 51), Alfredo Stéfano DI STÉFANO Laulhé (43, 55)

118. 14.10.1959   European Nation's Cup Qualifying – Round of 16
SPAIN v POLAND 3-0 (1-0)
Estadio Santiago Bernabéu, Madrid
Referee: Károly Balla (Hungary)   Attendance: 62,070
SPAIN: Antoni RAMALLETS Simón, Fernando "Ferran" OLIVELLA Pons, Jesús GARAY Vecino, Sigfrido GRACIA Royo, Joan SEGARRA Iracheta, Enric GENSANA Merola, Justo TEJADA Martínez, Ladislav (László) KUBALA Stecz, Alfredo Stéfano DI STÉFANO Laulhé, Luis SUÁREZ Miramontes, Francisco GENTO López.
Managers: José Luis COSTA, Ramón GABILONDO Alberdi & José Luis LASPLAZAS Pujolar
POLAND: Tomasz Stefaniszyn, Henryk Szczepanski, Roman Korynt, Fryderyk Monica, Witold Majewski, Henryk Grzybowski, Krzysztof Baszkiewicz, Ernest Pol, Stanislaw Hachorek, Edmund Zientara, Zbigniew Szarzynski.
Manager: Jean Prouff
Goals: Alfredo Stéfano DI STÉFANO Laulhé (31), Enric GENSANA Merola (69), Francisco GENTO López (86)

119. 22.11.1959
SPAIN v AUSTRIA 6-3 (3-1)
Estadio de Mestalla, Valencia
Referee: Pierre Schwinte (France)   Attendance: 60,000
SPAIN: Antoni RAMALLETS Simón, Manuel MESTRE Torres, Jesús GARAY Vecino, Sigfrido GRACIA Royo, Joan SEGARRA Iracheta, Enric GENSANA Merola, José Luis ARTETXE Muguire, EULOGIO MARTÍNEZ Ramiro (79 Enrique MATEOS Mancebo), Alfredo Stéfano DI STÉFANO Laulhé, Luis SUÁREZ Miramontes, Francisco GENTO López.
Managers: José Luis COSTA, Ramón GABILONDO Alberdi & José Luis LASPLAZAS Pujolar
AUSTRIA: Kurt Schmied, Rudolf Oslansky (32 Helmut Senekowitsch), Franz Swoboda, Gerhard Hanappi, Karl Stotz, Karl Koller, Paul Halla, Adolf Knoll, Horst Nemec, Erich Hof, Karl Skerlan.   Manager: Karl Decker
Goals: Alfredo Stéfano DI STÉFANO Laulhé (9, 63), Luis SUÁREZ Miramontes (14, 36 pen), EULOGIO MARTÍNEZ Ramiro (50), Enrique MATEOS Mancebo (60) / E. Hof (40 pen), Helmut Senekowitsch (56), Adolf Knoll (86)

120. 17.12.1959
FRANCE v SPAIN 4-3 (3-1)

Parc des Princes, Paris

Referee: Reginald James (Reg) Leafe (England)
Attendance: 38,622

FRANCE: François Remetter, Jean Wendling, Raymond Kaelbel (23 Roger Marche), Lucien Muller, Robert Jonquet, René Ferrier, Roland Guillas, Yvon Douis (52 Bernard Rahis), Just Fontaine, Raymond Kopa, Jean Vincent.
Manager: Albert Batteux

SPAIN: Antoni RAMALLETS Simón, Fernando "Ferran" OLIVELLA Pons, Jesús GARAY Vecino, Sigfrido GRACIA Royo, Martín VERGÉS Massa, Joan SEGARRA Iracheta, José Luis ARTETXE Muguire (23 Enrique MATEOS Mancebo), Ladislav (László) KUBALA Stecz (46 EULOGIO MARTÍNEZ Ramiro), Alfredo Stéfano DI STÉFANO Laulhé, Luis SUÁREZ Miramontes, Francisco GENTO López.
Managers: José Luis COSTA, Ramón GABILONDO Alberdi & José Luis LASPLAZAS Pujolar

Goals: L. Muller (27), Just Fontaine (31), Jean Vincent (36), Roger Marche (61) / Luis SUÁREZ Miramontes (22), EULOGIO MARTÍNEZ (75), Martín VERGÉS Massa (88)

121. 13.03.1960
SPAIN v ITALY 3-1 (0-1)

Estadio del Club de Fútbol Barcelona, Barcelona

Referee: Albert Dusch (West Germany)   Attendance: 85,000

SPAIN: Antoni RAMALLETS Simón, Fernando "Ferran" OLIVELLA Pons, Jesús GARAY Vecino, Sigfrido GRACIA Royo, Joan SEGARRA Iracheta, Enrique GENSANA Merola (46 Martin VERGÉS Massa), Jesús HERRERA Alonso, EULOGIO MARTÍNEZ Ramiro, Alfredo Stéfano DI STÉFANO Laulhé, Luis SUÁREZ Miramontes, Francisco GENTO López.
Managers: José Luis COSTA, Ramón GABILONDO Alberdi & José Luis LASPLAZAS Pujolar

ITALY: Lorenzo Buffon, Giacomo Losi, Benito Sarti, Alfio Fontana, Sergio Cervato, Umberto Colombo, Bruno Nicolè, Giampiero Boniperti, Sergio Brighenti, Francisco Ramon Lojácono (46 Pierluigi Ronzon), Gino Stacchini.
Manager: Giuseppe Viani

Goals: Martin VERGÉS Massa (59), Alfredo Stéfano DI STÉFANO Laulhé (60), EULOGIO MARTÍNEZ Ramiro (85) / Francisco Ramon Lojácono (39)

122. 15.05.1960
SPAIN v ENGLAND 3-0 (1-0)

Estadio Santiago Bernabéu, Madrid

Referee: Albert Dusch (West Germany)   Attendance: 77,000

SPAIN: Antoni RAMALLETS Simón, Enrique Pérez Díaz "PACHÍN", Jesús GARAY Vecino, Sigfrido GRACIA Royo, Martin VERGÉS Massa, Joan SEGARRA Iracheta, Jesús María "Chus" PEREDA Ruiz de Temiño (44 Luis DEL SOL Cascajares), EULOGIO MARTÍNEZ Ramiro, Alfredo Stéfano DI STÉFANO Laulhé, Joaquín PEIRÓ Lucas, Francisco GENTO López.   Managers: José Luis COSTA, Ramón GABILONDO Alberdi & José Luis LASPLAZAS Pujolar

ENGLAND: Ron Springett, Jimmy Armfield, Ray Wilson, Bobby Robson, Peter Swan, Ron Flowers, Peter Brabrook, Johnny Haynes, Joe Baker, Jimmy Greaves, Bobby Charlton.
Manager: Walter Winterbottom

Goals: Joaquín PEIRÓ Lucas (38), EULOGIO MARTÍNEZ Ramiro (79, 85)

123. 10.07.1960
PERU v SPAIN 1-3 (0-2)

Estadio Nacional, Lima

Referee: Juan Carlos Robles Robles (Chile)
Attendance: 55,000

PERU: Dimas ZEGARRA Castillo, Guillermo FLEMING, José FERNÁNDEZ Santini, Isaac Francisco ANDRADE Casaboza (60 Humberto ARGUEDAS), Juan Alberto DE LA VEGA Durand, Luis CALDERÓN Mendoza, Neptalí Mateo BRICEÑO Miranda (60 Enrique TENEMAS), Enrique GARCÍA (46 Manuel MÁRQUEZ), Ángel URIBE Sánchez, José CARRASCO, Óscar MONTALVO Finetti.   Manager: György Orth

SPAIN: Antoni RAMALLETS Simón, Feliciano Muñoz RIVILLA, Jesús GARAY Vecino (46 José Emilio SANTAMARÍA Iglesias), Enrique Pérez Díaz "PACHÍN", Joan SEGARRA Iracheta, Martin VERGÉS Massa, Justo TEJADA Martínez (46 Jesús María "Chus" PEREDA Ruiz de Temiño), Luis SUÁREZ Miramontes, Alfredo Stéfano DI STÉFANO Laulhé, Joaquín PEIRÓ Lucas (65 EULOGIO MARTÍNEZ Ramiro), Enrique COLLAR Monterrubio.
Managers: José Luis COSTA, Ramón GABILONDO Alberdi & José Luis LASPLAZAS Pujolar

Goals: José CARRASCO (82) / Alfredo Stéfano DI STÉFANO Laulhé (19), Luis SUÁREZ Miramontes (44, 59)

124. 14.07.1960
CHILE v SPAIN 0-4 (0-2)
Estadio Nacional de Chile, Ñuñoa
Referee: José Luis Praddaude (Argentina)
Attendance: 29,696

CHILE: Misael ESCUTI Rovira, Ramiro CORTÉS Alba (60' Jorge Fernando LUCO Urzúa), Luis Armando EYZAGUIRRE Silva, Fernando NAVARRO Navarro, Sergio VALDÉS Silva, Hernán RODRÍGUEZ Aliste, Jaime Caupolicán RAMIREZ Banda, Alberto Jorge FOUILLOUX Ahumada (60 Jorge Luis TORO Sánchez), Mario MORENO Burgos, Braulio MUSSO Reyes, Leonel Guillermo SÁNCHEZ Lineros.
Manager: Fernando RIERA Bauzá

SPAIN: Antoni RAMALLETS Simón, Feliciano Muñoz RIVILLA, Jesús GARAY Vecino, Álvaro "ALVARITO" Rodríguez Ros, Martin VERGÉS Massa (46 José María VIDAL Bravo), Joan SEGARRA Iracheta, Jesús María "Chus" PEREDA Ruiz de Temiño, EULOGIO MARTÍNEZ Ramiro, Alfredo Stéfano DI STÉFANO Laulhé (75 Justo TEJADA Martínez), Luis SUÁREZ Miramontes, Enrique COLLAR Monterrubio.
Managers: José Luis COSTA, Ramón GABILONDO Alberdi & José Luis LASPLAZAS Pujolar

Goals: Alfredo Stéfano DI STÉFANO Laulhé (9, 33), Enrique COLLAR Monterrubio (49 pen), EULOGIO MARTÍNEZ Ramiro (75)

125. 17.07.1960
CHILE v SPAIN 1-4 (0-4)
Estadio Nacional de Chile, Ñuñoa
Referee: Luis Antonio Ventre (Argentina)
Attendance: 33,552

CHILE: Misael ESCUTI Rovira, Ramiro CORTÉS Alba, Fernando NAVARRO Navarro (46 Juan Hernán MARTÍNEZ Cámara), Sergio VALDÉS Silva, Hernán RODRÍGUEZ Aliste, Sergio Raúl NAVARRO Rodríguez, Jaime Caupolicán RAMIREZ Banda, Jorge Luis TORO Sánchez, Mario MORENO Burgos, Braulio MUSSO Reyes, Leonel Guillermo SÁNCHEZ Lineros (86 Alberto Jorge FOUILLOUX Ahumada).
Manager: Fernando RIERA Bauzá

SPAIN: Antoni RAMALLETS Simón (46 José "Josetxo" ARAQUISTÁIN Arrieta) , Feliciano Muñoz RIVILLA, Jesús GARAY Vecino (46 José Emilio SANTAMARÍA Iglesias), Enrique Pérez Díaz "PACHÍN", Joan SEGARRA Iracheta (46 José María VIDAL Bravo), Martin VERGÉS Massa, Jesús María "Chus" PEREDA Ruiz de Temiño, Luis SUÁREZ Miramontes (46 EULOGIO MARTÍNEZ Ramiro), Alfredo Stéfano DI STÉFANO Laulhé, Joaquín PEIRÓ Lucas, Enrique COLLAR Monterrubio.   Managers: José Luis COSTA, Ramón GABILONDO Alberdi & José Luis LASPLAZAS Pujolar

Goals: Braulio MUSSO Reyes (85) /
Alfredo Stéfano DI STÉFANO Laulhé (1, 28), Jesús María "Chus" PEREDA Ruiz de Temiño (37), Joaquín PEIRÓ Lucas (40)

126. 24.07.1960
ARGENTINA v SPAIN 2-0 (2-0)
Estadio Monumental, Buenos Aires
Referee: Juan Carlos Robles Robles (Chile)
Attendance: 115,000

ARGENTINA: Antonio ROMA, Miguel Ángel VIDAL, Juan Héctor GUIDI, Oscar Pablo ROSSI, Carmelo SIMEONE, Fédérico SACCHI, José Francisco SANFILIPPO (72 Ernesto GRILLO), Raúl Oscar BELÉN, Ruben Marino NAVARRO, Norberto MENÉNDEZ (75 Walter Antonio JIMÉNEZ De Simoni), Norberto Constante BOGGIO.
Manager: Victorio Luis SPINETTO

SPAIN: Antoni RAMALLETS Simón, Feliciano Muñoz RIVILLA, Jesús GARAY Vecino (46 José Emilio SANTAMARÍA Iglesias), Álvaro "ALVARITO" Rodríguez Ros, Martin VERGÉS Massa, Joan SEGARRA Iracheta, Jesús María "Chus" PEREDA Ruiz de Temiño, Luis SUÁREZ Miramontes, Alfredo Stéfano DI STÉFANO Laulhé, Joaquín PEIRÓ Lucas, Enrique COLLAR Monterrubio.
Managers: José Luis COSTA, Ramón GABILONDO Alberdi & José Luis LASPLAZAS Pujolar

Goals: José Francisco SANFILIPPO (30, 37)

127. 26.10.1960
ENGLAND v SPAIN 4-2 (2-1)
British Empire Exhibition Stadium, London
Referee: Maurice Guigue (France)   Attendance: 80,000

ENGLAND: Ron Springett, Jimmy Armfield, Mick McNeil, Bobby Robson, Peter Swan, Ron Flowers, Bryan Douglas, Jimmy Greaves, Bobby Smith, Johnny Haynes, Bobby Charlton.
Manager: Walter Winterbottom

SPAIN: Antoni RAMALLETS Simón, Marcos Alonso Imaz "MARQUITOS", José Emilio SANTAMARÍA Iglesias, Sigfrido GRACIA Royo, Martin VERGÉS Massa, Manuel RUIZ SOSA, Enrique MATEOS Mancebo, Luis DEL SOL Cascajares, Alfredo Stéfano DI STÉFANO Laulhé, Luis SUÁREZ Miramontes, Francisco GENTO López.
Managers: José Luis COSTA, Ramón GABILONDO Alberdi & José Luis LASPLAZAS Pujolar

Goals: Jimmy Greaves (2), Bryan Douglas (41), Bobby Smith (68, 79) /
Luis DEL SOL Cascajares (12), Luis SUÁREZ Miramontes (51)

128. 30.10.1960
AUSTRIA v SPAIN 3-0 (1-0)
Praterstadion, Vienna
Referee: Gottfried Dienst (Switzerland)   Attendance: 91,000
AUSTRIA: Kurt Schmied, Heribert Trubrig, Franz Swoboda, Gerhard Hanappi, Karl Stotz, Karl Koller, Horst Nemec, Erich Hof, Hans Buzek, Helmut Senekowitsch, Josef Hamerl (64 Rudolf Flögel).   Manager: Karl Decker
SPAIN: Antoni RAMALLETS Simón (86 José "Josetxo" ARAQUISTÁIN Arrieta), Feliciano Muñoz RIVILLA, José Emilio SANTAMARÍA Iglesias (46 Jesús GARAY Vecino), Sigfrido GRACIA Royo, Manuel RUIZ SOSA, Luis DEL SOL Cascajares, Jesús María "Chus" PEREDA Ruiz de Temiño, Enrique MATEOS Mancebo (43 Antonio González Álvarez "CHUZO"), Alfredo Stéfano DI STÉFANO Laulhé, Luis SUÁREZ Miramontes, Francisco GENTO López.
Managers: José Luis COSTA, Ramón GABILONDO Alberdi & José Luis LASPLAZAS Pujolar
Goals: Helmut Senekowitsch (34), Horst Nemec (77), Erich Hof (79)

129. 02.04.1961
SPAIN v FRANCE 2-0 (1-0)
Estadio Santiago Bernabéu, Madrid
Referee: Giulio Campanati (Italy)   Attendance: 75,000
SPAIN: José VICENTE TRAÍN, Feliciano Muñoz RIVILLA, José Emilio SANTAMARÍA Iglesias, Pedro CASADO Bucho, José María VIDAL Bravo, Enric GENSANA Merola, Justo TEJADA Martínez, Ladislav (László) KUBALA Stecz, Alfredo Stéfano DI STÉFANO Laulhé, Luis DEL SOL Cascajares, Francisco GENTO López.
Manager: Pedro ESCARTÍN Morán
FRANCE: Pierre Bernard (46 Dominique Colonna), Guillaume Bieganski, Bruno Rodzik, Lucien Muller, François Ludo, Jean-Jacques Marcel, Roland Guillas, Raymond Kopa (31 René Ferrier), Serge Roy, Yvon Douis, Bernard Rahis.
Manager: Albert Batteux
Goals: Enric GENSANA Merola (30), Francisco GENTO López (53)

130. 19.04.1961   FIFA World Cup Qualification – Group 9
WALES v SPAIN 1-2 (1-1)
Ninian Park, Cardiff
Referee: Marcel Raeymaeckers (Belgium)
Attendance: 45,000
WALES: Jack Kelsey, Stuart Williams, Mel Hopkins, Mel Charles, Mel Nurse, Vic Crowe, Terry Medwin, Phil Woosnam, Ken Leek, Ivor Allchurch, Graham Williams.
Manager: Jimmy Murphy

SPAIN: Antoni RAMALLETS Simón, Alfonso María "FONCHO" Rodríguez Salas, José Emilio SANTAMARÍA Iglesias, Isacio CALLEJA García, Ignacio ZOCO Esparza, Enric GENSANA Merola, Luis María "KOLDO" AGUIRRE Vidaurrázaga, Luis DEL SOL Cascajares, Alfredo Stéfano DI STÉFANO Laulhé, Luis SUÁREZ Miramontes, Francisco GENTO López.   Manager: Pedro ESCARTÍN Morán
Goals: Phil Woosnam (7) /
Alfonso María "FONCHO" Rodríguez Salas (21), Alfredo Stéfano DI STÉFANO Laulhé (78)

131. 18.05.1961   FIFA World Cup Qualification – Group 9
SPAIN v WALES 1-1 (0-0)
Estadio Santiago Bernabéu, Madrid
Referee: Leopold Sylvain (Leo) Horn (Netherlands)
Attendance: 65,466
SPAIN: Antoni RAMALLETS Simón, Alfonso María "FONCHO" Rodríguez Salas, José Emilio SANTAMARÍA Iglesias, Isacio CALLEJA García, Ignacio ZOCO Esparza, Enric GENSANA Merola, Luis María "KOLDO" AGUIRRE Vidaurrázaga, Luis DEL SOL Cascajares, Alfredo Stéfano DI STÉFANO Laulhé, Joaquín PEIRÓ Lucas, Francisco GENTO López.   Manager: Pedro ESCARTÍN Morán
WALES: Jack Kelsey, Stuart Williams, Mel Hopkins, Mel Charles, Mel Nurse, Vic Crowe, Cliff Jones, Graham Moore, Ken Leek, Ivor Allchurch, Graham Williams.
Manager: Jimmy Murphy
Goals: Joaquín PEIRÓ Lucas (55) / Ivor Allchurch (69)

132. 11.06.1961
SPAIN v ARGENTINA 2-0 (0-0)
Estadio Ramón Sánchez Pizjuán, Sevilla
Referee: Concetto Lo Bello (Italy)   Attendance: 60,000
SPAIN: José VICENTE TRAÍN, Feliciano Muñoz RIVILLA, José Emilio SANTAMARÍA Iglesias, Isacio CALLEJA García (84 Esteban ARETA Vélez), Manuel RUIZ SOSA, José María VIDAL Bravo, Enrique MATEOS Mancebo (46 Luis María "KOLDO" AGUIRRE Vidaurrázaga), Luis DEL SOL Cascajares, Alfredo Stéfano DI STÉFANO Laulhé, Joaquín PEIRÓ Lucas, Francisco GENTO López.
Manager: Pedro ESCARTÍN Morán
ARGENTINA: Antonio ROMA, José Manuel RAMOS DELGADO, Miguel Ángel VIDAL (46 Silvio MARZOLINI), Carmelo SIMEONE, Juan Héctor GUIDI, Fedérico SACCHI (54 José Rafael ALBRECHT), Oreste Omar CORBATTA, Martin Esteban PANDO, Rubén Hector SOSA, José Francisco SANFILIPPO, Alberto Mario GONZÁLEZ.
Manager: Victorio Luis SPINETTO
Goals: Luis DEL SOL Cascajares (63),
Alfredo Stéfano DI STÉFANO Laulhé (73)

133. 12.11.1961 FIFA World Cup Qualification – Play-off
MOROCCO v SPAIN 0-1 (0-0)
Stade d'Honneur, Casablanca
Referee: Daniel Emile Mellet (Switzerland)
Attendance: 26,000
MOROCCO: Ahmed LAKRISSI Labied, Larbi Ben Belaid, Mustapha Bettache, Mohammed JDIDI Ben Bouachaib, Mohammed Tibari, Hassan Akesbi, Abderrahmane Mahjoub, Brahim Zahar, Abdallah Belaid Azhar, Moulay Abdallah, Sellam Riahi.
Managers: Mohamed Massoun & Ahmed Antif
SPAIN: José "Josetxo" ARAQUISTÁIN Arrieta, Feliciano Muñoz RIVILLA, José Emilio SANTAMARÍA Iglesias, Manuel MESTRE Torres, Ignacio ZOCO Esparza, Manuel RUIZ SOSA, Luis María "KOLDO" AGUIRRE Vidaurrázaga, Luis DEL SOL Cascajares, Alfredo Stéfano DI STÉFANO Laulhé, Ferenc PUSKÁS, Francisco GENTO López.
Manager: Pedro ESCARTÍN Morán
Goal: Luis DEL SOL Cascajares (80)

134. 23.11.1961 FIFA World Cup Qualification – Play-off
SPAIN v MOROCCO 3-2 (2-1)
Estadio Santiago Bernabéu, Madrid
Referee: Cesare Jonni (Italy)   Attendance: 26,490
SPAIN: José "Josetxo" ARAQUISTÁIN Arrieta, Feliciano Muñoz RIVILLA, Isacio CALLEJA García, Ignacio ZOCO Esparza, José Emilio SANTAMARÍA Iglesias, Manuel RUIZ SOSA, Luis María "KOLDO" AGUIRRE Vidaurrázaga, Luis DEL SOL Cascajares, Alfredo Stéfano DI STÉFANO Laulhé, MARCELINO Martínez Cao, Enrique COLLAR Monterrubio.
Manager: Pedro ESCARTÍN Morán
MOROCCO: Ahmed LAKRISSI Labied, Mustapha Bettache, Larbi Ben Belaid, Mohammed JDIDI Ben Bouachaib, Mohammed Tibari, Abdallah Ben Barak, Mohammed Khalfi, Abdallah Belaid Azhar, Brahim Zahar, Abderrahmane Mahjoub, Sellam Riahi.
Managers: Mohamed Massoun & Ahmed Antif
Goals: MARCELINO Martínez Cao (11), Alfredo Stéfano DI STÉFANO Laulhé (44), Enrique COLLAR Monterrubio (60) / Sellam Riahi (40), Larbi Ben Belaid (75)

135. 10.12.1961
FRANCE v SPAIN 1-1 (1-0)
Stade Olympique Yves-du-Manoir, Colombes
Referee: John (Jack) Kelly (England)   Attendance: 46,490
FRANCE: Pierre Bernard, Jean Wendling, Maryan Synakowski, André Lerond, Bruno Rodzik, Lucien Muller, René Ferrier, Maryan Wisniewski, Henri Skiba, François Heutte, Guy Van Sam.   Manager: Albert Batteux

SPAIN: José "Josetxo" ARAQUISTÁIN Arrieta, Vicente PIQUER Mora, José Emilio SANTAMARÍA Iglesias, Vicente MIERA Campos, Ignacio ZOCO Esparza, Enrique Pérez Díaz "PACHÍN", José Antonio ZALDÚA Urdanavia, Luis DEL SOL Cascajares, Alfredo Stéfano DI STÉFANO Laulhé, FÉLIX RUIZ Gabari, Francisco GENTO López.
Manager: Pedro ESCARTÍN Morán
Goals: François Heutte (13) / FÉLIX RUIZ Gabari (58)

136. 31.05.1962 FIFA World Cup Final Tournament – Group 3
CZECHOSLOVAKIA v SPAIN 1-0 (0-0)
Estadio Sausalito, Viña del Mar (Chile)
Referee: Carl Erich Steiner (Austria)   Attendance: 12,700
CZECHOSLOVAKIA: Viliam Schrojf, Jan Lála, Svatopluk Pluskal, Ján Popluhár, Ladislav Novák, Andrej Kvasnák, Josef Masopust, Jozef Stibrányi, Adolf Scherer, Jozef Adamec, Josef Jelínek.   Manager: Rudolf Vytlacil
SPAIN: CARMELO CEDRÚN Ochandategui, Feliciano Muñoz RIVILLA, José Emilio SANTAMARÍA Iglesias, Severino REIJA Vázquez, Joan SEGARRA Iracheta, Jesús GARAY Vecino, Luis DEL SOL Cascajares, Ferenc PUSKÁS, EULOGIO MARTÍNEZ Ramiro, Luis SUÁREZ Miramontes, Francisco GENTO López.
Manager: Pablo HERNÁNDEZ Coronado
Goal: Jozef Stibrányi (79)

137. 03.06.1962 FIFA World Cup Final Tournament – Group 3
SPAIN v MEXICO 1-0 (0-0)
Estadio Sausalito, Viña del Mar (Chile)
Referee: Branislav (Branko) Tesanic (Yugoslavia)
Attendance: 11,875
SPAIN: CARMELO CEDRÚN Ochandategui, Francisco Rodríguez García "RODRI", José Emilio SANTAMARÍA Iglesias, Sigfrido GRACIA Royo, Martín VERGÉS Massa, Enrique Pérez Díaz "PACHÍN", Luis DEL SOL Cascajares, Joaquín PEIRÓ Lucas, Ferenc PUSKÁS, Luis SUÁREZ Miramontes, Francisco GENTO López.
Manager: Pablo HERNÁNDEZ Coronado
MEXICO: Antonio Felix CARBAJAL Rodríguez, José de Jesús DEL MURO Lopez, Guillermo SEPÚLVEDA Rodríguez, Raúl CÁRDENAS de la Vega, Pedro NÁJERA Pacheco, Alfredo DEL'AGUILA Estrella, Salvador REYES Monteón, Héctor HERNÁNDEZ García, Isidoro DÍAZ Mejia, Ignacio JÁUREGUI Díaz, Antonio JASSO Álvarez.
Manager: Ignacio "Nacho" TRELLES Campos
Goal: Joaquín PEIRÓ Lucas (89)

138. 06.06.1962   FIFA World Cup Final Tournament – Group 3
BRAZIL v SPAIN 2-1 (0-1)
Estadio Sausalito, Viña del Mar (Chile)
Referee: Sergio Bustamante González (Chile)   Attendance: 18,715

BRAZIL: GILMAR dos Santos Neves, Dejalma dos Santos "DJALMA SANTOS", MAURO RAMOS de Oliveira, ZÓZIMO Alves Calazães, NÍLTON Reis dos SANTOS, José Ely de Miranda "ZITO", Waldir Pereira "DIDÍ", Manoel Francisco dos Santos "GARRINCHA", Edvaldo Izídio Neto "VAVÁ", AMARILDO Tavares da Silveira, Mário Jorge Lobo ZAGALLO.   Manager: Aymoré Moreira

SPAIN: José "Josetxo" ARAQUISTÁIN Arrieta, Francisco Rodríguez García "RODRI", Luis María ECHEBERRÍA Igartua, Sigfrido GRACIA Royo, Martín VERGÉS Massa, Enrique Pérez Díaz "PACHÍN", Enrique COLLAR Monterrubio, ADELARDO Rodríguez Sánchez, Ferenc PUSKÁS, Joaquín PEIRÓ Lucas, Francisco GENTO López.   Manager: Pablo HERNÁNDEZ Coronado

Goals: AMARILDO Tavares da Silveira (72, 86) / ADELARDO Rodríguez Sánchez (35)

139. 01.11.1962   European Nation's Cup Qualifying – Classification matches
SPAIN v ROMANIA 6-0 (4-0)
Estadio Santiago Bernabéu, Madrid
Referee: Kevin Howley (England)   Attendance: 51,700

SPAIN: José VICENTE TRAÍN, Enrique Pérez Díaz "PACHÍN", Francisco Rodríguez García "RODRI", Isacio CALLEJA García, Francisco "PAQUITO" García Gómez, Jesús GLARÍA Jordán, Enrique COLLAR Monterrubio, ADELARDO Rodríguez Sánchez, José Luis Fidalgo VELOSO, Vicente GUILLOT Fabián, Francisco GENTO López.   Manager: José VILLALONGA Llorente

ROMANIA: Vasile Sfetcu, Mircea Georgescu, Ion Nunweiller, Dumitru Macri, Emil Petru, Constantin Koszka, Zoltan Ivansuc, Titus Ozon, Marin Voinea, Dumitru Popescu, Laszlo Vasile Gergely.   Manager: Constantin Teasca

Goals: Vicente GUILLOT Fabián (7, 20, 70), José Luis Fidalgo VELOSO (9), Enrique COLLAR Monterrubio (17), Ion Nunweiller (III) (81 og)

140. 25.11.1962   European Nation's Cup Qualifying – Classification matches
ROMANIA v SPAIN 3-1 (2-0)
Stadionul 23 August, Bucharest
Referee: Giorgos Pelomis (Greece)   Attendance: 72,762

ROMANIA: Ion Voinescu, Corneliu Popa, Ion Nunweiller, Dumitru Ivan, Emil Petru, Constantin Koszka, Ion Pîrcalab, Gheorghe Constantin, Cicerone Manolache, Laszlo Vasile Gergely, Nicolae Tataru.   Manager: Gheorghe Popescu

SPAIN: José VICENTE TRAÍN, Feliciano Muñoz RIVILLA, Francisco Rodríguez García "RODRI", Isacio CALLEJA García, Francisco "PAQUITO" García Gómez, Jesús GLARÍA Jordán, Enrique COLLAR Monterrubio, AMANCIO Amaro Varela, José Luis Fidalgo VELOSO, Vicente GUILLOT Fabián, Francisco GENTO López.   Manager: José VILLALONGA Llorente

Goals: Nicolae Tataru (2), Cicerone Manolache (8), Gheorghe Constantin (61) / José Luis Fidalgo VELOSO (66)

141. 02.12.1962
BELGIUM v SPAIN 1-1 (0-1)
Stade du Heysel, Brussels
Referee: Marcel Bois (France)   Attendance: 39,808

BELGIUM: Jean Nicolay, Georges Heylens, Jean Cornelis, Pierre Hanon, Laurent Verbiest, Martin Lippens, Paul Van Den Berg, Paul Van Himst, Jacques Stockman, Jef Jurion, Wilfried Puis.   Manager: Arthur Ceuleers

SPAIN: José VICENTE TRAÍN, Feliciano Muñoz RIVILLA, Luis María ECHEBERRÍA Igartua, Isacio CALLEJA García, Francisco García Gómez "PAQUITO", Jesús GLARÍA Jordán, Enrique COLLAR Monterrubio, ADELARDO Rodríguez Sánchez, José Luis Fidalgo VELOSO, Vicente GUILLOT Fabián, Francisco GENTO López.   Manager: José VILLALONGA Llorente

Goals: Jef Jurion (50) / Vicente GUILLOT Fabián (31)

142. 09.01.1963
SPAIN v FRANCE 0-0
Estadio del Club de Fútbal Barcelona, Barcelona
Referee: Jozef Casteleyn (Belgium)   Attendance: 72,000

SPAIN: Salvador SADURNÍ Urpi, Feliciano Muñoz RIVILLA, Luis María ECHEBERRÍA Igartua, Isacio CALLEJA García, Francisco "PAQUITO" García Gómez, Jesús GLARÍA Jordán, Enrique COLLAR Monterrubio (46 Fernando Rodríguez SERENA), ADELARDO Rodríguez Sánchez, Emilio MOROLLÓN Estébanez, Vicente GUILLOT Fabián, Francisco GENTO López.   Manager: José VILLALONGA Llorente

FRANCE: Pierre Bernard, Jean Wendling, Maryan Synakowski, André Lerond, André Chorda, Joseph Bonnel, Yvon Douis, René Ferrier, Yvon Goujon, Serge Masnaghetti, Paul Sauvage.   Manager: Henri Guérin

143. 30.05.1963   European Nation's Cup Qualifying – Round of 16
SPAIN v NORTHERN IRELAND 1-1 (0-0)
Estadio de San Mamés, Bilbao
Referee: Cesare Jonni (Italy)   Attendance: 27,960
SPAIN: José VICENTE TRAÍN, Feliciano Muñoz RIVILLA, Luis María ECHEBERRÍA Igartua, Severino REIJA Vázquez, Francisco "PAQUITO" García Gómez, Enrique Pérez Díaz "PACHÍN", AMANCIO Amaro Varela, FÉLIX RUIZ Gabari, Emilio MOROLLÓN Estébanez, ADELARDO Rodríguez Sánchez, Enrique COLLAR Monterrubio.
Manager: José VILLALONGA Llorente
NORTHERN IRELAND: Bobby Irvine, Jimmy Magill, Martin Harvey, Terry Neill, Alex Elder, Billy McCullough, Billy Bingham, Johnny Crossan, Willie Irvine, Billy Humphries, Bobby Braithwaite.   Manager: Robert (Bertie) Peacock
Goals: AMANCIO Amaro Varela (57) / Willie Irvine (88)

144. 13.06.1963
SPAIN v SCOTLAND 2-6 (2-4)
Estadio Santiago Bernabéu, Madrid
Referee: Giulio Campanati (Italy)   Attendance: 40,000
SPAIN: José VICENTE TRAÍN (46 CARMELO CEDRÚN Ochandategui), Feliciano Muñoz RIVILLA, José MINGORANCE Chimeno (34 Ignacio ZOCO Esparza), Severino REIJA Vázquez, Luis María "KOLDO" AGUIRRE Vidaurrázaga, Jesús GLARÍA Jordán, AMANCIO Amaro Varela, ADELARDO Rodríguez Sánchez, José Luis Fidalgo VELOSO, Vicente GUILLOT Fabián, Carlos LAPETRA Coarasa. Manager: José VILLALONGA Llorente
SCOTLAND: Adam Blacklaw, Billy McNeill, David Holt, Frank McLintock, Ian Ure, Jim Baxter, Willie Henderson, David Gibson, Ian St. John, Denis Law, Davie Wilson.
Manager: Ian McColl
Goals: ADELARDO Rodríguez Sánchez (8), José Luis Fidalgo VELOSO (43) / Denis Law (15), David Gibson (16), F. McLintock (18), Davie Wilson (32), Willie Henderson (51), Ian St. John (83)

145. 30.10.1963   European Nation's Cup Qualifying – Round of 16
NORTHERN IRELAND v SPAIN 0-1 (0-0)
Windsor Park, Belfast
Referee: Andries (Dries) van Leeuwen (Netherlands)   Attendance: 45,809
NORTHERN IRELAND: Victor Hunter, Jimmy Magill, John Parke, Martin Harvey, Terry Neill, Billy McCullough, Billy Bingham, Billy Humphries, Sammy Wilson, Johnny Crossan, Jimmy Hill. Manager: Robert (Bertie) Peacock
SPAIN: José Casas Gris "PEPÍN", Feliciano Muñoz RIVILLA, Fernando "Ferran" OLIVELLA Pons, Severino REIJA Vázquez, Ignacio ZOCO Esparza, FÉLIX RUIZ Gabari, Jesús María "Chus" PEREDA Ruiz de Temiño, Luis DEL SOL Cascajares, José Antonio ZALDÚA Urdanavia, Luis SUÁREZ Miramontes, Francisco GENTO López.
Manager: José VILLALONGA Llorente
Goal: Francisco GENTO López (66)

146. 01.12.1963
SPAIN v BELGIUM 1-2 (1-1)
Estadio de Mestalla, Valencia
Referee: Marcel Bois (France)   Attendance: 50,000
SPAIN: José Casas Gris "PEPÍN", Feliciano Muñoz RIVILLA, Fernando "Ferran" OLIVELLA Pons, Severino REIJA Vázquez, ADELARDO Rodríguez Sánchez (46 Jesús GLARÍA Jordán), Ignacio ZOCO Esparza, AMANCIO Amaro Varela, FÉLIX RUIZ Gabarri, José Antonio ZALDÚA Urdanavia, Ernesto DOMÍNGUEZ Hernández, Francisco GENTO López.
Manager: José VILLALONGA Llorente
BELGIUM: Jean Nicolay, Georges Heylens, Martin Lippens, Guillaume Raskin, Jean Cornelis, Pierre Hanon, Jef Jurion, Frans Vermeyen, Paul Van Himst, Paul Van Den Berg, Wilfried Puis. Manager: Arthur Ceuleers
Goals: Ignacio ZOCO Esparza (22) / Paul Van Den Berg (19), Wilfried Puis (61)

147. 11.03.1964   European Nation's Cup Qualifying – Quarter-final
SPAIN v REPUBLIC OF IRELAND 5-1 (4-1)
Estadio Ramón Sánchez Pizjuán, Sevilla
Referee: Lucien Van Nuffel (Belgium)   Attendance: 27,137
SPAIN: José Angel IRÍBAR Kortajarena, Feliciano Muñoz RIVILLA, Fernando "Ferran" OLIVELLA Pons, Isacio CALLEJA García, Ignacio ZOCO Esparza, Josep Maria FUSTÉ Blanch, AMANCIO Amaro Varela, Jesús María "Chus" PEREDA Ruiz de Temiño, MARCELINO Martínez Cao, Juan Manuel VILLA Gutierrez, Carlos LAPETRA Coarasa.
Manager: José VILLALONGA Llorente
REPUBLIC OF IRELAND: Alan Kelly, Theo Foley, Thomas Traynor, Ray Brady, Charlie Hurley, Mick Meagan, Johnny Giles, Andy McEvoy, Alfie Hale, Amby Fogarty, Joe Haverty.
Manager: Johnny Carey
Goals: AMANCIO Amaro Varela (13, 29), Josep Maria FUSTÉ Blanch (15), MARCELINO Martínez Cao (34, 88) / Andy McEvoy (22)

148. 08.04.1964   European Nation's Cup Qualifying – Quarter-final
REPUBLIC OF IRELAND v SPAIN 0-2 (0-1)
Dalymount Park, Dublin
Referee: Gérard André Versyp (Belgium)
Attendance: 38,027
REPUBLIC OF IRELAND: Alan Kelly, Tony Dunne, Willie Browne, Ray Brady, Charlie Hurley, Johnny Fullam, Johnny Giles, Andy McEvoy, Noel Cantwell, Paddy Turner, Alfie Hale.
Manager: Johnny Carey
SPAIN: José Angel IRÍBAR Kortajarena, Feliciano Muñoz RIVILLA, Fernando "Ferran" OLIVELLA Pons, Isacio CALLEJA García, Ignacio ZOCO Esparza, Josep Maria FUSTÉ Blanch, Jesús María "Chus" PEREDA Ruiz de Temiño, MARCELINO Martínez Cao, Pedro Tomás ZABALLA Barquín, Juan Manuel VILLA Gutierrez, Carlos LAPETRA Coarasa.
Manager: José VILLALONGA Llorente
Goals: Pedro Tomás ZABALLA Barquín (24, 85)

149. 17.06.1964   UEFA European Nation's Cup – Semi-final
SPAIN v HUNGARY 2-1 (1-0, 1-1) (AET)
Estadio Santiago Bernabéu, Madrid (Spain)
Referee: Arthur Blavier (Belgium)   Attendance: 34,713
SPAIN: José Angel IRÍBAR Kortajarena, Feliciano Muñoz RIVILLA, Fernando "Ferran" OLIVELLA Pons, Isacio CALLEJA García, Ignacio ZOCO Esparza, Josep Maria FUSTÉ Blanch, AMANCIO Amaro Varela, Jesús María "Chus" PEREDA Ruiz de Temiño, MARCELINO Martínez Cao, Luis SUÁREZ Miramontes, Carlos LAPETRA Coarasa.
Manager: José VILLALONGA Llorente
HUNGARY: Antal Szentmihályi, Sándor Mátrai, Kálmán Mészöly, László Sárosi, István Nagy, Ferenc Sipos, Ferenc Bene, Imre Komora, Flórián Albert, Lajos Tichy, Máté Fenyvesi.
Manager: Lajos Baróti
Goals: Jesús María "Chus" PEREDA Ruiz de Temiño (35), AMANCIO Amaro Varela (112) / Ferenc Bene (84)

150. 21.06.1964   UEFA European Nation's Cup – Final
SPAIN v SOVIET UNION 2-1 (1-1)
Estadio Santiago Bernabéu, Madrid (Spain)
Referee: Arthur Holland (England)   Attendance: 79,115
SPAIN: José Angel IRÍBAR Kortajarena, Feliciano Muñoz RIVILLA, Fernando "Ferran" OLIVELLA Pons, Isacio CALLEJA García, Ignacio ZOCO Esparza, Josep Maria FUSTÉ Blanch, AMANCIO Amaro Varela, Jesús María "Chus" PEREDA Ruiz de Temiño, MARCELINO Martínez Cao, Luis SUÁREZ Miramontes, Carlos LAPETRA Coarasa.
Manager: José VILLALONGA Llorente

SOVIET UNION: Lev Yashin, Viktor Shustikov, Albert Shesternev, Eduard Mudrik, Valeriy Voronin, Viktor Anichkin, Igor Chislenko, Valentin Ivanov, Viktor Ponedelnik, Aleksey Korneev, Galimzyan Khusainov.
Manager: Konstantin Beskov
Goals: Jesús María "Chus" PEREDA Ruiz de Temiño (6), MARCELINO Martínez Cao (84) / Galimzyan Khusainov (8)

151. 15.11.1964
PORTUGAL v SPAIN 2-1 (1-1)
Estádio do Futebol Clube do Porto, Porto
Referee: Pieter Paulus (Piet) Roomer (Netherlands)
Attendance: 50,000
PORTUGAL: Alberto Da COSTA PEREIRA, Manuel PEDRO GOMES, GERMANO Luís de Figueiredo, JOSÉ CARLOS Da Silva, Fernando da Conceição CRUZ, CUSTÓDIO João PINTO, Mário Esteves COLUNA, JOSÉ Augusto Pinto de ALMEIDA, JOSÉ Augusto da Costa Sénica TORRES, EUSÉBIO Da Silva Ferreira, Francisco Lage Pereira de NÓBREGA.
Manager: Otaviano "OTTO" Martins GLÓRIA
SPAIN: José Angel IRÍBAR Kortajarena, Feliciano Muñoz RIVILLA, Fernando "Ferran" OLIVELLA Pons (46 Eusebio RÍOS Fernández), Severino REIJA Vázquez, Ignacio ZOCO Esparza, Josep Maria FUSTÉ Blanch, AMANCIO Amaro Varela, Jesús María "Chus" PEREDA Ruiz de Temiño, MARCELINO Martínez Cao, Juan Manuel VILLA Gutierrez, Carlos LAPETRA Coarasa.
Manager: José VILLALONGA Llorente
Goals: EUSÉBIO Da Silva Ferreira (39, 70) / Josep Maria FUSTÉ Blanch (25)

152. 05.05.1965   FIFA World Cup Qualifying – Group 9
REPUBLIC OF IRELAND v SPAIN 1-0 (0-0)
Dalymount Park, Dublin
Referee: Leo Callaghan (Wales)   Attendance: 40,772
REPUBLIC OF IRELAND: Pat Dunne, Shay Brennan, Tony Dunne, Mick McGrath, Charlie Hurley, Jackie Hennessy, Frank O'Neill, Johnny Giles, Noel Cantwell, Andy McEvoy, Joe Haverty.   Manager: Johnny Carey
SPAIN: José Angel IRÍBAR Kortajarena, Feliciano Muñoz RIVILLA, Fernando "Ferran" OLIVELLA Pons, Severino REIJA Vázquez, Jesús GLARÍA Jordán, Ignacio ZOCO Esparza, José Armando UFARTE Ventoso, Vicente GUILLOT Fabián, MARCELINO Martínez Cao, ADELARDO Rodríguez Sánchez, Carlos LAPETRA Coarasa.
Manager: José VILLALONGA Llorente
Goal: José Angel IRÍBAR Kortajarena (61 og)

153.   08.05.1965
SCOTLAND v SPAIN 0-0

Hampden Park, Glasgow

Referee: Kevin Howley (England)   Attendance: 60,146

SCOTLAND: Billy Brown, Alex Hamilton, Eddie McCreadie, Billy Bremner, Billy McNeill, John Greig, Willie Henderson, Bobby Collins, Denis Law, Alan Gilzean, John (Yogi) Hughes.   Manager: Ian McColl

SPAIN: José Angel IRÍBAR Kortajarena, Feliciano Muñoz RIVILLA, Fernando "Ferran" OLIVELLA Pons, Severino REIJA Vázquez, Ignacio ZOCO Esparza, Jesús GLARÍA Jordán, José Armando UFARTE Ventoso, LUIS Aragonés Suárez, MARCELINO Martínez Cao, Luis María "KOLDO" AGUIRRE Vidaurrázaga, Carlos LAPETRA Coarasa.   Manager: José VILLALONGA Llorente

Sent off: Severino REIJA Vázquez (86)

154.   27.10.1965   FIFA World Cup Qualifying – Group 9
SPAIN v REPUBLIC OF IRELAND 4-1 (2-1)

Estadio Ramón Sánchez Puzjuán, Sevilla

Referee: Dr. Décio Vítor Bentes de Freitas (Portugal)
Attendance: 29,452

SPAIN: Antonio Rodrigo BETANCORT Barrera, Feliciano Muñoz RIVILLA, Fernando "Ferran" OLIVELLA Pons, Severino REIJA Vázquez, Jesús GLARÍA Jordán, Ignacio ZOCO Esparza, José Armando UFARTE Ventoso, Jesús María "Chus" PEREDA Ruiz de Temiño, MARCELINO Martínez Cao, Luis SUÁREZ Miramontes, Carlos LAPETRA Coarasa.   Manager: José VILLALONGA Llorente

REPUBLIC OF IRELAND: Pat Dunne, Theo Foley, Tony Dunne, Mick McGrath, Noel Cantwell, Mick Meagan, Frank O'Neill, Andy McEvoy, Eric Barber, Johnny Giles, Joe Haverty.   Manager: Johnny Carey

Goals: J.M. "Chus" PEREDA Ruiz de Temiño (40, 44, 58), Carlos LAPETRA Coarasa (63) / Andy McEvoy (26)

155.   10.11.1965   FIFA World Cup Qualifying – Play-off
SPAIN v REPUBLIC OF IRELAND 1-0 (0-0)

Parc des Princes, Paris (France)

Referee: Pierre Auguste Jean Schwinte (France)
Attendance: 35,731

SPAIN: Antonio Rodrigo BETANCORT Barrera, Feliciano Muñoz RIVILLA, Fernando "Ferran" OLIVELLA Pons, Severino REIJA Vázquez, Jesús GLARÍA Jordán, Ignacio ZOCO Esparza, José Armando UFARTE Ventoso, Jesús María "Chus" PEREDA Ruiz de Temiño, MARCELINO Martínez Cao, Luis SUÁREZ Miramontes, Carlos LAPETRA Coarasa.   Manager: José VILLALONGA Llorente

REPUBLIC OF IRELAND: Pat Dunne, Shay Brennan, Tony Dunne, Theo Foley, Mick Meagan, Noel Cantwell, Frank O'Neill, Éamon Dunphy, Andy McEvoy, Johnny Giles, Joe Haverty.   Manager: Johnny Carey

Goal: José Armando UFARTE Ventoso (82)

156.   08.12.1965
SPAIN v ENGLAND 0-2 (0-1)

Estadio Santiago Bernabéu, Madrid

Referee: Concetto Lo Bello (Italy)   Attendance: 30,000

SPAIN: José Angel IRÍBAR Kortajarena, Severino REIJA Vázquez, Fernando "Ferran" OLIVELLA Pons, Manuel SANCHÍS Martínez, Jesús GLARÍA Jordán, Ignacio ZOCO Esparza, José Armando UFARTE Ventoso, ADELARDO Rodríguez Sánchez, Fernando ANSOLA San Martín, MARCELINO Martínez Cao, Carlos LAPETRA Coarasa (35 Nemesio Martín Montejo "NEME").   Manager: José VILLALONGA Llorente

ENGLAND: Gordon Banks, George Cohen, Ray Wilson, Nobby Stiles, Jackie Charlton, Bobby Moore, Alan Ball, Roger Hunt, Joe Baker (43 Norman Hunter), George Eastham, Bobby Charlton.   Manager: Alf Ramsey

Goals: Joe Baker (8), Roger Hunt (58)

157.   23.06.1966
SPAIN v URUGUAY 1-1 (0-1)

Estadio Municipal de Riazor, La Coruña

Referee: Aníbal da Silva Oliveira (Portugal)
Attendance: 43,000

SPAIN: José Angel IRÍBAR Kortajarena, Manuel SANCHÍS Martínez, Ignacio ZOCO Esparza, ELADIO Silvestre Graells, Luis DEL SOL Cascajares, Jesús GLARÍA Jordán (62 José Luis VIOLETA Lajusticia), José Armando UFARTE Ventoso, Joaquín PEIRÓ Lucas (46 AMANCIO Amaro Varela), MARCELINO Martínez Cao, Carlos LAPETRA Coarasa (46 ADELARDO Rodríguez Sánchez), Francisco GENTO López.   Manager: José VILLALONGA Llorente

URUGUAY: Ladislao MAZURKIEWICZ Iglesias, Horacio Federico TROCHE Herrera, Nelson DÍAZ Marmolejo, Pablo Justo FORLÁN Lamarque, Néstor GONÇÁLVES Martinicorena, Omar CAETANO Otero, Julio César ABBADIE Gismero (46 José Eusebio URRUZMENDI Aycaguer), Julio César CORTÉS Lagos, Carlos Héctor SILVA (86 Víctor Rodolfo ESPÁRRAGO Videla), Pedro Virgílio ROCHA Franchetti (46 Héctor SALVÁ González), Domingo Salvador PÉREZ.   Manager: Ondino Leonel VIERA Palaserez

Goals: Francisco GENTO López (77) / Domingo Salvador PÉREZ (44)

158. 13.07.1966   FIFA World Cup Final Tournament – Group 2
ARGENTINA v SPAIN 2-1 (0-0)
Villa Park, Birmingham (England)
Referee: Dimitar Rumenchev (Bulgaria)   Attendance: 42,982
ARGENTINA: Antonio ROMA, Roberto Oscar FERREIRO, Roberto Alfredo PERFUMO, José Rafael ALBRECHT, Silvio MARZOLINI, Jorge Raul SOLARI, Antonio Ubaldo RATTIN, Alberto Mario GONZÁLEZ, Ermindo Angel ONEGA, Luis Alfredo ARTIME, Óscar Tomás MÁS Magallán. Manager: Juan Carlos LORENZO Pereira
SPAIN: José Angel IRÍBAR Kortajarena, Manuel SANCHÍS Martínez, Francisco Fernández Rodríguez "GALLEGO", ELADIO Silvestre Graells, José Martínez Sánchez "PIRRI", Ignacio ZOCO Esparza, José Armando UFARTE Ventoso, Luis DEL SOL Cascajares, Joaquín PEIRÓ Lucas, Luis SUÁREZ Miramontes, Francisco GENTO López. Manager: José VILLALONGA Llorente
Goals: Luis Alfredo ARTIME (65, 79) / José Martínez Sánchez "PIRRI" (72)

160. 20.07.1966   FIFA World Cup Final Tournament – Group 2
WEST GERMANY v SPAIN 2-1 (1-1)
Villa Park, Birmingham (England)
Referee: Armando Nunes Castanheira da Rosa Marques (Brazil)   Attendance: 42,187
WEST GERMANY: Hans Tilkowski, Horst-Dieter Höttges, Kalz-Heinz Schnellinger, Franz Beckenbauer, Willi Schulz, Wolfgang Weber, Werner Krämer, Wolfgang Overath, Uwe Seeler, Sigfried Held, Lothar Emmerich. Manager: Helmut Schön
SPAIN: José Angel IRÍBAR Kortajarena, Manuel SANCHÍS Martínez, Francisco Fernández Rodríguez "GALLEGO", Severino REIJA Vázquez, Ignacio ZOCO Esparza, Jesús GLARÍA Jordán, AMANCIO Amaro Varela, ADELARDO Rodríguez Sánchez, MARCELINO Martínez Cao, Josep Maria FUSTÉ Blanch, Carlos LAPETRA Coarasa. Manager: José VILLALONGA Llorente
Goals: Lothar Emmerich (39), Uwe Seeler (84) / Josep Maria FUSTÉ Blanch (24)

159. 15.07.1966   FIFA World Cup Final Tournament – Group 2
SPAIN v SWITZERLAND 2-1 (0-1)
Hillsborough Stadium, Sheffield (England)
Referee: Tofik Bakhramov (Soviet Union)
Attendance: 32,028
SPAIN: José Angel IRÍBAR Kortajarena, Manuel SANCHÍS Martínez, Francisco Fernández Rodríguez "GALLEGO", Severino REIJA Vázquez, José Martínez Sánchez "PIRRI", Ignacio ZOCO Esparza, AMANCIO Amaro Varela, Luis DEL SOL Cascajares, Joaquín PEIRÓ Lucas, Luis SUÁREZ Miramontes, Francisco GENTO López. Manager: José VILLALONGA Llorente
SWITZERLAND: Karl Elsener, Hansruedi Fuhrer, René Brodmann, Werner Leimgruber, Xavier Stierli, Heinz Bäni, Kurt Armbruster, Vittore Gottardi, Robert Hosp, Jakob (Köbi) Kuhn, René-Pierre Quentin. Manager: Alfredo Foni
Goals: Manuel SANCHÍS Martínez (58), AMANCIO Amaro Varela (75) / René-Pierre Quentin (29)

161. 23.10.1966   UEFA Euro 1968 Qualifying – Group 1
REPUBLIC OF IRELAND v SPAIN 0-0
Dalymount Park, Dublin
Referee: Hans (Hasse) Carlsson (Sweden)
Attendance: 38,877
REPUBLIC OF IRELAND: Alan Kelly, Shay Brennan, Noel Cantwell, Mick Meagan, Tony Dunne, Johnny Giles, Jimmy Conway, Frank O'Neill, Andy McEvoy, Ray Treacy, Tony O'Connell.   Manager: Johnny Carey
SPAIN: José Angel IRÍBAR Kortajarena, Manuel SANCHÍS Martínez, Francisco SANTAMARÍA Mirones, Severino REIJA Vázquez, Jesús GLARÍA Jordán, José Luis VIOLETA Lajusticia, Luciano Sánchez García "VAVÁ", Fernando ANSOLA San Martín, LUIS Aragonés Suárez, MARCIAL Manuel Pina Morales, Francisco "PAQUITO" García Gómez. Manager: José VILLALONGA Llorente

162.   07.12.1966   UEFA Euro 1968 Qualifying – Group 1

SPAIN v REPUBLIC OF IRELAND 2-0 (2-0)

Estadio de Mestalla, Valencia

Referee: Pieter Paulus (Piet) Roomer (Netherlands)
Attendance: 22,000

SPAIN: José Angel IRÍBAR Kortajarena, Manuel SANCHÍS Martínez, Francisco Fernández Rodríguez "GALLEGO", Severino REIJA Vázquez, José Luis VIOLETA Lajusticia, Francisco "PAQUITO" García Gómez, Vicente Anastasio JARA Segovia, José Martínez Sánchez "PIRRI", Fernando ANSOLA San Martín, LUIS Aragonés Suárez, JOSÉ MARÍA García Lavilla.   Manager: Domènec BALMANYA Perera

REPUBLIC OF IRELAND: Alan Kelly, Shay Brennan, Charlie Hurley, John Dempsey, Tony Dunne, Éamon Dunphy, Mick Meagan, Frank O'Neill, Jimmy Conway, Alfie Hale, Joe Haverty.   Manager: Johnny Carey

Goals: JOSÉ MARÍA García Lavilla (22), José Martínez Sánchez "PIRRI" (36)

163.   01.02.1967   UEFA Euro 1968 Qualifying – Group 1

TURKEY v SPAIN 0-0

Ali Sami Yen Stadi, Istanbul

Referee: Gyula Gere (Hungary)   Attendance: 27,262

TURKEY: Ali Artuner, Talat Özkarsli, Yilmaz Sen, Ercan Aktuna, Yusuf Tunaoglu, Seref Has, Nevzat Güzelirmak, Ogün Altiparmak, Fevzi Zemzem, Faruk Karadogan, Fehmi Saginoglu.   Manager: Adnan Süvari

SPAIN: José Angel IRÍBAR Kortajarena, Manuel SANCHÍS Martínez, Francisco Fernández Rodríguez "GALLEGO", Severino REIJA Vázquez, José Luis VIOLETA Lajusticia, José Martínez Sánchez "PIRRI", Francisco "PAQUITO" García Gómez, Manuel VELÁZQUEZ Villaverde, AMANCIO Amaro Varela, Ramón Moreno GROSSO, JOSÉ MARÍA García Lavilla.   Manager: Domènec BALMANYA Perera

164.   24.05.1967

ENGLAND v SPAIN 2-0 (0-0)

British Empire Exhibition Stadium, London

Referee: István Zsolt (Hungary)   Attendance: 97,500

ENGLAND: Peter Bonetti, George Cohen, Keith Newton, Alan Mullery, Brian Labone, Bobby Moore, Alan Ball, Jimmy Greaves, Geoff Hurst, Roger Hunt, John Hollins.   Manager: Alf Ramsey

SPAIN: José Angel IRÍBAR Kortajarena, Manuel SANCHÍS Martínez, Francisco Fernández Rodríguez "GALLEGO", Severino REIJA Vázquez, José Luis VIOLETA Lajusticia, José Martínez Sánchez "PIRRI", Jesús GLARÍA Jordán, JOSÉ MARÍA García Lavilla, AMANCIO Amaro Varela, Ramón Moreno GROSSO, Francisco GENTO López.   Manager: Domènec BALMANYA Perera

Goals: Jimmy Greaves (70), Roger Hunt (75)

165.   31.05.1967   UEFA Euro 1968 Qualifying – Group 1

SPAIN v TURKEY 2-0 (0-0)

Estadio de San Mamés, Bilbao

Referee: Othmar Huber (Switzerland)   Attendance: 30,000

SPAIN: José Angel IRÍBAR Kortajarena, Manuel SANCHÍS Martínez, Francisco Fernández Rodríguez "GALLEGO", Severino REIJA Vázquez, Francisco "PAQUITO" García Gómez, Jesús GLARÍA Jordán, José Armando UFARTE Ventoso, ADELARDO Rodríguez Sánchez, Ramón Moreno GROSSO, JOSÉ MARÍA García Lavilla, Francisco GENTO López.   Manager: Domènec BALMANYA Perera

TURKEY: Ali Artuner, Sükrü Birant, Talat Özkarsli, Yilmaz Sen, Fehmi Saginoglu, Ayhan Elmastasoglu, Seref Has, Ergün Acuner, Ogün Altiparmak, Fevzi Zemzem, Faruk Karadogan.   Manager: Adnan Süvari

Goals: Ramón Moreno GROSSO (63), Francisco GENTO López (81)

166.   01.10.1967   UEFA Euro 1968 Qualifying – Group 1

CZECHOSLOVAKIA v SPAIN 1-0 (0-0)

Stadion Eden, Prague

Referee: Gerhard Schulenburg (West Germany)
Attendance: 20,534

CZECHOSLOVAKIA: Ivo Viktor, Dusan Kabát, Jan Lála, Alexander Horváth, Ján Popluhár, Vladimír Táborský, Ján Geleta, Ladislav Kuna, Bohumil Veselý, Juraj Szikora, Jozef Adamec.   Manager: Jozef Marko

SPAIN: José Angel IRÍBAR Kortajarena, Manuel SANCHÍS Martínez, Antonio "TONONO" Alfonso Moreno, Severino REIJA Vázquez, José Martínez Sánchez "PIRRI", Francisco Fernández Rodríguez "GALLEGO", AMANCIO Amaro Varela, Ramón Moreno GROSSO, MARCELINO Martínez Cao, ADELARDO Rodríguez Sánchez, JOSÉ MARÍA García Lavilla.   Manager: Domènec BALMANYA Perera

Goal: Alexander Horváth (47)

167.   22.10.1967   UEFA Euro 1968 Qualifying – Group 1
SPAIN v CZECHOSLOVAKIA   2-1   (1-0)
Estadio Santiago Bernabéu, Madrid
Referee: Antonio Sbardella (Italy)   Attendance: 35,000
SPAIN: José Angel IRÍBAR Kortajarena, Manuel Fernández OSORIO, Antonio "TONONO" Alfonso Moreno, Severino REIJA Vázquez, Francisco Fernández Rodríguez "GALLEGO", José Martínez Sánchez "PIRRI", MARCIAL Manuel Pina Morales, AMANCIO Amaro Varela, LUIS Aragonés Suárez, José Eulogio GÁRATE Otmaechea, JOSÉ MARÍA García Lavilla.   Manager: Domènec BALMANYA Perera
CZECHOSLOVAKIA: Ivo Viktor, Jan Lála, Alexander Horváth, Ján Popluhár, Vladimír Táborský, Ján Geleta, Ladislav Kuna, Bohumil Veselý, Juraj Szikora, Vojtech Masný, Jaroslav Boros.   Manager: Jozef Marko
Goals: José Martínez Sánchez "PIRRI" (32), José Eulogio GÁRATE Otmaechea (60) / Ladislav Kuna (75)

168.   28.02.1968
SPAIN v SWEDEN   3-1   (2-1)
Estadio Ramón Sánchez Pizjuán, Sevilla
Referee: Joaquim Fernandes de Campos (Portugal)
Attendance: 18,000
SPAIN: José Angel IRÍBAR Kortajarena, Manuel Fernández OSORIO, Antonio "TONONO" Alfonso Moreno, Juan Manuel CANÓS Ferrer, Francisco Fernández Rodríguez "GALLEGO", José Martínez Sánchez "PIRRI" (61 José CLARAMUNT Torres), Joaquím RIFÉ Climent, Fidel URIARTE Macho (44 Manuel VELÁZQUEZ Villaverde), AMANCIO Amaro Varela (46 LUIS Aragonés Suárez), Fernando ANSOLA San Martín, Francisco GENTO López.
Manager: Domènec BALMANYA Perera
SWEDEN: Sven-Gunnar Larsson, Hans Selander, Kurt Axelsson, Björn Nordqvist, Roland Grip, Torbjörn Jonsson, Leif Eriksson (82 Sven Lindman), Jan Olsson, Inge Ejderstedt, Ove Kindvall (75 Thomas Nordahl), Ingvar Svahn (85 Sven Andersson).   Manager: Orvar Bergmark
Goals: AMANCIO Amaro Varela (20, 25), Joaquím RIFÉ Climent (67) / Inge Ejderstedt (16)

169.   03.04.1968   UEFA Euro 1968 Qualifying – Quarter-final
ENGLAND v SPAIN   1-0   (0-0)
British Empire Exhibition Stadium, London
Referee: Gilbert Edouard Droz (Switzerland)
Attendance: 100,000
ENGLAND: Gordon Banks, Cyril Knowles, Ray Wilson, Alan Mullery, Jackie Charlton, Bobby Moore, Alan Ball, Roger Hunt, Mike Summerbee, Bobby Charlton, Martin Peters.
Manager: Alf Ramsey
SPAIN: Salvador SADURNÍ Urpi, José Ignacio "Iñaki" SÁEZ Ruiz, Francisco Fernández Rodríguez "GALLEGO", Juan Manuel CANÓS Ferrer, José Martínez Sánchez "PIRRI", Ignacio ZOCO Esparza, Manuel Polinario Muñoz "POLI", AMANCIO Amaro Varela, Fernando ANSOLA San Martín, Ramón Moreno GROSSO, José CLARAMUNT Torres.
Manager: Domènec BALMANYA Perera
Goal: Bobby Charlton (84)

170.   02.05.1968
SWEDEN v SPAIN   1-1   (1-0)
Malmö Stadion, Malmö
Referee: Hans-Joachim Weyland (West Germany)
Attendance: 27,275
SWEDEN: Sven-Gunnar Larsson, Hans Selander, Kurt Axelsson, Björn Nordqvist, Roland Grip, Torbjörn Jonsson (60 Sven Lindman), Leif Eriksson, Bo (Bosse) Larsson, Inge Ejderstedt (71 Ingvar Svahn), Ove Kindvall, Thomas Nordahl.
Manager: Orvar Bergmark
SPAIN: José Angel IRÍBAR Kortajarena (46 Salvador SADURNÍ Urpi), José Ignacio "Iñaki" SÁEZ Ruiz, Antonio "TONONO" Alfonso Moreno, Francisco Fernández Rodríguez "GALLEGO" (46 Francisco CASTELLANO Rodríguez), Juan Manuel CANÓS Ferrer, Juan GUEDES Rodríguez, Eleuterio SANTOS Brito, Joaquím RIFÉ Climent, LUIS Aragonés Suárez (46 Miguel Angel BUSTILLO Lafoz), GERMÁN DÉVORA Ceballos, José CLARAMUNT Torres.
Manager: Domènec BALMANYA Perera
Goals: Thomas Nordahl (14) / Francisco CASTELLANO Rodríguez (72)

171. 08.05.1968   UEFA Euro 1968 Qualifying – Quarter-final
SPAIN v ENGLAND   1-2 (0-0)

Estadio Santiago Bernabéu, Madrid

Referee: Josef Krnávek (Czechoslovakia)
Attendance: 120,000

SPAIN: Salvador SADURNÍ Urpi, José Ignacio "Iñaki" SÁEZ Ruiz, Francisco Fernández Rodríguez "GALLEGO", Juan Manuel CANÓS Ferrer, José Martínez Sánchez "PIRRI", Ignacio ZOCO Esparza, Joaquím RIFÉ Climent, AMANCIO Amaro Varela, Ramón Moreno GROSSO, Manuel VELÁZQUEZ Villaverde, Francisco GENTO López. Manager: Domènec BALMANYA Perera

ENGLAND: Peter Bonetti, Keith Newton, Ray Wilson, Alan Mullery, Brian Labone, Bobby Moore, Alan Ball, Martin Peters, Bobby Charlton, Roger Hunt, Norman Hunter.
Manager: Alf Ramsey

Goals: AMANCIO Amaro Varela (48) / Martin Peters (55), Norman Hunter (81)

172. 17.10.1968
FRANCE v SPAIN   1-3 (1-0)

Stade de Gerland, Lyon

Referee: Aurelio Angonese (Italy)   Attendance: 35,000

FRANCE: Georges Carnus, Jean Djorkaeff, Roland Mitoraj, Bernard Bosquier, Jean Baeza, Aimé Jacquet, Robert Szczepaniak (46 Jacques Simon), Robert Herbin, Bernard Blanchet, André Guy, Georges Bereta.
Manager: Louis Dugauguez

SPAIN: Salvador SADURNÍ Urpi (46 José Angel IRÍBAR Kortajerena), Antonio TORRES García, Francisco Fernández Rodríguez "GALLEGO" (42 GERMÁN DÉVORA Ceballos), ELADIO Silvestre Graells, Francisco CASTELLANO Rodríguez (36 Antonio "TONONO" Alfonso Moreno), José Martínez Sánchez "PIRRI", MARCIAL Manuel Pina Morales, Pedro María ZABALZA Inda, AMANCIO Amara Varela, José Armando UFARTE Ventoso, LUIS Aragonés Suárez.
Manager: Eduardo TOBA Muíño

Goals: Bernard Blanchet (22) / José Martínez Sánchez "PIRRI" (59), José Armando UFARTE Ventoso (74), LUIS Aragonés Suárez (84)

173. 27.10.1968   FIFA World Cup Qualification – Group 6
YUGOSLAVIA v SPAIN   0-0

Stadion Crvena Zvezda, Beograd

Referee: Ferdinand Marschall (Austria)   Attendance: 23,963

YUGOSLAVIA: Ivan Curkovic, Rudolf Cvek, Zivorad Jevtic, Miroslav Pavlovic, Kiril Dojcinovski, Dragan Holcer, Ilija Petkovic (46 Josip Bukal), Rudolf Belin, Slaven Zambata, Miroslav Vardic, Krasnodar Rora (46 Bosko Antic).
Manager: Rajko Mitic

SPAIN: José Angel IRÍBAR Kortajerena, Antonio TORRES García, Antonio "TONONO" Alfonso Moreno, ELADIO Silvestre Graells, José Martínez Sánchez "PIRRI", Pedro María ZABALZA Inda, MARCIAL Manuel Pina Morales (80 Francisco Fernández Rodríguez "GALLEGO"), GERMÁN DÉVORA Ceballos, José Armando UFARTE Ventoso, AMANCIO Amara Varela, LUIS Aragonés Suárez (29 Jesús María "Chus" PEREDA Ruiz de Temiño).
Manager: Eduardo TOBA Muíño

174. 11.12.1968   FIFA World Cup Qualification – Group 6
SPAIN v BELGIUM   1-1 (0-1)

Estadio Santiago Bernabéu, Madrid

Referee: Salvador Heliodoro Garcia (Portugal)
Attendance: 11,906

SPAIN: Salvador SADURNÍ Urpí, Antonio TORRES García, Antonio "TONONO" Alfonso Moreno (46 Francisco Fernández Rodríguez "GALLEGO"), ELADIO Silvestre Graells, Pedro María ZABALZA Inda, José Martínez Sánchez "PIRRI", GERMÁN DÉVORA Ceballos (46 MARCIAL Manuel Pina Morales), José CLARAMUNT Torres, AMANCIO Amaro Varela, José Eulogio GÁRATE Ormaechea, Ramón Moreno GROSSO.   Manager: Eduardo TOBA Muíño

BELGIUM: Jean-Marie Trappeniers, Léon Jeck, Pierre Hanon, Nicolas Dewalque, Jean Thissen, Wilfried Van Moer, Jean Dockx, Léon Semmeling, Johan Devrindt, Odilon Polleunis, Jan Verheyen.   Manager: Raymond Goethals

Goals: José Eulogio GÁRATE Ormaechea (76) / Johan Devrindt (3)
Sent off: Pierre Hanon (75)

175. 23.02.1969 FIFA World Cup Qualification – Group 6
BELGIUM v SPAIN 2-1 (1-0)
Stade de Sclessin, Ougrée
Referee: Tage Sørensen (Denmark)   Attendance: 31,668
BELGIUM: Jean-Marie Trappeniers, Georges Heylens, Léon Jeck, Nicolas Dewalque, Jean Thissen, Wilfried Van Moer (47 Jean Dockx), Odilon Polleunis, Léon Semmeling, Johan Devrindt, Paul Van Himst, Wilfried Puis.
Manager: Raymond Goethals
SPAIN: José Ángel IRÍBAR Cortajarena, MARTÍN Marrero de la Cruz (II) (33 Antonio TORRES García), Francisco Fernández Rodríguez "GALLEGO", ELADIO Silvestre Graells, Ignacio ZOCO Esparza, Jesús GLARÍA Jordán, Ramón Moreno GROSSO, Manuel VELÁZQUEZ Villaverde, José CLARAMUNT Torres (69 Juan Manuel ASENSI Ripoll), AMANCIO Amaro Varela, Luciano Sánchez Rodríguez "VAVÁ".
Manager: Eduardo TOBA Muíño
Goals: Johan Devrindt (32, 76) / Juan Manuel ASENSI Ripoll (77)
Sent off: ELADIO Silvestre Graells (63)

176. 26.03.1969
SPAIN v SWITZERLAND 1-0 (1-0)
Estadio de Mestralla, Valencia
Referee: Robert Lacoste (France)   Attendance: 13,000
SPAIN: Salvador SADURNÍ Urpí, Antonio TORRES García, Francisco Fernández Rodríguez "GALLEGO", Francisco VIDAGAÑY Hernández, Pedro María ZABALZA Inda, Juan GUEDES Rodríguez, José CLARAMUNT Torres (46 José Armando UFARTE Ventoso), Ramón Moreno GROSSO, Miguel Angel BUSTILLO Lafoz, Manuel VELÁZQUEZ Villaverde, José Francisco "Txetxu" ROJO Arroitia (I).
Managers: Salvador ARTIGAS Sahún, Luis MOLOWNY Arbelo & Miguel MUÑOZ Mozún
SWITZERLAND: Mario Prosperi, Konrad Baumgartner, Peter Ramseier, Ely Tacchella, Georges Perroud, Karl Odermatt, Roland Citherlet, Jakob (Köbi) Kuhn, Vincenzo Brenna (46 Georges Vuilleumier), Walter Müller, Daniel Jeandupeux (46 Friedrich (Fritz) Künzli).
Manager: Erwin Ballabio
Goal: Miguel Angel BUSTILLO Lafoz (25)

177. 23.04.1969
SPAIN v MEXICO 0-0
Estadio Ramón Sánchez Pizjuán, Sevilla
Referee: Manuel Lousada Rodrigues (Portugal)
Attendance: 40,000
SPAIN: Salvador SADURNÍ Urpí, MARTÍN Marrero de la Cruz (II), Antonio "TONONO" Alfonso Moreno, Francisco VIDAGAÑY Hernández, Antonio Manuel "ANTÓN" Martínez Morales (46 Pedro María ZABALZA Inda), Jesús GLARÍA Jordán, AMANCIO Amaro Varela, Ramón Moreno GROSSO, Miguel Angel BUSTILLO Lafoz, Manuel VELÁZQUEZ Villaverde, José Francisco "Txetxu" ROJO Arroitia (I) (46 Carles REXACH Cerdá). Managers: Salvador ARTIGAS Sahún, Luis MOLOWNY Arbelo & Miguel MUÑOZ Mozún
MEXICO: Ignacio Francisco CALDERÓN González, José Javier SÁNCHEZ Galindo, Mario PÉREZ Guadarrama, José Raymundo VANTOLRÁ Rangel, Gabriel NUÑEZ Aguirre, Enrique David BORJA Garcia, Héctor PULIDO Rodríguez, Antonio MUNGUÍA Flores (89 Ernesto CISNEROS Salcedo), Isidoro DÍAZ Mejia, Aarón PADILLA Gutiérrez, Javier Gonzalo FRAGOSO Rodríguez.
Manager: Raúl CÁRDENAS de la Vega

178. 30.04.1969 FIFA World Cup Qualification – Group 6
SPAIN v YUGOSLAVIA 2-1 (2-0)
Estadio del Club de Fútbol Barcelona, Barcelona
Referee: Rudolf Scheurer (Switzerland)   Attendance: 29,914
SPAIN: Salvador SADURNÍ Urpí, MARTÍN Marrero de la Cruz (II), Antonio "TONONO" Alfonso Moreno, Francisco VIDAGAÑY Hernández, Jesús GLARÍA Jordán, Pedro María ZABALZA Inda, AMANCIO Amaro Varela, Ramón Moreno GROSSO (46 Josep Maria FUSTÉ Blanch), Miguel Angel BUSTILLO Lafoz, Manuel VELÁZQUEZ Villaverde, Carles REXACH Cerdá. Managers: Salvador ARTIGAS Sahún, Luis MOLOWNY Arbelo & Miguel MUÑOZ Mozún
YUGOSLAVIA: Ivan Curkovic, Mane Bajic, Branko Gracanin, Miroslav Pavlovic, Blagoje Paunovic, Dragan Holcer, Nenad Bjekovic (46 Ilija Katic), Dobrivoje Trivic, Ivica Osim, Jovan Acimovic (46 Denijal Piric), Dragan Dzajic.
Manager: Rajko Mitic
Goals: Miguel Angel BUSTILLO Lafoz (20), AMANCIO Amaro Varela (27) / Miroslav Pavlovic (66)

179.   25.06.1969   FIFA World Cup Qualification – Group 6
FINLAND v SPAIN 2-0 (2-0)

Helsingin Olympiastadion, Helsinki

Referee: Günter Männig (East Germany)
Attendance: 11,838

FINLAND: Lars Näsman, Pertti Mäkipää, Seppo Kilponen, Raimo Saviomaa, Timo Kautonen, Timo Nummelin, Matti Mäkelä, Teuvo Andelmin, Arto Tolsa, Kalevi Nupponen, Tommy Lindholm.   Manager: Olavi Laaksonen

SPAIN: Salvador SADURNÍ Urpí, MARTÍN Marrero de la Cruz (II), Antonio "TONONO" Alfonso Moreno, Francisco VIDAGAÑY Hernández, Jesús GLARÍA Jordán, Pedro María ZABALZA Inda (46 Josep Maria FUSTÉ Blanch), AMANCIO Amaro Varela (74 Francisco BALLESTER Enguix), Ramón Moreno GROSSO, Miguel Angel BUSTILLO Lafoz, Manuel VELÁZQUEZ Villaverde, Juan Manuel ASENSI Ripoll.
Managers: Salvador ARTIGAS Sahún, Luis MOLOWNY Arbelo & Miguel MUÑOZ Mozún

Goals: Tommy Lindholm (7), Arto Tolsa (20)

180.   15.10.1969   FIFA World Cup Qualification – Group 6
SPAIN v FINLAND 6-0 (5-0)

Estadio Municipal José Antonio, La Línea de la Concepción

Referee: Robert Georges Jean Héliès (France)
Attendance: 20,904

SPAIN: Miguel REINA Santos, José Agustín Aranzábal Askasibar "GAZTELU", Fernando BARRACHINA Plo, ELADIO Silvestre Graells, José Martínez Sánchez "PIRRI", José Luis VIOLETA Lajusticia, AMANCIO Amaro Varela, Manuel VELÁZQUEZ Villaverde, José Eulogio GÁRATE Ormaechea (46 Lluis PUJOL Codina), Juan Manuel ASENSI Ripoll, Francisco GENTO López (53 Joaquín "QUINO" Sierra Vallejo).
Manager: Ladislav (László) KUBALA Stecz

FINLAND: Lars Näsman (15 Timo Nevanperä), Pertti Mäkipää, Seppo Kilponen, Henry Forssell, Esko Ranta, Arvo Lamberg, Raimo Saviomaa, Juhani Peltonen, Arto Tolsa, Raimo Toivanen, Tommy Lindholm (46 Seppo Mäkelä).
Manager: Olavi Laaksonen

Goals: José Martínez Sánchez "PIRRI" (6), José Eulogio GÁRATE Ormaechea (20, 42), Manuel VELÁZQUEZ Villaverde (22), AMANCIO Amaro Varela (44), Joaquín "QUINO" Sierra Vallejo (85)

181.   11.02.1970
SPAIN v WEST GERMANY 2-0 (2-0)

Estadio Ramón Sánchez Pizjuán, Sevilla

Referee: René Vigliani (France)   Attendance: 14,900

SPAIN: José Ángel IRÍBAR Cortajarena, Juan Cruz SOL Oria (85 Francisco Delgado MELO), Francisco Fernández Rodríguez "GALLEGO", ELADIO Silvestre Graells, Enrique Álvarez COSTAS, Fidel URIARTE Macho, Enrique LORA Millán, AMANCIO Amaro Varela, José Eulogio GÁRATE Ormaechea (69 José Armando UFARTE Ventoso), Antonio María ARIETA-Araunabeña Piedra (II), José Francisco "Txetxu" ROJO Arroitia (I).
Manager: Ladislav (László) KUBALA Stecz

WEST GERMANY: Manfred Manglitz, Berti Vogts, Wolfgang Weber, Willi Schulz, Kalz-Heinz Schnellinger, Günter Netzer, Helmut Haller, Reinhard (Stan) Libuda, Uwe Seeler, Gerd Müller, Jürgen Grabowski.   Manager: Helmut Schön

Goals: Antonio ARIETA-Araunabeña Piedra (II) (17, 41)

182.   21.02.1970
SPAIN v ITALY 2-2 (2-2)

Estadio Santiago Bernabéu, Madrid

Referee: Kurt Tschenscher (West Germany)
Attendance: 80,000

SPAIN: José Ángel IRÍBAR Cortajarena, Juan Cruz SOL Oria, Francisco Fernández Rodríguez "GALLEGO" (75 José Luis VIOLETA Lajustica), ELADIO Silvestre Graells, Enrique Álvarez COSTAS (47 Ramón Moreno GROSSO), Fidel URIARTE Macho, Enrique LORA Millán, AMANCIO Amaro Varela, José Eulogio GÁRATE Ormaechea, Antonio María ARIETA-Araunabeña Piedra (II), José Francisco "Txetxu" ROJO Arroitia (I)
Manager: Ladislav (László) KUBALA Stecz

ITALY: Dino Zoff, Tarciscio Burgnich, Giacinto Facchetti, Pierluigi Cera, Giorgio Puia, Sandro Salvadore, Angelo Domenghini, Gianni Rivera, Pietro Anastasi, Giancarlo De Sisti, Luigi Riva.   Manager: Ferruccio Valcareggi

Goals: Sandro Salvadore (23 og), Antón ARIETA-Araunabeña Piedra (II) (25) / Pietro Anastasi (11), Luigi Riva (18)

183. 22.04.1970
SWITZERLAND v SPAIN 0-1 (0-1)
Stade Olympique de La Pontaise, Lausanne
Referee: Ferdinand Biwersi (West Germany)
Attendance: 28,000

SWITZERLAND: Karl Grob, Anton Weibel, Roland Citherlet (72 Georges Vuilleumier), Pierre-Albert (Gabet) Chapuisat, Jean-Paul Loichat, Karl Odermatt, Peter Ramseier, Jakob (Köbi) Kuhn, Ernst Rutschmann, Rolf Blätter (62 Friedrich (Fritz) Künzli), René-Pierre Quentin.
Managers: René Hüssy & Louis Maurer

SPAIN: José Ángel IRÍBAR Cortazarena, Juan Cruz SOL Oria, Francisco Fernández Rodríguez "GALLEGO", ELADIO Silvestre Graells, José Luis VIOLETA Lajustica, Fidel URIARTE Macho, Enrique LORA Millán, AMANCIO Amaro Varela, José Eulogio GÁRATE Ormaechea (66 Juan Manuel ASENSI Ripoll), Antonio María ARIETA-Araunabeña Piedra (II) (46 Ramón Moreno GROSSO), José Francisco "Txetxu" ROJO Arroitia (I).   Manager: Ladislav (László) KUBALA Stecz

Goal: José Francisco "Txetxu" ROJO Arroitia (I) (7)

184. 28.10.1970
SPAIN v GREECE 2-1 (1-0)
Estadio de La Romareda, Zaragoza
Referee: René Vigliani (France)   Attendance: 6,851

SPAIN: José Ángel IRÍBAR Cortazarena, Francisco Delgado MELO, Juan Cruz SOL Oria (46 Francisco Fernández Rodríguez "GALLEGO"), Enrique Álvarez COSTAS, Fidel URIARTE Macho, ADELARDO Rodríguez Sánchez, AMANCIO Amaro Varela (31 José Fernando Martínez RODILLA), LUIS Aragonés Suárez, José Eulogio GÁRATE Ormaechea (46 Enrique "QUINI" Castro González), MARCIAL Manuel Pina Morales, Carles REXACH Cerdá.
Manager: Ladislav (László) KUBALA Stecz

GREECE: Takis Ikonomopoulos, Aristidis Kamaras, Giorgos Skrekis, Apostolos Toskas (73 Grigoris Aganian), Nikos Stathopoulos, Dimitris Domazos (43 Stathis Chaitas), Kostas Eleftherakis, Nikos Gioutsos (68 Antonis Antoniadis), Giorgios Koudas, Mihalis Kritikopoulos (70 Petros Vouzounerakis), Dimitris Papaioannou.   Manager: Lakis Petropoulos

Goals: LUIS Aragonés Suárez (22), Enrique "QUINI" Castro González (69) / Dimitris Papaioannou (87)

185. 11.11.1970   UEFA Euro 1972 Qualifying – Group 4
SPAIN v NORTHERN IRELAND 3-0 (1-0)
Estadio Ramón Sánchez Pizjuán, Sevilla
Referee: Gyula Emsberger (Hungary)   Attendance: 26,215

SPAIN: José Ángel IRÍBAR Cortazarena, Joaquím RIFÉ Climent, Francisco Fernández Rodríguez "GALLEGO", Juan Cruz SOL Oria (46 Juan López HITA), Enrique Álvarez COSTAS, José Luis VIOLETA Lajustica, Antonio María ARIETA-Araunabeña Piedra (II), LUIS Aragonés Suárez, Enrique "QUINI" Castro González (46 Enrique LORA Millán), José Martínez Sánchez "PIRRI", Carles REXACH Cerdá.
Manager: Ladislav (László) KUBALA Stecz

NORTHERN IRELAND: Willie (Iam) McFaul, Dave Craig, Sammy Nelson, Terry Neill, Tommy Jackson, Liam O'Kane, David Sloan, George Best, Derek Dougan (21 Sam Todd), Terry Harkin, Dave Clements.   Manager: Billy Bingham

Goals: Carles REXACH Cerdá (39), José Martínez Sánchez "PIRRI" (59), LUIS Aragonés Suárez (77)

186. 20.02.1971
ITALY v SPAIN 1-2 (0-2)
Stadio Sant'Elia, Cagliari
Referee: Robert Frauciel (France)   Attendance: 27,492

ITALY: Dino Zoff, Aldo Bet, Tarcisio Burgnich (46 Ugo Ferrante), Giacinto Facchetti, Mario Bertini, Roberto Rosato, Alessandro Mazzola, Gianni Rivera, Roberto Boninsegna, Giancarlo De Sisti, Pierino Prati.
Manager: Ferruccio Valcareggi

SPAIN: José Ángel IRÍBAR Cortazarena, Juan Cruz SOL Oria, Francisco Fernández Rodríguez "GALLEGO", Antonio "TONONO" Alfonso Moreno, Enrique Álvarez COSTAS, José CLARAMUNT Torres, AMANCIO Amaro Varela (68 MARCIAL Manuel Pina Morales), José Martínez Sánchez "PIRRI", José Eulogio GÁRATE Ormaechea (76 Antonio María ARIETA-Araunabeña Piedra (II)), Fidel URIARTE Macho, José Ignacio CHURRUCA Sistiaga.
Manager: Ladislav (László) KUBALA Stecz

Goals: Giancarlo De Sisti (79) / José Martínez Sánchez "PIRRI" (35), Fidel URIARTE Macho (40)

187.   17.03.1971
SPAIN v FRANCE   2-2 (0-1)
Estadio Luís Casanova, Valencia
Referee: Aurelio Angonese (Italy)   Attendance: 20,038

SPAIN: José Angel IRÍBAR Cortajerena, Juan Cruz SOL Oria, Francisco Fernández Rodríguez "GALLEGO", Antonio "TONONO" Alfonso Moreno, Antonio Manuel "ANTÓN" Martínez Morales, Enrique Álvarez COSTAS (46 Enrique LORA Millán), José Martínez Sánchez "PIRRI", José CLARAMUNT Torres, AMANCIO Amara Varela (46 Carlos REXACH Cerdá), Antonio María ARIETA-Araunabeña Piedra (II) (46 Enrique "QUINI" Castro González), José Ignacio CHURRUCA Sistiaga.
Manager: Ladislav (László) KUBALA Stecz

FRANCE: Georges Carnus, Jean Djorkaeff, Jacques Novi, Bernard Bosquier, Jean-Paul Rostagni, Henri Michel, Georges Lech, Michel Mézy, Georges Bereta, Hervé Revelli, Charly Loubet (10 Louis Floch).   Manager: Georges Boulogne

Goals: José Martínez Sánchez "PIRRI" (61, 63) /
Hervé Revelli (14, 54)

188.   09.05.1971   UEFA Euro 1972 Qualifying – Group 4
CYPRUS v SPAIN   0-2 (0-1)
G.S.P. Stadium Eugenia and Antonios Theodotou, Nicosia
Referee: Constantin Barbulescu (Romania)
Attendance: 5,818

CYPRUS: Dimos Eleftheriadis, Charis Kantzilieris, Kostakis Alexandrou, Dimos Kavazis, Kokos Antoniou, Takis Papettas, Pavlos Vasiliou (67 Lakis Theodorou), Pashalis Fokkis, Andreas Stylianou, Pamboulis Papadopoulos, Stefanis Mihail.
Manager: Ray Wood

SPAIN: Miguel REINA Santos, José Luis VIOLETA Lajustica, Gregorio "Goyo" BENITO Rubio, Antonio "TONONO" Alfonso Moreno, Antonio Manuel "ANTÓN" Martínez Morales, José Martínez Sánchez "PIRRI", José CLARAMUNT Torres, Fidel URIARTE Macho (46 Enrique LORA Millán), AMANCIO Amara Varela, Enrique "QUINI" Castro González, José Ignacio CHURRUCA Sistiaga (55 Carlos REXACH Cerdá).
Manager: Ladislav (László) KUBALA Stecz

Goals: José Martínez Sánchez "PIRRI" (3),
José Luis VIOLETA Lajustica (86)

189.   30.05.1971   UEFA Euro 1972 Qualifying – Group 4
SOVIET UNION v SPAIN   2-1 (0-0)
Lenin Central Stadium, Moscow
Referee: Ferdinand Biwerski (West Germany)
Attendance: 81,700

SOVIET UNION: Evgeniy Rudakov, Revaz Dzodzuashvili, Albert Shesternev, Valeriy Zykov, Vladimir Kaplichny, Viktor Kolotov, Vladimir Muntyan (57 Vladimir Fedotov), József Szabó, Anatoliy Banishevskiy (76 Givi Nodia), Vitaliy Shevchenko, Gennadiy Evryuzhikhin.
Managers: József Szabó & Valentin Nikolaev

SPAIN: José Angel IRÍBAR Cortajerena, Juan Cruz SOL Oria (67 Antonio Manuel "ANTÓN" Martínez Morales), Antonio "TONONO" Alfonso Moreno, Gregorio "Goyo" BENITO Rubio, Francisco Fernández Rodríguez "GALLEGO", José Luis VIOLETA Lajustica (62 Enrique LORA Millán), Carlos REXACH Cerdá, José CLARAMUNT Torres, AMANCIO Amara Varela, Fidel URIARTE Macho, José Ignacio CHURRUCA Sistiaga.
Manager: Ladislav (László) KUBALA Stecz

Goals: Viktor Kolotov (79), Vitaliy Shevchenko (83) /
Carlos REXACH Cerdá (88)

190.   27.10.1971   UEFA Euro 1972 Qualifying – Group 4
SPAIN v SOVIET UNION   0-0
Estadio Ramón Sánchez Pizjuán, Sevilla
Referee: Norman Charles Henry Burtenshaw (England)
Attendance: 40,169

SPAIN: Miguel REINA Santos, Juan Cruz SOL Oria, Francisco Fernández Rodríguez "GALLEGO", Antonio "TONONO" Alfonso Moreno, Antonio Manuel "ANTÓN" Martínez Morales (76 MARCIAL Manuel Pina Morales), Enrique LORA Millán, José CLARAMUNT Torres, Enrique "QUINI" Castro González, AMANCIO Amara Varela, Joaquín "QUINO" Sierra Vallejo, José Ignacio CHURRUCA Sistiaga.
Manager: Ladislav (László) KUBALA Stecz

SOVIET UNION: Evgeniy Rudakov, Revaz Dzodzuashvili, Albert Shesternev, Yuriy Istomin, Murtaz Khurtsilava, Viktor Kolotov, Vladimir Muntyan, Oleg Dolmatov, Vladimir Fedotov (80 Nikolay Kiselyov), Anatoliy Byshovets, Levon Ishtoyan (62 Vitaliy Shevchenko).
Managers: József Szabó & Valentin Nikolaev

191. 24.11.1971   UEFA Euro 1972 Qualifying – Group 4
SPAIN v CYPRUS 7-0 (3-0)
Estadio Los Cármenes, Granada
Referee: Joseph (Joe) Cassar Naudi (Malta)
Attendance: 19,176

SPAIN: José Angel IRÍBAR Cortajerena, Juan Cruz SOL Oria, Francisco Fernández Rodríguez "GALLEGO", Antonio "TONONO" Alfonso Moreno, Juan López HITA, Enrique LORA Millán (80 José Agustín Aranzábal Askasibar "GAZTELU"), José Martínez Sánchez "PIRRI", José CLARAMUNT Torres, AMANCIO Amara Varela (46 Francisco Javier AGUILAR García), Joaquín "QUINO" Sierra Vallejo, José Francisco "Txetxu" ROJO Arroitia (I).
Manager: Ladislav (László) KUBALA Stecz

CYPRUS: Herodotos Koupanos, Giannis Mertakkas, Kallis Konstantinou, Pambos Partasidis, Stefanis Mihail, Dimos Kavazis (46 Mihalakis Mihail), Mihalis Tartaros, Pavlos Vasiliou, Kokos Antoniou (71 Lakis Theodorou), Tasos Konstantinou, Andreas Stylianou.   Manager: Ray Wood

Goals: José Martínez Sánchez "PIRRI" (9, 47 pen), Joaquín "QUINO" Sierra Vallejo (12, 24), Francisco Javier AGUILAR García (63), Enrique LORA Millán (66), José Francisco "Txetxu" ROJO Arroitia (I) (75)

192. 12.01.1972
SPAIN v HUNGARY 1-0 (0-0)
Estadio Santiago Bernabéu, Madrid
Referee: Kurt Waldemar Tschenscher (West Germany)
Attendance: 30,000

SPAIN: José Angel IRÍBAR Cortajerena, Juan Cruz SOL Oria, Francisco Fernández Rodríguez "GALLEGO", Antonio "TONONO" Alfonso Moreno, Juan Carlos TOURIÑO Cancela, José Antonio Morante Gutiérrez "LICO", Enrique LORA Millán, LUIS Aragonés Suárez (46 José Ignacio CHURRUCA Sistiaga), AMANCIO Amara Varela (60 Enrique "QUINI" Castro González), Joaquín "QUINO" Sierra Vallejo, Carlos REXACH Cerdá (60 Antonio María ARIETA-Araunabeña Piedra (II)).   Manager: Ladislav (László) KUBALA Stecz

HUNGARY: István Géczi, Tibor Fábián, József Kovács, Csaba Vidáts, Péter Juhász, István Juhász (60 Miklós Szalay), Lajos Szücs, László Fazekas, Ferenc Bene, Antal Dunai (60 István Szöke), Sándor Zámbó.   Manager: Rudolf Illovszky

Goal: Antonio María ARIETA-Araunabeña Piedra (II) (82)

193. 16.02.1972   UEFA Euro 1972 Qualifying – Group 4
NORTHERN IRELAND v SPAIN 1-1 (0-1)
Boothferry Park, Kingston upon Hull
Referee: John Keith (Jack) Taylor (England)
Attendance: 19,925

NORTHERN IRELAND: Pat Jennings, Pat Rice, Sammy Nelson, Terry Neill, Allan Hunter, Dave Clements, Bryan Hamilton (46 Martin O'Neill), Eric McMordie, Sammy Morgan, Sammy McIlroy, George Best.   Manager: Terry Neill

SPAIN: José Angel IRÍBAR Cortajerena, Juan Cruz SOL Oria, Francisco Fernández Rodríguez "GALLEGO", Enrique Álvarez COSTAS, Antonio "TONONO" Alfonso Moreno, Gregorio "Goyo" BENITO Rubio, Francisco Javier AGUILAR García, Enrique LORA Millán (55 Miguel "MIGUELI" Ramos Vargas), Joaquín "QUINO" Sierra Vallejo, Enrique "QUINI" Castro González (28 Manuel "MANOLETE" Ríos Quintanilla), José Francisco "Txetxu" ROJO Arroitia (I).
Manager: Ladislav (László) KUBALA Stecz

Goals: Sammy Morgan (72) /
José Francisco "Txetxu" ROJO Arroitia (I) (41)

194. 12.04.1972
GREECE v SPAIN 0-0
National Kaftanzoglio Stadium, Thessaloniki
Referee: Marijan Raus (Yugoslavia)   Attendance: 25,000

GREECE: Nikos Christidis, Dimitris Dimitriou, Takis Synetopoulos, Apostolos Toskas, Christos Nalbantis, Kostas Eleftherakis, Kostas Nikolaidis (72 Dimitris Paridis), Giorgios Koudas, Antonis Antoniadis, Dimitris Papaioannou, Spyros Pomonis (60 Mihalis Kritikopoulos).
Manager: Billy Bingham

SPAIN: José Angel IRÍBAR Cortajerena, Juan Cruz SOL Oria, Francisco Fernández Rodríguez "GALLEGO", Jesús Antonio DE LA CRUZ Gallego, Antonio "TONONO" Alfonso Moreno, Manuel "MANOLETE" Ríos Quintanilla (46 Juan López HITA), José Armando UFARTE Ventoso, MARCIAL Manuel Pina Morales, Joaquín "QUINO" Sierra Vallejo (69 Enrique LORA Millán), Luis SUÁREZ Miramontes, José Francisco "Txetxu" ROJO Arroitia (I) (46 José Eulogio GÁRATE Ormaechea).   Manager: Ladislav (László) KUBALA Stecz

195.   23.05.1972
SPAIN v URUGUAY   2-0 (1-0)
Estadio Vicente Calderón, Madrid
Referee: Károly Palotai (Hungary)   Attendance: 60,000

SPAIN: José Angel IRÍBAR Cortajerena, Juan Cruz SOL Oria, Francisco Fernández Rodríguez "GALLEGO", Antonio "TONONO" Alfonso Moreno, Isacio CALLEJA García (67 Jesús Antonio DE LA CRUZ Gallego), Javier Iruretagoyena Amiano "IRURETA" (82 Fidel URIARTE Macho), José CLARAMUNT Torres, Juan Manuel ASENSI Ripoll, José Armando UFARTE Ventoso, José Eulogio GÁRATE Ormaechea, Óscar Rubén VALDEZ Ferrero.

Manager: Ladislav (László) KUBALA Stecz

URUGUAY: Alberto Enrique CARRASCO, Juan Pedro ASCERY, Juan Carlos MASNIK Hornos, Mario Wálter GONZÁLEZ, Julio Walter Montero CASTILLO, Juan Carlos BLANCO Penalva, Ángel de Assis FERREIRA Rodríguez (46 Luis VILLABA), Víctor Rodolfo ESPÁRRAGO Videla, Piero LATTUADA Sosa (72 Luis MONTERO), Ildo Enrique MANEIRO Ghezzi, Fernando MORENA Belora (55 Rubén Romeo CORBO Burmia).

Manager: Washington ETCHAMENDI Sosa

Goals: Óscar Rubén VALDEZ Ferrero (8),
José Eulogio GÁRATE Ormaechea (78)

196.   11.10.1972   Copa de la Hispanidad 1972
SPAIN v ARGENTINA 1-0 (1-0)
Estadio Santiago Bernabéu, Madrid
Referee: Kurt Waldemar Tschenscher (West Germany)
Attendance: 50,000

SPAIN: José Angel IRÍBAR Cortajerena, JOSÉ LUIS López Peinado, Antonio "TONONO" Alfonso Moreno, Francisco Fernández Rodríguez "GALLEGO", Gregorio "Goyo" BENITO Rubio, José Martínez Sánchez "PIRRI" (46 Enrique LORA Millán), Javier Iruretagoyena Amiano "IRURETA", Juan Manuel ASENSI Ripoll (46 GERMÁN DÉVORA Ceballos), AMANCIO Amara Varela (46 José Armando UFARTE Ventoso), Joaquín "QUINO" Sierra Vallejo, Óscar Rubén VALDEZ Ferrero.

Manager: Ladislav (László) KUBALA Stecz

ARGENTINA: Daniel Alberto CARNEVALI Spurchesi, Enrique Ernesto WOLFF dos Santos, Reinaldo Carlos MERLO, Ángel Hugo BARGAS, Roque Alberto AVALLAY (70 Ramón César BÓVEDA), Norberto Osvaldo ALONSO, Juan José LÓPEZ, Antonio ROSL, Ramón Armando HEREDIA Ruarte, Miguel Ángel BRINDISI de Marco, Rubén Hugo AYALA Zanabria.   Manager: Enrique Omar SÍVORI

Goal: Juan Manuel ASENSI Ripoll (33)

197.   19.10.1972   FIFA World Cup Qualification – Group 7
SPAIN v YUGOSLAVIA 2-2 (1-0)
Estadio Insular, Las Palmas de Gran Canaria
Referee: Keith Edwin Walker (England)   Attendance: 14,161

SPAIN: José Angel IRÍBAR Cortajerena, Juan Cruz SOL Oria (46 Enrique LORA Millán, 70 José Armando UFARTE Ventoso), Francisco Fernández Rodríguez "GALLEGO", Jesús Antonio DE LA CRUZ Gallego, Antonio "TONONO" Alfonso Moreno, JOSÉ LUIS López Peinado, AMANCIO Amara Varela, José Martínez Sánchez "PIRRI", MARCIAL Manuel Pina Morales, Juan Manuel ASENSI Ripoll, Óscar Rubén VALDEZ Ferrero.   Manager: Ladislav (László) KUBALA Stecz

YUGOSLAVIA: Enver Maric, Petar Krivokuca, Dragoslav Stepanovic, Miroslav Pavlovic, Blagoje Paunovic, Dragan Holcer, Franjo Vladic, Dusan Bajevic, Jovan Acimovic, Dragan Dzajic, Ilija Petkovic.   Manager: Vujadin Boskov

Goals: AMANCIO Amara Varela (30), Juan Manuel ASENSI Ripoll (89) / Dusan Bajevic (52, 61)

198.   17.01.1973   FIFA World Cup Qualification – Group 7
GREECE v SPAIN 2-3 (0-1)
Leoforos Alexandras Stadium, Athens
Referee: Rudolf (Rudi) Glöckner (East Germany)
Attendance: 16,579

GREECE: Vasilios Konstantinou, Dimitris Dimitriou, Thanasis Aggelis, Vasilis Siokos, Lakis Glezos, Kostas Eleftherakis, Stavros Sarafis, Giorgos Delikaris (46 Dimitris Domazos), Giorgios Koudas, Antonis Antoniadis, Dimitris Papaioannou (66 Akhilleas Aslanidis).
Manager: Billy Bingham

SPAIN: José Angel IRÍBAR Cortajerena, José Luis Díaz MACÍAS (57 José CLARAMUNT Torres), Francisco Fernández Rodríguez "GALLEGO", Gregorio "Goyo" BENITO Rubio, José Luis VIOLETA Lajustica, JOSÉ LUIS López Peinado, José Martínez Sánchez "PIRRI", Juan Manuel ASENSI Ripoll, AMANCIO Amara Varela, José Eulogio GÁRATE Ormaechea (57 Enrique "QUINI" Castro González), Óscar Rubén VALDEZ Ferrero.   Manager: Ladislav (László) KUBALA Stecz

Goals: Giorgios Koudas (50), Dimitris Domazos (82) / Óscar VALDEZ Ferrero (40, 86), José CLARAMUNT Torres (71)

199.   21.02.1973   FIFA World Cup Qualification – Group 7
SPAIN v GREECE   3-1 (2-1)

Estadio La Rosaleda, Málaga

Referee: Michel Kitabdjian (France)   Attendance: 20,569

SPAIN: Miguel REINA Santos, Juan Cruz SOL Oria, Francisco Fernández Rodríguez "GALLEGO", Gregorio "Goyo" BENITO Rubio, José Luis VIOLETA Lajustica, José CLARAMUNT Torres, AMANCIO Amara Varela (65 ROBERTO Juan MARTÍNEZ Martínez), Juan Manuel ASENSI Ripoll, José Eulogio GÁRATE Ormaechea, José Francisco "Txetxu" ROJO Arroitia (I) (78 Miguel "MIGUELI" Ramos Vargas), Óscar Rubén VALDEZ Ferrero.
Manager: Ladislav (László) KUBALA Stecz

GREECE: Vasilios Konstantinou, Dimitris Dimitriou, Theodoros Pallas, Anthimos Kapsis, Vasilis Siokos, Kostantinos Athanasopoulos, Kostas Eleftherakis, Christos Terzanidis (69 Kostas Nikolaidis), Stavros Sarafis, Antonis Antoniadis, Andreas Michalopoulos (82 Kostas Papaioannou).   Manager: Billy Bingham

Goals: José CLARAMUNT Torres (29), Juan SOL Oria (38), ROBERTO Juan MARTÍNEZ Martínez (77) / Antonis Antoniadis (37)

200.   02.05.1973
NETHERLANDS v SPAIN   3-2 (2-1)

Olympisch Stadion, Amsterdam

Referee: Günter Männig (East Germany)
Attendance: 26,000

NETHERLANDS: Jan van Beveren, Wim Suurbier, Rinus Israël, Barry Hulshoff (58 Dick Schneider), Ruud Krol, Arie Haan, Johan Neeskens, Willem van Hanegem, Johnny Rep, Johan Cruijff, Piet Keizer.   Manager: Frantisek Fadrhonc

SPAIN: Miguel REINA Santos (46 Mariano GARCÍA REMÓN), Juan Cruz SOL Oria, Gregorio "Goyo" BENITO Rubio, José Díaz MACÍAS, José Luis VIOLETA Lajustica, José CLARAMUNT Torres, José Martínez Sánchez "PIRRI", Javier Iruretagoyena Amiano "IRURETA" (46 Juan Bautista PLANELLES Marco), Francisco Javier AGUILAR García, José Eulogio GÁRATE Ormaechea (67 Enrique GALÁN Bayarri), Óscar Rubén VALDEZ Ferrero.
Manager: Ladislav (László) KUBALA Stecz

Goals: Johnny Rep (13), Miguel REINA Santos (43 og), Johan Cruijff (90) / Óscar Rubén VALDEZ Ferrero (20, 49)

201.   17.10.1973   Turkish Republic 50th Anniversary Match
TURKEY v SPAIN   0-0

Inönü Stadyumu, Istanbul

Referee: Nikola Milanov Dudin (Bulgaria)
Attendance: 12,678

TURKEY: Yasin Özdenak, Mehmet Aktan, Tuncay Temeller, Özer Yurteri, Zekeriya Alp, Bülent Ünder (33 Köksal Mesci), Ziya Sengül, Alpaslan Eratli (67 Timuçin Çug), Cemil Turan, Selahattin Karasu (67 Ender Konca), Mehmet Oguz. Manager: Coskun Özari

SPAIN: Mariano GARCÍA REMÓN, JOSÉ LUIS López Peinado, Pedro Eugenio DE FELIPE Cortés, Miguel Ángel OCHOA Vaca, Ángel María VILLAR Llona, Enrique Álvarez COSTAS, Heraldo BECERRA Núñez, Juan Bautista PLANELLES Marco (67 Daniel SOLSONA Puig), Manuel CLARÉS García (67 Mariano Arias Chamorro "MARIANÍN"), José Ángel ROJO Arroitia (II), José Francisco "Txetxu" ROJO Arroitia (I).   Manager: Ladislav (László) KUBALA Stecz

202.   21.10.1973   FIFA World Cup Qualification – Group 7
YUGOSLAVIA v SPAIN   0-0

Stadion Maksimir, Zagreb

Referee: Erich Linemayr (Austria)   Attendance: 61,010

YUGOSLAVIA: Enver Maric, Petar Krivokuca (61 Ivica (Ivo) Surjak), Vladislav Bogicevic, Branko Oblak, Josip Katalinski, Miroslav Pavlovic, Dragutin Vabec, Jure Jerkovic, Dusan Bajevic, Jovan Acimovic, Nenad Bjekovic (72 Stanislav Karasi).   Manager: Vujadin Boskov

SPAIN: José Angel IRÍBAR Cortajerena, Juan Cruz SOL Oria, Gregorio "Goyo" BENITO Rubio, Francisco Javier Álvarez URÍA, JESÚS MARTÍNEZ Rivadeneira (31 Javier Iruretagoyena Amiano "IRURETA"), Enrique Álvarez COSTAS, ROBERTO Juan MARTÍNEZ Martínez, José CLARAMUNT Torres, José Eulogio GÁRATE Ormaechea, Juan Manuel ASENSI Ripoll, Óscar Rubén VALDEZ Ferrero.   Manager: Ladislav (László) KUBALA Stecz

203.   24.11.1973
WEST GERMANY v SPAIN   2-1 (2-0)

Neckarstadion, Stuttgart

Referee: Alistar McKenzie (Scotland)   Attendance: 70,000

WEST GERMANY: Sepp Maier, Berti Vogts, Franz Beckenbauer, Wolfgang Weber (84 Hans-Georg Schwarzenbeck), Horst-Dieter Höttges (66 Rainer Bonhof), Bernd Cullmann, Uli Hoeneß (68 Bernd Hölzenbein), Wolfgang Overath, Jürgen Grabowski, Gerd Müller, Jupp Heynckes.   Manager: Helmut Schön

SPAIN: Juan Antonio DEUSTO Olagorta, Juan Cruz SOL Oria (46 José Luis CAPÓN González), Gregorio "Goyo" BENITO Rubio, Francisco Javier Álvarez URÍA, Enrique Álvarez COSTAS (46 JUAN CARLOS Pérez López), José Martínez Sánchez "PIRRI", José CLARAMUNT Torres, Juan Manuel ASENSI Ripoll, MARCIAL Manuel Pina Morales (63 José Francisco "Txetxu" ROJO Arroitia (I)), José Eulogio GÁRATE Ormaechea, Óscar Rubén VALDEZ Ferrero. Manager: Ladislav (László) KUBALA Stecz

Goals: Jupp Heynckes (13, 37) /
José CLARAMUNT Torres (53)

204. 13.02.1974   FIFA World Cup Qualification – Play-off
SPAIN v YUGOSLAVIA 0-1 (0-1)
Waldstadion, Frankfurt am Main (West Germany)

Referee: Vital Georges Gilbert Loraux (Belgium)
Attendance: 62,000

SPAIN: José Angel IRÍBAR Cortajerena, Juan Cruz SOL Oria, Gregorio "Goyo" BENITO Rubio, Francisco Javier Álvarez URÍA, JESÚS MARTÍNEZ Rivadeneira, José CLARAMUNT Torres, AMANCIO Amaro Varela (73 Enrique "QUINI" Castro González), JUAN CARLOS Pérez López (73 MARCIAL Manuel Pina Morales), Juan Manuel ASENSI Ripoll, José Eulogio GÁRATE Ormaechea, Óscar Rubén VALDEZ Ferrero. Manager: Ladislav (László) KUBALA Stecz

YUGOSLAVIA: Enver Maric, Ivan Buljan, Enver Hadziabdic, Branko Oblak, Josip Katalinski, Vladislav Bogicevic, Ilija Petkovic, Stanislav Karasi, Ivica (Ivo) Surjak, Jovan Acimovic, Dragan Dzajic.

Goal: Josip Katalinski (13)

205. 23.02.1974
SPAIN v WEST GERMANY 1-0 (1-0)
Estadio de Sarriá, Barcelona

Referee: Michal Jursa (Czechoslovakia)   Attendance: 17,000

SPAIN: José Angel IRÍBAR Cortajerena, Juan Cruz SOL Oria, Gregorio "Goyo" BENITO Rubio, José Luis CAPÓN González, JESÚS MARTÍNEZ Rivadeneira (63 Enrique Álvarez COSTAS), José CLARAMUNT Torres, MARCIAL Manuel Pina Morales, Enrique "QUINI" Castro González, Juan Manuel ASENSI Ripoll, ROBERTO Juan MARTÍNEZ Martínez (86 Enrique GALÁN Bayarri), José Ignacio CHURRUCA Sistiaga (75 Carlos REXACH Cerdá). Manager: Ladislav (László) KUBALA Stecz

WEST GERMANY: Norbert Nigbur, Berti Vogts (55 Paul Breitner), Franz Beckenbauer, Wolfgang Weber, Horst-Dieter Höttges, Uli Hoeneß, Helmut Kremers (83 Herbert Wimmer), Wolfgang Overath, Jürgen Grabowski (46 Jupp Heynckes), Gerd Müller, Dieter Herzog.   Manager: Helmut Schön

Goal: Juan Manuel ASENSI Ripoll (20)

Gerd Müller missed a penalty kick (42)

206. 25.09.1974   UEFA Euro 1976 Qualifying – Group 4
DENMARK v SPAIN 1-2 (0-2)
Københavns Idrætspark, Copenhagen

Referee: John Carpenter (Republic of Ireland)
Attendance: 27,300

DENMARK: Benno Larsen, Flemming Mortensen, Henning Munk Jensen, Kjeld Seneca, Jørgen Rasmussen, Niels Sørensen (70 Jørgen Jørgensen), Morten Olsen, Kristen Nygaard, Allan Simonsen, Henning Jensen, Niels-Christian Holmstrøm (46 Ove Flindt-Bjerg).   Manager: Rudolf Strittich

SPAIN: José Angel IRÍBAR Cortajerena, Juan Cruz SOL Oria, Gregorio "Goyo" BENITO Rubio, José Luis CAPÓN González, JESÚS MARTÍNEZ Rivadeneira, Ángel CASTELLANOS Céspedes, ROBERTO Juan MARTÍNEZ Martínez (61 Juan Antonio GARCÍA SORIANO), José CLARAMUNT Torres, Enrique "QUINI" Castro González, Juan Manuel ASENSI Ripoll, MARCIAL Manuel Pina Morales. Manager: Ladislav (László) KUBALA Stecz

Goals: Kristen Nygaard (48 pen) /
José CLARAMUNT Torres (28 pen), ROBERTO Juan MARTÍNEZ Martínez (41)

Sent off: José CLARAMUNT Torres (70)

207. 12.10.1974   Copa de la Hispanidad 1974
ARGENTINA v SPAIN 1-1 (0-0)
Estadio Monumental, Buenos Aires

Referee: Armando Nunes Castanheira da Rosa Marques (Brazil)   Attendance: 70,000

ARGENTINA: Rubén Omar Sánchez, Vicente Alberto Pernía, Jorge Paolini, Roberto Domingo Rogel, Jorge Omar Carrascosa, Miguel Ángel BRINDISI de Marco (67' Marcelo Antonio TROBBIANI Ughetto), Francisco Faustino Russo, Carlos Alberto Babington (67' Osvaldo Rubén Potente), René Orlando Houseman, Edgardo Roberto Di Meola, Enzo FERRERO Águila.   Manager: Vladislao Wenceslao Cap

SPAIN: José Angel IRÍBAR Cortajerena, Juan Cruz SOL Oria, Gregorio "Goyo" BENITO Rubio, José Luis CAPÓN González, José Martínez Sánchez "PIRRI", Ángel CASTELLANOS Céspedes, Antonio BENÍTEZ Fernández (68 Juan Antonio GARCÍA SORIANO), José CLARAMUNT Torres, Enrique "QUINI" Castro González (68 Ángel María VILLAR Llona), Javier Iruretagoyena Amiano "IRURETA", José Ignacio CHURRUCA Sistiaga.
Manager: Ladislav (László) KUBALA Stecz

Goals: Roberto Domingo Rogel (83) /
José Martínez Sánchez "PIRRI" (82)

208. 20.11.1974 UEFA Euro 1976 Qualifying – Group 4
SCOTLAND v SPAIN 1-2 (1-1)

Hampden Park, Glasgow

Referee: Erich Linemayr (Austria)   Attendance: 94,331

SCOTLAND: David Harvey, Sandy Jardine, Alex Forsyth, Gordon McQueen, Kenny Burns, Billy Bremner, Graeme Souness, Tommy Hutchison (64 Kenny Dalglish), Jimmy Johnstone, Dixie Deans (64 Peter Lorimer), Joe Jordan. Manager: Willie Ormond

SPAIN: José Angel IRÍBAR Cortajerena, Ángel CASTELLANOS Céspedes, Gregorio "Goyo" BENITO Rubio, José Luis CAPÓN González, Miguel "MIGUELI" Bernardo Bianquetti (67 Juan Cruz SOL Oria), Enrique Álvarez COSTAS, ROBERTO Juan MARTÍNEZ Martínez, Ángel María VILLAR Llona, Enrique "QUINI" Castro González, Javier PLANAS Abad, Carlos REXACH Cerdá. Manager: Ladislav (László) KUBALA Stecz

Goals: Billy Bremner (11) / Enrique "QUINI" Castro González (36, 61)

209. 05.02.1975 UEFA Euro 1976 Qualifying – Group 4
SPAIN v SCOTLAND 1-1 (0-1)

Estadio Luís Casanova, Valencia

Referee: Alfred Delcourt (Belgium)   Attendance: 40,952

SPAIN: José Angel IRÍBAR Cortajerena, Juan Cruz SOL Oria, Gregorio "Goyo" BENITO Rubio, José Antonio CAMACHO Alfaro, Enrique Álvarez COSTAS (67 Miguel "MIGUELI" Bernardo Bianquetti), José CLARAMUNT Torres, Enrique "QUINI" Castro González, Ángel María VILLAR Llona, José Eulogio GÁRATE Ormaechea (62 Alfredo MEGIDO Sánchez), Juan Manuel ASENSI Ripoll, Carlos REXACH Cerdá. Manager: Ladislav (László) KUBALA Stecz

SCOTLAND: David Harvey, Kenny Burns (75 Paul Wilson), Sandy Jardine, Gordon McQueen, Martin Buchan, Danny McGrain, Billy Bremner, Charlie Cooke, Tommy Hutchison, Kenny Dalglish, Joe Jordan (80 Derek Parlane). Manager: Willie Ormond

Goals: Alfredo MEGIDO Sánchez (67 pen) / Joe Jordan (2)

210. 17.04.1975 UEFA Euro 1976 Qualifying – Group 4
SPAIN v ROMANIA 1-1 (1-0)

Estadio Santiago Bernabéu, Madrid

Referee: Charles George Rainer Corver (Netherlands)   Attendance: 54,660

SPAIN: José Angel IRÍBAR Cortajerena, José Antonio CAMACHO Alfaro, Gregorio "Goyo" BENITO Rubio, José Martínez Sánchez "PIRRI", José Luis CAPÓN González, Vicente DEL BOSQUE González, Manuel VELÁZQUEZ Villaverde (46 Javier Iruretagoyena Amiano "IRURETA"), Carlos REXACH Cerdá, Carlos Alonso González "SANTILLANA", José Eulogio GÁRATE Ormaechea, José Francisco "Txetxu" ROJO Arroitia (I). Manager: Ladislav (László) KUBALA Stecz

ROMANIA: Raducanu Necula, Florin Cheran, Gabriel Sandu, Alexandru Satmareanu, Teodor Anghelini, Ilie Balaci, Ion Dumitru, Dudu Georgescu, Radu Nunweiller (42 Zoltan Crisan), Atilla Kun (42 Anghel Iordanescu), Mircea Lucescu. Manager: Valentin Stanescu

Goals: Manuel VELÁZQUEZ Villaverde (6) / Zoltan Crisan (70)

211. 12.10.1975 UEFA Euro 1976 Qualifying – Group 4
SPAIN v DENMARK 2-0 (1-0)

Estadio de Sarriá, Barcelona

Referee: Paul Bonett (Malta)   Attendance: 6,869

SPAIN: MIGUEL ÁNGEL González Suárez, José Antonio RAMOS Huete, Gregorio "Goyo" BENITO Rubio, José Luis CAPÓN González, Miguel "MIGUELI" Bernardo Bianquetti, MARCIAL Manuel Pina Morales, José Martínez Sánchez "PIRRI", Vicente DEL BOSQUE González (46 Juan Manuel ASENSI Ripoll), Daniel SOLSONA Puig, Carlos Alonso González "SANTILLANA", Carlos REXACH Cerdá (66 José Ignacio CHURRUCA Sistiaga). Manager: Ladislav (László) KUBALA Stecz

DENMARK: Benno Larsen, Johnny Hansen, Henning Munk Jensen, Lars Larsen, John Andersen, Niels Sørensen (57 Carsten Nielsen), Ove Flindt-Bjerg, Heino Hansen, Ole Rasmussen, Lars Bastrup, Peter Dahl. Manager: Rudolf Strittich

Goals: José Martínez Sánchez "PIRRI" (41), José Luis CAPÓN González (82)

212. 16.11.1975   UEFA Euro 1976 Qualifying – Group 4
ROMANIA v SPAIN 2-2 (0-1)
Stadionul 23 August, Bucharest
Referee: Hans-Joachim Weyland (West Germany)
Attendance: 45,381

ROMANIA: Raducanu Necula, Teodor Anghelini, Alexandru Satmareanu, Gabriel Sandu, Teodor Lucuta, Dudu Georgescu, Cornel Dinu, Nicolae Dobrin, Mircea Lucescu, Mircea Sandu (46 Anghel Iordanescu), Constantin Zamfir (61 Zoltan Crisan).   Manager: Valentin Stanescu

SPAIN: MIGUEL ÁNGEL González Suárez, Juan Cruz SOL Oria, Gregorio "Goyo" BENITO Rubio, José Antonio CAMACHO Alfaro, Miguel "MIGUELI" Bernardo Bianquetti, José Martínez Sánchez "PIRRI", Ángel María VILLAR Llona, Vicente DEL BOSQUE González, Enrique "QUINI" Castro González (88 Jesús María SATRÚSTEGUI Azpiroz), Carlos Alonso González "SANTILLANA", José Francisco "Txetxu" ROJO Arroitia (I) (73 Francisco "Paco" FORTES Calvo).   Manager: Ladislav (László) KUBALA Stecz

Goals: Dudu Georgescu (72 pen), Anghel Iordanescu (80) / Ángel María VILLAR Llona (29), Carlos Alonso González "SANTILLANA" (56)

213. 24.04.1976   UEFA Euro 1976 Qualifying – Quarter-final
SPAIN v WEST GERMANY 1-1 (1-0)
Estadio Vicente Calderón, Madrid
Referee: John Keith (Jack) Taylor (England)
Attendance: 51,771

SPAIN: José Angel IRÍBAR Cortajerena, Juan Cruz SOL Oria, Gregorio "Goyo" BENITO Rubio, José Luis CAPÓN González, Miguel "MIGUELI" Bernardo Bianquetti (70 Sebastián ALABANDA Fernández), José Antonio CAMACHO Alfaro, Ángel María VILLAR Llona, Vicente DEL BOSQUE González, Enrique "QUINI" Castro González (70 Jesús María SATRÚSTEGUI Azpiroz), Carlos Alonso González "SANTILLANA", José Ignacio CHURRUCA Sistiaga.   Manager: Ladislav (László) KUBALA Stecz

WEST GERMANY: Sepp Maier, Berti Vogts, Franz Beckenbauer, Hans-Georg Schwarzenbeck (46 Bernd Cullmann), Bernard Dietz (81 Peter Reichel), Rainer Bonhof, Dietmar Danner, Bernd Hölzenbein, Herbert Wimmer, Erich Beer, Ronnie Worm.   Manager: Helmut Schön

Goals: Carlos Alonso González "SANTILLANA" (21) / Erich Beer (60)

214. 22.05.1976   UEFA Euro 1976 Qualifying – Quarter-final
WEST GERMANY v SPAIN 2-0 (2-0)
Olympiastadion, München
Referee: Robert Charles Paul Wurtz (France)
Attendance: 77,637

WEST GERMANY: Sepp Maier, Berti Vogts, Bernard Dietz, Hans-Georg Schwarzenbeck, Franz Beckenbauer, Rainer Bonhof, Bernd Hölzenbein, Uli Hoeneß, Herbert Wimmer, Klaus Toppmöller, Erich Beer.   Manager: Helmut Schön

SPAIN: MIGUEL ÁNGEL González Suárez, José Luis CAPÓN González, Juan Cruz SOL Oria (17 Inaxio KORTABARRÍA Abarrategi), José Martínez Sánchez "PIRRI", José Antonio CAMACHO Alfaro, Ángel María VILLAR Llona (46 José Antonio RAMOS Huete), Vicente DEL BOSQUE González, Juan Manuel ASENSI Ripoll, Enrique "QUINI" Castro González, Carlos Alonso González "SANTILLANA", José Ignacio CHURRUCA Sistiaga.
Manager: Ladislav (László) KUBALA Stecz

Goals: Uli Hoeneß (17), Klaus Toppmöller (43)

215.   10.10.1976   FIFA World Cup Qualification – Group 8
SPAIN v YUGOSLAVIA 1-0 (0-0)
Estadio Ramón Sánchez Pizjuán, Sevilla
Referee: Károly Palotai (Hungary)   Attendance: 19,217

SPAIN: MIGUEL ÁNGEL González Suárez, José Luis CAPÓN González, Miguel "MIGUELI" Bernardo Bianquetti, Inaxio KORTABARRÍA Abarrategi, José Antonio CAMACHO Alfaro, Ángel María VILLAR Llona, José Martínez Sánchez "PIRRI", Vicente DEL BOSQUE González (28 Juan "JUANITO" Gómez González), Enrique "QUINI" Castro González, Carlos Alonso González "SANTILLANA", José Ignacio CHURRUCA Sistiaga (70 José Francisco "Txetxu" ROJO Arroitia (I)).   Manager: Ladislav (László) KUBALA Stecz

YUGOSLAVIA: Ratko Svilar, Luka Peruzovic, Dzemal Hadziabdic, Branko Oblak, Josip Katalinski, Vladislav Bogicevic, Slavisa Zungul (70 Borislav Djordjevic), Drazen Muzinic, Danilo Popivoda, Jure Jerkovic, Ivica (Ivo) Surjak.   Manager: Ivan Toplak

Goal: José Martínez Sánchez "PIRRI" (86 pen)

216. 09.02.1977
REPUBLIC OF IRELAND v SPAIN 0-1 (0-1)
Lansdowne Road, Dublin

Referee: John Hunting (England)   Attendance: 22,000

REPUBLIC OF IRELAND: Mick Kearns (46 Gerry Peyton), Mick Martin, David O'Leary, Jimmy Holmes, Ray O'Brien, Noel Campbell, Tony Macken, Liam Brady, Steve Heighway, Don Givens, Frank Stapleton.   Manager: Johnny Giles

SPAIN: MIGUEL ÁNGEL González Suárez, José Luis CAPÓN González, Miguel "MIGUELI" Bernardo Bianquetti, Inaxio KORTABARRÍA Abarrategi (46 Antonio OLMO Ramírez), José Antonio CAMACHO Alfaro, José Martínez Sánchez "PIRRI" (75 José Antonio RAMOS Huete), Ángel María VILLAR Llona, Jesús María SATRÚSTEGUI Azpiroz, Enrique "QUINI" Castro González (46 Santiago IDÍGORAS Bilbao), Juan Manuel ASENSI Ripoll, José Francisco "Txetxu" ROJO Arroitia (I).   Manager: Ladislav (László) KUBALA Stecz

Goal: Jesús María SATRÚSTEGUI Azpiroz (10)

217. 27.03.1977
SPAIN v HUNGARY 1-1 (0-0)
Estadio José Rico Pérez, Alicante

Referee: Michel Vautrot (France)   Attendance: 25,000

SPAIN: MIGUEL ÁNGEL González Suárez (46 Luis Miguel ARCONADA Echarri), José Luis CAPÓN González, Gregorio "Goyo" BENITO Rubio, José Martínez Sánchez "PIRRI" (46 Inaxio KORTABARRÍA Abarrategi), José Antonio CAMACHO Alfaro, Ángel María VILLAR Llona, Vicente DEL BOSQUE González, José Ignacio CHURRUCA Sistiaga, Juan "JUANITO" Gómez González, Jesús María SATRÚSTEGUI Azpiroz (46 Rafael Carlos Pérez González "MARAÑÓN"), José Francisco "Txetxu" ROJO Arroitia (I) (46 Daniel SOLSONA Puig).   Manager: Ladislav (László) KUBALA Stecz

HUNGARY: Sándor Gujdár, Péter Török (46 Gyözö Martos), László Bálint, Zoltán Kereki, József Tóth, Tibor Nyilasi (63 János Nagy), Sándor Pintér, Sándor Zombori, László Fazekas, István Kovács (57 László Pusztai), Béla Váradi.   Manager: Lajos Baróti

Goals: Juan "JUANITO" Gómez González (68) / László Pusztai (58)

218. 16.04.1977   FIFA World Cup Qualification – Group 8
ROMANIA v SPAIN 1-0 (1-0)
Stadionul Steaua, Bucharest

Referee: John Robertson Proudfoot Gordon (Scotland)   Attendance: 18,500

ROMANIA: Cristian Gheorghe, Florin Cheran, Stefan Sames (63 Ioan Bruno Grigore), Alexandru Satmareanu, Iosif Vigu, Ion Dumitru, Ladislau (László) Bölöni, Anghel Iordanescu, Zoltan Crisan (77 Ilie Balaci), Dudu Georgescu, Constantin Zamfir.   Manager: Stefan Kovács

SPAIN: MIGUEL ÁNGEL González Suárez, José Luis CAPÓN González, Gregorio "Goyo" BENITO Rubio, José Martínez Sánchez "PIRRI", José Antonio CAMACHO Alfaro, Eugenio LEAL Vargas, Ángel María VILLAR Llona, Juan Manuel ASENSI Ripoll, José Ignacio CHURRUCA Sistiaga, Juan "JUANITO" Gómez González, RUBÉN Andrés CANO Martínez.   Manager: Ladislav (László) KUBALA Stecz

Goal: Gregorio "Goyo" BENITO Rubio (6 og)

219. 21.09.1977
SWITZERLAND v SPAIN 1-2 (1-0)
Wankdorfstadion, Bern

Referee: Ferdinand Biwersi (West Germany)   Attendance: 13,000

SWITZERLAND: Erich Burgener, Pierre-Albert (Gabet) Chapuisat, Jakob (Köbi) Brechbühl (80 Ronald Schönenberger), Lucio Bizzini, Serge Trinchero, René Hasler, Umberto Barberis, Arthur Von Wartburg (74 Otto Demarmels), René Botteron, Peter Risi, Rudolf Elsener (78 Claudio Sulser).   Manager: Roger Vonlanthen

SPAIN: Luis Miguel ARCONADA Echarri (46 José Luis Fernández MANZANEDO), Antonio BENÍTEZ Fernández (46 José Antonio RAMOS Huete), Miguel "MIGUELI" Bernardo Bianquetti, José Martínez Sánchez "PIRRI", José Antonio CAMACHO Alfaro, Eugenio LEAL Vargas, Daniel "DANI" Ruiz-Bazán Justa, José Ignacio CHURRUCA Sistiaga (84 Francisco Javier LÓPEZ García), Jesús María SATRÚSTEGUI Azpiroz (46 RUBÉN Andrés CANO Martínez), Juan Manuel ASENSI Ripoll, Roberto LÓPEZ UFARTE.   Manager: Ladislav (László) KUBALA Stecz

Goals: Rudolf Elsener (43) / RUBÉN CANO Martínez (48), Roberto LÓPEZ UFARTE (56)

220. 26.10.1977   FIFA World Cup Qualification – Group 8

SPAIN v ROMANIA 2-0 (0-0)

Estadio Vicente Calderón, Madrid

Referee: Robert Charles Paul Wurtz (France)
Attendance: 40,000

SPAIN: Luis Miguel ARCONADA Echarri, Antonio BENÍTEZ Fernández (86 MARCELINO PÉREZ Ayllón), Miguel "MIGUELI" Bernardo Bianquetti, José Martínez Sánchez "PIRRI", José Antonio CAMACHO Alfaro, Eugenio LEAL Vargas, Juan Manuel ASENSI Ripoll, José Ignacio CHURRUCA Sistiaga (56 Jesús María SATRÚSTEGUI Azpiroz), Juan "JUANITO" Gómez González, RUBÉN Andrés CANO Martínez, Daniel "DANI" Ruiz-Bazán Justa. Manager: Ladislav (László) KUBALA Stecz

ROMANIA: Cristian Gheorghe, Florin Cheran, Stefan Sames, Alexandru Satmareanu, Iosif Vigu, Ion Dumitru, Ilie Balaci (64 Cornel Dinu), Ladislau (László) Bölöni, Zoltan Crisan, Dudu Georgescu, Anghel Iordanescu (86 Mihai Romila). Manager: Stefan Kovács

Goals: Eugenio LEAL Vargas (74), RUBÉN Andrés CANO Martínez (83)

221. 30.11.1977   FIFA World Cup Qualification – Group 8

YUGOSLAVIA v SPAIN 0-1 (0-0)

Stadion Crvena Zvezda, Beograd

Referee: Kenneth Howard (Ken) Burns (England)
Attendance: 66,285

YUGOSLAVIA: Ivan Katalinic, Drazen Muzinic, Mario Boljat, Aleksandar Trifunovic, Nenad Stojkovic, Jusuf Hatunic, Danilo Popivoda (62 Vahid Halilhodzic), Sead Susic (62 Momcilo (Moca) Vukotic), Miodrag Kustudic, Ivica (Ivo) Surjak, Safet Susic.

SPAIN: MIGUEL ÁNGEL González Suárez, MARCELINO PÉREZ Ayllón, Miguel "MIGUELI" Bernardo Bianquetti, José Martínez Sánchez "PIRRI" (13 Antonio OLMO Ramírez), José Antonio CAMACHO Alfaro, Isidoro SAN JOSÉ Pozo, Eugenio LEAL Vargas, Juan Manuel ASENSI Ripoll, Julio CARDEÑOSA Rodríguez, Juan "JUANITO" Gómez González (76 Daniel "DANI" Ruiz-Bazán Justa), RUBÉN Andrés CANO Martínez. Manager: Ladislav (László) KUBALA Stecz

Goal: RUBÉN Andrés CANO Martínez (71)

222. 25.01.1978

SPAIN v ITALY 2-1 (1-0)

Estadio Santiago Bernabéu, Madrid

Referee: Robert Charles Paul Wurtz (France)
Attendance: 10,000

SPAIN: Luis Miguel ARCONADA Echarri, José CARRETE de Julián, Miguel "MIGUELI" Bernardo Bianquetti, José Martínez Sánchez "PIRRI" (46 Antonio OLMO Ramírez), MARCELINO PÉREZ Ayllón, Eugenio LEAL Vargas, Juan Manuel ASENSI Ripoli (46 Ángel María VILLAR Llona), Julio CARDEÑOSA Rodríguez, Daniel "DANI" Ruiz-Bazán Justa, RUBÉN Andrés CANO Martínez (46 Carlos Alonso González "SANTILLANA"), Roberto LÓPEZ UFARTE. Manager: Ladislav (László) KUBALA Stecz

ITALY: Paolo Conti (46 Ivano Bordon), Claudio Gentile, Aldo Maldera, Patrizio Sala, Lionello Manfredonia (46 Mauro Bellugi), Gaetano Scirea, Claudio Sala, Marco Tardelli, Paolo Rossi, Giancarlo Antognoni (60 Renato Zaccarelli), Paolino Pulici. Manager: Enzo Bearzot

Goals: José Martínez Sánchez "PIRRI" (9 pen), Daniel "DANI" Ruiz-Bazán Justa (56) / Marco Tardelli (83)

223. 29.03.1978

SPAIN v NORWAY 3-0 (2-0)

Estadio Municipal El Molinón, Gijón

Referee: Vojtech Christov (Czechoslovakia)
Attendance: 25,000

SPAIN: MIGUEL ÁNGEL González Suárez (46 Francisco Javier González Urruticoechea "URRUTI"), Isidoro SAN JOSÉ Pozo, Gregorio "Goyo" BENITO Rubio (73 Rafael GORDILLO Vázquez), Juan VERDUGO Pérez, José Martínez Sánchez "PIRRI", Ángel María VILLAR Llona (46 Ángel LANCHAS Rico), Daniel "DANI" Ruiz-Bazán Justa, Enrique "QUINI" Castro González (88 Juan FELIPE Martín Martín), Carlos Alonso González "SANTILLANA", Julio CARDEÑOSA Rodríguez, Rafael Carlos Pérez González "MARAÑÓN". Manager: Ladislav (László) KUBALA Stecz

NORWAY: Tom Rüsz Jacobsen, Helge Karlsen, Einar Aas, Svein Grøndalen, Trond Pedersen, Yngve Andersen (60 Gabriel Høyland), Tor Egil Johansen, Rune Ottesen (82 Tore Kordahl), Stein Thunberg, Odd Iversen (52 Steinar Aase), Arne Larsen Økland. Manager: Tor Røste Fossen

Goals: Enrique "QUINI" Castro González (6), Ángel María VILLAR Llona (22), Daniel "DANI" Ruiz-Bazán Justa (60)

224. 26.04.1978
SPAIN v MEXICO 2-0 (2-0)
Estadio Los Cármenes, Granada
Referee: Alain Delmer (France)   Attendance: 28,000
SPAIN: MIGUEL ÁNGEL González Suárez (46 Luis Miguel ARCONADA Echarri), Jesús Antonio DE LA CRUZ Gallego, José Martínez Sánchez "PIRRI" (46 Francisco Javier Álvarez URÍA), Miguel "MIGUELI" Bernardo Bianquetti, Antonio BIOSCA Pérez, Eugenio LEAL Vargas, Juan Manuel ASENSI Ripoli, Isidoro SAN JOSÉ Pozo, Daniel "DANI" Ruiz-Bazán Justa, Enrique "QUINI" Castro González, Carlos Pérez González "MARAÑÓN" (46 Juan "JUANITO" Gómez González).   Manager: Ladislav (László) KUBALA Stecz
MEXICO: José Pilar REYES Requenes, Eduardo RAMOS Escobardo, Arturo VÁZQUEZ Ayala, Alfredo TENA Garduño, Ignacio FLÓRES Ocaranza, Antonio DE LA TORRE Villapando, Leonardo CUÉLLAR Rivera, Cristóbal ORTEGA Martínez (46 Raúl ISIORDIA Ayón), Hugo SÁNCHEZ Márquez, Víctor RANGEL Ayala, Enrique LÓPEZ Zarza (46' Guillermo MENDIZABAL Sánchez).
Manager: José Antonio ROCA García
Goals: Enrique "QUINI" Castro González (6), Daniel "DANI" Ruiz-Bazán Justa (16)

225. 24.05.1978
URUGUAY v SPAIN 0-0
Estadio Centenario, Montevideo
Referee: Héctor Pedro Rodríguez Ottonelli (Uruguay)
Attendance: n/a
URUGUAY: Rodolfo Sergio RODRÍGUEZ Rodríguez, Walter Daniel OLIVERA Prada, Ruben GIMÉNEZ, Alfredo DE LOS SANTOS, Lorenzo UNANUE Gordano, Washington GONZÁLEZ, Antonio ALZAMENDI Casas, Juan Ramón CARRASCO Torres (76 Miguel Rosisfredo CAILLAVA), Fernando MORENA Belora, Ildo Enrique MANEIRO Ghezzi, Venancio Ariel RAMOS Villanueva (76 Rubén UMPIÉRREZ).
Manager: Víctor Hugo BAGNULO Fernández
SPAIN: MIGUEL ÁNGEL González Suárez (46 Luis Miguel ARCONADA Echarri), Isidoro SAN JOSÉ Pozo (46 Francisco Javier Álvarez URÍA), Miguel "MIGUELI" Bernardo Bianquetti, Antonio OLMO Ramírez, Jesús Antonio DE LA CRUZ Gallego, Antonio GUZMÁN Núñez, Eugenio LEAL Vargas (46 Enrique "QUINI" Castro González), Juan Manuel ASENSI Ripoli, Daniel "DANI" Ruiz-Bazán Justa (46 Carlos Pérez González "MARAÑÓN"), RUBÉN Andrés CANO Martínez (46 Carlos Alonso González "SANTILLANA"), Carlos REXACH Cerdá.   Manager: Ladislav (László) KUBALA Stecz

226. 03.06.1978   FIFA World Cup Final Tournament – Group 3
AUSTRIA v SPAIN 2-1 (1-1)
Estadio José Amalfitani, Buenos Aires (Argentina)
Referee: Károly Palotai (Hungary)   Attendance: 40,841
AUSTRIA: Friedl Koncilia, Robert Sara, Erich Obermayer, Bruno Pezzey, Gerhard Breitenberger, Herbert Prohaska, Josef Hickersberger (67 Heribert Weber), Wilhelm Kreuz, Kurt Jara, Walter Schachner (81 Hans Pirkner), Hans Krankl.
Manager: Helmut Senekowitsch
SPAIN: MIGUEL ÁNGEL González Suárez, MARCELINO PÉREZ Ayllón, Miguel "MIGUELI" Bernardo Bianquetti, José Martínez Sánchez "PIRRI", Jesús Antonio DE LA CRUZ Gallego, Juan Manuel ASENSI Ripoli, Isidoro SAN JOSÉ Pozo, Julio CARDEÑOSA Rodríguez (46 Eugenio LEAL Vargas), Daniel "DANI" Ruiz-Bazán Justa, RUBÉN Andrés CANO Martínez, Carlos REXACH Cerdá (60 Enrique "QUINI" Castro González).   Manager: Ladislav (László) KUBALA Stecz
Goals: Walter Schachner (9), Hans Krankl (77) / Daniel "DANI" Ruiz-Bazán Justa (21)

227. 07.06.1978   FIFA World Cup Final Tournament – Group 3
BRAZIL v SPAIN 0-0
Estadio Mundialista, Mar del Plata (Argentina)
Referee: Sergio Gonella (Italy)   Attendance: 34,771
BRAZIL: Émerson LEÃO, Manoel Rezende de Matos Cabral "NELINHO" (71 Gilberto Alves "GIL"), José OSCAR Bernardi, João Justino AMARAL dos Santos, Edino Nazareth Filho "EDINHO", João BATISTA da Silva, Antônio Carlos "TONINHO" CEREZO, Antônio Dias dos Santos "TONINHO BAIANO", Arthur Antunes Coimbra "ZICO" (83 JORGE Pinto MENDONÇA), José REINALDO de Lima, José Guimarães DIRCEU.
Manager: CLÁUDIO Pêcego de Moraes COUTINHO
SPAIN: MIGUEL ÁNGEL González Suárez, MARCELINO PÉREZ Ayllón, Miguel "MIGUELI" Bernardo Bianquetti (51 Antonio BIOSCA Pérez), Antonio OLMO Ramírez, Francisco Javier Álvarez URÍA (79 Antonio GUZMÁN Núñez), Isidoro SAN JOSÉ Pozo, Juan Manuel ASENSI Ripoli, Eugenio LEAL Vargas, Juan "JUANITO" Gómez González, Carlos Alonso González "SANTILLANA", Julio CARDEÑOSA Rodríguez.
Manager: Ladislav (László) KUBALA Stecz

228.   11.06.1978   FIFA World Cup Final Tournament – Group 3

SPAIN v SWEDEN 1-0 (0-0)

Estadio José Amalfitani, Buenos Aires (Argentina)

Referee: Ferdinand Biwersi (West Germany)
Attendance: 46,765

SPAIN: MIGUEL ÁNGEL González Suárez, MARCELINO PÉREZ Ayllón, Antonio OLMO Ramírez (46 José Martínez Sánchez "PIRRI"), Antonio BIOSCA Pérez, Francisco Javier Álvarez URÍA, Isidoro SAN JOSÉ Pozo, Juan Manuel ASENSI Ripoli, Eugenio LEAL Vargas, Julio CARDEÑOSA Rodríguez, Juan "JUANITO" Gómez González, Carlos Alonso González "SANTILLANA".   Manager: Ladislav (László) KUBALA Stecz

SWEDEN: Ronnie Hellström, Hans (Hasse) Borg, Björn Nordqvist, Roy Andersson, Ingemar Erlandsson, Bo (Bosse) Larsson, Lennart Larsson, Olle Nordin, Torbjörn Nilsson, Thomas Sjöberg (67 Anders Linderoth), Ralf Edström (60 Benny Wendt).   Manager: Georg Ericson

Goal: Juan Manuel ASENSI Ripoli (76)

229.   04.10.1978   UEFA Euro 1980 Qualifying – Group 3

YUGOSLAVIA v SPAIN 1-2 (1-2)

Stadion Maksimir, Zagreb

Referee: Erich Linemayr (Austria)   Attendance: 41,539

YUGOSLAVIA: Zeljko Stincic, Vilson Dzoni, Drazen Muzinic, Velimir Zajec (69 Nikica Cukrov), Vedran Rozic, Slavisa Zungul (69 Dusan Savic), Nenad Stojnkovic, Momcilo (Moca) Vukotic, Vahid Halilhodzic, Ivica (Ivo) Surjak, Safet Susic.   Manager: Ante Mladinic

SPAIN: MIGUEL ÁNGEL González Suárez, MARCELINO PÉREZ Ayllón, Miguel "MIGUELI" Bernardo Bianquetti, Antonio OLMO Ramírez, Secundino "CUNDI" Suárez Vázquez, Francisco Javier Álvarez URÍA, Ángel María VILLAR Llona, Vicente DEL BOSQUE González, Juan Manuel ASENSI Ripoli, Juan "JUANITO" Gómez González (85 José Vicente SÁNCHEZ Felip), Carlos Alonso González "SANTILLANA" (88 RUBÉN Andrés CANO Martínez).   Manager: Ladislav (László) KUBALA Stecz

Goals: Vahid Halilhodzic (44) / Juan "JUANITO" Gómez González (19), Carlos Alonso González "SANTILLANA" (31)

230.   08.11.1978

FRANCE v SPAIN 1-0 (1-0)

Parc des Princes, Paris

Referee: Walter Eschweiler (West Germany)
Attendance: 37,897

FRANCE: Dominique Dropsy, Patrick Battiston, Léonard Specht, Christian López, Gérard Janvion, Jean Petit, Henri Michel, Francis Piasecki, Dominique Rocheteau (73 Gérard Soler), Pierre Pleimelding (57 Albert Gemmrich), Didier Six.   Manager: Michel Hidalgo

SPAIN: MIGUEL ÁNGEL González Suárez, MARCELINO PÉREZ Ayllón, Miguel "MIGUELI" Bernardo Blanquetti, Antonio OLMO Ramírez, Francisco Javier ESCALZA Ellacuría, Ángel María VILLAR Llona, Vicente DEL BOSQUE González (46 Daniel SOLSONA Puig), Juan Manuel ASENSI Ripoll (46 Eugenio LEAL Vargas), Juan "JUANITO" Gómez González, Carlos Alonso González "SANTILLANA", José Francisco "Txetxu" ROJO Arroitia (I) (46 Enrique SAURA Gil).   Manager: Ladislav (László) KUBALA Stecz

Goal: Léonard Specht (41)

231.   15.11.1978   UEFA Euro 1980 Qualifying – Group 3

SPAIN v ROMANIA 1-0 (1-0)

Estadio Luís Casanova, Valencia

Referee: Johannes Nicolaas Ignatius (Jan) Keizer (Netherlands)   Attendance: 46,000

SPAIN: MIGUEL ÁNGEL González Suárez, José CARRETE de Julián, Miguel "MIGUELI" Bernardo Blanquetti, José Ramón ALEXANKO Ventosa, MARCELINO PÉREZ Ayllón, Ángel María VILLAR Llona, Vicente DEL BOSQUE González, Juan Manuel ASENSI Ripoll, Juan Carlos HEREDIA Araya (76 Enrique SAURA Gil), Carlos Alonso González "SANTILLANA", José Francisco "Txetxu" ROJO Arroitia (I) (62 RUBÉN Andrés CANO Martínez).   Manager: Ladislav (László) KUBALA

ROMANIA: Narcis Coman, Mihai Zamfir, Stefan Sames, Costica Stefanescu, Iosif Vigu, Mihai Romila, Ladislau (László) Bölöni, Anghel Iordanescu, Zoltan Crisan, Dudu Georgescu, Aurel Radulescu.   Manager: Stefan Kovács

Goal: Juan Manuel ASENSI Ripoll (9)

232.   13.12.1978   UEFA Euro 1980 Qualifying – Group 3

SPAIN v CYPRUS 5-0 (2-0)

Estadio Helmántico, Salamanca

Referee: Paul Bonett (Malta)   Attendance: 17,500

SPAIN: MIGUEL ÁNGEL González Suárez, MARCELINO PÉREZ Ayllón, Miguel "MIGUELI" Bernardo Blanquetti, José Ramón ALEXANKO Ventosa, Secundino "CUNDI" Suárez Vázquez, Ángel María VILLAR Llona (46 Eugenio LEAL Vargas), Vicente DEL BOSQUE González, Juan Manuel ASENSI Ripoll, Juan Carlos HEREDIA Araya (46 RUBÉN Andrés CANO Martínez), Carlos Alonso González "SANTILLANA", Estanislao ARGOTE Salaberría.   Manager: Ladislav (László) KUBALA Stecz

CYPRUS: Giorgos Pantziaras, Nikos Pantziaras, Stavros Papadopoulos, Demetris Kizas, Stefanos Lysandrou, Filippos Kalotheou, Andros Miamiliotis (64 Takis Antoniou), Gregory Savva, Fivos Vrahimis, Dimitris Koudas, Andreas Kanaris.   Manager: Kostas Talianos

Goals: Juan ASENSI Ripoll (8), Vicente DEL BOSQUE (10), Carlos Alonso González "SANTILLANA" (52, 77), RUBÉN Andrés CANO Martínez (66)

233. 21.12.1978

ITALY v SPAIN 1-0 (1-0)

Stadio Olimpico, Roma

Referee: Nikola Dudin (Bulgaria)   Attendance: 28,685

ITALY: Dino Zoff (46 Paolo Conti), Claudio Gentile, Antonio Cabrini, Gabriele Oriali, Mauro Bellugi (67 Antonello Cuccureddu), Gaetano Scirea, Franco Causio, Marco Tardelli, Paolo Rossi, Romero Benetti, Francesco Graziani (27 Bruno Giordano).   Manager: Enzo Bearzot

SPAIN: Francisco Javier González Urruticoechea "URRUTI", MARCELINO PÉREZ Ayllón (50 Rafael GORDILLO Vázquez), Manuel Ángel BOTUBOT Pereira, José Ramón ALEXANKO Ventosa, Secundino Suárez Vázquez "CUNDI", Isidoro SAN JOSÉ Pozo, Daniel SOLSONA Puig, José Vicente SÁNCHEZ Felip (46 Jesús Maria ZAMORA Ansorena), Eugenio LEAL Vargas (73 José Cano López "CANITO"), Jesús María SATRÚSTEGUI Azpiroz, Estanislao ARGOTE Salaberría (46 Ángel "PICHI" ALONSO Herrera).

Manager: Ladislav (László) KUBALA Stecz

Goal: Paolo Rossi (31)

234. 14.03.1979

CZECHOSLOVAKIA v SPAIN 1-0 (0-0)

Tehelné pole, Bratislava

Referee: László Pádár (Hungary)   Attendance: 40,000

CZECHOSLOVAKIA: Jaroslav Netolicka (46 Dusan Kékety), Jozef Barmos, Rostislav Vojácek (46 Ladislav Jurkemik), Anton Ondrus, Koloman Gögh, Oldrich Rott (46 Antonín Panenka), Ján Kozák, Frantisek Stambachr, Marián Masný, Zdenek Nehoda, Miroslav Gajdusék (62 Ladislav Vízek). Manager: Jozef Venglos

SPAIN: Luis Miguel ARCONADA Echarri (46 Francisco Javier González Urruticoechea "URRUTI"), MARCELINO PÉREZ Ayllón, Miguel "MIGUELI" Bernardo Blanquetti (52 Juan FELIPE Martín Martín), José Ramón ALEXANKO Ventosa, Secundino Suárez Vázquez "CUNDI", Isidoro SAN JOSÉ Pozo, Ángel María VILLAR Llona, Vicente DEL BOSQUE González (46 Roberto LÓPEZ UFARTE), Juan Manuel ASENSI Ripoll, Daniel "DANI" Ruiz-Bazán Justa (46 Enrique MORÁN Blanco), Carlos Alonso González "SANTILLANA" (46 Ángel "PICHI" ALONSO Herrera).

Manager: Ladislav (László) KUBALA Stecz

Goal: Marián Masný (87)

235. 04.04.1979   UEFA Euro 1980 Qualifying – Group 3

ROMANIA v SPAIN 2-2 (0-0)

Stadionul Central, Craiova

Referee: Marcel Van Langenhove (Belgium)
Attendance: 40,000

ROMANIA: Silviu Lung, Mihai Zamfir, Stefan Sames, Cornel Dinu, Teodor Lucuta, Ion Dumitru (80 Costica Stefanescu), Ladislau (László) Bölöni, Mihai Romila, Mircea Lucescu (51 Zoltan Crisan), Dudu Georgescu, Dumitru Marcu. Manager: Stefan Kovács

SPAIN: Luis Miguel ARCONADA Echarri, MARCELINO PÉREZ Ayllón, Juan FELIPE Martín Martín, José Ramón ALEXANKO Ventosa, Isidoro SAN JOSÉ Pozo, Ángel María VILLAR Llona, Vicente DEL BOSQUE González (61 Secundino Suárez Vázquez "CUNDI"), Juan Manuel ASENSI Ripoll, Daniel "DANI" Ruiz-Bazán Justa, RUBÉN Andrés CANO Martínez, Enrique "QUINI" Castro González (87 Francisco José CARRASCO Hidalgo).

Manager: Ladislav (László) KUBALA Stecz

Goals: Dudu Georgescu (55 pen, 64) / Daniel "DANI" Ruiz-Bazán Justa (57, 69)

Sent off: Zoltan Crisan (59) / Isidoro SAN JOSÉ Pozo (59)

236. 26.09.1979

SPAIN v PORTUGAL 1-1 (1-0)

Estadio Municipal de Balaídos, Vigo

Referee: Luigi Agnolin (Italy)   Attendance: 35,000

SPAIN: Luis Miguel ARCONADA Echarri, Isidoro SAN JOSÉ Pozo, Miguel "MIGUELI" Bernardo Blanquetti, José Ramón ALEXANKO Ventosa, Francisco Javier Álvarez URÍA (46 José Antonio CAMACHO Alfaro), Ricardo Penella ARIAS (46 Ángel María VILLAR Llona), Jesús Maria ZAMORA Ansorena, Juan Manuel ASENSI Ripoll, Daniel "DANI" Ruiz-Bazán Justa, Enrique "QUINI" Castro González, RUBÉN Andrés CANO Martínez (46 Roberto LÓPEZ UFARTE).

Manager: Ladislav (László) KUBALA Stecz

PORTUGAL: Manuel Galrinho BENTO, HUMBERTO Manuel de Jesus COELHO, António José BASTOS LOPES, CARLOS Alexandre Forte ALHINHO, ALBERTO Gomes FONSECA Júnior, EURICO Monteiro Gomes, Joaquim Manuel Rodrigues Silva Marques "NÉLINHO" (74 MANUEL José Tavares FERNANDES), António Luís Alves Ribeiro OLIVEIRA (87 SHÉU Han), Fernando Albino de Sousa CHALANA, Rui Manuel Trinidade JORDÃO (89 ARTUR Soares Correia), Tamagnini Manuel Gomes Baptista "NENÉ" (81 Maurício Zacarias REINALDO Rodrigues Gomes).

Manager: Mário Wilson

Goals: Daniel "DANI" Ruiz-Bazán Justa (26 pen) / Tamagnini Manuel Gomes Baptista "NENÉ" (74 pen)

237. 10.10.1979   UEFA Euro 1980 Qualifying – Group 3
SPAIN v YUGOSLAVIA 0-1 (0-1)
Estadio Luís Casanova, Valencia

Referee: Brian Robert McGinlay (Scotland)
Attendance: 28,078

SPAIN: Luis Miguel ARCONADA Echarri, Isidoro SAN JOSÉ Pozo, Miguel "MIGUELI" Bernardo Blanquetti, José Ramón ALEXANKO Ventosa, Francisco Javier Álvarez URÍA, Vicente DEL BOSQUE González, Ángel María VILLAR Llona, Juan Manuel ASENSI Ripoll, Daniel "DANI" Ruiz-Bazán Justa, Enrique "QUINI" Castro González (46 Carlos Alonso González "SANTILLANA"), Juan Carlos HEREDIA Araya.
Manager: Ladislav (László) KUBALA Stecz

YUGOSLAVIA: Dragan Pantelic, Zoran Vujovic, Miso Krsticevic, Velimir Zajec, Boro Primorac, Vedran Rozic, Zlatko Vujovic, Milos Sestic (75 Drazen Muzinic), Blaz Sliskovic, Safet Susic, Ivica (Ivo) Surjak.   Manager: Miljan Miljanic

Goal: Ivica (Ivo) Surjak (5)

Sent off: José Ramón ALEXANKO Ventosa (80) / Miso Krsticevic (90)

238. 14.11.1979
SPAIN v DENMARK 1-3 (0-1)
Estadio Ramo1n de Carranza, Cádiz

Referee: Roger Schoeters (Belgium)   Attendance: 18,000

SPAIN: Luis Miguel ARCONADA Echarri (46 Francisco Javier González Urruticoechea "URRUTI"), Isidoro SAN JOSÉ Pozo, Antonio GARCÍA NAVAJAS, Miguel "MIGUELI" Bernardo Blanquetti, Secundino Suárez Vázquez "CUNDI", JOAQUÍN ALONSO González, Vicente DEL BOSQUE González, Manuel MESA Quirós, Daniel "DANI" Ruiz-Bazán Justa, Carlos Alonso González "SANTILLANA", Roberto LÓPEZ UFARTE (46 Francisco José CARRASCO Hidalgo).
Manager: Ladislav (László) KUBALA Stecz

DENMARK: Birger Jensen, Palle Hansen (58 Klaus Nørregaard), Sten Ziegler, Søren Busk, Frank Olsen, Morten Olsen, Jens Jørn Bertelsen, Kristen Nygaard, Benny Nielsen, Jan Sørensen, Preben Elkjær Larsen.   Manager: Sepp Piontek

Goals: Manuel MESA Quirós (56) /
Preben Elkjær Larsen (38, 77), Jens Jørn Bertelsen (55)

239. 09.12.1979   UEFA Euro 1980 Qualifying – Group 3
CYPRUS v SPAIN 1-3 (0-2)
Tsirion Athletic Center, Limassol

Referee; Josef Bucek (Austria)   Attendance: 12,000

CYPRUS: Herodotos Koupanos, Nikos Pantziaras, Stefanos Lysandrou, Demetris Kizas, Filippos Kalotheou, Loizos Mavroudis, Stavros Papadopoulos, Marios Tsingis, Andreas Kanaris, Pamboulis Papadopoulos (59 Fivos Vrahimis), Petros Theophanous (57 Andreas Papakostas).
Manager: Kostas Talianos

SPAIN: Luis Miguel ARCONADA Echarri, Francisco Javier Álvarez URÍA, Miguel "MIGUELI" Bernardo Blanquetti, Secundino Suárez Vázquez "CUNDI", Antonio OLMO Ramírez, Ángel María VILLAR Llona (72 Jesús Maria ZAMORA Ansorena), Vicente DEL BOSQUE González (72 Francisco José CARRASCO Hidalgo), Enrique "QUINI" Castro González, Daniel "DANI" Ruiz-Bazán Justa, Carlos Alonso González "SANTILLANA", Enrique SAURA Gil.
Manager: Ladislav (László) KUBALA Stecz

Goals: Fivos Vrahimis (69) / Ángel María VILLAR Llona (5), Carlos Alonso González "SANTILLANA" (41),
Enrique SAURA Gil (89)

240. 23.01.1980
SPAIN v NETHERLANDS 1-0 (0-0)
Estadio Municipal de Balaídos, Vigo

Referee: Marcel Bacou (France)   Attendance: 19,000

SPAIN: Luis Miguel ARCONADA Echarri, Genaro CELAYETA San Sebastián (46 Jesús LANDÁBURU Samuguillo), Miguel "MIGUELI" Bernardo Bianquetti, Antonio OLMO Ramírez, Rafael GORDILLO Vázquez, Enrique SAURA Gil, Jesús Maria ZAMORA Ansorena, Juan Manuel ASENSI Ripoll, Juan Gómez González "JUANITO", Carlos Alonso González "SANTILLANA" (46 Jesús María SATRÚSTEGUI Azpiroz), Francisco José CARRASCO Hidalgo (46 Daniel "DANI" Ruiz-Bazán Justa).
Manager: Ladislav (László) KUBALA Stecz

NETHERLANDS: Piet Schrijvers, Ruud Krol, Michel van de Korput, Hugo Hovenkamp, Huub Stevens, Wim Jansen (48 Ernie Brandts), Dick Schoenaker (55 Dick Nanninga), Frans Thijssen, Tscheu La Ling, Kees Kist, Simon Tahamata (28 Willy van de Kerkhof).   Manager: Jan Zwartkruis

Goal: Daniel "DANI" Ruiz-Bazán Justa (82 pen)

241. 13.02.1980
SPAIN v EAST GERMANY 0-1 (0-0)
Estadio La Rosaleda, Málaga
Referee: André Daina (Switzerland)   Attendance: 35,000

SPAIN: Luis Miguel ARCONADA Echarri, Genaro CELAYETA San Sebastián, Miguel "MIGUELI" Bernardo Bianquetti, Antonio OLMO Ramírez, Rafael GORDILLO Vázquez, Enrique SAURA Gil, Jesús Maria ZAMORA Ansorena, Juan Manuel ASENSI Ripoll, Juan Gómez Gónzalez "JUANITO", Carlos Alonso González "SANTILLANA", Francisco José CARRASCO Hidalgo.
Manager: Ladislav (László) KUBALA Stecz

EAST GERMANY: Hans-Ulrich Grapenthin, Hans-Jürgen (Dixie) Dörner, Gerd Kische, Udo Schmuck, Konrad Weise, Reinhard Häfner, Jürgen Pommerenke, Gerd Weber (46 Joachim Streich), Hartmut Schade, Peter Kotte, Martin Hoffmann.   Manager: Georg Buschner

Goal: Joachim Streich (57)

242. 26.03.1980
SPAIN v ENGLAND 0-2 (0-1)
Estadio del Futbol Club Barcelona, Barcelona
Referee: Volker Roth (West Germany)   Attendance: 50,000

SPAIN: Luis Miguel ARCONADA Echarri, Santiago URQUIAGA Pérez, Miguel "MIGUELI" Bernardo Bianquetti, José Ramón ALEXANKO Ventosa (66 Antonio OLMO Ramírez), Rafael GORDILLO Vázquez, Agustín GUISASOLA Zabala, Enrique SAURA Gil (46 JOSÉ DIEGO Álvarez Álvarez), Francisco Javier Álvarez URÍA, Daniel "DANI" Ruiz-Bazán Justa, Jesús María SATRÚSTEGUI Azpiroz, Juan Gómez Gónzalez "JUANITO" (46 Francisco José CARRASCO Hidalgo).   Manager: Ladislav (László) KUBALA Stecz

ENGLAND: Peter Shilton, Phil Neal (82 Emlyn Hughes), Mick Mills, Phil Thompson, Dave Watson, Ray Wilkins, Kevin Keegan, Steve Coppell, Trevor Francis (77 Laurie Cunningham), Ray Kennedy, Tony Woodcock.
Manager: Ron Greenwood

Goals: Tony Woodcock (15), Trevor Francis (65)

243. 16.04.1980
SPAIN v CZECHOSLOVAKIA 2-2 (0-1)
Estadio Municipal El Molinón, Gijón
Referee: Heinz Fahnler (Austria)   Attendance: 25,000

SPAIN: Luis Miguel ARCONADA Echarri, Francisco Javier Álvarez URÍA, Miguel "MIGUELI" Bernardo Bianquetti, José Ramón ALEXANKO Ventosa, Rafael GORDILLO Vázquez, Manuel MESA Quirós (7 Enrique "QUINI" Castro González), Vicente DEL BOSQUE González, Jesús Maria ZAMORA Ansorena, Daniel "DANI" Ruiz-Bazán Justa, Carlos Alonso González "SANTILLANA", Juan Gómez Gónzalez "JUANITO".
Manager: Ladislav (László) KUBALA Stecz

CZECHOSLOVAKIA: Jaroslav Netolicka, Jozef Barmos, Ladislav Jurkemik (44 Anton Ondrus), Rostislav Vojácek, Jan Fiala, Ján Kozák, Jan Berger (73 Ladislav Vízek), Antonín Panenka, Petr Janecka, Zdenek Nehoda, Marián Masný (73 Verner Licka).   Manager: Jozef Venglos

Goals: Miguel "MIGUELI" Bernardo Bianquetti (48), Enrique "QUINI" Castro González (68) / Zdenek Nehoda (33, 53)

244. 21.05.1980
DENMARK v SPAIN 2-2 (0-1)
Københavns Idrætspark, Copenhagen
Referee: Walter Eschweiler (West Germany)
Attendance: 23,998

DENMARK: Ole Qvist, Jens Steffensen (46 Klaus Nørregaard), Sten Ziegler, Søren Busk, Frank Olsen, Jens Jørn Bertelsen, Morten Olsen, Benny Nielsen (66 Thomas Larsen), Lars Bastrup, Allan Simonsen, Jan Sørensen.
Manager: Sepp Piontek

SPAIN: Luis Miguel ARCONADA Echarri (46 Francisco Javier González Urruticoechea "URRUTI"), Genaro CELAYETA San Sebastián (46 Miguel TENDILLO Belenguer), Miguel "MIGUELI" Bernardo Bianquetti, José Ramón ALEXANKO Ventosa, Rafael GORDILLO Vázquez, Juan Manuel ASENSI Ripoll, Enrique SAURA Gil, Jesús Maria ZAMORA Ansorena, Julio CARDEÑOSA Rodríguez, Jesús María SATRÚSTEGUI Azpiroz, Daniel "DANI" Ruiz-Bazán Justa (46 Ángel "PICHI" ALONSO Herrera).
Manager: Ladislav (László) KUBALA Stecz

Goals: Allan Simonsen (53), Lars Bastrup (61) / Enrique SAURA (9), José Ramón ALEXANKO Ventosa (71)

245. 12.06.1980   UEFA European Championship – Group 2
SPAIN v ITALY 0-0
Stadio Giuseppe Meazza, Milano (Italy)
Referee: Károly Palotai (Hungary)   Attendance: 46,337

SPAIN: Luis Miguel ARCONADA Echarri, Miguel TENDILLO Belenguer, Miguel "MIGUELI" Bernardo Bianquetti, José Ramón ALEXANKO Ventosa, Rafael GORDILLO Vázquez, Enrique SAURA Gil, Juan Manuel ASENSI Ripoll, Jesús Maria ZAMORA Ansorena, Enrique Castro González "QUINI", Daniel "DANI" Ruiz-Bazán Justa (53 Juan Gómez Gónzalez "JUANITO"), Jesús María SATRÚSTEGUI Azpiroz.
Manager: Ladislav (László) KUBALA Stecz

ITALY: Dino Zoff, Claudio Gentile, Gabriele Oriali, Fulvio Collovati, Antonio Cabrini (56 Romeo Benetti), Gaetano Scirea, Marco Tardelli, Giancarlo Antognoni, Franco Causio, Francesco Graziani, Roberto Bettega.
Manager: Enzo Bearzot

246. 15.06.1980   UEFA European Championship – Group 2
BELGIUM v SPAIN 2-1 (1-1)
Stadio Giuseppe Meazza, Milano (Italy)
Referee: Charles George Rainer Corver (Netherlands)
Attendance: 11,430
BELGIUM: Jean-Marie Pfaff, Eric Gerets, Luc Millecamps, Walter Meeuws, Michel Renquin, Wilfried Van Moer (73 Raymond Mommens), René Vandereycken, Julien Cools, Erwin Vandenbergh (81 René Verheyen), François Van der Elst, Jan Ceulemans.   Manager: Guy Thys
SPAIN: Luis Miguel ARCONADA Echarri, Miguel TENDILLO Belenguer (78 Francisco José CARRASCO Hidalgo), Miguel "MIGUELI" Bernardo Bianquetti, José Ramón ALEXANKO Ventosa, Rafael GORDILLO Vázquez, Enrique SAURA Gil, Juan Manuel ASENSI Ripoli (37 Vicente DEL BOSQUE González), Jesús Maria ZAMORA Ansorena, Enrique Castro González "QUINI", Juan Gómez González "JUANITO", Jesús María SATRÚSTEGUI Azpiroz.
Manager: Ladislav (László) KUBALA Stecz

Goals: Eric Gerets (17), Julien Cools (65) / Enrique Castro González "QUINI" (36)

247. 18.06.1980   UEFA European Championship – Group 2
ENGLAND v SPAIN 2-1 (1-0)
Stadio San Paolo, Napoli (Italy)
Referee: Erich Linemayr (Austria)   Attendance: 17,743
ENGLAND: Ray Clemence, Viv Anderson (83 Trevor Cherry), Phil Thompson, Dave Watson, Ray Wilkins, Terry McDermott, Glenn Hoddle (76 Paul Mariner), Kevin Keegan, Tony Woodcock, Trevor Brooking, Mick Mills.
Manager: Ron Greenwood
SPAIN: Luis Miguel ARCONADA Echarri, Secundino Suárez Vázquez "CUNDI", Antonio OLMO Ramírez, José Ramón ALEXANKO Ventosa, Rafael GORDILLO Vázquez, Francisco Javier Álvarez URÍA, Jesús Maria ZAMORA Ansorena, Julio CARDEÑOSA Rodríguez (46 Francisco José CARRASCO Hidalgo), Juan Gómez González "JUANITO" (46 Daniel "DANI" Ruiz-Bazán Justa), Carlos Alonso González "SANTILLANA", Enrique SAURA Gil.
Manager: Ladislav (László) KUBALA Stecz

Goals: Trevor Brooking (19), Tony Woodcock (62) / Daniel "DANI" Ruiz-Bazán Justa (48 pen)

Daniel "DANI" Ruiz-Bazán Justa missed a penalty kick (52)

248.   24.09.1980
HUNGARY v SPAIN 2-2 (1-1)
Népstadion, Budapest
Referee: Jozef Marko (Czechoslovakia)   Attendance: 15,000
HUNGARY: Béla Katzirz, Sándor Paróczai, László Bálint, Zoltán Kereki, József Pásztor (78 Gyözö Burcsa), Tibor Nyilasi (46 Ferenc Csongrádi), László Dajka, Béla Bodonyi, László Kiss (68 Márton Esterházy), László Nagy (12 Gábor Pölöskei), József Varga.   Manager: Kálmán Mészöly
SPAIN: Luis Miguel ARCONADA Echarri, Genaro CELAYETA San Sebastián, Miguel "MIGUELI" Bernardo Bianquetti, José Ramón ALEXANKO Ventosa, Rafael GORDILLO Vázquez, JOAQUÍN ALONSO González, Miguel Ángel "PERICO" ALONSO Oyarbide, Jesús Maria ZAMORA Ansorena, Enrique MORÁN Blanco (60 Daniel "DANI" Ruiz-Bazán Justa), Jesús María SATRÚSTEGUI Azpiroz, Juan Gómez González "JUANITO".
Manager: José Emilio SANTAMARÍA Iglesias

Goals: László Kiss (10), Béla Bodonyi (47) / Juan Gómez González "JUANITO" (3), Jesús María SATRÚSTEGUI Azpiroz (68)

249.   15.10.1980
EAST GERMANY v SPAIN 0-0
Zentralstadion, Leipzig
Referee: Ján Veverka (Czechoslovakia)   Attendance: 30,000
EAST GERMANY: Jürgen Croy, Hans-Jürgen (Dixie) Dörner, Matthias Müller, Konrad Weise, Gerd Kische, Reinhard Häfner, Matthias Liebers, Dieter Kühn (46 Wolfgang Steinbach), Peter Kotte (72 Jürgen Pommerenke), Joachim Streich, Martin Hoffmann (56 Lutz Lindemann).   Manager: Georg Buschner
SPAIN: Luis Miguel ARCONADA Echarri, Genaro CELAYETA San Sebastián, Miguel TENDILLO Belenguer, José Ramón ALEXANKO Ventosa, Rafael GORDILLO Vázquez, JOAQUÍN ALONSO González, Miguel Ángel "PERICO" ALONSO Oyarbide, Jesús Maria ZAMORA Ansorena, Juan Gómez González "JUANITO", Enrique MONTERO Rodríguez (89 Daniel "DANI" Ruiz-Bazán Justa), Enrique MORÁN Blanco.   Manager: José Emilio SANTAMARÍA Iglesias

250.   12.11.1980
SPAIN v POLAND   1-2 (0-1)
Estadio de Sarriá, Barcelona

Referee: Roger Schoeters (Belgium)   Attendance: 20,000

SPAIN: Luis Miguel ARCONADA Echarri, Genaro CELAYETA San Sebastián, José Ramón ALEXANKO Ventosa, Miguel TENDILLO Belenguer, Rafael GORDILLO Vázquez, JOAQUÍN ALONSO González, Miguel Ángel "PERICO" ALONSO Oyarbide, Jesús Maria ZAMORA Ansorena, Juan Gómez González "JUANITO" (78 Enrique SAURA Gil), Carlos Alonso González "SANTILLANA", Enrique MORÁN Blanco (78 Daniel "DANI" Ruiz-Bazán Justa).
Manager: José Emilio SANTAMARÍA Iglesias

POLAND: Józef Mlynarczyk, Marek Dziuba (89 Edward Zalezny), Pawel Janas, Wladyslaw Zmuda, Adam Walczak (46 Wojciech Rudy), Leszek Lipka, Piotr Skrobowski (72 Krzysztof Adamczyk), Zbigniew Boniek, Wlodzimierz Ciolek, Andrzej Iwan, Wlodzimierz Smolarek (46 Janusz Kupcewicz).
Manager: Ryszard Kulesza

Goals: Daniel "DANI" Ruiz-Bazán Justa (88 pen) / Andrzej Iwan (19, 89)

251.   18.02.1981
SPAIN v FRANCE   1-0 (0-0)
Estadio Vicente Calderón, Madrid

Referee: Carol Jurja (Romania)   Attendance: 18,000

SPAIN: Luis Miguel ARCONADA Echarri, José Antonio CAMACHO Alfaro, Miguel TENDILLO Belenguer, José Ramón ALEXANKO Ventosa, Rafael GORDILLO Vázquez, JOAQUÍN ALONSO González (46 Enrique "QUIQUE" RAMOS González), Daniel SOLSONA Puig, Jesús María ZAMORA Ansorena, Juan Gómez González "JUANITO", Carlos Alonso González "SANTILLANA", Juan José RUBIO Jiménez.
Manager: José Emilio SANTAMARÍA Iglesias

FRANCE: Jean Castaneda, Gérard Janvion, Léonard Specht, Christian López, Maxime Bossis, Didier Christophe (70 Jean-Amadou Tigana), Jean-François Larios, Michel Platini, Alain Moizan, Bruno Baronchelli (46 Daniel Xuereb), Didier Six.
Manager: Michel Hidalgo

Goal: Juan Gómez González "JUANITO" (86 pen)

252.   25.03.1981
ENGLAND v SPAIN   1-2 (1-2)
British Empire Exhibition Stadium, London

Referee: Walter Eschweiler (West Germany)
Attendance: 71,840

ENGLAND: Ray Clemence, Phil Neal, Kenny Sansom, Terry Butcher, Russell Osman, Kevin Keegan, Trevor Francis (81 Peter Barnes), Paul Mariner, Trevor Brooking (70 Ray Wilkins), Glenn Hoddle, Bryan Robson.
Manager: Ron Greenwood

SPAIN: Luis Miguel ARCONADA Echarri, José Antonio CAMACHO Alfaro, Antonio MACEDA Francés, Miguel TENDILLO Belenguer, Rafael GORDILLO Vázquez, JOAQUÍN ALONSO González, Jesús María ZAMORA Ansorena, VÍCTOR Muñoz Manrique (68 Enrique MONTERO Rodríguez), Juan Gómez González "JUANITO" (84 Daniel "DANI" Ruiz-Bazán Justa), Jesús María SATRÚSTEGUI Azpiroz, MARCOS Alonso Peña.   Manager: José Emilio SANTAMARÍA Iglesias

Goals: Glenn Hoddle (26) / Jesús María SATRÚSTEGUI (4), Jesús María ZAMORA Ansorena (32)

253.   15.04.1981
SPAIN v HUNGARY   0-3 (0-1)
Estadio Luís Casanova, Valencia

Referee: Daniel Lambert (France)   Attendance: 25,000

SPAIN: Luis Miguel ARCONADA Echarri, José Antonio CAMACHO Alfaro, Miguel TENDILLO Belenguer, Antonio MACEDA Francés, Rafael GORDILLO Vázquez, JOAQUÍN ALONSO González, VÍCTOR Muñoz Manrique (61 Enrique SAURA Gil), Daniel SOLSONA Puig, Juan Gómez González "JUANITO", Jesús María SATRÚSTEGUI Azpiroz (46 Carlos Alonso González "SANTILLANA"), Roberto LÓPEZ UFARTE (61 MARCOS Alonso Peña).
Manager: José Emilio SANTAMARÍA Iglesias

HUNGARY: Béla Katzirz, Gyözö Martos, László Bálint, Imre Garaba, József Tóth, Sándor Müller, Tibor Nyilasi, József Mucha (70 József Varga), László Fazekas (77 Béla Bodonyi), László Kiss, Ignác Izsó.   Manager: Kálmán Mészöly

Goals: László Kiss (31), Béla Bodonyi (84), Tibor Nyilasi (90)

254. 20.06.1981
PORTUGAL v SPAIN 2-0 (0-0)
Estádio do Futebol Clube do Porto, Porto
Referee: Marcel Bacou (France)   Attendance: 6,000
PORTUGAL: Manuel Galrinho BENTO (46 António José Oliveira Meireles "TIBI"), GABRIEL Azevedo MENDES, Carlos António Fonseca SIMÕES, EURICO Monteiro Gomes (80 AMILCAR Lopes da Fonseca), Minervino José Lopes PIETRA (46 António José LIMA PEREIRA), CARLOS MANUEL Correia dos Santos (46 António Manuel Da Costa NOGUEIRA), JOÃO António Ferreira Resende ALVES (83 ANTÓNIO Augusto Gomes de SOUSA), SHÉU Han, JOSÉ ALBERTO Barroso Machado e COSTA, Tamagnini Manuel Gomes Baptista "NENÉ", MANUEL José Tavares FERNANDES (75 Fernando Albino de Sousa CHALANA).
Manager: Júlio Cernadas Pereira "JUCA"

SPAIN: Luis Miguel ARCONADA Echarri, José Antonio CAMACHO Alfaro, Miguel TENDILLO Belenguer, GERARDO Miranda Concepción, Rafael GORDILLO Vázquez, Miguel Ángel "PERICO" ALONSO Oyarbide (69 Enrique "QUIQUE" RAMOS González), VÍCTOR Muñoz Manrique, Jesús María ZAMORA Ansorena, MARCOS Alonso Peña, Juan Gómez Gónzalez "JUANITO" (46 Carlos Alonso González "SANTILLANA"), Jesús María SATRÚSTEGUI Azpiroz (46 Enrique MORÁN Blanco).
Manager: José Emilio SANTAMARÍA Iglesias

Goals: Tamagnini Manuel Gomes Baptista "NENÉ" (80), António Manuel Da Costa NOGUEIRA (83)

255. 23.06.1981
MEXICO v SPAIN 1-3 (0-1)
Estadio Azteca, Mexico City
Referee: Damir Matovinovic (Yugoslavia)   Att: 50,000
MEXICO: Francisco Ramirez CASTREJÓN Serrano, Juan Manuel ÁLVAREZ Álvarez, José Luis ALDRETE Mora, Gustavo VARGAS Lopez, Manuel MANZO Ortega (46 Tomás Juan BOY Espinoza), Juan Antonio LUNA Castro, José Luis LÓPEZ Mejia (46 Mario HERNÁNDEZ Calderón), Leonardo CUÉLLAR Rivera, Manuel NEGRETE Arias, Hugo SÁNCHEZ Márquez, Ricardo CASTRO Valenzuela (58 Cleofás Jaime PAJARITO García).   Manager: Raúl CÁRDENAS de la Vega

SPAIN: Luis Miguel ARCONADA Echarri, José Antonio CAMACHO Alfaro, Miguel TENDILLO Belenguer, José Ramón ALEXANKO Ventosa, Rafael GORDILLO Vázquez (46 Secundino Suárez Vázquez "CUNDI"), JOAQUÍN ALONSO González, VÍCTOR Muñoz Manrique (46 Miguel Ángel "PERICO" ALONSO Oyarbide), Jesús María ZAMORA Ansorena, Juan Gómez Gónzalez "JUANITO" (71 Enrique MONTERO Rodríguez), MARCOS Alonso Peña, Jesús María SATRÚSTEGUI Azpiroz.
Manager: José Emilio SANTAMARÍA Iglesias

Goals: Hugo SÁNCHEZ Márquez (64 pen) /
Juan Gómez Gónzalez "JUANITO" (29, 47),
Jesús María ZAMORA Ansorena (83)

256. 28.06.1981
VENEZUELA v SPAIN 0-2 (0-1)
Estadio Olímpico de la Universidad Central de Venezuela, Caracas
Referee: Guillermo Velásquez Ramírez (Colombia)
Attendance: 15,000

VENEZUELA: Ramón Vicente VEGA, Williams José PACHECO Túa, Pedro CASTRO Eiroa, Pedro Javier ACOSTA Sánchez, Emilio CAMPOS, Ángel de Jesús CASTILLO Enríquez, Nelson José CARRERO Hera (61 César José MARCANO Bermúdez), Bernardo AÑOR Guillamón, Pedro Juan FEBLES González (85 Rafael IRIARTE), Eduardo Antonio REGUEIRO Bouso (76 Ernesto CHACÓN), Vicente Emilio FLORES.   Manager: Luis MENDOZA Benedetto

SPAIN: Luis Miguel ARCONADA Echarri, José Antonio CAMACHO Alfaro, Miguel TENDILLO Belenguer, José Ramón ALEXANKO Ventosa, Rafael GORDILLO Vázquez, JOAQUÍN ALONSO González, Miguel Ángel "PERICO" ALONSO Oyarbide, Jesús María ZAMORA Ansorena, Juan Gómez Gónzalez "JUANITO" (70 Carlos Alonso González "SANTILLANA"), Jesús María SATRÚSTEGUI Azpiroz, MARCOS Alonso Peña (60 José Vicente SÁNCHEZ Felip).
Manager: José Emilio SANTAMARÍA Iglesias

Goals: Juan Gómez Gónzalez "JUANITO" (6),
Jesús María SATRÚSTEGUI Azpiroz (73 pen)

257. 02.07.1981
COLOMBIA v SPAIN 1-1 (0-0)
Estadio Nemesio Camacho, Bogotá
Referee: Vicente Llobregat Vicedo (Venezuela)
Attendance: 25,000

COLOMBIA: Pedro Antonio ZAPE Jordán, Astolfo ROMERO Muñoz, Jorge Armando PORRAS Villa, Rafael OTERO Córdoba (51 Antonio RÍOS), Juan Edgardo CAICEDO Vargas, Pedro Enrique SARMIENTO Solís (70 Norberto José PELUFFO), Hernán Darío HERRERA Ramírez, Hugo VALENCIA, Angel Maria TORRES Lasso, Eduardo Emilio VILARETE Fernández, Francisco MATURANA García.
Manager: Carlos Salvador Bilardo

SPAIN: Luis Miguel ARCONADA Echarri, José Antonio CAMACHO Alfaro, Miguel TENDILLO Belenguer, José Ramón ALEXANKO Ventosa, Rafael GORDILLO Vázquez, JOAQUÍN ALONSO González (67 José Vicente SÁNCHEZ Felip), Miguel Ángel "PERICO" ALONSO Oyarbide, Jesús María ZAMORA Ansorena, Juan Gómez Gónzalez "JUANITO", Jesús María SATRÚSTEGUI Azpiroz, MARCOS Alonso Peña (57 Carlos Alonso González "SANTILLANA").
Manager: José Emilio SANTAMARÍA Iglesias

Goals: Hernán Darío HERRERA Ramírez (76) /
José Ramón ALEXANKO Ventosa (86)

258. 05.07.1981
CHILE v SPAIN 1-1 (1-1)
Estadio Nacional de Chile, Ñuñoa
Referee: Jorge Eduardo Romero (Argentina)
Attendance: 14,767

CHILE: Mario Ignacio OSBÉN Méndez, Miguel Ángel NEIRA Pincheira, Lizardo Antonio GARRIDO Bustamante, René Eduardo VALENZUELA Becker, Vladimir David BIGORRA López, Rodolfo del Rosario DUBÓ Segovia, Carlos Humberto RIVAS Torres (66 Orlando Alberto MONDACA Reyes), Mario del Tránsito SOTO Benavides, Gustavo Segundo MOSCOSO Huencho, Carlos Humberto CASZELY Garrido, Patricio Nazario YÁÑEZ Candia (79 Óscar Enrique HERRERA Hernández).   Manager: Luis SANTIBÁÑEZ Díaz

SPAIN: Luis Miguel ARCONADA Echarri, José Antonio CAMACHO Alfaro, Miguel TENDILLO Belenguer, José Ramón ALEXANKO Ventosa, Rafael GORDILLO Vázquez, JOAQUÍN ALONSO González, Miguel Ángel "PERICO" ALONSO Oyarbide, Jesús María ZAMORA Ansorena, Juan Gómez González "JUANITO", Jesús María SATRÚSTEGUI Azpiroz, MARCOS Alonso Peña.
Manager: José Emilio SANTAMARÍA Iglesias

Goals: Carlos Humberto CASZELY Garrido (7) / Jesús María SATRÚSTEGUI Azpiroz (16)

259. 08.07.1981
BRAZIL v SPAIN 1-0 (0-0)
Estádio Octávio Mangabeira, Salvador
Referee: Clive Bradley White (England)   Attendance: 74,089

BRAZIL: VALDIR PERES Arruda (77 CARLOS Roberto Gallo), GETÚLIO Costa de Oliveira (46 PERIVALDO Lúcio Dantas), Alcides "JUNINHO" Fonseca Júnior, Luiz Carlos Ferreira LUIZINHO (73 Edino Nazareth Filho "EDINHO"), Leovegildo Lins da Gama JÚNIOR, Antônio Carlos "TONINHO" CEREZO, SÓCRATES Brasileiro Sampaio de Souza Vieira de Oliveira, PAULO ISIDORO de Jesus, Arthur Antunes Coimbra "ZICO", BALTAZAR Maria de Moraís Júnior, ÉDER Aleixo de Assis.   Manager: TELÊ SANTANA da Silva

SPAIN: Luis Miguel ARCONADA Echarri, José Antonio CAMACHO Alfaro, Miguel TENDILLO Belenguer, José Ramón ALEXANKO Ventosa, Rafael GORDILLO Vázquez, JOAQUÍN ALONSO González, José Vicente SÁNCHEZ Felip, Miguel Ángel "PERICO" ALONSO Oyarbide, Jesús María ZAMORA Ansorena, Juan Gómez González "JUANITO", Jesús María SATRÚSTEGUI Azpiroz (46 Carlos Alonso González "SANTILLANA").
Manager: José Emilio SANTAMARÍA Iglesias

Goal: BALTAZAR Maria de Moraís Júnior (47)

260. 23.09.1981
AUSTRIA v SPAIN 0-0
Praterstadion, Vienna
Referee: Jozef Marko (Czechoslovakia)   Attendance: 15,000

AUSTRIA: Friedl Koncilia, Bernd Krauss, Heribert Weber, Bruno Pezzey, Hans-Dieter Mirnegg, Roland Hattenberger, Felix Gasselich, Reinhold Hintermaier, Kurt Welzl (60 Christian Keglevits), Hans Krankl, Max Hagmayr.
Manager: Karl Stotz

SPAIN: Luis Miguel ARCONADA Echarri, José Antonio CAMACHO Alfaro, Miguel TENDILLO Belenguer, José Ramón ALEXANKO Ventosa, Rafael GORDILLO Vázquez, VÍCTOR Muñoz Manrique, Miguel Ángel "PERICO" ALONSO Oyarbide, Jesús María ZAMORA Ansorena (46 Enrique SAURA Gil), ESTEBAN Vigo Benitez "Boquerón", Juan Gómez González "JUANITO" (46 Carlos Alonso González "SANTILLANA"), Jesús María SATRÚSTEGUI Azpiroz (46 Daniel "DANI" Ruiz-Bazán Justa).   Manager: José Emilio SANTAMARÍA Iglesias

261. 14.10.1981
SPAIN v LUXEMBOURG 3-0 (0-0)
Estadio Luís Casanova, Valencia
Referee: Paolo Casarin (Italy)   Attendance: 15,000

SPAIN: Luis Miguel ARCONADA Echarri, José Antonio CAMACHO Alfaro, Miguel TENDILLO Belenguer (83 Antonio MACEDA Francés), José Ramón ALEXANKO Ventosa, Rafael GORDILLO Vázquez, Miguel Ángel "PERICO" ALONSO Oyarbide, Jesús María ZAMORA Ansorena (46 Enrique SAURA Gil), VÍCTOR Muñoz Manrique, ESTEBAN Vigo Benitez "Boquerón" (46 MARCOS Alonso Peña), Jesús María SATRÚSTEGUI Azpiroz (46 Carlos Alonso González "SANTILLANA"), Roberto LÓPEZ UFARTE.
Manager: José Emilio SANTAMARÍA Iglesias

LUXEMBOURG: Jeannot Moes, Erny Dax, Paul Philipp, Nico Rohmann, Hubert Meunier, Nico Wagner (79 Johny Clemens), Robert Langers, Gilbert Dresch, Jean-Paul Girres (79 Alain Nurenberg), Jeannot (Benny) Reiter (69 Romain Schreiner), Manou Scheitler.   Manager: Louis Pilot

Goals: Roberto LÓPEZ UFARTE (68, 82), Enrique SAURA Gil (75)

262. 18.11.1981
POLAND v SPAIN 2-3 (0-1)
Stadion Miejski, Lodz
Referee: Róbert Jaczina (Hungary)   Attendance: 18,000

POLAND: Jan Tomaszewski (46 Piotr Mowlik), Marek Dziuba, Piotr Skrobowski, Tadeusz Dolny, Jan Jalocha (53 Waldemar Matysik), Zbigniew Boniek, Andrzej Buncol (55 Andrzej Palasz), Grzegorz Lato, Andrzej Iwan, Wlodzimierz Smolarek (73 Miroslaw Okonski), Stefan Majewski.
Manager: Antoni Piechniczek

SPAIN: Luis Miguel ARCONADA Echarri, José Antonio CAMACHO Alfaro, Manuel Enrique JIMÉNEZ Abalo, José Ramón ALEXANKO Ventosa, Rafael GORDILLO Vázquez, VÍCTOR Muñoz Manrique (67 Enrique SAURA Gil), Miguel Ángel "PERICO" ALONSO Oyarbide, Jesús María ZAMORA Ansorena, MARCOS Alonso Peña (67 ESTEBAN Vigo Benitez "Boquerón"), Jesús María SATRÚSTEGUI Azpiroz, Roberto LÓPEZ UFARTE.
Manager: José Emilio SANTAMARÍA Iglesias

Goals: Andrzej Palasz (56), Zbigniew Boniek (74) / Roberto LÓPEZ UFARTE (10), José Ramón ALEXANKO Ventosa (80), Miguel Ángel "PERICO" ALONSO Oyarbide (88)

263.   16.12.1981
SPAIN v BELGIUM 2-0 (1-0)
Estadio Luís Casanova, Valencia

Referee: Volker Roth (West Germany)   Attendance: 28,000

SPAIN: Luis Miguel ARCONADA Echarri, José Antonio CAMACHO Alfaro, Miguel TENDILLO Belenguer, José Ramón ALEXANKO Ventosa, Rafael GORDILLO Vázquez, VÍCTOR Muñoz Manrique, Miguel Ángel "PERICO" ALONSO Oyarbide, Jesús Maria ZAMORA Ansorena, Enrique SAURA Gil, Jesús María SATRÚSTEGUI Azpiroz, Enrique Castro González "QUINI".   Manager: José Emilio SANTAMARÍA Iglesias

BELGIUM: Jean-Marie Pfaff, Walter Meeuws, Eric Gerets (42 Frank Mariman), Luc Millecamps, Marc Baecke, Wilfried Van Moer (64 Marc Millecamps), René Vandereycken, Frank Vercauteren, Alex Czerniatynski (63 Wilhelm Geurts), Erwin Vandenbergh, Jan Ceulemans.   Manager: Guy Thys

Goals: Jesús María SATRÚSTEGUI Azpiroz (7, 87)

264.   24.02.1982
SPAIN v SCOTLAND 3-0 (1-0)
Estadio Luís Casanova, Valencia

Referee: Albert Rudolf (Bep) Thomas (Netherlands)
Attendance: 25,000

SPAIN: Luis Miguel ARCONADA Echarri, José Antonio CAMACHO Alfaro, Miguel TENDILLO Belenguer, José Ramón ALEXANKO Ventosa, Rafael GORDILLO Vázquez, Miguel Ángel "PERICO" ALONSO Oyarbide, VÍCTOR Muñoz Manrique (54 Ricardo GALLEGO Redondo), José Vicente SÁNCHEZ Felip, Enrique SAURA Gil, Jesús María SATRÚSTEGUI Azpiroz (46 Enrique Castro González "QUINI"), Roberto LÓPEZ UFARTE.
Manager: José Emilio SANTAMARÍA Iglesias

SCOTLAND: Alan Rough, Danny McGrain, Frank Gray, Gordon Strachan (68 Steve Archibald), Alex McLeish, Alan Hansen, Alan Brazil, John Wark, Kenny Dalglish, Asa Hartford, Graeme Souness.   Manager: Jock Stein

Goals: VÍCTOR Muñoz Manrique (26), Enrique Castro González "QUINI" (82 pen), Ricardo GALLEGO Redondo (86)

265.   24.03.1982
SPAIN v WALES 1-1 (1-0)
Estadio Luís Casavona, Valencia

Referee: Enzo Barbaresco (Italy)   Attendance: 15,000

SPAIN: Luis Miguel ARCONADA Echarri, José Antonio CAMACHO Alfaro, Miguel TENDILLO Belenguer, José Ramón ALEXANKO Ventosa, Rafael GORDILLO Vázquez, José Vicente SÁNCHEZ Felip, Juan José ESTELLA Salas, Ricardo GALLEGO Redondo, Enrique SAURA Gil, Jesús María SATRÚSTEGUI Azpiroz, Roberto LÓPEZ UFARTE.
Manager: José Emilio SANTAMARÍA Iglesias

WALES: Dai Davies, Chris Marustik, Joey Jones, Paul Price, Kevin Ratcliffe, Peter Nicholas, Robbie James, Mickey Thomas (62 David Giles), Byron Stevenson, Ian Walsh (81 Gordon Davies), Alan Curtis.   Manager: Mike England

Goals: Jesús María SATRÚSTEGUI Azpiroz (25) / Robbie James (51)

Sent off: José Vicente SÁNCHEZ Felip (38)

266.   28.04.1982
SPAIN v SWITZERLAND 2-0 (2-0)
Estadio Luís Casanova, Valencia

Referee: George Courtney (England)   Attendance: 18,000

SPAIN: Luis Miguel ARCONADA Echarri, José Antonio CAMACHO Alfaro, Miguel TENDILLO Belenguer, José Ramón ALEXANKO Ventosa, Rafael GORDILLO Vázquez, Miguel Ángel "PERICO" ALONSO Oyarbide, Ricardo GALLEGO Redondo (46 Santiago URQUIAGA Pérez), Jesús Maria ZAMORA Ansorena (46 José Vicente SÁNCHEZ Felip), Pedro URALDE Hernáez, Jesús María SATRÚSTEGUI Azpiroz, Roberto LÓPEZ UFARTE (57 Enrique SAURA Gil).   Manager: José Emilio SANTAMARÍA Iglesias

SWITZERLAND: Erich Burgener, Gianpietro Zappa, Heinz Hermann, Heinz Lüdi, Umberto Barberis, Lucien Favre, René Botteron, Fredy Scheiwiler (59 Erni Maissen), Jean-Paul Brigger (59 Rudolf Elsener), André (Andy) Egli, Claudio Sulser.   Manager: Paul Wolfisberg

Goals: Miguel TENDILLO Belenguer (20), José Ramón ALEXANKO Ventosa (42)

267. 16.06.1982 FIFA World Cup Final Tournament – Group 5
SPAIN v HONDURAS 1-1 (0-1)
Estadio Luís Casanova, Valencia (Spain)
Referee: Arturo Andrés Ithurralde (Argentina)
Attendance: 49,562

SPAIN: Luis Miguel ARCONADA Echarri, José Antonio CAMACHO Alfaro, Miguel TENDILLO Belenguer, José Ramón ALEXANKO Ventosa, Rafael GORDILLO Vázquez, Miguel Ángel "PERICO" ALONSO Oyarbide, JOAQUÍN ALONSO González (46 José Vicente SÁNCHEZ Felip), Jesús Maria ZAMORA Ansorena, Juan Gómez González "JUANITO" (46 Enrique SAURA Gil), Jesús María SATRÚSTEGUI Azpiroz, Roberto LÓPEZ UFARTE.
Manager: José Emilio SANTAMARÍA Iglesias

HONDURAS: Julio César ARZÚ, Cesar Efraín GUTIÉRREZ Álvarez, Jaime Enrique VILLEGAS Roura, Allan Anthony COSTLY, José Fernando BULÑES Zubiaga, Ramón Enrique MARADIAGA Chávez, Gilberto Gerónimo YEARWOOD, Héctor Ramón ZELAYA Rivera, Prudencio MORALES Martínez (69 Carlos Orlando CABALLERO Sanchez), Porfirio Armando BETANCOURT, José Roberto FIGUEROA.
Manager: José DE LA PAZ Herrera Uclés

Goals: Roberto LÓPEZ UFARTE (66 pen) /
Héctor Ramón ZELAYA Rivera (7)

268. 20.06.1982 FIFA World Cup Final Tournament – Group 5
SPAIN v YUGOSLAVIA 2-1 (1-1)
Estadio Luís Casanova, Valencia (Spain)
Referee: Henning Lund Sørensen (Denmark)
Attendance: 47,000

SPAIN: Luis Miguel ARCONADA Echarri, José Antonio CAMACHO Alfaro, Miguel TENDILLO Belenguer, José Ramón ALEXANKO Ventosa, Rafael GORDILLO Vázquez, José Vicente SÁNCHEZ Felip (63 Enrique SAURA Gil), Miguel Ángel "PERICO" ALONSO Oyarbide, Jesús Maria ZAMORA Ansorena, Juan Gómez González "JUANITO", Jesús María SATRÚSTEGUI Azpiroz (63 Enrique Castro González "QUINI"), Roberto LÓPEZ UFARTE.
Manager: José Emilio SANTAMARÍA Iglesias

YUGOSLAVIA: Dragan Pantelic, Nikola Jovanovic (74 Vahid Halilhodzic), Nenad Stojkovic, Ivan Gudelj, Velimir Zajec, Zlatko Krmpotic, Vladimir Petrovic, Edhem Sljivo, Ivica (Ivo) Surjak, Safet Susic, Zlatko Vujovic (83 Milos Sestic).
Manager: Miljan Miljanic

Goals: Juan Gómez González "JUANITO" (12 pen), Enrique SAURA Gil (66) / Ivan Gudelj (10)

269. 25.06.1982 FIFA World Cup Final Tournament – Group 5
NORTHERN IRELAND v SPAIN 1-0 (0-0)
Estadio Luís Casanova, Valencia (Spain)
Referee: Héctor Froilán Ortíz Ramírez (Paraguay)
Attendance: 49,562

NORTHERN IRELAND: Pat Jennings, Chris Nicholl, Jimmy Nicholl, John McClelland, Mal Donaghy, David McCreery, Martin O'Neill, Sammy McIlroy (50 Tommy Cassidy), Gerry Armstrong, Billy Hamilton, Norman Whiteside (73 Sammy Nelson). Manager: Billy Bingham

SPAIN: Luis Miguel ARCONADA Echarri, José Antonio CAMACHO Alfaro, Miguel TENDILLO Belenguer, José Ramón ALEXANKO Ventosa, Rafael GORDILLO Vázquez, Enrique SAURA Gil, Miguel Ángel "PERICO" ALONSO Oyarbide, José Vicente SÁNCHEZ Felip, Juan Gómez González "JUANITO", Jesús María SATRÚSTEGUI Azpiroz (46 Enrique Castro González "QUINI"), Roberto LÓPEZ UFARTE (77 Ricardo GALLEGO Redondo).
Manager: José Emilio SANTAMARÍA Iglesias

Goal: Gerry Armstrong (47)

Sent off: Mal Donaghy (62)

270. 02.07.1982 FIFA World Cup Final Tournament – Group B
WEST GERMANY v SPAIN 2-1 (0-0)
Estadio Santiago Bernabéu, Madrid (Spain)
Referee: Paolo Casarin (Italy)   Attendance: 90,089

WEST GERMANY: Toni Schumacher, Manfred Kaltz, Uli Stielike, Karlheinz Förster, Bernd Förster, Wolfgang Dremmler, Paul Breitner, Hans-Peter Briegel, Karl-Heinz Rummenigge (46 Uwe Reinders), Pierre Littbarski, Klaus Fischer.
Manager: Jupp Derwall

SPAIN: Luis Miguel ARCONADA Echarri, Santiago URQUIAGA Pérez, Miguel TENDILLO Belenguer, José Ramón ALEXANKO Ventosa, Rafael GORDILLO Vázquez, Miguel Ángel "PERICO" ALONSO Oyarbide, Jesús Maria ZAMORA Ansorena, José Antonio CAMACHO Alfaro, Juan Gómez Gónzena "JUANITO" (46 Roberto LÓPEZ UFARTE), Carlos Alonso González "SANTILLANA", Enrique Castro González "QUINI" (65 José Vicente SÁNCHEZ Felip).
Manager: José Emilio SANTAMARÍA Iglesias

Goals: Pierre Littbarski (51), Klaus Fischer (76) /
Jesús Maria ZAMORA Ansorena (82)

271. 05.07.1982   FIFA World Cup Final Tournament – Group B
SPAIN v ENGLAND 0-0
Estadio Santiago Bernabéu, Madrid (Spain)
Referee: Alexis Ponnet (Belgium)   Attendance: 78,000
SPAIN: Luis Miguel ARCONADA Echarri, Santiago URQUIAGA Pérez, Miguel TENDILLO Belenguer (72 Antonio MACEDA Francés), José Ramón ALEXANKO Ventosa, Rafael GORDILLO Vázquez, Enrique SAURA Gil (67 Pedro URALDE Hernáez), José Antonio CAMACHO Alfaro, Miguel Ángel "PERICO" ALONSO Oyarbide, Jesús Maria ZAMORA Ansorena, Carlos Alonso González "SANTILLANA", Jesús María SATRÚSTEGUI Azpiroz.
Manager: José Emilio SANTAMARÍA Iglesias
ENGLAND: Peter Shilton, Mick Mills, Phil Thompson, Terry Butcher, Kenny Sansom, Ray Wilkins, Bryan Robson, Graham Rix (63 Trevor Brooking), Trevor Francis, Paul Mariner, Tony Woodcock (64 Kevin Keegan).   Manager: Ron Greenwood

272. 27.10.1982   UEFA Euro 1984 Qualifying – Group 7
SPAIN v ICELAND 1-0 (0-0)
Estadio La Rosaleda, Málaga
Referee: Mário da Silva Luís (Portugal)   Attendance: 15,132
SPAIN: Luis Miguel ARCONADA Echarri, JUAN JOSÉ Jiménez Collar, Francisco "Paco" BONET Serrano, GERARDO Miranda Concepción, José Antonio CAMACHO Alfaro, Juan Antonio SEÑOR Gomez, ROBERTO Fernández Bonillo, Rafael GORDILLO Vázquez (46 FRANCISCO Javier López Alfaro), Juan Carlos Gómez PEDRAZA (81 Lizarraga Enrique MARTÍN MONREAL), Carlos Alonso González "SANTILLANA", MARCOS Alonso Peña.
Manager: Miguel MUÑOZ Mozún
ICELAND: Thorsteinn Bjarnason, Örn Óskarsson, Sævar Jónsson, Marteinn Geirsson, Vidar Halldórsson, Ómar Torfason, Atli Edvaldsson, Arnór Gudjohnsen, Árni Sveinsson (63 Heimir Karlsson), Sigurdur Grétarsson (75 Gunnar Gíslason), Pétur Pétursson.   Manager: Jóhannes Atlason
Goal: Juan Carlos Gómez PEDRAZA (59)

273. 17.11.1982   UEFA Euro 1984 Qualifying – Group 7
REPUBLIC OF IRELAND v SPAIN 3-3 (1-1)
Lansdowne Road, Dublin
Referee: Jan Redelfs (West Germany)   Attendance: 35,000
REPUBLIC OF IRELAND: Seamus (Jim) McDonagh, John Devine, Mick Martin, Mark Lawrenson, Chris Hughton, Tony Grealish (60 Mickey Walsh), Liam Brady, Ashley Grimes, Kevin O'Callaghan, Frank Stapleton, Michael Robinson.
Manager: Eoin Hand
SPAIN: Luis Miguel ARCONADA Echarri, JUAN JOSÉ Jiménez Collar, Francisco "Paco" BONET Serrano, Antonio MACEDA Francés, José Antonio CAMACHO Alfaro, Juan Antonio SEÑOR Gomez, VÍCTOR Muñoz Manrique, Rafael GORDILLO Vázquez, MARCOS Alonso Peña, Juan Carlos Gómez PEDRAZA (67 Lizarraga Enrique MARTÍN MONREAL), Carlos Alonso González "SANTILLANA" (71 ROBERTO Fernández Bonillo).
Manager: Miguel MUÑOZ Mozún
Goals: Ashley Grimes (2), Frank Stapleton (63, 76) / Antonio MACEDA Francés (31), Mick Martin (47 og), VÍCTOR Muñoz Manrique (60)

274. 16.02.1983   UEFA Euro 1984 Qualifying – Group 7
SPAIN v NETHERLANDS 1-0 (1-0)
Estadio Ramón Sánchez Pizjuán, Sevilla
Referee: Paolo Bergamo (Italy)   Attendance: 45,000
SPAIN: Luis Miguel ARCONADA Echarri, JUAN JOSÉ Jiménez Collar, Andoni GOIKOETXEA Olaskoaga, Antonio MACEDA Francés, José Antonio CAMACHO Alfaro, Juan Antonio SEÑOR Gómez, VÍCTOR Muñoz Manrique, Rafael GORDILLO Vázquez, Francisco José CARRASCO Hidalgo, Manuel "Manu" SARABIA López (87 Ricardo GALLEGO Redondo), MARCOS Alonso Peña. Manager: Miguel MUÑOZ
NETHERLANDS: Piet Schrijvers, Michel van de Korput, Ben Wijnstekers, Ruud Krol, Hugo Hovenkamp (46 Ruud Gullit), Ronald Spelbos, Peter Boeve, John Metgod (72 Michel Valke), Dick Schoenaker, Jurrie Koolhof, René van der Gijp.
Manager: Kees Rijvers
Goal: Juan Antonio SEÑOR Gómez (43 pen)

275. 27.04.1983   UEFA Euro 1984 Qualifying – Group 7
SPAIN v REPUBLIC OF IRELAND 2-0 (0-0)
Estadio de La Romareda, Zaragoza
Referee: Valeriy Butenko (Soviet Union)   Attendance: 35,000
SPAIN: Luis Miguel ARCONADA Echarri, JUAN JOSÉ Jiménez Collar, Francisco "Paco" BONET Serrano, Antonio MACEDA Francés, José Antonio CAMACHO Alfaro, Juan Antonio SEÑOR Gómez, VÍCTOR Muñoz Manrique (46 Ricardo GALLEGO Redondo), Rafael GORDILLO Vázquez, MARCOS Alonso Peña, Carlos Alonso González "SANTILLANA", Francisco José CARRASCO Hidalgo (74 Hipólito RINCÓN Povedano).
Manager: Miguel MUÑOZ Monzún
REPUBLIC OF IRELAND: Seamus (Jim) McDonagh, Mark Lawrenson, David O'Leary, Mick Martin, Chris Hughton, Ronnie Whelan (77 Gerry Daly), Tony Grealish, Gary Waddock, Ashley Grimes (57 Kevin O'Callaghan), Frank Stapleton, Mickey Walsh.   Manager: Eoin Hand
Goals: Carlos Alonso González "SANTILLANA" (51), Hipólito RINCÓN Povedano (89)

276. 15.05.1983   UEFA Euro 1984 Qualifying – Group 7
MALTA v SPAIN 2-3 (1-1)
Ta'Qali National Stadium, Attard
Referee: Vaggelis Yiannagoudakis (Greece)
Attendance: 7,732
MALTA: John Bonello, Michael Degiorgio, Joseph (Gigi) Salerno, Edwin Farrugia, Emanuel Farrugia, Emanuel (Leli) Fabri, Mario Schembri, Norman Buttigieg, Carmel Busuttil, Silvio Demanuele, Ernest Spiteri-Gonzi.
Manager: Victor Scerri
SPAIN: Luis Miguel ARCONADA Echarri, Francisco "Paco" BONET Serrano (87 Andoni GOIKOETXEA Olaskoaga), Antonio MACEDA Francés, José Antonio CAMACHO Alfaro, Juan Antonio SEÑOR Gómez, VÍCTOR Muñoz Manrique, Ricardo GALLEGO Redondo, Rafael GORDILLO Vázquez, MARCOS Alonso Peña (46 Hipólito RINCÓN Povedano), Carlos Alonso González "SANTILLANA", Francisco José CARRASCO Hidalgo.   Manager: Miguel MUÑOZ Monzún
Goals: Carmel Busuttil (30, 47) / Juan Antonio SEÑOR Gómez (23), Francisco José CARRASCO Hidalgo (61), Rafael GORDILLO Vázquez (84)

277. 29.05.1983   UEFA Euro 1984 Qualifying – Group 7
ICELAND v SPAIN 0-1 (0-1)
Laugardalsvöllur, Reykjavík
Referee: Ronald (Ron) Bridges (Wales)   Attendance: 6,818
ICELAND: Thorsteinn Bjarnason, Vidar Halldórsson, Sævar Jónsson, Sigurdur Lárusson, Ólafur Björnsson, Gunnar Gíslason (50 Árni Sveinsson), Janus Gudlaugsson, Arnór Gudjohnsen, Ragnar Margeirsson, Lárus Gudmundsson, Pétur Pétursson (46 Ómar Torfason).   Manager: Jóhannes Atlason
SPAIN: Luis Miguel ARCONADA Echarri, Juan Antonio SEÑOR Gómez, Andoni GOIKOETXEA Olaskoaga, Antonio MACEDA Francés, José Antonio CAMACHO Alfaro, VÍCTOR Muñoz Manrique, Ricardo GALLEGO Redondo, Rafael GORDILLO Vázquez, Francisco José CARRASCO Hidalgo, Carlos Alonso González "SANTILLANA" (89 Manuel "Manu" SARABIA López), Hipólito RINCÓN Povedano.   Manager: Miguel MUÑOZ Monzún
Goal: Antonio MACEDA Francés (9)

278. 05.10.1983
FRANCE v SPAIN 1-1 (0-0)
Parc des Princes, Paris
Referee: Rosario Lo Bello (Italy)   Attendance: 36,628
FRANCE: Joël Bats, William Ayache, Yvon Le Roux, Marius Trésor, Jean-Louis Zanon, Jean-Marc Ferreri, Luis Fernández, Michel Platini (75 Bernard Genghini), Jean-Claude Lemoult, Dominique Rocheteau, Bruno Bellone (85 Alain Couriol).   Manager: Michel Hidalgo
SPAIN: Luis Miguel ARCONADA Echarri, José Ramón NIMO Maldonado (65 Salvador García Puig "SALVA"), Andoni GOIKOETXEA Olaskoaga (46 Enrique "QUIQUE" RAMOS González), Antonio MACEDA Francés, José Antonio CAMACHO Alfaro, Juan Antonio SEÑOR Gomez, Francisco José GÜERRI Ballarin, Rafael GORDILLO Vázquez, Francisco José CARRASCO Hidalgo, Carlos Alonso González "SANTILLANA", MARCOS Alonso Peña (46 Hipólito RINCÓN Povedano).   Manager: Miguel MUÑOZ Mozún
Goals: Dominique Rocheteau (60) / Juan Antonio SEÑOR Gomez (82 pen)

279. 16.11.1983   UEFA Euro 1984 Qualifying – Group 7
NETHERLANDS v SPAIN 2-1 (1-1)
De Kuip, Rotterdam
Referee: Michel Vautrot (France)   Attendance: 58,000
NETHERLANDS: Piet Schrijvers, Ben Wijnstekers, Edo Ophof, Peter Boeve, Ruud Gullit, Willy van de Kerkhof, Ronald Koeman, Gerald Vanenburg, Erwin Koeman, Bud Brocken, Peter Houtman.   Manager: Kees Rijvers
SPAIN: Luis Miguel ARCONADA Echarri, José Vicente SÁNCHEZ Felip, Andoni GOIKOETXEA Olaskoaga, Antonio MACEDA Francés, José Antonio CAMACHO Alfaro, Ricardo GALLEGO Redondo, Juan Antonio SEÑOR Gómez, Rafael GORDILLO Vázquez, Francisco José GÜERRI Ballarín (67 Hipólito RINCÓN Povedano), Carlos Alonso González "SANTILLANA", Francisco José CARRASCO Hidalgo (78 MARCOS Alonso Peña).   Manager: Miguel MUÑOZ Monzún
Goals: Peter Houtman (26), Ruud Gullit (63) / Carlos Alonso González "SANTILLANA" (41)

280. 21.12.1983   UEFA Euro 1984 Qualifying – Group 7
SPAIN v MALTA 12-1 (3-1)
Estadio Benito Villamarín, Sevilla
Referee: Erkan Göksel (Turkey)   Attendance: 18,871
SPAIN: Francisco BUYO Sánchez, Juan Antonio SEÑOR Gómez, Andoni GOIKOETXEA Olaskoaga, Antonio MACEDA Francés, José Antonio CAMACHO Alfaro, VÍCTOR Muñoz Manrique, Manuel "Manu" SARABIA López, Rafael GORDILLO Vázquez, Carlos Alonso González "SANTILLANA", Francisco José CARRASCO Hidalgo, Hipólito RINCÓN Povedano (87 MARCOS Alonso Peña).
Manager: Miguel MUÑOZ Monzún

MALTA: John Bonello, Alex Azzopardi, Emanuel Farrugia, John Holland, Norman Buttigieg, Emanuel (Leli) Fabri, Michael Degiorgio, Ernest Spiteri-Gonzi, Ray Farrugia (72 Mario Farrugia), Simon Tortell, Silvio Demanuele.
Manager: Victor Scerri

Goals: Carlos González "SANTILLANA" (15, 26, 29, 66), Hipólito RINCÓN Povedano (47, 57, 64, 78), Antonio MACEDA Francés (62, 63), Manuel "MANU" SARABIA López (80), Juan Antonio SEÑOR Gómez (84) / Silvio Demanuele (24)

Sent off: Michael Degiorgio (76)

281. 18.01.1984
SPAIN v HUNGARY 0-1 (0-0)
Estadio Ramón de Carranza, Cádiz
Referee: Joseph Bertram (Joe) Worrall (England)   Attendance: 25,000
SPAIN: Francisco BUYO Sánchez, José Vicente SÁNCHEZ Felip, Andoni GOIKOETXEA Olaskoaga, Antonio MACEDA Francés, José Antonio CAMACHO Alfaro, Juan Antonio SEÑOR Gómez, Miguel DE ANDRÉS Barace (56 Salvador García Puig "SALVA"), Rafael GORDILLO Vázquez, Francisco José CARRASCO Hidalgo (46 Manuel "Manu" SARABIA López), Carlos Alonso González "SANTILLANA", Hipólito RINCÓN Povedano (46 FRANCISCO Javier López Alfaro).
Manager: Miguel MUÑOZ Monzún

HUNGARY: Attila Kovács, József Csuhay, József Kardos, Imre Garaba, József Varga, Péter Hannich (66 László Dajka), Antal Nagy, Ferenc Csongrádi (46 Zoltán Péter), Béla Bodonyi, András Töröcsik, Gyula Hajszán.   Manager: György Mezey

Goal: Imre Garaba (69)

282. 29.02.1984
LUXEMBOURG v SPAIN 0-1 (0-0)
Stade Municipal, Luxembourg City
Referee: Philippe Mercier (Switzerland)   Attendance: 3,000
LUXEMBOURG: Jean-Paul Defrang, Hubert Meunier (67 Serge Jentgen), Marcel Bossi, Gilbert Dresch, Nico Wagner, Jean-Paul Girres, Guy Hellers, Robert Langers, Jean-Pierre Barboni (86 Jean Schmitz), Jeannot (Benny) Reiter, Théo Malget (46 Alain Nurenberg).   Manager: Louis Pilot

SPAIN: Luis Miguel ARCONADA Echarri, Santiago URQUIAGA Pérez, Andoni GOIKOETXEA Olaskoaga, Antonio MACEDA Francés, JULIO ALBERTO Moreno Casas, VÍCTOR Muñoz Manrique (46 Francisco José GÜERRI Ballarín), FRANCISCO Javier López Alfaro (46 Manuel "Manu" SARABIA López), Juan Antonio SEÑOR Gómez, Rafael GORDILLO Vázquez (79 Salvador García Puig "SALVA"), Carlos Alonso González "SANTILLANA", Francisco José CARRASCO Hidalgo (46 MARCOS Alonso Peña).
Manager: Miguel MUÑOZ Monzún

Goal: Antonio MACEDA Francés (64)

283. 11.04.1984
SPAIN v DENMARK 2-1 (0-0)
Estadio Luís Casanova, Valencia
Referee: Mário da Silva Luís (Portugal)   Attendance: 25,010
SPAIN: Luis Miguel ARCONADA Echarri, Santiago URQUIAGA Pérez, Andoni GOIKOETXEA Olaskoaga, Antonio MACEDA Francés, José Antonio CAMACHO Alfaro, VÍCTOR Muñoz Manrique, Juan Antonio SEÑOR Gómez, Rafael GORDILLO Vázquez (88 JULIO ALBERTO Moreno Casas), FRANCISCO Javier López Alfaro (82 Miguel DE ANDRÉS Barace), Carlos Alonso González "SANTILLANA" (85 Manuel "Manu" SARABIA López), Hipólito RINCÓN Povedano (81 Francisco José CARRASCO Hidalgo).
Manager: Miguel MUÑOZ Monzún

DENMARK: Troels Rasmussen, Ole Rasmussen, Søren Busk, Jan Mølby, Søren Lerby, Allan Simonsen (81 Ole Madsen), Jens Jørn Bertelsen (46 John Sivebæk), John Lauridsen, Michael Laudrup (46 John Eriksen), Michael Manniche (76 Mogens Hansen), Preben Elkjær Larsen.   Manager: Sepp Piontek

Goals: Carlos Alonso González "SANTILLANA" (54), Juan Antonio SEÑOR Gómez (61) / John Eriksen (47)

284. 26.05.1984
SWITZERLAND v SPAIN 0-4 (0-3)
Stade des Charmilles, Geneva
Referee: Luigi Agnolin (Italy)   Attendance: 18,000
SWITZERLAND: Erich Burgener, Roger Wehrli, Charles In-Albon, André (Andy) Egli, Heinz Lüdi, Alain Geiger, Umberto Barberis, Heinz Hermann (46 Georges Bregy), Raimondo Ponte, Jean-Paul Brigger, Manfred Braschler (46 Dominique Cina).   Manager: Paul Wolfisberg
SPAIN: Luis Miguel ARCONADA Echarri, Santiago URQUIAGA Pérez, Andoni GOIKOETXEA Olaskoaga, Antonio MACEDA Francés, José Antonio CAMACHO Alfaro, Juan Antonio SEÑOR Gómez, VÍCTOR Muñoz Manrique, Ricardo GALLEGO Redondo, Rafael GORDILLO Vázquez (67 JULIO ALBERTO Moreno Casas), Carlos Alonso González "SANTILLANA" (61 Francisco José CARRASCO Hidalgo), Hipólito RINCÓN Povedano (82 MARCOS Alonso Peña).   Manager: Miguel MUÑOZ Monzún
Goals: Carlos Alonso González "SANTILLANA" (13), Ricardo GALLEGO Redondo (25), Hipólito RINCÓN Povedano (34), Andoni GOIKOETXEA Olaskoaga (63)

285. 31.05.1984
HUNGARY v SPAIN 1-1 (0-1)
Üllöi úti Stadion, Budapest
Referee: Aron Schmidhuber (West Germany)
Attendance: 10,000
HUNGARY: Péter Disztl, Sándor Sallai, József Kardos, Imre Garaba, József Varga, Péter Hannich, Antal Nagy, László Gyimesi (70 Sándor Kisznyér), Béla Bodonyi (67 Ferenc Mészáros), Gyula Hajszán (68 Márton Esterházy), László Kiss.   Manager: György Mezey
SPAIN: Luis Miguel ARCONADA Echarri, Santiago URQUIAGA Pérez, Andoni GOIKOETXEA Olaskoaga, Antonio MACEDA Francés, José Antonio CAMACHO Alfaro, Juan Antonio SEÑOR Gómez, VÍCTOR Muñoz Manrique, Ricardo GALLEGO Redondo (46 FRANCISCO Javier López Alfaro), Rafael GORDILLO Vázquez (81 JULIO ALBERTO Moreno Casas), Carlos Alonso González "SANTILLANA" (69 Manuel "Manu" SARABIA López), Hipólito RINCÓN Povedano (41 Francisco José CARRASCO Hidalgo).   Manager: Miguel MUÑOZ Monzún
Goals: Antal Nagy (48) / Hipólito RINCÓN Povedano (21)

286. 07.06.1984
SPAIN v YUGOSLAVIA 0-1 (0-1)
Estadio Municipal José Antonio, La Línea de la Concepción
Referee: Vincenzo (Enzo) Barbaresco (Italy)
Attendance: 20,000
SPAIN: Luis Miguel ARCONADA Echarri, Santiago URQUIAGA Pérez, Andoni GOIKOETXEA Olaskoaga (69 JULIO ALBERTO Moreno Casas), Antonio MACEDA Francés, José Antonio CAMACHO Alfaro, Juan Antonio SEÑOR Gómez (66 Manuel "Manu" SARABIA López), VÍCTOR Muñoz Manrique, Ricardo GALLEGO Redondo, Rafael GORDILLO Vázquez, Carlos Alonso González "SANTILLANA", Francisco José CARRASCO Hidalgo.
Manager: Miguel MUÑOZ Monzún
YUGOSLAVIA: Zoran Simovic (46 Tomislav Ivkovic), Faruk Hadzibegic, Nenad Stojkovic (46 Josip Cop), Srecko Katanec, Velimir Zajec, Milos Sestic, Zlatko Vujovic (46 Borislav (Boro) Cvetkovic), Dragan Stojkovic (46 Branko Miljus), Safet Susic, Mehmed Bazdarevic, Sulejman Halilovic (70 Ljubomir Radanovic).   Manager: Todor Veselinovic
Goal: Safet Susic (1)

287. 14.06.1984   UEFA European Championship – Group B
ROMANIA v SPAIN 1-1 (1-1)
Stade Geoffroy Guichard, Saint-Étienne (France)
Referee: Alexis Ponnet (Belgium)   Attendance: 16,972
ROMANIA: Silviu Lung, Mircea Rednic, George (Gino) Iorgulescu, Costica Stefanescu, Nicolae Ungureanu, Marin Dragnea (57 Aurel Ticleanu), Ladislau (László) Bölöni, Michael Klein, Marcel Coras, Rodion Camataru, Romulus Gabor (76 Gheorghe Hagi).   Manager: Mircea Lucescu
SPAIN: Luis Miguel ARCONADA Echarri, Santiago URQUIAGA Pérez, Andoni GOIKOETXEA Olaskoaga, Antonio MACEDA Francés, José Antonio CAMACHO Alfaro, Juan Antonio SEÑOR Gómez, VÍCTOR Muñoz Manrique, Ricardo GALLEGO Redondo (73 JULIO ALBERTO Moreno Casas), Rafael GORDILLO Vázquez, Carlos Alonso González "SANTILLANA", Francisco José CARRASCO Hidalgo.
Manager: Miguel MUÑOZ Monzún
Goals: Ladislau (László) Bölöni (35) / Francisco José CARRASCO Hidalgo (22 pen)

288. 17.06.1984 UEFA European Championship – Group B
PORTUGAL v SPAIN 1-1 (0-0)
Stade Vélodrome, Marseille (France)

Referee: Michel Vautrot (France)   Attendance: 24,364

PORTUGAL: Manuel Galrinho BENTO, JOÃO Domingos da Silva PINTO, António José LIMA PEREIRA, EURICO Monteiro Gomes, ÁLVARO Monteiro de Magalhães, CARLOS MANUEL Correia dos Santos, António Manuel FRASCO Vieira (76 DIAMANTINO Manuel Fernandes Miranda), JAIME Moreira PACHECO, ANTÓNIO Augusto Gomes de SOUSA, Rui Manuel Trinidade JORDÃO, Fernando Albino de Sousa CHALANA.   Manager: Fernando da Silva CABRITA

SPAIN: Luis Miguel ARCONADA Echarri, Santiago URQUIAGA Pérez (78 Juan Antonio SEÑOR Gómez), Andoni GOIKOETXEA Olaskoaga, Antonio MACEDA Francés, José Antonio CAMACHO Alfaro, JULIO ALBERTO Moreno Casas (69 Manuel "Manu" SARABIA López), VÍCTOR Muñoz Manrique, Ricardo GALLEGO Redondo, Rafael GORDILLO Vázquez, Carlos Alonso González "SANTILLANA", Francisco José CARRASCO Hidalgo.
Manager: Miguel MUÑOZ Monzún

Goals: ANTÓNIO Augusto Gomes de SOUSA (52) / Carlos Alonso González "SANTILLANA" (73)

289. 20.06.1984 UEFA European Championship – Group B
SPAIN v WEST GERMANY 1-0 (0-0)
Parc des Princes, Paris (France)

Referee: Vojtech Christov (Czechoslovakia)
Attendance: 47,691

SPAIN: Luis Miguel ARCONADA Echarri, Juan Antonio SEÑOR Gómez, Andoni GOIKOETXEA Olaskoaga (26 Salvador García Puig "SALVA"), Antonio MACEDA Francés, José Antonio CAMACHO Alfaro, VÍCTOR Muñoz Manrique, JULIO ALBERTO Moreno Casas (77 FRANCISCO Javier López Alfaro), Ricardo GALLEGO Redondo, Rafael GORDILLO Vázquez, Carlos Alonso González "SANTILLANA", Francisco José CARRASCO Hidalgo.
Manager: Miguel MUÑOZ Monzún

WEST GERMANY: Toni Schumacher, Bernd Förster, Uli Stielike, Karlheinz Förster, Hans-Peter Briegel, Lothar Matthäus, Norbert Meier (61 Pierre Littbarski), Andreas Brehme (47 Wolfgang Rolff), Karl-Heinz Rummenigge, Rudi Völler, Klaus Allofs.   Manager: Jupp Derwall

Goal: Antonio MACEDA Francés (89)

Francisco José CARRASCO Hidalgo missed a penalty kick (44)

290. 24.06.1984 UEFA European Championship – Semi-final
SPAIN v DENMARK 1-1 (0-1, 1-1) (AET)
Stade de Gerland, Lyon (France)

Referee: George Courtney (England)   Attendance: 47,843

SPAIN: Luis Miguel ARCONADA Echarri, Juan Antonio SEÑOR Gómez, Salvador García Puig "SALVA" (101 Santiago URQUIAGA Pérez), Antonio MACEDA Francés, José Antonio CAMACHO Alfaro, VÍCTOR Muñoz Manrique, JULIO ALBERTO Moreno Casas (59 Manuel "Manu" SARABIA López), Ricardo GALLEGO Redondo, Rafael GORDILLO Vázquez, Carlos Alonso González "SANTILLANA", Francisco José CARRASCO Hidalgo.
Manager: Miguel MUÑOZ Monzún

DENMARK: Ole Qvist, John Sivebæk, Ivan Nielsen, Morten Olsen (113 Kenneth Brylle), Søren Busk, Klaus Berggreen, Frank Arnesen (68 Jesper Olsen), Jens Jørn Bertelsen, Søren Lerby, Michael Laudrup, Preben Elkjær Larsen.
Manager: Sepp Piontek

Goals: Antonio MACEDA Francés (66) / Søren Lerby (6)

Penalties: 1-0 Kenneth Brylle, 1-1 Carlos Alonso González "SANTILLANA", 2-1 Jesper Olsen, 2-2 Juan Antonio SEÑOR, 3-2 Michael Laudrup, 3-3 Santiago URQUIAGA Pérez, 4-3 Søren Lerby, 4-4 VÍCTOR Muñoz Manrique, Preben Elkjær Larsen (missed), 4-5 Manuel "Manu" SARABIA López

Sent off: Klaus Berggreen (107)

291. 27.06.1984 UEFA European Championship – Final
FRANCE v SPAIN 2-0 (0-0)
Parc des Princes, Paris (France)

Referee: Vojtech Christov (Czechoslovakia)
Attendance: 47,368

FRANCE: Joël Bats, Patrick Battiston (72 Manuel Amoros), Yvon Le Roux, Maxime Bossis, Jean-François Domergue, Alain Giresse, Jean-Amadou Tigana, Luis Fernández, Michel Platini, Bernard Lacombe (80 Bernard Genghini), Bruno Bellone.
Manager: Michel Hidalgo

SPAIN: Luis Miguel ARCONADA Echarri, Santiago URQUIAGA Pérez, Salvador García Puig "SALVA" (84 ROBERTO Fernández Bonillo), José Antonio CAMACHO Alfaro, Juan Antonio SEÑOR Gomez, VÍCTOR Muñoz Manrique, JULIO ALBERTO Moreno Casas (76 Manuel "Manu" SARABIA López), Ricardo GALLEGO Redondo, FRANCISCO Javier López Alfaro, Carlos Alonso González "SANTILLANA", Francisco José CARRASCO Hidalgo.
Manager: Miguel MUÑOZ Mozún

Goals: Michel Platini (57), Bruno Bellone (90)

Sent off: Yvon Le Roux (85)

292.   17.10.1984   FIFA World Cup Qualification – Group 7
SPAIN v WALES 3-0 (1-0)
Estadio Benito Villamarín, Sevilla
Referee: Erik Fredriksson (Sweden)   Attendance: 42,500
SPAIN: Luis Miguel ARCONADA Echarri, Juan Antonio SEÑOR Gomez, Andoni GOIKOETXEA Olaskoaga, Antonio MACEDA Francés, José Antonio CAMACHO Alfaro, VÍCTOR Muñoz Manrique, FRANCISCO Javier López Alfaro (33 ROBERTO Fernández Bonillo), Rafael GORDILLO Vázquez, Francisco José CARRASCO Hidalgo, Emilio BUTRAGUEÑO Santos, Hipólito RINCÓN Povedano (79 JULIO ALBERTO Moreno Casas).   Manager: Miguel MUÑOZ Mozún
WALES: Neville Southall, Neil Slatter, Jeremy Charles, Kevin Ratcliffe, Kenny Jackett, David Phillips, Robbie James, Peter Nicholas, Mickey Thomas (59 Nigel Vaughan), Mark Hughes, Alan Curtis.   Manager: Mike England
Goals: Hipólito RINCÓN Povedano (7), Francisco José CARRASCO Hidalgo (81), Emilio BUTRAGUEÑO Santos (90)

294.   23.01.1985
SPAIN v FINLAND 3-1 (3-1)
Estadio José Rico Pérez, Alicante
Referee: Alphonse Costantin (Belgium)   Attendance: 36,000
SPAIN: Luis Miguel ARCONADA Echarri (46 Andoni ZUBIZARRETA Urreta), GERARDO Miranda Concepción, Andoni GOIKOETXEA Olaskoaga, Antonio MACEDA Francés (46 FRANCISCO Javier López Alfaro), José Antonio CAMACHO Alfaro, Juan Antonio SEÑOR Gomez (73 ROBERTO Fernández Bonillo), JULIO ALBERTO Moreno Casas (73 Ismael URTUBI Arostegui), Emilio BUTRAGUEÑO Santos, Ricardo GALLEGO Redondo, Hipólito RINCÓN Povedano (27 Manuel "Manu" SARABIA López), Juan Carlos Pérez ROJO.   Manager: Miguel MUÑOZ Mozún
FINLAND: Olavi (Olli) Huttunen, Aki Lahtinen, Pauno Kymäläinen (59 Markus Törnvall), Esa Pekonen, Jari Europaeus (46 Kari Virtanen), Hannu Turunen, Leo Houtsonen, Kari Ukkonen, Jukka Ikäläinen (54 Ari Valvee), Mika Lipponen, Ari Hjelm (79 Jari Parikka).   Manager: Martti Kuusela
Goals: Hipólito RINCÓN Povedano (22), Emilio BUTRAGUEÑO Santos (31 pen, 44) / Mika Lipponen (6)

293.   14.11.1984   FIFA World Cup Qualification – Group 7
SCOTLAND v SPAIN 3-1 (2-0)
Hampden Park, Glasgow
Referee: Adolf Prokop (East Germany)   Attendance: 74,299
SCOTLAND: Jim Leighton, Steve Nicol, Arthur Albiston, Graeme Souness, Alex McLeish, Willie Miller, Kenny Dalglish, Paul McStay, Mo Johnston, Jim Bett, Davie Cooper.   Manager: Jock Stein
SPAIN: Luis Miguel ARCONADA Echarri, Santiago URQUIAGA Pérez, Andoni GOIKOETXEA Olaskoaga, Antonio MACEDA Francés, José Antonio CAMACHO Alfaro, Juan Antonio SEÑOR Gomez, VÍCTOR Muñoz Manrique, Rafael GORDILLO Vázquez, Carlos Alonso González "SANTILLANA", Ismael URTUBI Arostegui (78 Francisco José CARRASCO Hidalgo), Hipólito RINCÓN Povedano (46 Emilio BUTRAGUEÑO Santos).   Manager: Miguel MUÑOZ Mozún
Goals: Mo Johnston (33, 42), Kenny Dalglish (71) / Andoni GOIKOETXEA Olaskoaga (65)

295.   27.02.1985   FIFA World Cup Qualification – Group 7
SPAIN v SCOTLAND 1-0 (0-0)
Estadio Ramón Sánchez Pizjuán, Sevilla
Referee: Michel Vautrot (France)   Attendance: 70,410
SPAIN: Luis Miguel ARCONADA Echarri, GERARDO Miranda Concepción, Andoni GOIKOETXEA Olaskoaga, Antonio MACEDA Francés, José Antonio CAMACHO Alfaro, Juan Antonio SEÑOR Gomez, ROBERTO Fernández Bonillo, Ricardo GALLEGO Redondo (82 JULIO ALBERTO Moreno Casas), Rafael GORDILLO Vázquez, Francisco Javier CLOS Orozco, Emilio BUTRAGUEÑO Santos.   Manager: Miguel MUÑOZ Mozún
SCOTLAND: Jim Leighton, Richard Gough, Willie Miller, Alex McLeish, Arthur Albiston, Paul McStay (76 Gordon Strachan), Jim Bett, Graeme Souness, Davie Cooper, Steve Archibald (84 Charlie Nicholas), Mo Johnston.   Manager: Jock Stein
Goal: Francisco Javier CLOS Orozco (48)

296.   27.03.1985
SPAIN v NORTHERN IRELAND   0-0

Estadio Lluís Sitjar, Palma de Mallorca

Referee: Coskun Kutay (Turkey)   Attendance: 30,000

SPAIN: Luis Miguel ARCONADA Echarri, GERARDO Miranda Concepción, Andoni GOIKOETXEA Olaskoaga, Antonio MACEDA Francés, JULIO ALBERTO Moreno Casas, Juan Antonio SEÑOR Gomez, ROBERTO Fernández Bonillo, Ricardo GALLEGO Redondo (46 VÍCTOR Muñoz Manrique), Rafael GORDILLO Vázquez, Francisco Javier CLOS Orozco (70 Hipólito RINCÓN Povedano), Emilio BUTRAGUEÑO Santos (70 Juan Carlos Pérez ROJO).
Manager: Miguel MUÑOZ Mozún

NORTHERN IRELAND: Pat Jennings, Jimmy Nicholl, John McClelland, John O'Neill, Mal Donaghy, Gerry Armstrong (65 Nigel Worthington), Paul Ramsey, Norman Whiteside (65 David McCreery), Ian Stewart, Billy Hamilton, Jimmy Quinn.
Manager: Billy Bingham

297.   30.04.1985   FIFA World Cup Qualification – Group 7
WALES v SPAIN   3-0 (1-0)

The Racecourse, Wrexham

Referee: Johannes Nicolaas Ignatius (Jan) Keizer (Netherlands)   Attendance: 23,494

WALES: Neville Southall, Neil Slatter, Pat Van Den Hauwe, Kevin Ratcliffe, Kenny Jackett, Robbie James, Peter Nicholas, David Phillips, Mickey Thomas, Mark Hughes, Ian Rush.
Manager: Mike England

SPAIN: Luis Miguel ARCONADA Echarri, GERARDO Miranda Concepción, Andoni GOIKOETXEA Olaskoaga, Antonio MACEDA Francés, JULIO ALBERTO Moreno Casas, Jesús Íñigo LICERANZU Otxoa, VÍCTOR Muñoz Manrique, Ricardo GALLEGO Redondo (46 Ramón María CALDERÉ del Rey), Rafael GORDILLO Vázquez, Juan Carlos Pérez ROJO, Hipólito RINCÓN Povedano (57 Francisco Javier CLOS Orozco).   Manager: Miguel MUÑOZ Mozún

Goals: Ian Rush (44, 86), Mark Hughes (53)

298.   26.05.1985
REPUBLIC OF IRELAND v SPAIN   0-0

Flower Lodge, Cork

Referee: Franz Gächter (Switzerland)   Attendance: 12,000

REPUBLIC OF IRELAND: Seamus (Jim) McDonagh, David Langan (81 Pat Byrne), David O'Leary, Mick McCarthy, Chris Hughton (65 Kieran O'Regan), Gerry Daly, Gary Waddock, Liam Brady, Tony Galvin (25 Tony Grealish), Alan Campbell, Michael Robinson.   Manager: Eoin Hand

SPAIN: Andoni ZUBIZARRETA Urreta, GERARDO Miranda Concepción, Andoni GOIKOETXEA Olaskoaga, Antonio MACEDA Francés, José Antonio CAMACHO Alfaro, VÍCTOR Muñoz Manrique, Ricardo GALLEGO Redondo (69 Ramón María CALDERÉ del Rey), MARCOS Alonso Peña (82 Roberto Simón MARINA), Rafael GORDILLO Vázquez (75 JULIO ALBERTO Moreno Casas), Hipólito RINCÓN Povedano, Carlos Alonso González "SANTILLANA" (82 Manuel "Manu" SARABIA López).   Manager: Miguel MUÑOZ Mozún

299.   12.06.1985   FIFA World Cup Qualification – Group 7
ICELAND v SPAIN   1-2 (1-0)

Laugardalsvöllur, Reykjavík

Referee: André Daina (Switzerland)   Attendance: 10,410

ICELAND: Bjarni Sigurdsson, Thorgrímur Thráinsson, Magnús Bergs, Sævar Jónsson, Janus Gudlaugsson, Ómar Torfason (77 Gunnar Gíslason), Sigurdur Grétarsson, Atli Edvaldsson, Gudmundur Thorbjörnsson, Teitur Thórdarson (67 Gudmundur Steinsson), Ragnar Margeirsson.
Manager: Tony Knapp

SPAIN: Andoni ZUBIZARRETA Urreta, GERARDO Miranda Concepción, Andoni GOIKOETXEA Olaskoaga, Antonio MACEDA Francés, José Antonio CAMACHO Alfaro, VÍCTOR Muñoz Manrique, Ricardo GALLEGO Redondo (77 Ramón María CALDERÉ del Rey), Enrique "QUIQUE" RAMOS González, Hipólito RINCÓN Povedano (46 Manuel "Manu" SARABIA López), Carlos Alonso González "SANTILLANA", MARCOS Alonso Peña.   Manager: Miguel MUÑOZ Mozún

Goals: Teitur Thórdarson (33) / Manuel "Manu" SARABIA López (50), MARCOS Alonso Peña (67)

300.   25.09.1985   FIFA World Cup Qualification – Group 7
SPAIN v ICELAND   2-1 (1-1)

Estadio Benito Villamarín, Sevilla

Referee: Siegfried Kirschen (East Germany)   Att: 45,000

SPAIN: Andoni ZUBIZARRETA Urreta, GERARDO Miranda Concepción, Andoni GOIKOETXEA Olaskoaga, Antonio MACEDA Francés, José Antonio CAMACHO Alfaro, Rafael GORDILLO Vázquez (88 JULIO ALBERTO Moreno Casas), VÍCTOR Muñoz Manrique, Ricardo GALLEGO Redondo, Hipólito RINCÓN Povedano (75 MARCOS Alonso Peña), Emilio BUTRAGUEÑO Santos, Juan Carlos Pérez ROJO.
Manager: Miguel MUÑOZ Mozún

ICELAND: Bjarni Sigurdsson, Thorgrímur Thráinsson, Janus Gudlaugsson, Sævar Jónsson, Atli Edvaldsson, Arnór Gudjohnsen, Sigurdur (Siggi) Jónsson, Ásgeir Sigurvinsson, Gudmundur Thorbjörnsson (65 Gunnar Gíslason), Teitur Thórdarson, Pétur Pétursson (75 Sigurdur Grétarsson).
Manager: Tony Knapp

Goals: Hipólito RINCÓN Povedano (44), Rafael GORDILLO Vázquez (51) / Gudmundur Thorbjörnsson (36)

301. 20.11.1985
SPAIN v AUSTRIA 0-0
Estadio de La Romareda, Zaragoza
Referee: Claude Bouillet (France)   Attendance: 18,000
SPAIN: Andoni ZUBIZARRETA Urreta, Pedro TOMÁS Reñones Crego, Andoni GOIKOETXEA Olaskoaga, Antonio MACEDA Francés, José Antonio CAMACHO Alfaro (46 JULIO ALBERTO Moreno Casas), VÍCTOR Muñoz Manrique (46 Juan Antonio SEÑOR Gomez), José Miguel González Martín del Campo "MÍCHEL", Rafael GORDILLO Vázquez (46 FRANCISCO Javier López Alfaro), Enrique "Quique" SETIÉN Solar, Hipólito RINCÓN Povedano (66 ELOY José Olaya Prendes), Emilio BUTRAGUEÑO Santos.
Manager: Miguel MUÑOZ Mozún

AUSTRIA: Klaus Linderberger, Ewald Türmer, Heribert Weber, Gerald Messlender, Leo Lainer, Walter Hörmann (61 Rudolf Steinbauer), Karl Brauneder, Manfred Kern, Toni Polster (61 Alfred Drabits), Walter Schachner, Josef Degeorgi.
Manager: Branko Elsner

302. 18.12.1985
SPAIN v BULGARIA 2-0 (1-0)
Estadio Luís Casanova, Valencia
Referee: Carlo Longhi (Italy)   Attendance: 50,000
SPAIN: Andoni ZUBIZARRETA Urreta, Pedro TOMÁS Reñones Crego, Andoni GOIKOETXEA Olaskoaga, Antonio MACEDA Francés (46 José Antonio CAMACHO Alfaro), JULIO ALBERTO Moreno Casas, VÍCTOR Muñoz Manrique, José Miguel González Martín del Campo "MÍCHEL" (64 Juan Antonio SEÑOR Gomez), FRANCISCO Javier López Alfaro, Ramón María CALDERÉ del Rey, Enrique "Quique" SETIÉN Solar (72 Manuel "Manu" SARABIA López), Emilio BUTRAGUEÑO Santos (46 ELOY José Olaya Prendes).
Manager: Miguel MUÑOZ Mozún

BULGARIA: Nikolay Donev, Emil Dimitrov, Nikolay Arabov, Petar Petrov (63 Krasimir Koev), Georgi Dimitrov, Hristo Kolev, Kostadin Kostadinov (68 Eduard Eranosyan), Ayan Sadakov, Rusi Gochev (52 Boycho Velichkov), Zhivko Gospodinon (52 Atanas Pashev), Plamen Getov.
Manager: Ivan Vutsov

Goals: José González Martín del Campo "MÍCHEL" (16), Ramón María CALDERÉ del Rey (70)

303. 22.01.1986
SPAIN v SOVIET UNION 2-0 (1-0)
Estadio Insular, Las Palmas de Gran Canaria
Referee: José Rosa dos Santos (Portugal)
Attendance: 12,000
SPAIN: Andoni ZUBIZARRETA Urreta, Pedro TOMÁS Reñones Crego (46 Miguel Porlán Noguera "CHENDO"), Andoni GOIKOETXEA Olaskoaga, Antonio MACEDA Francés, JULIO ALBERTO Moreno Casas, VÍCTOR Muñoz Manrique, José Miguel González Martín del Campo "MÍCHEL", FRANCISCO Javier López Alfaro (46 Enrique "Quique" SETIÉN Solar), Ramón María CALDERÉ del Rey, Emilio BUTRAGUEÑO Santos (77 ELOY José Olaya Prendes), JULIO SALINAS Fernández (74 Juan Antonio SEÑOR Gomez).
Manager: Miguel MUÑOZ Mozún

SOVIET UNION: Rinat Dasaev, Gennadiy Morozov, Aleksandr Chivadze, Anatoliy Demyanenko, Aleksandr Bubnov, Vladimir Bezsonov, Sergey Gotsmanov (75 Gennadiy Litovchenko), Fedor Cherenkov (61 Oleg Kuznetsov), Aleksandr Zavarov (51 Andrey Zygmantovich), Sergey Dmitriev (56 Georgiy Kondratiev), Oleg Blokhin.
Manager: Eduard Malofeev

Goals: JULIO SALINAS Fernández (25), ELOY José Olaya Prendes (85)

304. 19.02.1986
SPAIN v BELGIUM 3-0 (2-0)
Estadio Nuevo Altabix, Elche
Referee: Paolo Casarin (Italy)   Attendance: 38,000
SPAIN: Andoni ZUBIZARRETA Urreta, Pedro TOMÁS Reñores Crego, Andoni GOIKOETXEA Olaskoaga, Antonio MACEDA Francés, José Antonio CAMACHO Alfaro, VÍCTOR Muñoz Manrique, JULIO ALBERTO Moreno Casas (76 Francisco José CARRASCO Hidalgo), José Miguel González Martín del Campo "MÍCHEL" (76 Ricardo GALLEGO Redondo), FRANCISCO Javier López Alfaro, Emilio BUTRAGUEÑO Santos, JULIO SALINAS Fernández.
Manager: Miguel MUÑOZ Monzún

BELGIUM: Jacques Munaron, Eric Gerets, Georges Grün, Frank Van der Elst (46 Michel De Wolf), Michel Renquin, Enzo Scifo, Léo Clijsters (46 Hugo Broos), Guy Vandersmissen (46 Daniel Veyt), Frank Vercauteren, Alex Czerniatynski, Philippe Desmet.   Manager: Guy Thys

Goals: Emilio BUTRAGUEÑO Santos (3'), JULIO SALINAS Fernández (41), Antonio MACEDA Francés (72)

305. 26.03.1986
SPAIN v POLAND 3-0 (2-0)
Estadio Ramón de Carranza, Cádiz
Referee: Jean-Marie Lartigot (France)   Attendance: 17,000
SPAIN: Andoni ZUBIZARRETA Urreta, Pedro TOMÁS Reñores Crego, Andoni GOIKOETXEA Olaskoaga (73 Francisco José CARRASCO Hidalgo), Ricardo GALLEGO Redondo, José Antonio CAMACHO Alfaro, José Miguel González Martín del Campo "MÍCHEL" (46 Juan Antonio SEÑOR Gomez), FRANCISCO Javier López Alfaro, JULIO ALBERTO Moreno Casas (46 Rafael GORDILLO Vázquez), Ramón María CALDERÉ del Rey, Emilio BUTRAGUEÑO Santos (78 Hipólito RINCÓN Povedano), JULIO SALINAS Fernández.   Manager: Miguel MUÑOZ Monzún
POLAND: Józef Mlynarczyk, Stefan Majewski, Roman Wójcicki (78 Jan Karas), Kazimierz Przybys, Marek Ostrowski (72 Krzysztof Pawlak), Dariusz Dziekanowski, Andrzej Buncol, Waldemar Matysik, Jan Urban (65 Ryszard Tarasiewicz), Zbigniew Boniek, Andrzej Zgutczynski (65 Krzysztof Baran). Manager: Antoni Piechniczek
Goals: Emilio BUTRAGUEÑO Santos (20), Ramón María CALDERÉ del Rey (29), JULIO SALINAS Fernández (47)

306. 01.06.1986   FIFA World Cup Final Tournament – Group D
SPAIN v BRAZIL 0-1 (0-0)
Estadio Jalisco, Guadalajara (Mexico)
Referee: Christopher Francis (Chris) Bambridge (Australia) Attendance: 35,748
SPAIN: Andoni ZUBIZARRETA Urreta, Pedro TOMÁS Reñores Crego, Andoni GOIKOETXEA Olaskoaga, Antonio MACEDA Francés, José Antonio CAMACHO Alfaro, José Miguel González Martín del Campo "MÍCHEL", VÍCTOR Muñoz Manrique, FRANCISCO Javier López Alfaro (82 Juan Antonio SEÑOR Gomez), JULIO ALBERTO Moreno Casas, JULIO SALINAS Fernández, Emilio BUTRAGUEÑO Santos. Manager: Miguel MUÑOZ Monzún
BRAZIL: CARLOS Roberto Gallo, ÉDSON "BOARO" Alves de Oliveira, JÚLIO CÉSAR da Silva, Edino Nazareth Filho "EDINHO", Cláudio Ibrahim Vaz Leal "BRANCO", Ricardo Rogério de Brito "ALEMÃO", ELZO Aloísio Coelho, Leovegildo Lins da Gama JÚNIOR (79 Paulo Roberto FALCÃO), SÓCRATES Brasileiro Sampaio de Souza Vieira de Oliveira, Antônio de Oliveira Filho CARECA, Wálter CASAGRANDE Júnior (66 Luís Antônio Corrêa da Costa "MÜLLER"). Manager: TELÊ SANTANA da Silva
Goal: SÓCRATES Brasileiro Sampaio de Souza Vieira de Oliveira (63)

307. 07.06.1986   FIFA World Cup Final Tournament – Group D
NORTHERN IRELAND v SPAIN 1-2 (0-2)
Estadio Tres de Marzo, Zapopan (Mexico)
Referee: Horst Brummeier (Austria)   Attendance: 28,000
NORTHERN IRELAND: Pat Jennings, Jimmy Nicholl, Mal Donaghy, John O'Neill, Alan McDonald, Nigel Worthington (71 Billy Hamilton), Steve Penney (54 Ian Stewart), Sammy McIlroy, David McCreery, Colin Clarke, Norman Whiteside. Manager: Billy Bingham
SPAIN: Andoni ZUBIZARRETA Urreta, Pedro TOMÁS Reñores Crego, Andoni GOIKOETXEA Olaskoaga, Ricardo GALLEGO Redondo, José Antonio CAMACHO Alfaro, José Miguel González Martín del Campo "MÍCHEL", VÍCTOR Muñoz Manrique, FRANCISCO Javier López Alfaro, Rafael GORDILLO Vázquez (52 Ramón María CALDERÉ del Rey), JULIO SALINAS Fernández (78 Juan Antonio SEÑOR Gomez), Emilio BUTRAGUEÑO Santos. Manager: Miguel MUÑOZ Monzún
Goals: Colin Clarke (47) / Emilio BUTRAGUEÑO Santos (2), JULIO SALINAS Fernández (18)

308. 12.06.1986   FIFA World Cup Final Tournament – Group D
ALGERIA v SPAIN 0-3 (0-1)
Estadio Tecnológico, Monterrey (Mexico)
Referee: Shizuo Takada (Japan)   Attendance: 23,980
ALGERIA: Nacerdine Drid (20 Larbi El Hadi), Noureddine Abdallah Kourichi, Fodil Megharia, Mahmoud Guendouz, Faouzi Mansouri, Mohammed Kaci-Said, Djamel Zidane (59 Djamel Menad), Mustapha Rabah Madjer, Rashid Peter Harkouk, Karim Maroc, Lakhdar Belloumi. Manager: Rabah Saâdane
SPAIN: Andoni ZUBIZARRETA Urreta, Pedro TOMÁS Reñores Crego, Andoni GOIKOETXEA Olaskoaga, Ricardo GALLEGO Redondo, José Antonio CAMACHO Alfaro, José Miguel González Martín del Campo "MÍCHEL" (67 Juan Antonio SEÑOR Gomez), VÍCTOR Muñoz Manrique, FRANCISCO Javier López Alfaro, Ramón María CALDERÉ del Rey, JULIO SALINAS Fernández, Emilio BUTRAGUEÑO Santos (46 ELOY José Olaya Prendes). Manager: Miguel MUÑOZ Monzún
Goals: Ramón María CALDERÉ del Rey (16, 68), ELOY José Olaya Prendes (71)

309. 18.06.1986   FIFA World Cup Final Tournament – Round of 16
DENMARK v SPAIN 1-5 (1-1)
Estadio Corregidora, Santiago de Querétaro (Mexico)
Referee: Johannes Nicolaas Ignatius (Jan) Keizer (Netherlands)   Attendance: 38,500
DENMARK: Lars Høgh, Henrik Andersen (60 John Eriksen), Søren Busk, Morten Olsen, Ivan Nielsen, Søren Lerby, Jens Jørn Bertelsen, Jesper Olsen (71 Jan Mølby), Klaus Berggreen, Preben Elkjær Larsen, Michael Laudrup.
Manager: Sepp Piontek
SPAIN: Andoni ZUBIZARRETA Urreta, Pedro TOMÁS Reñores Crego, Andoni GOIKOETXEA Olaskoaga, Ricardo GALLEGO Redondo, José Antonio CAMACHO Alfaro, Ramón María CALDERÉ del Rey, VÍCTOR Muñoz Manrique, José Miguel González Martín del Campo "MÍCHEL" (83 FRANCISCO Javier López Alfaro), JULIO ALBERTO Moreno Casas, JULIO SALINAS Fernández (46 ELOY José Olaya Prendes), Emilio BUTRAGUEÑO Santos.
Manager: Miguel MUÑOZ Monzún
Goals: Jesper Olsen (32 pen) / Emilio BUTRAGUEÑO Santos (43, 57, 79, 89 pen), Andoni GOIKOETXEA Olaskoaga (69 pen)

310. 22.06.1986   FIFA World Cup Final Tournament – Quarter-final
SPAIN v BELGIUM 1-1 (0-1, 1-1) (AET)
Estadio Cuauhtémoc, Heroica Puebla de Zaragoza (Mexico)
Referee: Siegfried Kirschen (East Germany)
Attendance: 44,962
SPAIN: Andoni ZUBIZARRETA Urreta, Pedro TOMÁS Reñores Crego (46 Juan Antonio SEÑOR Gómez), Miguel Porlan Noguera "CHENDO", Ricardo GALLEGO Redondo, José Antonio CAMACHO Alfaro, Ramón María CALDERÉ del Rey, VÍCTOR Muñoz Manrique, José Miguel González Martín del Campo "MÍCHEL", JULIO ALBERTO Moreno Casas, JULIO SALINAS Fernández (63 ELOY José Olaya Prendes), Emilio BUTRAGUEÑO Santos.   Manager: Miguel MUÑOZ Monzún
BELGIUM: Jan-Marie Pfaff, Eric Gerets, Georges Grün, Michel Renquin, Patrick Vervoort, Enzo Scifo, Jan Ceulemans, Daniel Veyt (83 Hugo Broos), Nico Claesen, Frank Vercauteren (106 Léo Van der Elst), Stéphane Demol.   Manager: Guy Thys
Goals: Juan Antonio SEÑOR Gómez (84) / Jan Ceulemans (35)
Penalties: 1-0 Juan Antonio SEÑOR Gómez, 1-1 Nico Claesen, ELOY José Olaya Prendes (missed), 1-2 Enzo Scifo, 2-2 Miguel Porlan Noguera "CHENDO", 2-3 Hugo Broos, 3-3 Emilio BUTRAGUEÑO Santos, 3-4 Patrick Vervoort, 4-4 VÍCTOR Muñoz Manrique, 4-5 Léo Van der Elst.

311. 24.09.1986
SPAIN v GREECE 3-1 (2-0)
Estadio Municipal El Molinón, Gijón
Referee: Alain Delmer (France)   Attendance: 17,500
SPAIN: Andoni ZUBIZARRETA Urreta (75 Juan Carlos ABLANEDO Iglesias), Pedro TOMÁS Reñores Crego (46 Miguel Porlan Noguera "CHENDO"), Andoni GOIKOETXEA Olaskoaga, Ricardo GALLEGO Redondo, José Antonio CAMACHO Alfaro (46 Juan Antonio SEÑOR Gómez), José Miguel González Martín del Campo "MÍCHEL", FRANCISCO Javier López Alfaro, VÍCTOR Muñoz Manrique, JULIO ALBERTO Moreno Casas (57 EUSEBIO Sacristán Mena), JULIO SALINAS Fernández, Emilio BUTRAGUEÑO Santos (46 ELOY José Olaya Prendes).
Manager: Miguel MUÑOZ Monzún
GREECE: Giorgos Plitsis (46 Theologis Papadopoulos), Petros Xanthopoulos, Kostas Kolomitrousis, Nikolaos Alavantas (76 Christos Vasileiou), Petros Michos, Giorgos Skartados, Kostas Mavridis (77 Dimitrios Tsionanis), Savvas Kofidis, Anastasios Mitropoulos (46 Kostas Antoniou), Nikos Anastopoulos, Dimitrios Saravakos.
Manager: Miltos Papapostoulou
Goals: JULIO SALINAS Fernández (35), FRANCISCO Javier López Alfaro (39), VÍCTOR Muñoz Manrique (79) / Giorgos Skartados (81)

312. 15.10.1986
WEST GERMANY v SPAIN 2-2 (0-1)
Niedersachsenstadion, Hannover
Referee: Yuri Savchenko (Soviet Union)   Attendance: 50,000
WEST GERMANY: Toni Schumacher, Thomas Hörster (46 Klaus Augenthaler), Thomas Berthold, Jürgen Kohler, Guido Buchwald, Michael Frontzeck, Lothar Matthäus, Uwe Rahn, Wolfgang Rolff (46 Wolfram Wuttke), Roland Wohlfarth, Herbert Waas (71 Dieter Eckstein).
Manager: Franz Beckenbauer
SPAIN: Andoni ZUBIZARRETA Urreta, Pedro TOMÁS Reñores Crego, Ricardo GALLEGO Redondo, Andoni GOIKOETXEA Olaskoaga, José Antonio CAMACHO Alfaro, VÍCTOR Muñoz Manrique, José Miguel González Martín del Campo "MÍCHEL", FRANCISCO Javier López Alfaro (74 Juan Antonio SEÑOR Gómez), Rafael GORDILLO Vázquez (74 JULIO ALBERTO Moreno Casas), JULIO SALINAS Fernández (79 Pedro URALDE Hernáez), Emilio BUTRAGUEÑO Santos.
Manager: Miguel MUÑOZ Monzún
Goals: Herbert Waas (61), Uwe Rahn (70) / Emilio BUTRAGUEÑO Santos (44), Andoni GOIKOETXEA Olaskoaga (78 pen)

313. 12.11.1986   UEFA Euro 1988 Qualifying – Group 1
SPAIN v ROMANIA 1-0 (0-0)
Estadio Benito Villamarín, Sevilla
Referee: Johannes Nicolaas Ignatius (Jan) Keizer (Netherlands)   Attendance: 41,884

SPAIN: Andoni ZUBIZARRETA Urreta, Miguel Porlan Noguera "CHENDO", MANUEL SANCHÍS Hontiyuelo, Juan Carlos ARTECHE Gómez, José Antonio CAMACHO Alfaro, José Miguel González Martín del Campo "MÍCHEL", Ricardo GALLEGO Redondo (77 Juan Antonio SEÑOR Gómez), VÍCTOR Muñoz Manrique, JULIO ALBERTO Moreno Casas, Hipólito RINCÓN Povedano (85 ELOY José Olaya Prendes), Emilio BUTRAGUEÑO Santos.
Manager: Miguel MUÑOZ Monzún

ROMANIA: Silviu Lung, Stefan Iovan, Adrian Bumbescu, Miodrag Belodedici, Nicolae Ungureanu, Tudorel Stoica (82 Mircea Rednic), Ladislau (László) Bölöni, Michael Klein, Gheorghe Hagi, Marius Lacatus, Rodion Camataru (86 Gavril Balint).   Manager: Emerich (Imre) Jenei

Goal: José González Martín del Campo "MÍCHEL" (58)

314. 03.12.1986   UEFA Euro 1988 Qualifying – Group 1
ALBANIA v SPAIN 1-2 (1-0)
Stadiumi Kombëtar Qemal Stafa, Tirana
Referee: Antal Huták (Hungary)   Attendance: 20,000

ALBANIA: Perlat Musta, Hysen Zmijani, Rrapo Taho, Skënder Hodja, Fatbardh Jera, Bedri Omuri, Alfred Ferko (70 Agustin Kola), Sulejman Demollari, Mirel Josa, Arbën Minga, Shkëlqim Muça.   Manager: Agron Sulaj

SPAIN: Andoni ZUBIZARRETA Urreta, Miguel Porlan Noguera "CHENDO", MANUEL SANCHÍS Hontiyuelo, Juan Carlos ARTECHE Gómez, José Antonio CAMACHO Alfaro, Juan Antonio SEÑOR Gómez (46 ELOY José Olaya Prendes), VÍCTOR Muñoz Manrique, JOAQUÍN ALONSO González, José Miguel González Martín del Campo "MÍCHEL", Hipólito RINCÓN Povedano, Emilio BUTRAGUEÑO Santos.
Manager: Miguel MUÑOZ Monzún

Goals: Shkëlqim Muça (27) / Juan Carlos ARTECHE (67), JOAQUÍN ALONSO González (83)

315. 21.01.1987
SPAIN v NETHERLANDS 1-1 (0-1)
Estadi del Fútbol Club Barcelona, Barcelona
Referee: Marcel Van Langenhove (Belgium)
Attendance: 16,000

SPAIN: Andoni ZUBIZARRETA Urreta, Miguel Porlan Noguera "CHENDO", Andoni GOIKOETXEA Olaskoaga, Juan Carlos ARTECHE Gómez, José Antonio CAMACHO Alfaro (46 JULIO ALBERTO Moreno Casas), José Miguel González Martín del Campo "MÍCHEL" (67 JOAQUÍN ALONSO González), VÍCTOR Muñoz Manrique, Ramón María CALDERÉ del Rey, Rafael GORDILLO Vázquez, Emilio BUTRAGUEÑO Santos, JULIO SALINAS Fernández (46 RAMÓN Vázquez García).
Manager: Miguel MUÑOZ Monzún

NETHERLANDS: Hans van Breukelen, Frank Rijkaard, Adri van Tiggelen, Ronald Spelbos, Sonny Silooy, Jan Wouters, Arnold Mühren, Gerald Vanenburg (75 Wilbert Suvrijn), René van der Gijp, Ruud Gullit, John van't Schip.
Manager: Rinus Michels

Goals: Ramón María CALDERÉ del Rey (72) / Ruud Gullit (20)

316. 18.02.1987
SPAIN v ENGLAND 2-4 (1-2)
Estadio Santiago Bernabéu, Madrid
Referee: Claudio Pieri (Italy)   Attendance: 35,000

SPAIN: Andoni ZUBIZARRETA Urreta, Miguel Porlan Noguera "CHENDO" (63 MANUEL SANCHÍS Hontiyuelo), José Antonio CAMACHO Alfaro (70 Genar ANDRINÚA Kortabarría), Juan Carlos ARTECHE Gómez, VÍCTOR Muñoz Manrique, Rafael GORDILLO Vázquez (63 JOAQUÍN ALONSO González), José Miguel González Martín del Campo "MÍCHEL" (63 ROBERTO Fernández Bonillo), Ricardo GALLEGO Redondo, Francisco José CARRASCO Hidalgo, Emilio BUTRAGUEÑO Santos, RAMÓN Vázquez García.
Manager: Miguel MUÑOZ Monzún

ENGLAND: Peter Shilton (63 Chris Woods), Viv Anderson, Kenny Sansom, Glenn Hoddle, Tony Adams, Terry Butcher, Bryan Robson, Steve Hodge, Peter Beardsley, Gary Lineker, Chris Waddle (75 Trevor Steven).   Manager: Bobby Robson

Goals: Emilio BUTRAGUEÑO Santos (14), RAMÓN Vázquez García (76) / Gary Lineker (23, 27, 47, 57)

317.   01.04.1987   UEFA Euro 1988 Qualifying – Group 1
AUSTRIA v SPAIN 2-3 (1-1)
Praterstadion, Vienna
Referee: Bruno Galler (Switzerland)   Attendance: 31,342
AUSTRIA: Klaus Linderberger, Gerald Piesinger, Bruno Pezzey, Manfred Zsak, Rudolf Weinhofer (71 Alfred Roscher), Manfred Linzmaier, Reinhard Kienast, Jürgen Werner, Ernst Baumeister, Andreas Ogris, Toni Polster.
Manager: Branko Elsner
SPAIN: Andoni ZUBIZARRETA Urreta, Miguel Porlan Noguera "CHENDO", Genar ANDRINÚA Kortabarría, Ricardo GALLEGO Redondo, José Antonio CAMACHO Alfaro, José Miguel González Martín del Campo "MÍCHEL", VÍCTOR Muñoz Manrique, ROBERTO Fernández Bonillo, Ramón María CALDERÉ del Rey, Emilio BUTRAGUEÑO Santos (13 ELOY José Olaya Prendes, 78 MANUEL SANCHÍS Hontiyuelo), Francisco José CARRASCO Hidalgo.
Manager: Miguel MUÑOZ Monzún
Goals: Manfred Linzmaier (39), Toni Polster (64) / ELOY José Olaya Prendes (31, 58), Francisco José CARRASCO Hidalgo (90)
Sent off: Miguel Porlan Noguera "CHENDO" (76)

318.   29.04.1987   UEFA Euro 1988 Qualifying – Group 1
ROMANIA v SPAIN 3-1 (3-0)
Stadionul Steaua, Bucharest
Referee: Alexis Ponnet (Belgium)   Attendance: 30,000
ROMANIA: Silviu Lung, Stefan Iovan (78 Nicolae Negrila), Adrian Bumbescu, Miodrag Belodedici, Nicolae Ungureanu, Dorin Mateut, Ladislau (László) Bölöni, Michael Klein (88 Gavril Balint), Marius Lacatus, Victor Piturca, Gheorghe Hagi.
Manager: Emerich (Imre) Jenei
SPAIN: Andoni ZUBIZARRETA Urreta, Genar ANDRINÚA Kortabarría, MANUEL SANCHÍS Hontiyuelo, Andoni GOIKOETXEA Olaskoaga (18 JOAQUÍN ALONSO González), José Antonio CAMACHO Alfaro (38 Miquel SOLER Sarasols), José Miguel González Martín del Campo "MÍCHEL", VÍCTOR Muñoz Manrique, Ricardo GALLEGO Redondo, Ramón María CALDERÉ del Rey, Emilio BUTRAGUEÑO Santos, ELOY José Olaya Prendes.   Manager: Miguel MUÑOZ Monzún
Goals: Victor Piturca (38), Dorin Mateut (43), Nicolae Ungureanu (45) / Ramón CALDERÉ del Rey (81)

319.   23.09.1987
SPAIN v LUXEMBOURG 2-0 (1-0)
Nuevo Estadio Castalia, Castellón de la Plana
Referee: José Guedes (Portugal)   Attendance: 22,000
SPAIN: Andoni ZUBIZARRETA Urreta (74 Francisco BUYO Sánchez), Miguel Porlan Noguera "CHENDO", Genar ANDRINÚA Kortabarría, MANUEL SANCHÍS Hontiyuelo, JULIO ALBERTO Moreno Casas (46 Enrique "QUIQUE" Sánchez FLORES), José Miguel González Martín del Campo "MÍCHEL" (46 VÍCTOR Muñoz Manrique), Ricardo GALLEGO Redondo, Rafael MARTÍN VÁZQUEZ (59 JULIO SALINAS Fernández), Rafael GORDILLO Vázquez (46 Ramón María CALDERÉ del Rey), Francisco José CARRASCO Hidalgo, Emilio BUTRAGUEÑO Santos.
Manager: Miguel MUÑOZ Monzún
LUXEMBOURG: John van Rijswijck, Laurent Schonckert, Marcel Bossi, Carlo Weis, Pierre Petry, Théo Malget (72 Jeff Saibene), Jean-Pierre Barboni (89 Claude Mangen), Théo Scholten (80 Marc Thomé), Robert Langers, Armin Krings, Gérard Jeitz.   Manager: Paul Philipp
Goals: Francisco José CARRASCO Hidalgo (26 pen), Emilio BUTRAGUEÑO Santos (65 pen)

320.   14.10.1987   UEFA Euro 1988 Qualifying – Group 1
SPAIN v AUSTRIA 2-0 (0-0)
Estadio Ramón Sánchez Pizjuán, Sevilla
Referee: Joël Quiniou (France)   Attendance: 57,447
SPAIN: Andoni ZUBIZARRETA Urreta, Miguel Porlan Noguera "CHENDO", MANUEL SANCHÍS Hontiyuelo, Genar ANDRINÚA Kortabarría, JULIO ALBERTO Moreno Casas, José Miguel González Martín del Campo "MÍCHEL" (79 Ramón María CALDERÉ del Rey), VÍCTOR Muñoz Manrique, Rafael GORDILLO Vázquez, Juan Antonio SEÑOR Gómez, Emilio BUTRAGUEÑO Santos, Francisco José CARRASCO Hidalgo (69 José María BAKERO Escudero (II)).
Manager: Miguel MUÑOZ Monzún
AUSTRIA: Klaus Linderberger, Robert Frind (46 Robert Pecl), Karl Brauneder, Bruno Pezzey, Gerald Messlender, Manfred Zsak, Andreas Ogris, Reinhard Kienast, Ernst Baumeister (66 Manfred Linzmaier), Toni Polster, Gerald Willfurth.   Manager: Branko Elsner
Goals: José González Martín del Campo "MÍCHEL" (56 pen), MANUEL SANCHÍS Hontiyuelo (62)

321. 18.11.1987   UEFA Euro 1988 Qualifying – Group 1
SPAIN v ALBANIA 5-0 (3-0)
Estadio Benito Villamarín, Sevilla
Referee: Kurt Röthlisberger (Switzerland)
Attendance: 45,299
SPAIN: Andoni ZUBIZARRETA Urreta, Miguel Porlan Noguera "CHENDO", MANUEL SANCHÍS Hontiyuelo, Andoni GOIKOETXEA Olaskoaga, JULIO ALBERTO Moreno Casas (63 Enrique "QUIQUE" Sánchez FLORES), José Miguel González Martín del Campo "MÍCHEL", Juan Antonio SEÑOR Gómez, VÍCTOR Muñoz Manrique, Ramón María CALDERÉ del Rey (46 Francisco "Paco" LLORENTE Gento), Emilio BUTRAGUEÑO Santos, José María BAKERO Escudero (II).
Manager: Miguel MUÑOZ Monzún
ALBANIA: Artur Lekbello, Adnan Oçelli, Rrapo Taho, Skënder Gega, Roland Iljadhi, Artur Lekbello (82 Alfred Zijai), Mirel Josa, Sulejman Demollari, Latif Gjondeda (71 Alfred Ferko), Arbën Minga, Agim Bubeqi.   Manager: Agron Sulaj
Goals: José María BAKERO Escudero (II) (5, 31, 74), José Miguel González Martín del Campo "MÍCHEL" (36 pen), Francisco "Paco" LLORENTE Gento (67)

322. 27.01.1988
SPAIN v EAST GERMANY 0-0
Estadio Luís Casanova, Valencia
Referee: Michel Girard (France)   Attendance: 20,000
SPAIN: Andoni ZUBIZARRETA Urreta (46 Francisco BUYO Sánchez), Miguel Porlan Noguera "CHENDO" (46 Enrique "QUIQUE" Sánchez FLORES), MANUEL SANCHÍS Hontiyuelo, Andoni GOIKOETXEA Olaskoaga, Luís María LÓPEZ REKARTE, José Miguel González Martín del Campo "MÍCHEL" (73 LUIS GARCÍA García), Juan Antonio SEÑOR Gómez (46 Rafael MARTÍN VÁZQUEZ), VÍCTOR Muñoz Manrique, JULIO ALBERTO Moreno Casas (46 Francisco José CARRASCO Hidalgo), José María BAKERO Escudero (II), JULIO SALINAS Fernández.
Manager: Miguel MUÑOZ Monzún
EAST GERMANY: René Müller, Ronald Kreer, Dirk Stahmann, Detlef Schößler, Uwe Zötzsche, Rainer Ernst (66 Jörg Stübner), Jürgen Raab (59 Frank Rohde), Matthias Liebers, Matthias Sammer, Ulf Kirsten, Thomas Doll (85 Hans-Uwe Pilz).   Manager: Bernd Stange

323. 24.02.1988
SPAIN v CZECHOSLOVAKIA 1-2 (1-1)
Estadio La Rosaleda, Málaga
Referee: Pietro D'Elia (Italy)   Attendance: 37,000
SPAIN: Andoni ZUBIZARRETA Urreta, Luís María LÓPEZ REKARTE, Jon Andoni LARRAÑAGA Gurrutxaga, MANUEL SANCHÍS Hontiyuelo (46 Genar ANDRINÚA Kortabarría), JULIO ALBERTO Moreno Casas (46 DIEGO Rodríguez Fernández), VÍCTOR Muñoz Manrique, EUSEBIO Sacristán Mena, JOAQUÍN ALONSO González (71 Juan Antonio SEÑOR Gómez), Aitor "Txiki" BEGIRISTÁIN Mújika, JULIO SALINAS Fernández, Emilio BUTRAGUEÑO Santos.
Manager: Miguel MUÑOZ Monzún
CZECHOSLOVAKIA: Ludek Miklosko, Stanislav Levý, Frantisek Straka, Jozef Chovanec, Lubomír Vlk, Michal Bílek (87 Karel Kula), Lubos Kubík, Ivan Hasek, Viliam Hýravý, Milan Luhový, Ivo Knoflícek.   Manager: Jozef Venglos
Goals: JULIO SALINAS Fernández (30) / Ivo Knoflícek (44), Lubos Kubík (76)

324. 23.03.1988
FRANCE v SPAIN 2-1 (2-1)
Parc Lescure, Bordeaux
Referee: Neil Midgley (England)   Attendance: 14,441
FRANCE: Joël Bats, Luc Sonor, Yvon Le Roux, Sylvain Kastendeuch, Manuel Amoros (80 Basile Boli), Dominique Bijotat (85 Marcel Dib), Luis Fernández, Gérald Passi, Jean-Philippe Durand, Jean-Pierre Papin, Éric Cantona.
Manager: Henri Michel
SPAIN: Andoni ZUBIZARRETA Urreta, Miguel Porlán Noguera "CHENDO", MANUEL SANCHÍS Hontiyuelo, Miguel TENDILLO Belenguer, Luis María LÓPEZ REKARTE (41 Miquel SOLER Sarasols), Ramón María CALDERÉ del Rey, José Miguel González Martín del Campo "MÍCHEL", Ricardo GALLEGO Redondo, Rafael GORDILLO Vázquez, Emilio BUTRAGUEÑO Santos, José María BAKERO Escudero (II).
Manager: Miguel MUÑOZ Mozún
Goals: Gérald Passi (8), Luis Fernández (26) / Ramón María CALDERÉ del Rey (6)

325. 27.04.1988
SPAIN v SCOTLAND 0-0

Estadio Santiago Bernabéu, Madrid

Referee: Carlos Alberto da Silva Valente (Portugal)
Attendance: 15,000

SPAIN: Andoni ZUBIZARRETA Urreta, Pedro TOMÁS Reñores Crego, Miquel SOLER Sarasols, MANUEL SANCHÍS Hontiyuelo, VÍCTOR Muñoz Manrique, Rafael GORDILLO Vázquez, José Miguel González Martín del Campo "MÍCHEL", Ricardo GALLEGO Redondo (46 Miguel TENDILLO Belenguer), Rafael MARTÍN VÁZQUEZ, JULIO SALINAS Fernández (78 ELOY José Olaya Prendes), Emilio BUTRAGUEÑO Santos.   Manager: Miguel MUÑOZ Mozún

SCOTLAND: Jim Leighton, Richard Gough, Steve Nicol, Roy Aitken, Alex McLeish, Gary Gillespie, Ally McCoist (68 Brian McClair), Willie Miller, Mo Johnston, Paul McStay, Ian Durrant.   Manager: Andy Roxburgh

326. 01.06.1988
SPAIN v SWEDEN 1-3 (1-2)

Estadio Helmántico, Salamanca

Referee: Joseph Bertram (Joe) Worrall (England)
Attendance: 25,000

SPAIN: Andoni ZUBIZARRETA Urreta, Pedro TOMÁS Reñores Crego, José Antonio CAMACHO Alfaro, MANUEL SANCHÍS Hontiyuelo, VÍCTOR Muñoz Manrique, Rafael GORDILLO Vázquez, José María BAKERO Escudero (II), José Miguel González Martín del Campo "MÍCHEL", Ricardo GALLEGO Redondo (65 Genar ANDRINÚA Kortabarría), Rafael MARTÍN VÁZQUEZ (65 Ramón María CALDERÉ del Rey), Emilio BUTRAGUEÑO Santos.
Manager: Miguel MUÑOZ Mozún

SWEDEN: Thomas Ravelli, Roland Nilsson, Glenn Hysén, Andreas Ravelli, Dennis Schiller, Jonas Thern, Robert Prytz, Leif Engqvist, Joakim Nilsson, Hans Eskilsson, Mats Magnusson (68 Hans (Hasse) Holmqvist).
Manager: Olle Nordin

Goals: Emilio BUTRAGUEÑO Santos (14) / Joakim Nilsson (22), Glenn Hysén (43), Mats Magnusson (48)

327. 05.06.1988
SWITZERLAND v SPAIN 1-1 (0-1)

St. Jakob Stadion, Basel

Referee: Michel Girard (France)   Attendance: 14,000

SWITZERLAND: Joël Corminboeuf, Thomas Tschuppert, Martin Weber, Alain Geiger, Marco Schällibaum, Martin Andermatt, Heinz Hermann, Thomas Wyss, Beat Sutter, Hans-Peter Zwicker (58 Dario Zuffi), Kubilay Türkyilmaz.
Manager: Daniel Jeandupeux

SPAIN: Andoni ZUBIZARRETA Urreta, Pedro TOMÁS Reñores Crego, Genar ANDRINÚA Kortabarría, MANUEL SANCHÍS Hontiyuelo, José Antonio CAMACHO Alfaro (82 Rafael MARTÍN VÁZQUEZ), Miquel SOLER Sarasols, José Miguel González Martín del Campo "MÍCHEL", VÍCTOR Muñoz Manrique, Rafael GORDILLO Vázquez (89 Aitor "Txiki" BEGIRISTÁIN Mújika), Emilio BUTRAGUEÑO Santos (84 ELOY José Olaya Prendes), José María BAKERO Escudero (II) (84 JULIO SALINAS Fernández).
Manager: Miguel MUÑOZ Mozún

Goals: Beat Sutter (63) / Genar ANDRINÚA Kortabarría (44)

328. 11.06.1988 UEFA European Championship – Group A
SPAIN v DENMARK 3-2 (1-1)

Niedersachsenstadion, Hannover (West Germany)

Referee: Albert Rudolf (Bep) Thomas (Netherlands)
Attendance: 55,707

SPAIN: Andoni ZUBIZARRETA Urreta, Pedro TOMÁS Reñores Crego, Genar ANDRINÚA Kortabarría, MANUEL SANCHÍS Hontiyuelo, José Antonio CAMACHO Alfaro (46 Miquel SOLER Sarasols), José Miguel González Martín del Campo "MÍCHEL", Ricardo GALLEGO Redondo, VÍCTOR Muñoz Manrique, Rafael GORDILLO Vázquez (87 Rafael MARTÍN VÁZQUEZ), Emilio BUTRAGUEÑO Santos, José María BAKERO Escudero (II).
Manager: Miguel MUÑOZ Mozún

DENMARK: Troels Rasmussen, John Sivebæk, Søren Busk, Morten Olsen (66 Lars Olsen), Ivan Nielsen, Søren Lerby, John Helt (46 John (Faxe) Jensen), Jan Heintze, Flemming Povlsen, Preben Elkjær Larsen, Michael Laudrup.
Manager: Sepp Piontek

Goals: José González Martín del Campo "MÍCHEL" (6), Emilio BUTRAGUEÑO Santos (53), Rafael GORDILLO Vázquez (68) / Michael Laudrup (26), Flemming Povlsen (84)

José Miguel González Martín del Campo "MÍCHEL" missed a penalty kick (35)

329. 14.06.1988 UEFA European Championship – Group A
ITALY v SPAIN 1-0 (0-0)
Waldstadion, Frankfurt am Main (West Germany)
Referee: Erik Fredriksson (Sweden)   Attendance: 47,506
ITALY: Walter Zenga, Giuseppe Bergomi, Paolo Maldini, Franco Baresi, Riccardo Ferri, Carlo Ancelotti, Roberto Donadoni, Fernando De Napoli, Roberto Mancini (68 Alessandro Altobelli), Giuseppe Giannini, Gianluca Vialli (89 Luigi De Agostini).   Manager: Azeglio Vicini
SPAIN: Andoni ZUBIZARRETA Urreta, Pedro TOMÁS Reñores Crego, Genar ANDRINÚA Kortabarria, MANUEL SANCHÍS Hontiyuelo, Miquel SOLER Sarasols, José Miguel González Martín del Campo "MÍCHEL" (73 Aitor "Txiki" BEGIRISTÁIN Mújika), Ricardo GALLEGO Redondo (62 Rafael MARTÍN VÁZQUEZ), VÍCTOR Muñoz Manrique, Rafael GORDILLO Vázquez, Emilio BUTRAGUEÑO Santos, José María BAKERO Escudero (II).
Manager: Miguel MUÑOZ Monzún
Goal: Gianluca Vialli (74)

330. 17.06.1988 UEFA European Championship – Group A
WEST GERMANY v SPAIN 2-0 (1-0)
Olympiastadion, München (West Germany)
Referee: Michel Vautrot (France)   Attendance: 63,802
WEST GERMANY: Eike Immel, Jürgen Kohler, Matthias Herget, Uli Borowka, Andreas Brehme, Pierre Littbarski (63 Wolfram Wuttke), Lothar Matthäus, Wolfgang Rolff, Olaf Thon, Jürgen Klinsmann (84 Frank Mill), Rudi Völler.   Manager: Franz Beckenbauer
SPAIN: Andoni ZUBIZARRETA Urreta, Pedro TOMÁS Reñores Crego, Genar ANDRINÚA Kortabarria, MANUEL SANCHÍS Hontiyuelo, José Antonio CAMACHO Alfaro, José Miguel González Martín del Campo "MÍCHEL", Rafael MARTÍN VÁZQUEZ, VÍCTOR Muñoz Manrique, Rafael GORDILLO Vázquez, Emilio BUTRAGUEÑO Santos (51 JULIO SALINAS Fernández), José María BAKERO Escudero (II).   Manager: Miguel MUÑOZ Monzún
Goals: Rudi Völler (30, 51)

331. 14.09.1988
SPAIN v YUGOSLAVIA 1-2 (1-0)
Estadio Carlos Tartiere, Oviedo
Referee: Alder Dante da Silva dos Santos (Portugal)
Attendance: 22,000
SPAIN: Andoni ZUBIZARRETA Urreta (84 Juan Carlos ABLANEDO Iglesias), Miguel Porlán Noguera "CHENDO", Genar ANDRINÚA Kortabarria, MANUEL SANCHÍS Hontiyuelo (75 Francisco "Patxi" FERREIRA Colmenero), Miquel SOLER Sarasols (61 Enrique "QUIQUE" Sánchez FLORES), Francisco "PATXI" SALINAS Fernández (85 Fernando "NANDO" Martínez Perales), José Miguel González Martín del Campo "MÍCHEL", ROBERTO Fernández Bonillo, Rafael MARTÍN VÁZQUEZ, Aitor "Txiki" BEGIRISTÁIN Mújika, Emilio BUTRAGUEÑO Santos (61 JULIO SALINAS Fernández).   Manager: Luis SUÁREZ Miramontes
YUGOSLAVIA: Tomislav Ivkovic, Goran Juric, Ljubomir Radanovic, Milan Jankovic, Faruk Hadzibegic, Marko Elsner, Zlatko Vujovic, Goran Milojevic (84 Miodrag Krivokapic), Borislav (Boro) Cvetkovic, Mehmed Bazdarevic, Marko Mlinaric.   Manager: Ivica Osim
Goals: José González Martín del Campo "MÍCHEL" (25) / Mehmed Bazdarevic (46), Borislav (Boro) Cvetkovic (84)

332. 12.10.1988 Copa de la Hispanidad 1988
SPAIN v ARGENTINA 1-1 (1-1)
Estadio Ramón Sánchez Pizjuán, Sevilla
Referee: Carlo Longhi (Italy)   Attendance: 60,250
SPAIN: Andoni ZUBIZARRETA Urreta, Enrique "QUIQUE" Sánchez FLORES (46 Manuel JIMÉNEZ Jiménez), Luis María LÓPEZ REKARTE, MANUEL SANCHÍS Hontiyuelo, Genar ANDRINÚA Kortabarria, ROBERTO Fernández Bonillo, José María BAKERO Escudero (II), José Miguel González Martín del Campo "MÍCHEL", Rafael MARTÍN VÁZQUEZ, Emilio BUTRAGUEÑO Santos (87 JULIO SALINAS Fernández), Aitor "Txiki" BEGIRISTÁIN Mújika (80 Francisco "PATXI" SALINAS Fernández).   Manager: Luis SUÁREZ Miramontes
ARGENTINA: Nery Alberto PUMPIDO Barrinat, José Luis Brown, Néstor Ariel Fabbri (55 Julio Jorge Olarticoechea), José Luis Cuciuffo, Sergio Daniel Batista, Óscar Alfredo RUGGERI Runzal, Claudio Paul Caniggia (76 Gustavo Abel Dezotti), Ricardo Omar Giusti, Pedro Antonio Troglio, Diego Armando MARADONA Franco (75 Carlos Daniel Tapia), Gabriel Humberto Calderón.   Manager: Carlos Salvador Bilardo
Goals: Emilio BUTRAGUEÑO Santos (7) / Claudio Caniggia (44)

333. 16.11.1988   FIFA World Cup Qualification – Group 6

SPAIN v REPUBLIC OF IRELAND 2-0 (0-0)

Estadio Benito Villamarín, Sevilla

Referee: Yuri Savchenko (Soviet Union)   Attendance: 50,000

SPAIN: Andoni ZUBIZARRETA Urreta, Enrique "QUIQUE" Sánchez FLORES (84 Jesús Ángel SOLANA Bermejo), Manuel JIMÉNEZ Jiménez, Genar ANDRINÚA Kortabarria, MANUEL SANCHÍS Hontiyuelo, Alberto GÓRRIZ Echarte, José Miguel González Martín del Campo "MÍCHEL", ROBERTO Fernández Bonillo, Rafael MARTÍN VÁZQUEZ, Manuel "MANOLO" Sánchez Delgado (67 RAMÓN Vázquez García), Emilio BUTRAGUEÑO Santos.
Manager: Luis SUÁREZ Miramontes

REPUBLIC OF IRELAND: Pat Bonner, Chris Morris, Mick McCarthy, David O'Leary, Steve Staunton, Ray Houghton, Kevin Moran, John Sheridan (81 Liam O'Brien), Tony Galvin, Tony Cascarino, John Aldridge (64 Niall Quinn).
Manager: Jack Charlton

Goals: Manuel "MANOLO" Sánchez Delgado (52), Emilio BUTRAGUEÑO Santos (66)

334. 21.12.1988   FIFA World Cup Qualification – Group 6

SPAIN v NORTHERN IRELAND 4-0 (1-0)

Estadio Ramón Sánchez Pizjuán, Sevilla

Referee: Marcel Van Langenhove (Belgium)
Attendance: 70,000

SPAIN: Andoni ZUBIZARRETA Urreta, Enrique "QUIQUE" Sánchez FLORES, Manuel JIMÉNEZ Jiménez, Genar ANDRINÚA Kortabarria, Alberto GÓRRIZ Echarte, José Miguel González Martín del Campo "MÍCHEL", ROBERTO Fernández Bonillo, Rafael MARTÍN VÁZQUEZ, Manuel "MANOLO" Sánchez Delgado (78 JULIO SALINAS Fernández), Emilio BUTRAGUEÑO Santos, Aitor "Txiki" BEGIRISTÁIN Mújika (65 Ricardo Jesús SERNA Orozco).
Manager: Luis SUÁREZ Miramontes

NORTHERN IRELAND: Allen McKnight, Anton Rogan, Alan McDonald, John McClelland, Nigel Worthington, David McCreery (54 Jimmy Quinn), Mal Donaghy (72 Michael O'Neill), Steve Penney, Colin Clarke, Kevin Wilson, Kingsley Black.   Manager: Billy Bingham

Goals: Anton Rogan (30 og), Emilio BUTRAGUEÑO (55), José Miguel González Martín del Campo "MÍCHEL" (62 pen), Alan McDonald (64 og)

335. 21.01.1989   FIFA World Cup Qualification – Group 6

MALTA v SPAIN 0-2 (0-1)

Ta'Qali National Stadium, Attard

Referee: David Findlay Taylor Syme (Scotland)
Attendance: 15,797

MALTA: David Cluett, Silvio Camilleri (53 Edwin Camilleri), Alex Azzopardi, Joe Galea, Joe Brincat (46 Charles Scerri), John Buttigieg, Carmel Busuttil, Raymond Vella, David Carabott, Michael Degiorgio, Martin Gregory.
Manager: Horst Heese

SPAIN: Andoni ZUBIZARRETA Urreta, Enrique "QUIQUE" Sánchez FLORES, Manuel JIMÉNEZ Jiménez, Genar ANDRINÚA Kortabarria, MANUEL SANCHÍS Hontiyuelo, José Miguel González Martín del Campo "MÍCHEL", ROBERTO Fernández Bonillo, Rafael MARTÍN VÁZQUEZ, Aitor "Txiki" BEGIRISTÁIN Mújika (66 EUSEBIO Sacristán Mena), Manuel "MANOLO" Sánchez Delgado, Emilio BUTRAGUEÑO Santos (76 Alberto GÓRRIZ Echarte).
Manager: Luis SUÁREZ Miramontes

Goals: José González Martín del Campo "MÍCHEL" (17 pen), Aitor "Txiki" BEGIRISTÁIN Mújika (51)

Sent off: MANUEL SANCHÍS Hontiyuelo (76)

336. 08.02.1989   FIFA World Cup Qualification – Group 6

NORTHERN IRELAND v SPAIN 0-2 (0-1)

Windsor Park, Belfast

Referee: Dieter Pauly (West Germany)   Attendance: 15,000

NORTHERN IRELAND: Allen McKnight, Paul Ramsey, Anton Rogan, Mal Donaghy, John McClelland, Danny Wilson (68 Colin Clarke), Robbie Dennison (63 Michael O'Neill), Lawrie Sanchez, Jimmy Quinn, Kevin Wilson, Kingsley Black.
Manager: Billy Bingham

SPAIN: Andoni ZUBIZARRETA Urreta, Miguel Porlán Noguera "CHENDO" (39 EUSEBIO Sacristán Mena), Manuel JIMÉNEZ Jiménez, Genar ANDRINÚA Kortabarria, Ricardo Jesús SERNA Orozco, Alberto GÓRRIZ Echarte, José María BAKERO Escudero (II) (77 Manuel "MANOLO" Sánchez Delgado), José Miguel González Martín del Campo "MÍCHEL", Emilio BUTRAGUEÑO Santos, ROBERTO Fernández Bonillo, Rafael MARTÍN VÁZQUEZ.
Manager: Luis SUÁREZ Miramontes

Goals: Genar ANDRINÚA Kortabarria (3), Manuel "MANOLO" Sánchez Delgado (84)

337.   23.03.1989   FIFA World Cup Qualification – Group 6

SPAIN v MALTA 4-0 (1-0)

Estadio Benito Villamarín, Sevilla

Referee: Georges Sandoz (Switzerland)   Attendance: 41,500

SPAIN: Andoni ZUBIZARRETA Urreta, Enrique "QUIQUE" Sánchez FLORES, Manuel JIMÉNEZ Jiménez, Genar ANDRINÚA Kortabarria, MANUEL SANCHÍS Hontiyuelo, ROBERTO Fernández Bonillo, José Miguel González Martín del Campo "MÍCHEL", Aitor "Txiki" BEGIRISTÁIN Mújika (68 ELOY José Olaya Prendes), Rafael MARTÍN VÁZQUEZ (68 EUSEBIO Sacristán Mena), Manuel "MANOLO" Sánchez Delgado, Emilio BUTRAGUEÑO Santos.   Manager: Luis SUÁREZ Miramontes

MALTA: David Cluett, Edwin Camilleri, Alex Azzopardi (30 Denis Cauchi), John Buttigieg, Joe Galea, Raymond Vella, Michael Degiorgio, Charles Scerri, David Carabott, Martin Gregory, Carmel Busuttil.   Manager: Horst Heese

Goals: José Miguel González Martín del Campo "MÍCHEL" (38, 67 pen), Manuel "MANOLO" Sánchez Delgado (71, 80)

Sent off: Michael Degiorgio (42)

338.   26.04.1989   FIFA World Cup Qualification – Group 6

REPUBLIC OF IRELAND v SPAIN 1-0 (1-0)

Lansdowne Road, Dublin

Referee: Horst Brummeier (Austria)   Attendance: 49,160

REPUBLIC OF IRELAND: Pat Bonner, Chris Hughton, Mick McCarthy, Kevin Moran, Steve Staunton, Ray Houghton, Paul McGrath, Ronnie Whelan, Kevin Sheedy, Frank Stapleton (67 Andy Townsend), Tony Cascarino.   Manager: Jack Charlton

SPAIN: Andoni ZUBIZARRETA Urreta, Enrique "QUIQUE" Sánchez FLORES (69 EUSEBIO Sacristán Mena), Manuel JIMÉNEZ Jiménez, Ricardo Jesús SERNA Orozco, Alberto GÓRRIZ Echarte, MANUEL SANCHÍS Hontiyuelo, ROBERTO Fernández Bonillo, José Miguel González Martín del Campo "MÍCHEL", Rafael MARTÍN VÁZQUEZ, Manuel "MANOLO" Sánchez Delgado, Emilio BUTRAGUEÑO Santos (70 JULIO SALINAS Fernández).   Manager: Luis SUÁREZ Miramontes

Goal: José González Martín del Campo "MÍCHEL" (16 og)

339.   20.09.1989

SPAIN v POLAND 1-0 (1-0)

Estadio Municipal de Riazor, La Coruña

Referee: José Francisco Conceição Silva (Portugal)   Attendance: 20,000

SPAIN: Andoni ZUBIZARRETA Urreta (81 José Manuel OCHOTORENA Santacruz), Miguel Porlán Noguera "CHENDO", Genar ANDRINÚA Kortabarria (23 Fernando Ruiz HIERRO), MANUEL SANCHÍS Hontiyuelo, Manuel JIMÉNEZ Jiménez, José Miguel González Martín del Campo "MÍCHEL" (69 EUSEBIO Sacristán Mena), ROBERTO Fernández Bonillo (58 Luis Mariano MINGUELA Muñoz), Francisco Javier Pérez VILLARROYA, Rafael MARTÍN VÁZQUEZ, Manuel "MANOLO" Sánchez Delgado (69 JULIO SALINAS Fernández), Emilio BUTRAGUEÑO Santos.   Manager: Luis SUÁREZ Miramontes

POLAND: Jaroslaw Bako (46 Józef Wandzik), Dariusz Kubicki, Krzysztof Budka (54 Piotr Soczynski), Juliusz Kruszankin, Dariusz Wdowczyk, Robert Warzycha, Zbigniew Kaczmarek, Piotr Czachowski, Jacek Ziober, Krzysztof Warzycha, Roman Kosecki (73 Miroslaw Kubisztal).   Manager: Andrzej Strejlau

Goal: José Miguel González Martín del Campo "MÍCHEL" (20)

340.   11.10.1989   FIFA World Cup Qualification – Group 6

HUNGARY v SPAIN 2-2 (1-2)

Népstadion, Budapest

Referee: George Courtney (England)   Attendance: 30,000

HUNGARY: Péter Disztl, Sándor Sallai, József Keller (71 Imre Boda), Attila Pintér, Zoltán Bognár, Antal Róth (46 István Kozma), György Bognár, Lajos Détári, István Vincze, Kálmán Kovács, József Kiprich.   Manager: Bertalan Bicskei

SPAIN: Andoni ZUBIZARRETA Urreta, Miguel Porlán Noguera "CHENDO", MANUEL SANCHÍS Hontiyuelo, Genar ANDRINÚA Kortabarria, Manuel JIMÉNEZ Jiménez, José Miguel González Martín del Campo "MÍCHEL", ROBERTO Fernández Bonillo, Francisco Javier Pérez VILLARROYA, Rafael MARTÍN VÁZQUEZ, Manuel "MANOLO" Sánchez Delgado (84 Fernando Ruiz HIERRO), JULIO SALINAS Fernández (67 Miguel PARDEZA Pichardo).   Manager: Luis SUÁREZ Miramontes

Goals: Attila Pintér (39, 83) / JULIO SALINAS Fernández (3), José Miguel González Martín del Campo "MÍCHEL" (36)

341. 15.11.1989   FIFA World Cup Qualification – Group 6
SPAIN v HUNGARY 4-0 (3-0)

Estadio Ramón Sánchez Pizjuán, Sevilla

Referee: Gérard Biguet (France)   Attendance: 20,000

SPAIN: Andoni ZUBIZARRETA Urreta, Miguel Porlán Noguera "CHENDO", MANUEL SANCHÍS Hontiyuelo, Juan Francisco "JUANITO" Rodríguez Herrera, Luis MILLA Aspas, Manuel JIMÉNEZ Jiménez, José Miguel González Martín del Campo "MÍCHEL" (67 EUSEBIO Sacristán Mena), FERNANDO Gómez Colomer, Francisco Javier Pérez VILLARROYA, Manuel "MANOLO" Sánchez Delgado (67 JULIO SALINAS Fernández), Emilio BUTRAGUEÑO Santos.   Manager: Luis SUÁREZ Miramontes

HUNGARY: Péter Disztl, Tibor Simon, Attila Pintér, József Keller, Zoltán Bognár, Ervin Kovács, György Bognár (89 József Szalma), Kálmán Kovács, Pál Fischer (64 Sándor Bácsi), József Szekeres, István Kozma.   Manager: Bertalan Bicskei

Goals: Manuel "MANOLO" Sánchez Delgado (8), Emilio BUTRAGUEÑO Santos (25), Juan Francisco "JUANITO" Rodríguez Herrera (40), FERNANDO Gómez Colomer (64)

342. 13.12.1989
SPAIN v SWITZERLAND 2-1 (1-0)

Estadio Heliodoro Rodríguez López, Santa Cruz de Tenerife

Referee: Rosario Lo Bello (Italy)   Attendance: 22,000

SPAIN: Andoni ZUBIZARRETA Urreta, Miguel Porlán Noguera "CHENDO", Manuel JIMÉNEZ Jiménez (48 Pedro TOMÁS Reñores Crego), Genar ANDRINÚA Kortabarria (64 LUIS MANUEL Arias Vega), MANUEL SANCHÍS Hontiyuelo (49 Francisco "Patxi" FERREIRA Colmenero), Luis MILLA Aspas (63 Gabriel MOYA Sanz), Francisco Javier Pérez VILLARROYA, José Miguel González Martín del Campo "MÍCHEL", Rafael MARTÍN VÁZQUEZ, Manuel "MANOLO" Sánchez Delgado (49 FELIPE Miñambres Fernández), Emilio BUTRAGUEÑO Santos.   Manager: Luis SUÁREZ Miramontes

SWITZERLAND: Martin Brunner, Herbert Baumann, Stefan Marini, Urs Fischer, Peter Schepull, Heinz Hermann, Adrian Knup, Alain Sutter (72 Frédéric Chassot), Marc Hottiger (69 Harry Gämperle), Kubilay Türkyilmaz, Blaise Piffaretti (21 Patrick Sylvestre).   Manager: Uli Stielike

Goals: José González Martín del Campo "MÍCHEL" (42 pen), FELIPE Miñambres Fernández (61) / Adrian Knup (47)

343. 21.02.1990
SPAIN v CZECHOSLOVAKIA 1-0 (1-0)

Estadio José Rico Pérez, Alicante

Referee: Frédéric (Freddy) Philippoz (Switzerland)   Attendance: 34,000

SPAIN: Andoni ZUBIZARRETA Urreta, Miguel Porlán Noguera "CHENDO", Alberto GÓRRIZ Echarte, Genar ANDRINÚA Kortabarria (62 Juan Francisco "JUANITO" Rodríguez Herrera), MANUEL SANCHÍS Hontiyuelo, ROBERTO Fernández Bonillo (57 Luis MILLA Aspas), José Miguel González Martín del Campo "MÍCHEL" (62 Rafael "RAFA" PAZ Marín), Rafael MARTÍN VÁZQUEZ, Francisco Javier Pérez VILLARROYA, Manuel "MANOLO" Sánchez Delgado (79 JULIO SALINAS Fernández), Emilio BUTRAGUEÑO Santos (62 Miguel PARDEZA Pichardo).   Manager: Luis SUÁREZ Miramontes

CZECHOSLOVAKIA: Jan Stejskal, Miroslav Kadlec, Július Bielik (67 Vladimír Weiss), Vladimír Kinier, Václav Nemecek, Michal Bílek, Ivan Hasek, Jozef Chovanec, Lubomír Moravcík, Tomás Skuhravý, Milan Luhový (58 Pavel Cerný).   Manager: Jozef Venglos

Goal: Manuel "MANOLO" Sánchez Delgado (42)

344. 28.03.1990
SPAIN v AUSTRIA 2-3 (2-0)

Estadio La Rosaleda, Málaga

Referee: Pietro D'Elia (Italy)   Attendance: 18,000

SPAIN: Andoni ZUBIZARRETA Urreta, Miguel Porlán Noguera "CHENDO" (56 Enrique "QUIQUE" Sánchez FLORES), Manuel JIMÉNEZ Jiménez, Genar ANDRINÚA Kortabarria, MANUEL SANCHÍS Hontiyuelo, ROBERTO Fernández Bonillo (56 Alberto GÓRRIZ Echarte), José Miguel González Martín del Campo "MÍCHEL", Rafael MARTÍN VÁZQUEZ (56 Rafael "RAFA" PAZ Marín), Francisco Javier Pérez VILLARROYA, Manuel "MANOLO" Sánchez Delgado (71 JULIO SALINAS Fernández), Emilio BUTRAGUEÑO Santos (38 Miguel PARDEZA Pichardo).   Manager: Luis SUÁREZ Miramontes

AUSTRIA: Klaus Linderberger (46 Otto Konrad), Ernst Aigner, Robert Pecl, Peter Artner, Christian Keglevits (46 Kurt Russ), Manfred Zsak (46 Michael Streiter), Peter Schöttel (77 Andreas Reisinger), Alfred Hörtnagl, Andreas Ogris (46 Gerhard Rodax), Toni Polster, Anton Pfeffer.   Manager: Josef Hickersberger

Goals: Manuel "MANOLO" Sánchez Delgado (2), Emilio BUTRAGUEÑO Santos (33) / Alfred Hörtnagl (47), Toni Polster (65), Gerhard Rodax (89)

345. 26.05.1990
YUGOSLAVIA v SPAIN 0-1 (0-0)
Stadion za Bezigradom, Ljubljana
Referee: Rosario Lo Bello (Italy)   Attendance: 10,000
YUGOSLAVIA: Tomislav Ivkovic, Zoran Vulic, Mirsad Baljic, Refik Sabanadzovic, Predrag Spasic (68 Faruk Hadzibegic), Davor Jozic, Dragoljub Brnovic (68 Robert Jarni), Safet Susic, Robert Prosinecki, Zlatko Vujovic (61 Darko Pancev), Dragan Stojkovic.   Manager: Ivica Osim
SPAIN: Andoni ZUBIZARRETA Urreta, Miguel Porlán Noguera "CHENDO" (80 Rafael ALKORTA Martínez), Manuel JIMÉNEZ Jiménez, Genar ANDRINÚA Kortabarria, MANUEL SANCHÍS Hontiyuelo (64 Alberto GÓRRIZ Echarte), ROBERTO Fernández Bonillo, José Miguel González Martín del Campo "MÍCHEL", Rafael MARTÍN VÁZQUEZ, Francisco Javier Pérez VILLARROYA (64 Rafael "RAFA" PAZ Marín), Manuel "MANOLO" Sánchez Delgado (80 Miguel PARDEZA Pichardo), Emilio BUTRAGUEÑO Santos (88 FERNANDO Gómez Colomer).   Manager: Luis SUÁREZ Miramontes
Goal: Emilio BUTRAGUEÑO Santos (56)

346. 13.06.1990   FIFA World Cup Final Tournament – Group E
URUGUAY v SPAIN 0-0
Stadio Friuli, Udine (Italy)
Referee: Helmut Kohl (Austria)   Attendance: 35,713
URUGUAY: Fernando Harry ÁLVEZ Mosquera, Nelson Daniel GUTIÉRREZ Luongo, Hugo Eduardo DE LÉON Rodríguez, José Óscar HERRERA Corominas, José Batlle PERDOMO Teixeira, Alfonso Enrique DOMINGUEZ Maidana, Antonio Valentín ALZAMENDI Casas (64 Carlos Alberto AGUILERA Nova), Rubén Fabián PEREIRA Márquez (64 Carlos Gabriel CORREA Viana), Enzo FRANCÉSCOLI Uriarte, Rubén Wálter PAZ Márquez, Rubén SOSA Ardáiz.   Manager: Óscar Washington TABÁREZ Sclavo
SPAIN: Andoni ZUBIZARRETA Urreta, Miguel Porlán Noguera "CHENDO", Genar ANDRINÚA Kortabarria, MANUEL SANCHÍS Hontiyuelo, Manuel JIMÉNEZ Jiménez, José Miguel González Martín del Campo "MÍCHEL", ROBERTO Fernández Bonillo, Rafael MARTÍN VÁZQUEZ, Francisco Javier Pérez VILLARROYA (79 Alberto GÓRRIZ Echarte), Manuel "MANOLO" Sánchez Delgado (78 Rafael "RAFA" PAZ Marín), Emilio BUTRAGUEÑO Santos.   Manager: Luis SUÁREZ Miramontes

Rubén SOSA Ardáiz missed a penalty kick (70)

347. 17.06.1990   FIFA World Cup Final Tournament – Group E
SOUTH KOREA v SPAIN 1-3 (1-1)
Stadio Friuli, Udine (Italy)
Referee: Elías Victoriano Jácome Guerrero (Ecuador)   Attendance: 32,733
SOUTH KOREA: Choi In-Young, Park Kyung-Hoon (69 Chung Jong-Soo), Choi Kang-Hee, Yoon Deok-Yeo, Hong Myung-Bo, Gu Sang-Bum, Chung Hae-Won (52 Noh Soo-Jin), Choi Soon-Ho, Kim Joo-Sung, Hwangbo Kwan, Byun Byung-Joo.   Manager: Lee Hoi-Taek
SPAIN: Andoni ZUBIZARRETA Urreta, Miguel Porlán Noguera "CHENDO", Genar ANDRINÚA Kortabarria, MANUEL SANCHÍS Hontiyuelo, Alberto GÓRRIZ Echarte, José Miguel González Martín del Campo "MÍCHEL", ROBERTO Fernández Bonillo (81 José María BAKERO Escudero (II)), Rafael MARTÍN VÁZQUEZ, Francisco Javier Pérez VILLARROYA, JULIO SALINAS Fernández, Emilio BUTRAGUEÑO Santos (76 FERNANDO Gómez Colomer).   Manager: Luis SUÁREZ Miramontes

Goals: Hwangbo Kwan (42) / José Miguel González Martín del Campo "MÍCHEL" (25, 62, 82)

348. 21.06.1990   FIFA World Cup Final Tournament – Group E
BELGIUM v SPAIN 1-2 (1-2)
Stadio Mar Antonio Bentegodi, Verona (Italy)
Referee: Juan Carlos Loustau (Argentina)   Attendance: 35,950
BELGIUM: Michel Preud'homme, Lorenzo Staelens (78 Marc Van Der Linden), Michel De Wolf, Marc Emmers (31 Pascal Plovie), Philippe Albert, Stéphane Demol, Patrick Vervoort, Frank Van der Elst, Jan Ceulemans, Enzo Scifo, Marc Degryse.   Manager: Guy Thys
SPAIN: Andoni ZUBIZARRETA Urreta, Miguel Porlan Noguera "CHENDO", MANUEL SANCHÍS Hontiyuelo, Genar ANDRINÚA Kortabarria, Alberto GÓRRIZ Echarte, José Miguel González Martín del Campo "MÍCHEL", ROBERTO Férnandez Bonillo, Rafael MARTÍN VÁZQUEZ, Francisco Javier Pérez VILLARROYA, JULIO SALINAS Fernández (88 Miguel PARDEZA Pichardo), Emilio BUTRAGUEÑO Santos (83 Rafael ALKORTA Martínez).   Manager: Luis SUÁREZ Miramontes

Goals: Patrick Vervoort (29) / José Miguel González Martín del Campo "MÍCHEL" (26 pen), Alberto GÓRRIZ Echarte (39)

Enzo Scifo missed a penalty kick (59)

349. 26.06.1990   FIFA World Cup Final Tournament – Round of 16
SPAIN v YUGOSLAVIA 1-2 (0-0, 1-1) (AET)
Stadio Marcantonio Bentegodi, Verona (Italy)
Referee: Aron Schmidhuber (West Germany)
Attendance: 35,500
SPAIN: Andoni ZUBIZARRETA Urreta, Miguel Porlan Noguera "CHENDO", Genar ANDRINÚA Kortabarria (48 Manuel JIMÉNEZ Jiménez), MANUEL SANCHÍS Hontiyuelo, Alberto GÓRRIZ Echarte, José Miguel González Martín del Campo "MÍCHEL", ROBERTO Férnandez Bonillo, Rafael MARTÍN VÁZQUEZ, Francisco Javier Pérez VILLARROYA, JULIO SALINAS Fernández, Emilio BUTRAGUEÑO Santos (78 Rafael "RAFA" PAZ Marín).
Manager: Luis SUÁREZ Miramontes
YUGOSLAVIA: Tomislav Ivkovic, Predrag Spasic, Dragoljub Brnovic, Refik Sabanadzovic, Faruk Hadzibegic, Davor Jozic, Safet Susic, Srecko Katanec (78 Zoran Vulic), Darko Pancev (55 Dejan Savicevic), Dragan Stojkovic, Zlatko Vujovic.
Manager: Ivica Osim

Goals: JULIO SALINAS Fernández (83) / Dragan Stojkovic (78, 92)

350. 12.09.1990
SPAIN v BRAZIL 3-0 (1-0)
Estadio Municipal El Molinón, Gijón
Referee: Pietro D'Elia (Italy)   Attendance: 42,000
SPAIN: Andoni ZUBIZARRETA Urreta (71 Juan Carlos ABLANEDO Iglesias), Fernando "NANDO" Muñoz García, MANUEL SANCHÍS Hontiyuelo, Ricardo Jesús SERNA Orozco, Rafael "RAFA" PAZ Marín (46 Ricardo González BANGO), José Miguel González Martín del Campo "MÍCHEL", ROBERTO Férnandez Bonillo (66 Rafael ALKORTA Martínez), FERNANDO Gómez Colomer, Jon Andoni GOIKOETXEA Lasa, Emilio BUTRAGUEÑO Santos (46 Manuel "MANOLO" Sánchez Delgado), CARLOS Antonio Muñoz Cobo (71 ELOY José Olaya Prendes).
Manager: Luis SUÁREZ Miramontes
BRAZIL: Wagner Fernando VELLOSO, José Gildásio Pereira de Matos "GIL BAIANO", Paulo César Batista dos Santos "PAULÃO", Márcio Roberto dos Santos "MÁRCIO SANTOS", Nélson Luís Kerchner "NELSINHO", Marcos Evangelista de Moraes "CAFÚ" (74 PAULO EGÍDIO Bertolazzi), DONIZETE Francisco de OLIVEIRA, MOACIR Rodrigues Santos, José Ferreira NETO, CHARLES Fabian Figueiredo Santos (74 Jorge José de Amorim Campos "JORGINHO"), NÍLSON Esidio Mora.   Manager: Paulo Roberto FALCÃO

Goals: CARLOS Antonio Muñoz Cobo (9), FERNANDO Gómez Colomer (63), José Miguel González Martín del Campo "MÍCHEL" (89)

351. 10.10.1990   UEFA Euro 1992 Qualifying – Group 1
SPAIN v ICELAND 2-1 (1-0)
Estadio Benito Villamarín, Sevilla
Referee: Victor Mintoff (Malta)   Attendance: 18,399
SPAIN: Andoni ZUBIZARRETA Urreta, Fernando "NANDO" Muñoz García, MANUEL SANCHÍS Hontiyuelo, Ricardo Jesús SERNA Orozco, Rafael "RAFA" PAZ Marín (62 Aitor "Txiki" BEGIRISTÁIN Mújika), Jon Andoni GOIKOETXEA Lasa, FERNANDO Gómez Colomer, José Miguel González Martín del Campo "MÍCHEL", Rafael MARTÍN VÁZQUEZ, Emilio BUTRAGUEÑO Santos, CARLOS Antonio Muñoz Cobo (71 Ernesto VALVERDE Tejedor).
Manager: Luis SUÁREZ Miramontes
ICELAND: Bjarni Sigurdsson, Thorgrímur Thráinsson, Atli Edvaldsson, Gudni Bergsson, Sævar Jónsson, Kristján Jónsson (79 Anthony Karl Gregory), Ólafur Thórdarson, Sigurdur (Siggi) Jónsson (70 Pétur Ormslev), Sigurdur Grétarsson, Arnór Gudjohnsen, Ragnar Margeirsson.
Manager: Bo Johansson

Goals: Emilio BUTRAGUEÑO Santos (44), CARLOS Muñoz Cobo (63) / Sigurdur (Siggi) Jónsson (66)

352. 14.11.1990   UEFA Euro 1992 Qualifying – Group 1
CZECHOSLOVAKIA v SPAIN 3-2 (1-1)
Stadion Evzena Rosického, Prague
Referee: Karl-Heinz Tritschler (Germany)
Attendance: 21,980
CZECHOSLOVAKIA: Ludek Miklosko, Ján Kocian, Miroslav Kadlec, Michal Hipp, Ivan Hasek, Lubomír Moravcík, Dusan Tittel, Michal Bílek (84 Milos Belák), Karel Kula, Tomás Skuhravý, Václav Danek (89 Pavel Kuka).
Manager: Milan Mácala
SPAIN: Andoni ZUBIZARRETA Urreta, Enrique "QUIQUE" Sánchez FLORES, Ricardo Jesús SERNA Orozco, Fernando "NANDO" Muñoz García, MANUEL SANCHÍS Hontiyuelo, Jon Andoni GOIKOETXEA Lasa, ROBERTO Férnandez Bonillo, José Miguel González Martín del Campo "MÍCHEL" (86 Guillermo AMOR Martínez), Rafael MARTÍN VÁZQUEZ, Emilio BUTRAGUEÑO Santos, CARLOS Antonio Muñoz Cobo (62 José María BAKERO Escudero (II)).
Manager: Luis SUÁREZ Miramontes

Goals: Václav Danek (17, 67), Lubomír Moravcík (77) / ROBERTO Férnandez Bonillo (29), CARLOS Muñoz Cobo (53)

353.   19.12.1990   UEFA Euro 1992 Qualifying – Group 1
SPAIN v ALBANIA 9-0 (4-0)
Estadio Ramón Sánchez Pizjuán, Sevilla

Referee: Alphonse Costantin (Belgium)   Attendance: 12,625

SPAIN: Andoni ZUBIZARRETA Urreta, Rafael ALKORTA Martínez, Fernando Ruiz HIERRO, MANUEL SANCHÍS Hontiyuelo, Jon Andoni GOIKOETXEA Lasa (76 José María BAKERO Escudero (II)), Guillermo AMOR Martínez, José Miguel González Martín del Campo "MÍCHEL" (62 Enrique "QUIQUE" Sánchez FLORES), Rafael MARTÍN VÁZQUEZ, Manuel "MANOLO" Sánchez Delgado, Emilio BUTRAGUEÑO Santos, CARLOS Antonio Muñoz Cobo.
Manager: Luis SUÁREZ Miramontes

ALBANIA: Anesti Arapi, Genç Ibro, Artur Lekbello, Arjan Stafa, Bledar Kola (37 Sulejman Demollari), Sokol Kushta, Lefter Millo, Gjergji Dëma, Alfred Ferko (55 Mirel Josa), Hysen Zmijani, Ermal Tahiri.   Manager: Agron Sulaj

Goals: Guillermo AMOR Martínez (19), CARLOS Antonio Muñoz Cobo (22, 64), Emilio BUTRAGUEÑO (30, 58, 66. 75), Fernando Ruiz HIERRO (37), José María BAKERO (II) (87)

354.   16.01.1991
SPAIN v PORTUGAL 1-1 (0-1)
Nuevo Estadio Castalia, Castellón de la Plana

Referee: Arcangelo Pezzella (Italy)   Attendance: 12,300

SPAIN: Andoni ZUBIZARRETA Urreta (83 Juan Carlos ABLANEDO Iglesias), Rafael ALKORTA Martínez (46 Fernando "NANDO" Muñoz García), Fernando Ruiz HIERRO, MANUEL SANCHÍS Hontiyuelo, Enrique "QUIQUE" Sánchez FLORES, Juan VIZCAÍNO Morcillo, José Miguel González Martín del Campo "MÍCHEL" (46 Guillermo AMOR Martínez), ROBERTO Férnandez Bonillo (46 José Antonio MARTÍN DOMÍNGUEZ), Jon Andoni GOIKOETXEA Lasa (46 Francisco Javier Pérez VILLARROYA), Manuel "MANOLO" Sánchez Delgado (53 Gabriel MOYA Sanz), Emilio BUTRAGUEÑO Santos (46 CARLOS Antonio Muñoz Cobo).
Manager: Luis SUÁREZ Miramontes

PORTUGAL: VÍTOR Manuel Martins BAÍA (46 SILVINO De Almeida Louro), JOÃO Domingos da Silva PINTO, ANTÓNIO Augusto Da Silva VELOSO, Pedro Manuel Regateiro VENÂNCIO, José Martins LEAL, Vítor Manuel da Costa Araújo "PANEIRA" (83 CARLOS Jorge Marques Caldas XAVIER), OCEANO Andrade da Cruz, ANTÓNIO ANDRÉ Dos Santos Ferreira (66 Manuel António Couto Guimarães "NELO"), PAULO Manuel Carvalho de SOUSA, José RUI Lopes ÁGUAS (59 Jorge Paulo CADETE Santos Reis), Paulo Jorge Dos Santos FUTRE (88 António José Alves Ribeiro "TOZÉ").
Manager: ARTUR JORGE Braga de Melo Teixeira

Goals: Gabriel MOYA (71) / OCEANO Andrade da Cruz (40)

355.   20.02.1991   UEFA Euro 1992 Qualifying – Group 1
FRANCE v SPAIN 3-1 (1-1)
Parc des Princes, Paris

Referee: Tullio Lanese (Italy)   Attendance: 41,174

FRANCE: Bruno Martini, Manuel Amoros, Basile Boli, Laurent Blanc, Bernard Casoni, Franck Sauzée, Bernard Pardo (51 Luis Fenández), Jean-Philippe Durand, Jean-Pierre Papin, Éric Cantona, Pascal Vahirua (82 Didier Deschamps).
Manager: Michel Platini

SPAIN: Andoni ZUBIZARRETA Urreta, Enrique "QUIQUE" Sánchez FLORES, Juan Francisco "JUANITO" Rodríguez Herrera, MANUEL SANCHÍS Hontiyuelo, Fernando "NANDO" Muñoz García, Jon Andoni GOIKOETXEA Lasa, José Miguel González Martín del Campo "MÍCHEL", Guillermo AMOR Martínez, Juan VIZCAÍNO Morcillo (60 Miquel SOLER Sarasols), José María BAKERO Escudero (II), Emilio BUTRAGUEÑO Santos (74 Manuel "MANOLO" Sánchez Delgado).   Manager: Luis SUÁREZ Miramontes

Goals: Franck Sauzée (14), Jean-Pierre Papin (58), Laurent Blanc (77) / José María BAKERO Escudero (II) (10)

356.   27.03.1991
SPAIN v HUNGARY 2-4 (1-1)
Estadio El Sardinero, Santander

Referee: Arturo Martino (Switzerland)   Attendance: 21,000

SPAIN: Andoni ZUBIZARRETA Urreta (46 ABEL Resino Gómez), Fernando "NANDO" Muñoz García (46 MANUEL SANCHÍS Hontiyuelo), Rafael ALKORTA Martínez, Juan Francisco "JUANITO" Rodríguez Herrera, José María BAKERO Escudero (II) (46 José Miguel González Martín del Campo "MÍCHEL"), Aitor "Txiki" BEGIRISTAÍN Mújika (46 Gabriel MOYA Sanz), EUSEBIO Sacristán Mena (46 José Antonio MARTÍN DOMÍNGUEZ), Guillermo AMOR Martínez (46 Juan VIZCAÍNO Morcillo), Jon Andoni GOIKOETXEA Lasa, Manuel "MANOLO" Sánchez Delgado (46 Emilio BUTRAGUEÑO Santos), CARLOS Antonio Muñoz Cobo.
Manager: Luis SUÁREZ Miramontes

HUNGARY: Zsolt Petry, Tamás Mónos, László Disztl, József Szalma (65 János Palaczky), Zsolt Limperger, Imre Garaba, József Kiprich, Tibor Nagy (77 János Marozsán), György Bognár (89 Csaba Horváth), Emil Lörincz, Kálmán Kovács.
Manager: Kálmán Mészöly

Goals: Manuel "MANOLO" Sánchez Delgado (44 pen), CARLOS Antonio Muñoz Cobo (84) / József Kiprich (42, 59), Emil Lörincz (53, 89)

357.   17.04.1991
SPAIN v ROMANIA   0-2 (0-0)
Estadio Príncipe Felipe, Cáceres
Referee: João Martins Pinto Correira (Portugal)
Attendance: 16,000

SPAIN: Andoni ZUBIZARRETA Urreta (84 ABEL Resino Gómez), Fernando "NANDO" Muñoz García, Juan Francisco "JUANITO" Rodríguez Herrera, Roberto SOLOZÁBAL Villanueva, JUAN CARLOS Rodríguez Moreno (83 Gabriel MOYA Sanz), José Miguel González Martín del Campo "MÍCHEL", Juan VIZCAÍNO Morcillo, EUSEBIO Sacristán Mena (46 Fernando GINER Gil), José Antonio MARTÍN DOMÍNGUEZ (68 LUIS ENRIQUE Martínez García), Manuel "MANOLO" Sánchez Delgado, Emilio BUTRAGUEÑO Santos (86 José Ángel ZIGANDA Lakunza).
Manager: Luis SUÁREZ Miramontes

ROMANIA: Florin Prunea, Dan Petrescu, Emil Sandoi, Mircea Rednic, Nicolae Zamfir, Ioan Sabau (56 Pavel Badea), Gheorghe Popescu, Dorin Mateut, Gheorghe Hagi (61 Sorin Vlaicu), Gavril Balint (87 Zoltan Kadar), Ion Timofte.
Manager: Mircea Radulescu

Goals: Ion Timofte (46), Gavril Balint (57)

358.   04.09.1991
SPAIN v URUGUAY   2-1 (2-0)
Estadio Carlos Tartiere, Oviedo
Referee: Jacobus (Jaap) Uilenberg (Netherlands)
Attendance: 21,600

SPAIN: Andoni ZUBIZARRETA Urreta (83 Francisco BUYO Sánchez), MANUEL SANCHÍS Hontiyuelo, ABELARDO Fernández Antuña, Roberto SOLOZÁBAL Villanueva, José Miguel González Martín del Campo "MÍCHEL", EUSEBIO Sacristán Mena, Rafael MARTÍN VÁZQUEZ (46 CRISTÓBAL Parralo Aguilera), Juan VIZCAÍNO Morcillo (48 Albert FERRER Llopis), Jon Andoni GOIKOETXEA Lasa (77 ÁLVARO Cervera Díaz), Manuel "MANOLO" Sánchez Delgado (57 Alberto "BERTO" Martínez Díaz), Emilio BUTRAGUEÑO Santos.   Manager: Vicente MIERA Campos

URUGUAY: Fernando Harry ÁLVEZ Mosquera, Fernando Daniel ROSA Córdoba, Daniel Felipe REVELEZ, Éber Alejandro MOAS Silveira, Rubén Fernando DOS SANTOS Madruga, Gustavo Cristian MATOSAS Paidón, Santiago Javier OSTOLAZA Sosa, Marcelo Wálter FRACCHIA Bilbao (79 Néstor Gabriel CEDRÉS Vera), Ramón Víctor CASTRO García (65 Álvaro GUTIÉRREZ Pelscher), Peter Ramiro MÉNDEZ, Rafael AGUERRE.   Manager: Luis Alberto Cubilla

Goals: Rafael MARTÍN VÁZQUEZ (8), Manuel "MANOLO" Sánchez Delgado (18) / Álvaro GUTIÉRREZ Pelscher (66)

359.   25.09.1991   UEFA Euro 1992 Qualifying – Group 1
ICELAND v SPAIN   2-0 (0-0)
Laugardalsvöllur, Reykjavík
Referee: Cornelius (Cees) Bakker (Netherlands)
Attendance: 3,893

ICELAND: Birkir Kristinsson, Gudni Bergsson, Pétur Ormslev, Kristján Jónsson, Valur Valsson (46 Andri Marteinsson), Ólafur Thórdarson, Sigurdur (Siggi) Jónsson, Thorvaldur Örlygsson, Baldur Bjarnason (74 Hördur Magnússon), Eyjólfur Sverrisson, Sigurdur Grétarsson.
Manager: Bo Johansson

SPAIN: Andoni ZUBIZARRETA Urreta, ABELARDO Fernández Antuña, Roberto SOLOZÁBAL Villanueva, EUSEBIO Sacristán Mena, MANUEL SANCHÍS Hontiyuelo, Jon Andoni GOIKOETXEA Lasa, José Miguel González Martín del Campo "MÍCHEL", Rafael MARTÍN VÁZQUEZ (68 Fernando Ruiz HIERRO), Juan VIZCAÍNO Morcillo, Manuel "MANOLO" Sánchez Delgado, Emilio BUTRAGUEÑO Santos.
Manager: Vicente MIERA Campos

Goals: Thorvaldur Örlygsson (71), Eyjólfur Sverrisson (79)

360.   12.10.1991   UEFA Euro 1992 Qualifying – Group 1
SPAIN v FRANCE   1-2 (1-2)
Estadio Benito Villamarín, Sevilla
Referee: Hubert Forstinger (Austria)   Attendance: 9,399

SPAIN: Andoni ZUBIZARRETA Urreta, CRISTÓBAL Parralo Aguilera, Roberto SOLOZÁBAL Villanueva (46 EUSEBIO Sacristán Mena), ABELARDO Fernández Antuña, MANUEL SANCHÍS Hontiyuelo, Fernando Ruiz HIERRO, Ricardo González BANGO, Rafael MARTÍN VÁZQUEZ (73 ÁLVARO Cervera Díaz), Juan VIZCAÍNO Morcillo, Manuel "MANOLO" Sánchez Delgado, Emilio BUTRAGUEÑO Santos.
Manager: Vicente MIERA Campos

FRANCE: Bruno Martini, Jocelyn Angloma, Basile Boli, Laurent Blanc, Bernard Casoni, Manuel Amoros, Didier Deschamps, Luis Fernández (82 Jean-Philippe Durand), Christian Pérez (63 Rémi Garde), Jean-Pierre Papin, Éric Cantona.   Manager: Michel Platini

Goals: ABELARDO Fernández Antuña (34) / Luis Fernández (13), Jean-Pierre Papin (16)

361. 13.11.1991   UEFA Euro 1992 Qualifying – Group 1
SPAIN v CZECHOSLOVAKIA 2-1 (1-0)
Estadio Ramón Sánchez Pizjuán, Sevilla

Referee: Kurt Röthlisberger (Switzerland)
Attendance: 8,691

SPAIN: Andoni ZUBIZARRETA Urreta, ABELARDO Fernández Antuña, Roberto SOLOZÁBAL Villanueva, MANUEL SANCHÍS Hontiyuelo, Miquel SOLER Sarasols, Fernando Ruiz HIERRO, Gabriel MOYA Sanz (61 Ignacio CONTE Crespo), José Miguel González Martín del Campo "MÍCHEL", Rafael MARTÍN VÁZQUEZ (46 Miguel Ángel NADAL Homar), Juan VIZCAÍNO Morcillo, Emilio BUTRAGUEÑO Santos.   Manager: Vicente MIERA Campos

CZECHOSLOVAKIA: Jan Stejskal, Milos Glonek, Jirí Novotný, Jan Suchopárek, Karel Kula, Jirí Nemec, Ondrej Kristofík, Václav Nemecek, Lubomír Vlk (60 Alois Grussmann), Peter Dubovský (80 Radoslav Látal), Ladislav Pecko.   Manager: Milan Mácala

Goals: ABELARDO Fernández Antuña (11), José Miguel González Martín del Campo "MÍCHEL" (79 pen) / Václav Nemecek (59)

362. 15.01.1992
PORTUGAL v SPAIN 0-0
Estádio António Alves Vieira, Torres Novas

Referee: Antoine De Pandis (France)   Attendance: 11,000

PORTUGAL: VÍTOR Manuel Martins BAÍA, JOÃO Domingos da Silva PINTO, FERNANDO Manuel Silva COUTO, RUI Fernando da Silva Calapez Pereira BENTO, José Martins LEAL, EMÍLIO Manuel Delgado PEIXE (73 PAULO Sérgio Braga MADEIRA), Vítor Manuel da Costa Araújo "PANEIRA" (46 CARLOS Jorge Marques Caldas XAVIER), OCEANO Andrade da Cruz (73 PAULO Jorge Gomes BENTO), JOÃO Manuel VIEIRA PINTO, Jorge Paulo CADETE Santos Reis (61 Duarte CÉSAR Gonçalves de BRITO), Paulo Jorge Dos Santos FUTRE.   Manager: CARLOS Manuel Brito Leal QUEIROZ

SPAIN: Andoni ZUBIZARRETA Urreta (46 Francisco BUYO Sánchez), LUIS MANUEL Arias Vega, MANUEL SANCHÍS Hontiyuelo, Fernando GINER Gil, Francisco Javier Pérez VILLARROYA, José Miguel González Martín del Campo "MÍCHEL" (46 Delfí GELI Roura), Fernando Ruiz HIERRO, Juan VIZCAÍNO Morcillo (69 Miguel Ángel NADAL Homar), Guillermo AMOR Martínez, Manuel "MANOLO" Sánchez Delgado (69 FERNANDO Gómez Colomer), Emilio BUTRAGUEÑO Santos (10 Francisco HIGUERA Fernández).   Manager: Vicente MIERA Campos

363. 19.02.1992
SPAIN v C.I.S. 1-1 (0-0)
Estadio Luís Casanova, Valencia

Referee: Philippe Leduc (France)   Attendance: 10,000

SPAIN: Andoni ZUBIZARRETA Urreta, LUIS MANUEL Arias Vega, MANUEL SANCHÍS Hontiyuelo, Fernando GINER Gil, José Miguel González Martín del Campo "MÍCHEL" (46 Delfí GELI Roura), Fernando Ruiz HIERRO, Juan VIZCAÍNO Morcillo (85 Manuel "MANOLO" Sánchez Delgado), Guillermo AMOR Martínez, Francisco Javier Pérez VILLARROYA, Emilio BUTRAGUEÑO Santos (46 FERNANDO Gómez Colomer), Gregorio FONSECA Recio.   Manager: Vicente MIERA Campos

C.I.S.: Dmitriy Kharin, Oleg Kuznetsov, Vasiliy Kulkov, Akhrik Tsveiba, Dmitriy Galyamin (46 Aleksandr Mostovoy, 77 Dmitriy Kuznetsov), Sergey Kiryakov, Igor Shalimov, Andrey Pyatnitskiy, Andrey Kanchelskis, Sergey Aneynikov (55 Igor Ledyakhov), Igor Kolyvanov.
Manager: Anatoliy Byshovets

Goals: Fernando Ruiz HIERRO (86) / Sergey Kiryakov (73)

364. 11.03.1992
SPAIN v UNITED STATES 2-0 (1-0)
Nuevo Estadio Municipal José Zorrilla, Valladolid

Referee: José Rosa dos Santos (Portugal)
Attendance: 15,000

SPAIN: Andoni ZUBIZARRETA Urreta (46 Francisco BUYO Sánchez), LUIS MANUEL Arias Vega, MANUEL SANCHÍS Hontiyuelo (46 Delfí GELI Roura), Fernando GINER Gil, Antonio "TONI" Muñoz Gómez, José Miguel González Martín del Campo "MÍCHEL" (46 EUSEBIO Sacristán Mena), Fernando Ruiz HIERRO, Juan VIZCAÍNO Morcillo (46 Guillermo AMOR Martínez), Manuel "MANOLO" Sánchez Delgado (46 Jon Andoni GOIKOETXEA Lasa), Gregorio FONSECA Recio, Aitor "Txiki" BEGIRISTÁIN Mújika.
Manager: Vicente MIERA Campos

UNITED STATES: Tony Meola, Marcelo Balboa, John Doyle, Janusz Michallik, Paul Caligiuri (69 Zak Ibsen), William Bruce Savage, Mike Sorber, Brian Quinn, Tab Ramos, Hugo Pérez (83 Jorge Acosta), Peter Vermes (46 Earnie Stewart).
Manager: Bora Milutinovic

Goals: Aitor "Txiki" BEGIRISTÁIN Mújika (40), Fernando Ruiz HIERRO (75)

365. 22.04.1992 FIFA World Cup Qualification – Group 3
SPAIN v ALBANIA 3-0 (1-0)

Estadio Benito Villamarín, Sevilla

Referee: Serge Muhmenthaler (Switzerland)
Attendance: 9,000

SPAIN: Andoni ZUBIZARRETA Urreta, Fernando "NANDO" Muñoz García, ABELARDO Fernández Antuña, Fernando GINER Gil, José Miguel González Martín del Campo "MÍCHEL" (85 EUSEBIO Sacristán Mena), Fernando Ruiz HIERRO, Guillermo AMOR Martínez, Juan VIZCAÍNO Morcillo, Jon Andoni GOIKOETXEA Lasa, Manuel "MANOLO" Sánchez Delgado (53 José María BAKERO Escudero (II)), Emilio BUTRAGUEÑO Santos.
Manager: Vicente MIERA Campos

ALBANIA: Foto Strakosha (69 Avenir Dani), Mirel Josa (55 Kastriot Peqini), Agustin Kola, Artur Lekbello, Kreshnik Çipi, Rudi Vata, Eduard Abazi, Sokol Kushta, Adrian Barbullushi, Lefter Millo, Sulejman Demollari.   Manager: Bejkush Birçë

Goals: José Miguel González Martín "MÍCHEL" (2, 66 pen), Fernando Ruiz HIERRO (87)

366. 09.09.1992
SPAIN v ENGLAND 1-0 (1-0)

Estadio El Sardinero, Santander

Referee: José Alberto Veiga Trigo (Portugal)
Attendance: 22,000

SPAIN: Andoni ZUBIZARRETA Urreta, Albert FERRER Llopis, Roberto SOLOZÁBAL Villanueva, Juan Manuel "Juanma" LÓPEZ Martinez, Antonio "TONI" Muñoz Gómez (58 CRISTÓBAL Parralo Aguilera), José Miguel González Martín del Campo "MÍCHEL" (66 Jon Andoni GOIKOETXEA Lasa), Guillermo AMOR Martínez, Juan VIZCAÍNO Morcillo, Rafael MARTÍN VÁZQUEZ (82 ÁLVARO Cervera Díaz), José María BAKERO Escudero (II) (73 ALFONSO Pérez Muñoz), Gregorio FONSECA Recio (49 FERNANDO Gómez Colomer).
Manager: Javier CLEMENTE Lázaro

ENGLAND: Chris Woods, Lee Dixon (46 David Bardsley, 63 Carlton Palmer), Paul Ince, Des Walker, Mark Wright, David White (78 Paul Merson), Stuart Pearce, David Platt, Nigel Clough, Alan Shearer, Andy Sinton (78 Brian Deane).
Manager: Graham Taylor

Goal: Gregorio FONSECA Recio (11)

367. 23.09.1992 FIFA World Cup Qualification – Group 3
LATVIA v SPAIN 0-0

Daugavas Stadions, Riga

Referee: Roger Philippi (Luxembourg)   Attendance: 6,220

LATVIA: Olegs Karavajevs, Jurijs Sevjakovs, Olegs Aleksejenko, Valērijs Ivanovs, Jurijs Popkovs (69 Vitālijs Astafjevs), Dzintars Sprogis, Aleksandrs Stradins, Ainārs Linards, Rolands Bulders (82 Gints Gilis), Aleksandrs Glazovs, Einārs Gnedojs.   Manager: Jānis Gilis

SPAIN: Andoni ZUBIZARRETA Urreta, Albert FERRER Llopis, Roberto SOLOZÁBAL Villanueva, Juan Manuel "Juanma" LÓPEZ Martinez, Antonio "TONI" Muñoz Gómez, Jon Andoni GOIKOETXEA Lasa, Juan VIZCAÍNO Morcillo, Rafael MARTÍN VÁZQUEZ, José María BAKERO Escudero (II), Gregorio FONSECA Recio (71 ALFONSO Pérez Muñoz), ÁLVARO Cervera Díaz (59 Guillermo AMOR Martínez).
Manager: Javier CLEMENTE Lázaro

368. 14.10.1992 FIFA World Cup Qualification – Group 3
NORTHERN IRELAND v SPAIN 0-0

Windsor Park, Belfast

Referee: Hellmut Heinz Krug (Germany)
Attendance: 10,343

NORTHERN IRELAND: Tommy Wright, Gary Fleming, Nigel Worthington, Gerry Taggart, Alan McDonald, Mal Donaghy, Kingsley Black (61 Steve Morrow), Kevin Wilson, Colin Clarke, Jimmy Quinn, Michael Hughes.
Manager: Billy Bingham

SPAIN: Andoni ZUBIZARRETA Urreta, Albert FERRER Llopis, Roberto SOLOZÁBAL Villanueva, Juan Manuel "Juanma" LÓPEZ Martinez, Antonio "TONI" Muñoz Gómez, José Miguel González Martín del Campo "MÍCHEL", Guillermo AMOR Martínez, Fernando Ruiz HIERRO, Rafael MARTÍN VÁZQUEZ, Manuel "MANOLO" Sánchez Delgado (62 ALFONSO Pérez Muñoz), CLAUDIO Barragán Escobar (67 Josep "Pep" GUARDIOLA Sala).
Manager: Javier CLEMENTE Lázaro

Sent off: Antonio "TONI" Muñoz Gómez (83)

369. 18.11.1992   FIFA World Cup Qualification – Group 3
SPAIN v REPUBLIC OF IRELAND   0-0
Estadio Ramón Sánchez Pizjuán, Sevilla

Referee: Alphonse Costantin (Belgium)   Attendance: 43,000

SPAIN: Andoni ZUBIZARRETA Urreta, Albert FERRER Llopis, Roberto SOLOZÁBAL Villanueva, Juan Manuel "Juanma" LÓPEZ Martinez, Jon Andoni GOIKOETXEA Lasa, José Miguel González Martín del Campo "MÍCHEL", Guillermo AMOR Martínez, Fernando Ruiz HIERRO, Rafael MARTÍN VÁZQUEZ, JULIO SALINAS Fernández (52 José María BAKERO Escudero (II)), Emilio BUTRAGUEÑO Santos (61 Aitor "Txki" BEGIRISTÁIN Mújika).
Manager: Javier CLEMENTE Lázaro

REPUBLIC OF IRELAND: Pat Bonner, Denis Irwin, Paul McGrath, Kevin Moran, Terry Phelan, Ray Houghton, Roy Keane, Andy Townsend, Steve Staunton, John Aldridge, Niall Quinn.   Manager: Jack Charlton

Sent off: Juan Manuel "Juanma" LÓPEZ Martinez (59)

370. 16.12.1992   FIFA World Cup Qualification – Group 3
SPAIN v LATVIA   5-0 (0-0)
Estadio Ramón Sánchez Pizjuán, Sevilla

Referee: Ion Craciunescu (Romania)   Attendance: 19,000

SPAIN: Andoni ZUBIZARRETA Urreta, Albert FERRER Llopis, Roberto SOLOZÁBAL Villanueva, Antonio "TONI" Muñoz Gómez, Guillermo AMOR Martínez, Juan VIZCAÍNO Morcillo, José María BAKERO Escudero (II) (63 Rafael MARTÍN VÁZQUEZ), Josep "Pep" GUARDIOLA Sala, Aitor "Txki" BEGIRISTÁIN Mújika, CLAUDIO Barragán Escobar (54 ALFONSO Pérez Muñoz), Francisco Miguel Narváez Machón "KIKO".   Manager: Javier CLEMENTE Lázaro

LATVIA: Olegs Karavajevs, Aleksandrs Glazovs, Vitālijs Astafjevs, Olegs Aleksejenko, Valērijs Ivanovs, Gatis Ērglis, Jurijs Popkovs, Gints Gilis, Aleksandrs Stradins, Rolands Bulders, Ainārs Linards (78 Aleksandrs Jelisejevs).
Manager: Jānis Gilis

Goals: José María BAKERO Escudero (II) (49), Josep "Pep" GUARDIOLA (51), ALFONSO Pérez Muñoz (79), Aitor "Txki" BEGIRISTÁIN Mújika (82, 83)

371. 27.01.1993
SPAIN v MEXICO   1-1 (0-1)
Estadio Insular, Las Palmas de Gran Canaria

Referee: Kurt Röthlisberger (Switzerland)
Attendance: 21,000

SPAIN: Andoni ZUBIZARRETA Urreta, Albert FERRER Llopis, Roberto SOLOZÁBAL Villanueva (46 Rafael ALKORTA Martínez), Juan Manuel "Juanma" LÓPEZ Martinez, Andoni IMAZ Garmendia, Fernando "NANDO" Muñoz García (46 Antonio "TONI" Muñoz Gómez), Julen GUERRERO López, Delfí GELI Roura (46 CRISTÓBAL Parralo Aguilera), Francisco Javier González Pérez "FRAN", ALFONSO Pérez Muñoz (46 THOMAS CHRISTIANSEN Tarín), Miguel Narváez Machón "KIKO" (46 CLAUDIO Barragán Escobar).
Manager: Javier CLEMENTE Lázaro

MEXICO: Jorge Francisco CAMPOS Navarrete, Francisco Javier RAMÍREZ Gámez, Juan de Dios RAMÍREZ Perales, Luis Claudio SUÁREZ Sánchez, Marcos Ignacio AMBRIZ Espinoza, Roberto Francisco ANDRADE García (66 Juan Francsico URIBE Ronquillo), Miguel ESPAÑA Garcés, José Jaime ORDIALES Domínguez, Luis Enrique FLORES Ocaranza (61 Eduardo Missael ESPINOZA Padilla), Luís Roberto ALVES dos Santos Gavranic, Luis Alejandro GARCÍA POSTIGO Dias.
Manager: Miguel MEJÍA Baron

Goals: Antonio "TONI" Muñoz Gómez (73 pen) /
Luis Alejandro GARCÍA POSTIGO Dias (43)

372. 24.02.1993   FIFA World Cup Qualification – Group 3
SPAIN v LITHUANIA   5-0 (3-0)
Estadio Benito Villamarín, Sevilla

Referee: Alfred Micallef (Malta)   Attendance: 21,000

SPAIN: Andoni ZUBIZARRETA Urreta, Albert FERRER Llopis, Rafael ALKORTA Martínez, CRISTÓBAL Parralo Aguilera, Mikel LASA Giokoetxea, Fernando GINER Gil, José María BAKERO Escudero (II), Josep "Pep" GUARDIOLA Sala, Aitor "Txki" BEGIRISTÁIN Mújika, JULIO SALINAS Fernández (67 THOMAS CHRISTIANSEN Tarín), Julen GUERRERO López (59 Adolfo ALDANA Torres).
Manager: Javier CLEMENTE Lázaro

LITHUANIA: Valdemaras Martinkėnas, Ricardas Zdancius, Andrius Tereskinas (69 Audrius Zuta), Vladimiras Buzmakovas, Raimondas Vainoras, Romas Mazeikis, Arvydas Janonis, Vyacheslav Sukristov, Stasys Baranauskas, Valdas Ivanauskas, Robertas Fridrikas.
Manager: Algimantas Liubinskas

Goals: CRISTÓBAL Parralo Aguilera (5), José María BAKERO Escudero (II) (12), Aitor "Txiki" BEGIRISTÁIN Mújika (17), THOMAS CHRISTIANSEN (86), Adolfo ALDANA (90)

373. 31.03.1993   FIFA World Cup Qualification – Group 3

DENMARK v SPAIN 1-0 (1-0)

Parken, Copenhagen

Referee: Mario van der Ende (Netherlands)
Attendance: 40,272

DENMARK: Peter Schmeichel, Brian Steen Nielsen, Marc Rieper, Lars Olsen, Jakob Kjeldbjerg, Henrik Larsen (75 Jakob Friis-Hansen), John (Faxe) Jensen, Kim Vilfort, Flemming Povlsen, Lars Elstrup, Brian Laudrup (87 Stig Tøfting). Manager: Richard Møller Nielsen

SPAIN: Andoni ZUBIZARRETA Urreta, Albert FERRER Llopis, Rafael ALKORTA Martínez, CRISTÓBAL Parralo Aguilera, Fernando GINER Gil, Antonio "TONI" Muñoz Gómez (56 Jon Andoni GOIKOETXEA Lasa), Guillermo AMOR Martínez, Josep "Pep" GUARDIOLA Sala (46 Miguel Ángel NADAL Homar), Adolfo ALDANA Torres, JULIO SALINAS Fernández, Aitor "Txiki" BEGIRISTÁIN Mújika. Manager: Javier CLEMENTE Lázaro

Goal: Flemming Povlsen (21)

374. 28.04.1993   FIFA World Cup Qualification – Group 3

SPAIN v NORTHERN IRELAND 3-1 (3-1)

Estadio Benito Villamarín, Sevilla

Referee: Leif Sundell (Sweden)   Attendance: 20,000

SPAIN: Andoni ZUBIZARRETA Urreta, Albert FERRER Llopis, Rafael ALKORTA Martínez, Fernando GINER Gil, Antonio "TONI" Muñoz Gómez, Fernando Ruiz HIERRO, Julen GUERRERO López, Adolfo ALDANA Torres, CLAUDIO Barragán Escobar (56 Miguel Narváez Machón "KIKO"), JULIO SALINAS Fernández, Aitor "Txiki" BEGIRISTÁIN Mújika (77 José María BAKERO Escudero (II)). Manager: Javier CLEMENTE Lázaro

NORTHERN IRELAND: Tommy Wright, Gary Fleming, Nigel Worthington, Gerry Taggart, Alan McDonald, Mal Donaghy, Kingsley Black (73 Robbie Dennison), Kevin Wilson, Michael O'Neill (73 Iain Dowie), Phil Gray, Michael Hughes. Manager: Billy Bingham

Goals: JULIO SALINAS Fernández (21, 26), Fernando Ruiz HIERRO (41) / Kevin Wilson (11)

375. 02.06.1993   FIFA World Cup Qualification – Group 3

LITHUANIA v SPAIN 0-2 (0-0)

Zalgirio Stadionas, Vilnius

Referee: George Ionescu (Romania)   Attendance: 4,500

LITHUANIA: Valdemaras Martinkėnas, Aurelijus Skarbalius, Tomas Ziukas, Virginijus Baltusnikas, Romas Mazeikis (46 Audrius Zuta), Vladimiras Buzmakovas, Viktoras Olsanskis, Stasys Baranauskas, Vyacheslav Sukristov, Igoris Kirilovas, Robertas Fridrikas (60 Ricardas Zdancius). Manager: Algimantas Liubinskas

SPAIN: Andoni ZUBIZARRETA Urreta, Albert FERRER Llopis, Rafael ALKORTA Martínez, Mikel LASA Giokoetxea (66 Aitor "Txiki" BEGIRISTÁIN Mújika), Fernando GINER Gil, Fernando Ruiz HIERRO, Guillermo AMOR Martínez, Julen GUERRERO López, Miguel Ángel NADAL Homar, CLAUDIO Barragán Escobar, JULIO SALINAS Fernández (59 Juan Enrique "QUIQUE" ESTEBARANZ López). Manager: Javier CLEMENTE Lázaro

Goals: Julen GUERRERO López (73, 77)

376. 08.09.1993

SPAIN v CHILE 2-0 (0-0)

Estadio José Rico Pérez, Alicante

Referee: Vítor Manuel Melo Pereira (Portugal)
Attendance: 28,000

SPAIN: Andoni ZUBIZARRETA Urreta, Rafael ALKORTA Martínez (46 José Luis Pérez CAMINERO), Roberto SOLOZÁBAL Villanueva (46 Jorge OTERO Bouzas), Antonio "TONI" Muñoz Gómez, Miguel Ángel NADAL Homar, Jon Andoni GOIKOETXEA Lasa, Fernando Ruiz HIERRO, Josep "Pep" GUARDIOLA Sala (46 Francisco José CAMARASA Castellar), Julen GUERRERO López, CLAUDIO Barragán Escobar (46 Miguel Narváez Machón "KIKO"), JULIO SALINAS Fernández (46 Juan Enrique "QUIQUE" ESTEBARANZ López).   Manager: Javier CLEMENTE Lázaro

CHILE: Marcelo Antonio RAMÍREZ Gormaz, Hugo Armando GONZÁLEZ Muñoz, Juan Carlos GONZÁLEZ Izurieta, Ricardo Alfredo GONZÁLEZ Reinoso (71 Rodrigo Patricio RUIZ de Barbieri), Gabriel Rafael MENDOZA Ibarra, Mario Alfredo SALAS Saieg, Mario Enrique LEPE González, Fabián Raphael ESTAY Silva, Fabián Rodrigo GUEVARA Arredondo (46' José Luis SIERRA Pando), Raimundo TUPPER Lyon, Juan Enrique CARREÑO López. Manager: Nelson Bonifacio ACOSTA López

Goals: Julen GUERRERO López (61, 89 pen)

Sent off: Hugo Armando GONZÁLEZ Muñoz (88)

377. 22.09.1993 FIFA World Cup Qualification – Group 3
ALBANIA v SPAIN 1-5 (1-3)
Stadiumi Kombëtar Qemal Stafa, Tirana

Referee: Rémi Harrel (France)   Attendance: 3,000

ALBANIA: Foto Strakosha, Artur Lekbello, Rudi Vata, Ilir Shulku, Salvator Kaçaj, Lefter Millo, Ilir Kepa (79 Edmond Dalipi), Ylli Shehu, Indrit Fortuzi, Sokol Kushta, Eduard Abazi. Manager: Bejkush Birçë

SPAIN: Andoni ZUBIZARRETA Urreta, Rafael ALKORTA Martínez, Francisco José CAMARASA Castellar, Antonio "TONI" Muñoz Gómez, Miguel Ángel NADAL Homar, Jon Andoni GOIKOETXEA Lasa, Fernando Ruiz HIERRO, José Luis Pérez CAMINERO, Julen GUERRERO López (56 Josep "Pep" GUARDIOLA Sala), JULIO SALINAS Fernández, ALFONSO Pérez Muñoz (51 Juan Enrique "QUIQUE" ESTEBARANZ López).   Manager: Javier CLEMENTE Lázaro

Goals: Sokol Kushta (40) /
JULIO SALINAS Fernández (4, 31, 60), Antonio "TONI" Muñoz Gómez (19), José Luis Pérez CAMINERO (67)

378. 13.10.1993 FIFA World Cup Qualification – Group 3
REPUBLIC OF IRELAND v SPAIN 1-3 (0-3)
Lansdowne Road, Dublin

Referee: Fabio Baldas (Italy)   Attendance: 33,000

REPUBLIC OF IRELAND: Pat Bonner, Denis Irwin, Terry Phelan, Kevin Moran (23 John Sheridan), Alan Kernaghan, Roy Keane, Paul McGrath, Ray Houghton, Niall Quinn, Ronnie Whelan, Steve Staunton (46 Tony Cascarino). Manager: Jack Charlton

SPAIN: Andoni ZUBIZARRETA Urreta, Albert FERRER Llopis, Salvador González Marco "VORO", Francisco José CAMARASA Castellar, Fernando GINER Gil, Miguel Ángel NADAL Homar, Jon Andoni GOIKOETXEA Lasa, Fernando Ruiz HIERRO, José Luis Pérez CAMINERO (31 José María BAKERO Escudero (II)), LUIS ENRIQUE Martínez García, JULIO SALINAS Fernández (68 Josep "Pep" GUARDIOLA Sala).   Manager: Javier CLEMENTE Lázaro

Goals: John Sheridan (72) / José Luis Pérez CAMINERO (12), JULIO SALINAS Fernández (19, 26)

379. 17.11.1993 FIFA World Cup Qualification – Group 3
SPAIN v DENMARK 1-0 (0-0)
Estadio Ramón Sánchez Pizjuán, Sevilla

Referee: Vasilis Nikakis (Greece)   Attendance: 37,000

SPAIN: Andoni ZUBIZARRETA Urreta, Albert FERRER Llopis, Rafael ALKORTA Martínez, Francisco José CAMARASA Castellar (11 José Santiago CAÑIZARES Ruiz goalkeeper), Fernando GINER Gil, Miguel Ángel NADAL Homar, Jon Andoni GOIKOETXEA Lasa, Fernando Ruiz HIERRO, José María BAKERO Escudero (II), LUIS ENRIQUE Martínez García, JULIO SALINAS Fernández (53 Miguel Narváez Machón "KIKO").
Manager: Javier CLEMENTE Lázaro

DENMARK: Peter Schmeichel, Brian Laudrup, Flemming Povlsen (71 Bent Christensen), John (Faxe) Jensen, Henrik Larsen, Michael Laudrup, Brian Steen Nielsen (46 Jes Høgh), Kim Vilfort, Jakob Friis-Hansen, Lars Olsen, Marc Rieper. Manager: Richard Møller Nielsen

Goal: Fernando Ruiz HIERRO (63)

Sent off: Andoni ZUBIZARRETA Urreta (11)

380. 19.01.1994
SPAIN v PORTUGAL 2-2 (1-0)
Estadio Municipal de Balaídos, Vigo

Referee: Fabio Baldas (Italy)   Attendance: 32,000

SPAIN: Andoni ZUBIZARRETA Urreta (73 José Santiago CAÑIZARES Ruiz), Salvador González Marco "VORO" (46 Juan Manuel "Juanma" LÓPEZ Martinez), Rafael ALKORTA Martínez, Francisco José CAMARASA Castellar, Iñigo LARRAÍNZAR Santamaría, Jorge OTERO Bouzas, Miguel Ángel NADAL Homar (46 Fernando Ruiz HIERRO), Francisco Javier González Pérez "FRAN" (46 Juan "JUANELE" Castaño Quirós), Julen GUERRERO López, JULIO SALINAS Fernández (46 LUIS ENRIQUE Martínez García), FELIPE Miñambres Fernández.   Manager: Javier CLEMENTE Lázaro

PORTUGAL: VÍTOR Manuel Martins BAÍA (46 Adelino Augusto Graça Barbosa Barros "NENO"), JOÃO Domingos da Silva PINTO (46 António Augusto Da Silva VELOSO), FERNANDO Manuel Silva COUTO, OCEANO Andrade da Cruz, Antóni José NOGUEIRA dos Santos, Vítor Manuel da Costa Araújo "PANEIRA", RUI Manuel César COSTA, PAULO Manuel Carvalho de SOUSA (46 João Paulo "PAULINHO" Maio dos SANTOS), JOSÉ Orlando Vinha Rocha SEMEDO (56 LUÍS Filipe Madeira Caeiro FIGO), RUI Gil Soares de BARROS, JOÃO Manuel VIEIRA PINTO (56 DOMINGOS José Paciência Oliveira).
Manager: Eduardo Manuel "NELO" Martinho VINGADA

Goals: JULIO SALINAS Fernández (42), Juan "JUANELE" Castaño Quirós (77) /
Juan Manuel "JUANMA" LÓPEZ Martinez (72 og), OCEANO Andrade da Cruz (83 pen)

381. 09.02.1994
SPAIN v POLAND 1-1 (1-1)
Estadio Heliodoro Rodríguez López, Santa Cruz de Tenerife
Referee: Martin John Dale Bodenham (England)
Attendance: 20,835

SPAIN: Andoni ZUBIZARRETA Urreta, Rafael ALKORTA Martínez, Jorge OTERO Bouzas, ABELARDO Fernández Antuña, SERGI Barjuan Esclusa, Miguel Ángel NADAL Homar (46 Aitor "Txiki" BEGIRISTÁIN Mújika), Fernando Ruiz HIERRO (46 Francisco José CAMARASA Castellar), Francisco Javier González Pérez "FRAN" (46 Josep "Pep" GUARDIOLA Sala), Sebastián Cruzado Fernández "CHANO", JULIO SALINAS Fernández (46 Juan "JUANELE" Castaño Quirós), FELIPE Miñambres Fernández.
Manager: Javier CLEMENTE Lázaro

POLAND: Andrzej Wozniak, Jacek Bak (46 Ryszard Staniek), Tomasz Lapinski, Piotr Jegor, Jacek Grembocki, Roman Kosecki, Jerzy Brzeczek, Grzegorz Lewandowski (78 Ryszard Czerwiec), Marcin Jalocha (72 Waldemar Jaskulski), Andrzej Juskowiak (63 Henryk Baluszynski), Wojciech Kowalczyk.
Manager: Henryk Apostel

Goals: SERGI Barjuan Esclusa (19) / Roman Kosecki (38)

382. 23.03.1994
SPAIN v CROATIA 0-2 (0-1)
Estadio Luís Casanova, Valencia
Referee: Gilles Veissière (France)   Attendance: 36,000

SPAIN: Andoni ZUBIZARRETA Urreta (66 Julen LOPETEGUI Agote), Albert FERRER Llopis, Rafael ALKORTA Martínez, ABELARDO Fernández Antuña, Salvador González Marco "VORO", Jorge OTERO Bouzas, Jon Andoni GOIKOETXEA Lasa (46 Aitor "Txiki" BEGIRISTÁIN Mújika), Miguel Ángel NADAL Homar (46 Josep "Pep" GUARDIOLA Sala), Fernando Ruiz HIERRO (46 Francisco José CAMARASA Castellar), JULIO SALINAS Fernández (46 Juan "JUANELE" Castaño Quirós), Francisco HIGUERA Fernández.
Manager: Javier CLEMENTE Lázaro

CROATIA: Drazen Ladic, Igor Stimac (80 Dubravko Pavlicic), Robert Jarni, Stjepan Andrijasevic (89 Goran Vlaovic), Nikola Jerkan, Slaven Bilic, Janko Jankovic (46 Ivica Mornar, 80 Ante Mise), Robert Prosinecki, Alen Boksic, Aljosa Asanovic, Davor Suker.   Manager: Miroslav Blazevic

Goals: Robert Prosinecki (6), Davor Suker (51)

383. 02.06.1994
FINLAND v SPAIN 1-2 (1-2)
Tampereen Stadion, Tampere
Referee: Christer Emil Fällström (Sweden)
Attendance: 10,251

FINLAND: Antti Niemi, Jari Kinnunen, Janne-Pekka Mäkelä, Erkka Petäjä, Aki Hyryläinen, Tommi-Björn Paavola (60 Kim Suominen), Mika Aaltonen, Rami Rantanen (60 Janne Lindberg), Ari Hjelm, Jari Litmanen, Petri Järvinen.
Manager: Tommy Lindholm

SPAIN: Andoni ZUBIZARRETA Urreta (60 José Santiago CAÑIZARES Ruiz), Albert FERRER Llopis, Rafael ALKORTA Martínez, ABELARDO Fernández Antuña, Francisco José CAMARASA Castellar, Jon Andoni GOIKOETXEA Lasa (57 Aitor "Txiki" BEGIRISTÁIN Mújika), Fernando Ruiz HIERRO, Josep "Pep" GUARDIOLA Sala, FELIPE Miñambres Fernández, JULIO SALINAS Fernández (57 Juan "JUANELE" Castaño Quirós), Julen GUERRERO López (46 Salvador González Marco "VORO").   Manager: Javier CLEMENTE Lázaro

Goals: Petri Järvinen (17) /
FELIPE Miñambres Fernández (11),
JULIO SALINAS Fernández (15)

384. 10.06.1994
CANADA v SPAIN 0-2 (0-1)
Complexe Sportif Claude-Robillard, Montréal,
Referee: Michael (Mike) Donald Reed (England)
Attendance: 5,256

CANADA: Paul Dolan, Frank Yallop, Steve MacDonald, Rudy Doliscat (46 Ian Carter), Iain Fraser, Lynden Hooper (59 John Limniatis), Nick Dasovic, Colin Miller, Geoff Aunger, Carlo Corazzin (46 Eddy Berdusco), John Catliff (64 David Norman).   Manager: Robert Lenarduzzi

SPAIN: José Santiago CAÑIZARES Ruiz, Albert FERRER Llopis (57 Jorge OTERO Bouzas), Rafael ALKORTA Martínez, Miguel Ángel NADAL Homar, ABELARDO Fernández Antuña, SERGI Barjuan Esclusa (74 Francisco José CAMARASA Castellar), Jon Andoni GOIKOETXEA Lasa (57 Aitor "Txiki" BEGIRISTÁIN Mújika), Julen GUERRERO López (57 Josep "Pep" GUARDIOLA Sala), José Luis Pérez CAMINERO, LUIS ENRIQUE Martínez García, JULIO SALINAS Fernández (59 Juan "JUANELE" Castaño Quirós).
Manager: Javier CLEMENTE Lázaro

Goals: JULIO SALINAS Fernández (9),
Juan "JUANELE" Castaño Quirós (85)

385. 17.06.1994 FIFA World Cup Final Tournament – Group C
SPAIN v SOUTH KOREA 2-2 (0-0)
Cotton Bowl Stadium, Dallas (United States)
Referee: Peter Mikkelsen (Denmark)   Attendance: 56,247

SPAIN: José Santiago CAÑIZARES Ruiz, Albert FERRER Llopis, Rafael ALKORTA Martínez, ABELARDO Fernández Antuña, Miguel Ángel NADAL Homar, SERGI Barjuan Esclusa, Fernando Ruiz HIERRO, Julen GUERRERO López (46 José Luis Pérez CAMINERO), Jon Andoni GOIKOETXEA Lasa, LUIS ENRIQUE Martínez García, JULIO SALINAS Fernández (63 FELIPE Miñambres Fernández).
Manager: Javier CLEMENTE Lázaro

SOUTH KOREA: Choi In-Young, Hong Myung-Bo, Choi Young-Il, Park Jung-Bae, Kim Pan-Keun, Shin Hong-Ki, Lee Young-Jin, Noh Jung-Yoon (73 Ha Seok-Ju), Ko Jeong-Woon, Kim Joo-Sung (59 Seo Jung-Won), Hwang Sun-Hong.
Manager: Kim Ho

Goals: JULIO SALINAS Fernández (51), Jon Andoni GOIKOETXEA Lasa (56) / Hong Myung-Bo (85), Seo Jung-Won (90)

Sent off: Miguel Ángel NADAL Homar (27)

386. 21.06.1994 FIFA World Cup Final Tournament – Group C
GERMANY v SPAIN 1-1 (0-1)
Soldier Field, Chicago (United States)
Referee: Ernesto Filippi Cavani (Uruguay)
Attendance: 63,113

GERMANY: Bodo Illgner, Lothar Matthäus, Jürgen Kohler, Thomas Berthold, Thomas Strunz, Thomas Häßler, Stefan Effenberg, Matthias Sammer, Andreas Brehme, Andreas Möller (62 Rudi Völler), Jürgen Klinsmann.
Manager: Berti Vogts

SPAIN: Andoni ZUBIZARRETA Urreta, Albert FERRER Llopis, ABELARDO Fernández Antuña, Fernando Ruiz HIERRO, Rafael ALKORTA Martínez, SERGI Barjuan Esclusa, Josep "Pep" GUARDIOLA Sala (77 Francisco José CAMARASA Castellar), José Luis Pérez CAMINERO, Jon Andoni GOIKOETXEA Lasa (64 José María BAKERO Escudero (II)), LUIS ENRIQUE Martínez García, JULIO SALINAS Fernández.
Manager: Javier CLEMENTE Lázaro

Goals: Jürgen Klinsmann (48) / Jon Andoni GOIKOETXEA Lasa (14)

387. 27.06.1994 FIFA World Cup Final Tournament – Group C
BOLIVIA v SPAIN 1-3 (0-1)
Soldier Field, Chicago (United States)
Referee: Rodrigo Sequeira Badilla (Costa Rica)
Attendance: 63,089

BOLIVIA: Carlos Leonel TRUCCO Medina, Carlos Fernando BORJA Bolívar, Miguel Ángel RIMBA Alvis, Marco Antonio SANDY Sansusty, Juan Manuel PEÑA Montaño, Vladimir SORIA Camacho (63 Ramiro CASTILLO Salinas), José Milton MELGAR Soruco, Modesto SORUCO Saucedo, Erwin SÁNCHEZ Freking, Mauricio Juan RAMOS Méndez (46 Jaime MORENO Morales), Luis William RAMALLO Fernández.
Manager: Francisco Xabier AZKARGORTA Uriarte

SPAIN: Andoni ZUBIZARRETA Urreta, Albert FERRER Llopis, ABELARDO Fernández Antuña, Salvador González Marco "VORO", SERGI Barjuan Esclusa, José Luis Pérez CAMINERO, Josep "Pep" GUARDIOLA Sala (69 José María BAKERO Escudero (II)), Jon Andoni GOIKOETXEA Lasa, Julen GUERRERO López, FELIPE Miñambres Fernández (46 Fernando Ruiz HIERRO), JULIO SALINAS Fernández.
Manager: Javier CLEMENTE Lázaro

Goals: Erwin Sánchez (67) / Josep "Pep" GUARDIOLA Sala (19 pen), José Luis Pérez CAMINERO (65, 71)

388. 02.07.1994 FIFA World Cup Final Tournament – Round of 16
SPAIN v SWITZERLAND 3-0 (1-0)
Robert F. Kennedy Memorial Stadium, Washington (United States)
Referee: Mario van der Ende (Netherlands)
Attendance: 53,121

SPAIN: Andoni ZUBIZARRETA Urreta, Albert FERRER Llopis, ABELARDO Fernández Antuña, Rafael ALKORTA Martínez, Miguel Ángel NADAL Homar, SERGI Barjuan Esclusa, Francisco José CAMARASA Castellar, Fernando Ruiz HIERRO (76 Jorge OTERO Bouzas), José María BAKERO Escudero (II), Jon Andoni GOIKOETXEA Lasa (58 Aitor "Txiki" BEGIRISTÁIN Mújika), LUIS ENRIQUE Martínez García.   Manager: Javier CLEMENTE Lázaro

SWITZERLAND: Marco Pascolo, Marc Hottiger, Yvan Quentin (58 Jürg Studer), Dominique Herr, Alain Geiger, Georges Bregy, Christophe Ohrel (73 Néstor Subiat), Adrian Knup, Ciriaco Sforza, Stéphane Chapuisat, Thomas Bickel.
Manager: Roy Hodgson

Goals: Fernando Ruiz HIERRO (15), LUIS ENRIQUE (74), Aitor "Txiki" BEGIRISTÁIN Mújika (87 pen)

389. 09.08.1994 FIFA World Cup Final Tournament – Quarter-final
ITALY v SPAIN 2-1 (1-0)

Foxboro Stadium, Foxborough (United States)

Referee: Sándor Puhl (Hungary)   Attendance: 53,644

ITALY: Gianluca Pagliuca, Mauro Tassotti, Antonio Benarrivo, Demetrio Albertini (46 Giuseppe Signori), Paolo Maldini, Alessandro Costacurta, Antonio Conte (66 Nicola Berti), Dino Baggio, Daniele Massaro, Roberto Baggio, Roberto Donadoni.   Manager: Arrigo Sacchi

SPAIN: Andoni ZUBIZARRETA Urreta, Albert FERRER Llopis, ABELARDO Fernández Artuña, Miguel Ángel NADAL Homar, Rafael ALKORTA Martínez, SERGI Barjuan Esclusa (58 JULIO SALINAS Fernández), Jorge OTERO Bouzos, José Luis Pérez CAMINERO, José María BAKERO Escudero (II) (64 Fernando Ruiz HIERRO), Jon Andoni GOIKOETXEA Lasa, LUIS ENRIQUE Martínez García.
Manager: Javier CLEMENTE Lázaro

Goals: Dino Baggio (25), Roberto Baggio (88) / José Luis Pérez CAMINERO (58)

390. 07.09.1994 UEFA Euro 1996 Qualifying – Group 2
CYPRUS v SPAIN 1-2 (1-2)

Tsirion Athletic Center, Limassol

Referee: Marc Batta (France)   Attendance: 5,024

CYPRUS: Nikos Panayiotou, Kostas Kosta, Pambos Pittas, Dimitris Ioannou, Evagoras Christofi, Kostas Konstantinou, Giorgos Savvidis (77 Pambis Andreou), Kostas Fasouliotis (62 Kostas Malekkos), Sinisa Gogic, Andreas Sotiriou, Marios Charalambous.   Manager: Andreas Michailidis

SPAIN: Andoni ZUBIZARRETA Urreta, Francisco José CAMARASA Castellar, Fernando Ruiz HIERRO, Miguel Ángel NADAL Homar, Salvador González Marco "VORO", Jon Andoni GOIKOETXEA Lasa, Josep "Pep" GUARDIOLA Sala (63 José Luis Pérez CAMINERO), Julen GUERRERO López, SERGI Barjuan Esclusa, Francisco HIGUERA Fernández, José Emilio AMAVISCA Gárate (80 José Ángel ZIGANDA Lakunza).   Manager: Javier CLEMENTE Lázaro

Goals: Andreas Sotiriou (36) / Francisco HIGUERA Fernández (17), Marios Charalambous (25 og)

391. 12.10.1994 UEFA Euro 1996 Qualifying – Group 2
MACEDONIA v SPAIN 0-2 (0-2)

Gradski Stadion, Skopje

Referee: Gerd Grabher (Austria)   Attendance: 21,000

MONTENEGRO: Kire Trajcev (51 Danco Celeski), Zoran Jovanovski, Ilija Najdoski, Bosko Djurovski, Vujadin Stanojkovic, Mitko Stojkovski, Zoran Boskovski, Toni Savevski, Boban Babunski (39 Ljupco Markovski), Milko Djurovski (71 Zarko Serafimovski), Toni Micevski.
Manager: Andon Doncevski

SPAIN: Andoni ZUBIZARRETA Urreta, Albert FERRER Llopis, ABELARDO Fernández Artuña, Rafael ALKORTA Martínez, SERGI Barjuan Esclusa, Miguel Ángel NADAL Homar, Fernando Ruiz HIERRO, José Luis Pérez CAMINERO, LUIS ENRIQUE Martínez García, JULIO SALINAS Fernández (63 PIER Luigi Cherubino Loggi), Francisco HIGUERA Fernández (76 José Emilio AMAVISCA Gárate).
Manager: Javier CLEMENTE Lázaro

Goals: JULIO SALINAS Fernández (15, 24)

392. 16.11.1994 UEFA Euro 1996 Qualifying – Group 2
SPAIN v DENMARK 3-0 (1-0)

Estadio Ramón Sánchez Pizjuán, Sevilla

Referee: James (Jim) McCluskey (Scotland)
Attendance: 26,428

SPAIN: Andoni ZUBIZARRETA Urreta, Albert FERRER Llopis, Alberto BELSUÉ Arias, Rafael ALKORTA Martínez, ABELARDO Fernández Artuña, Miguel Ángel NADAL Homar, LUIS ENRIQUE Martínez García, José Luis Pérez CAMINERO (71 José María BAKERO Escudero (II)), DONATO Gama da Silva, SERGI Barjuan Esclusa, JULIO SALINAS Fernández (56 Francisco HIGUERA Fernández).
Manager: Javier CLEMENTE Lázaro

DENMARK: Peter Schmeichel, Thomas Helveg, Marc Rieper, Lars Olsen, Jakob Friis-Hansen (64 Bent Christensen), Brian Steen Nielsen, Jens Risager, Kim Vilfort, Mark Strudal (46 John (Faxe) Jensen), Michael Laudrup, Brian Laudrup.
Manager: Richard Møller Nielsen

Goals: Miguel Ángel NADAL Homar (41), DONATO Gama da Silva (56), LUIS ENRIQUE Martínez García (87)

393. 30.11.1994
SPAIN v FINLAND 2-0 (1-0)
Estadio La Rosaleda, Málaga
Referee: David Roland Elleray (England)
Attendance: 38,000

SPAIN: Andoni ZUBIZARRETA Urreta (46 José Santiago CAÑIZARES Ruiz), Salvador González Marco "VORO" (46 Francisco José CAMARASA Castellar), Albert FERRER Llopis, Alberto BELSUÉ Arias, Rafael ALKORTA Martínez, Miguel Ángel NADAL Homar, Fernando Ruiz HIERRO, José Emilio AMAVISCA Gárate (46 Ángel Manuel CUÉLLAR Llanos), Guillermo AMOR Martínez (46 Julen GUERRERO López), Adolfo ALDANA Torres (46 Jon Andoni GOIKOETXEA Lasa), Juan Antonio PIZZI Torroja.
Manager: Javier CLEMENTE Lázaro

FINLAND: Antti Niemi (52 Panu Tiovonen), Janne-Pekka Mäkelä, Markku Kanerva, Anders Eriksson, Petri Helin (76 Toni Huttunen), Rami Rantanen (46 Antti Heinola), Sami Hyypiä, Marko Myyry, Ari Hjelm, Jukka Ruhanen (46 Joonas Kolkka), Antti Sumiala.   Manager: Jukka Ikäläinen

Goals: Miguel Ángel NADAL Homar (12),
Jon Andoni GOIKOETXEA Lasa (87)

394. 17.12.1994   UEFA Euro 1996 Qualifying – Group 2
BELGIUM v SPAIN 1-4 (1-1)
Stade Constant Vanden Stock (Parc Astrid), Anderlecht
Referee: Ahmet Çakar (Turkey)   Attendance: 15,074

BELGIUM: Michel Preud'homme, Régis Génaux, Philippe Albert, Bertrand Crasson, Rudi Smidts, Danny Boffin, Frank Van der Elst, Alain Bettagno (46 Gert Verheyen), Marc Degryse, Lorenzo Staelens, Gilles De Bilde.
Manager: Paul Van Himst

SPAIN: Andoni ZUBIZARRETA Urreta, Alberto BELSUÉ Arias, Rafael ALKORTA Martínez, ABELARDO Fernández Artuña, Miguel Ángel NADAL Homar, Fernando Ruiz HIERRO, LUIS ENRIQUE Martínez García, Julen GUERRERO López (56 Salvador González Marco "VORO"), DONATO Gama da Silva, SERGI Barjuan Esclusa, JULIO SALINAS Fernández (70 Jon Andoni GOIKOETXEA Olaskoaga).
Manager: Javier CLEMENTE Lázaro

Goals: Marc Degryse (6) / Fernando Ruiz HIERRO (28), DONATO Gama da Silva (56 pen), JULIO SALINAS (68), LUIS ENRIQUE Martínez García (89).

395. 18.01.1995
SPAIN v URUGUAY 2-2 (1-2)
Estadio Municipal de Riazor, La Coruña
Referee: Atanas Uzunov (Bulgaria)   Attendance: 22,000

SPAIN: Andoni ZUBIZARRETA Urreta (46 José Santiago CAÑIZARES Ruiz), Rafael ALKORTA Martínez, Alberto BELSUÉ Arias, ABELARDO Fernández Artuña, SERGI Barjuan Esclusa (46 José Emilio AMAVISCA Gárate), Jon Andoni GOIKOETXEA Olaskoaga (46 LUIS ENRIQUE Martínez García), Fernando Ruiz HIERRO, Julen GUERRERO López (46 Miguel Ángel NADAL Homar), DONATO Gama da Silva, Francisco Javier González Pérez "FRAN", Juan Antonio PIZZI Torroja (46 Sebastián LOSADA Bestard).
Manager: Javier CLEMENTE Lázaro

URUGUAY: Jorge Claudio ARBIZA Zanuttini, Ruben Horacio ALZUETA (46 Washington Eduardo TAIS Videgaín), Óscar Osvaldo AGUIRREGARAY Acosta, Nelson Daniel GUTIÉRREZ Luongo (46 Darío Dobray SILVA Pereira), Paolo Ronald MONTERO Iglesias, Gustavo Augusto POYET Dominguez, Diego Martín DORTA Montes, Éber Alejandro MOAS Silveira, Pablo Javier BENGOECHEA Dutra (84 Marcelo Alejandro OTERO Larzábal), Enzo FRANCESCOLI Uriarte (62 Álvaro Alexandre RECOBA Rivero), Daniel FONSECA Caris (62 Ricardo Vicente CANALS Vila).
Manager: Héctor NÚÑEZ Bello

Goals: Juan Antonio PIZZI Torroja (2),
DONATO Gama da Silva (81) / Daniel FONSECA Caris (18), Pablo Javier BENGOECHEA Dutra (34)

396. 22.02.1995
SPAIN v GERMANY 0-0
Estadio Municipal de Chapín, Jerez de la Frontera
Referee: Leif Sundell (Sweden)   Attendance: 17,400

SPAIN: Andoni ZUBIZARRETA Urreta (46 José Santiago CAÑIZARES Ruiz), Salvador González Marco "VORO", Alberto BELSUÉ Arias, ABELARDO Fernández Artuña, SERGI Barjuan Esclusa, Fernando Ruiz HIERRO, José Luis Pérez CAMINERO (46 Julen GUERRERO López), LUIS ENRIQUE Martínez García (46 Jon Andoni GOIKOETXEA Olaskoaga), DONATO Gama da Silva, José Emilio AMAVISCA Gárate (46 Ángel Manuel CUÉLLAR Llanos), Juan Antonio PIZZI Torroja (81 JULIO SALINAS Fernández).
Manager: Javier CLEMENTE Lázaro

GERMANY: Andreas Köpke, Thomas Helmer, Markus Babbel, Christian Wörns (75 Mario Basler), Steffen Freund, Jens Todt, Dirk Schuster (46 Ralf Weber), Thomas Häßler, Andreas Möller, Ulf Kirsten, Jürgen Klinsmann.
Manager: Berti Vogts

397. 29.03.1995 UEFA Euro 1996 Qualifying – Group 2
SPAIN v BELGIUM 1-1 (1-1)
Estadio Ramón Sánchez Pizjuán, Sevilla
Referee: Rémi Harrel (France)   Attendance: 27,000
SPAIN: Andoni ZUBIZARRETA Urreta, Alberto BELSUÉ Arias, ABELARDO Fernández Artuña, Miguel Ángel NADAL Homar, SERGI Barjuan Esclusa, Fernando Ruiz HEIRRO, LUIS ENRIQUE Martínez García, Julen GUERRERO López (36 Francisco HIGUERA Fernández), DONATO Gama da Silva, JULIO SALINAS Fernández (63 Juan Antonio PIZZI Torroja), José Emilio AMAVISCA Gárate.
Manager: Javier CLEMENTE Lázaro
BELGIUM: Gilbert Bodart, Régis Génaux, Dirk Medved, Pascal Renier, Rudi Smidts, Johan Walem (69 Gert Verheyen), Emmanuel Karagiannis (84 Bertrand Crasson), Lorenzo Staelens, Marc Degryse, Gilles De Bilde, Gunther Schepens.
Manager: Paul Van Himst
Goals: Julen GUERRERO López (24) / Marc Degryse (27)

398. 26.04.1995 UEFA Euro 1996 Qualifying – Group 2
ARMENIA v SPAIN 0-2 (0-0)
Hrazdan Stadium, Yerevan
Referee: Adrian Porumboiu (Romania)   Attendance: 35,000
ARMENIA: Harutyun Abrahamyan, Yervand Sukiasyan, Sargis Hovsepyan, Aramayis Tonoyan, Sargis Hovhannisyan, Harutyun Vardanyan, Arthur Petrosyan, Ramzik Grigoryan (64 Hovhannes Tahmazyan), Hamlet Mkhitaryan, Armen Shahgeldyan, Artashes Adamyan (46 Arsen Avetisyan).
Manager: Samvel Darbinyan
SPAIN: Andoni ZUBIZARRETA Urreta, Alberto BELSUÉ Arias, Jorge OTERO Bouzos, Rafael ALKORTA Martínez, Aitor KARANKA de la Hoz, Miguel Ángel NADAL Homar, Jon Andoni GOIKOETXEA Olaskoaga, LUIS ENRIQUE Martínez García, DONATO Gama da Silva (68 Francisco José CAMARASA Castellar), Juan Antonio PIZZI Torroja (58 JULIO SALINAS Fernández), José Emilio AMAVISCA Gárate.
Manager: Javier CLEMENTE Lázaro
Goals: José Emilio AMAVISCA Gárate (48), Jon Andoni GOIKOETXEA Olaskoaga (62)

399. 07.06.1995 UEFA Euro 1996 Qualifying – Group 2
SPAIN v ARMENIA 1-0 (0-0)
Estadio Benito Villamarín, Sevilla
Referee: Roger Philippi (Luxembourg)   Attendance: 8,000
SPAIN: Andoni ZUBIZARRETA Urreta, Alberto BELSUÉ Arias, Rafael ALKORTA Martínez, ABELARDO Fernández Artuña, Agustín ARANZÁBAL Alkorta, Fernando Ruiz HIERRO, Miguel Ángel NADAL Homar, Jon Andoni GOIKOETXEA Olaskoaga (46 JULIO SALINAS Fernández), Julen GUERRERO López (78 José Luis Pérez CAMINERO), LUIS ENRIQUE Martínez García, José Emilio AMAVISCA Gárate.   Manager: Javier CLEMENTE Lázaro
ARMENIA: Harutyun Abrahamyan, Yervand Sukiasyan, Sargis Hovsepyan, Aramayis Tonoyan, Ara Nigoyan (70 Hakob Ter-Petrosyan), Harutyun Vardanyan, Arthur Petrosyan (76 Varazdat Avetisyan), Hovhannes Tahmazyan, Hamlet Mkhitaryan, Armen Shahgeldyan, Arsen Avetisyan.
Manager: Samvel Darbinyan
Goal: Fernando Ruiz HIERRO (63 pen)
Sent off: Harutyun Vardanyan (64)

400. 06.09.1995 UEFA Euro 1996 Qualifying – Group 2
SPAIN v CYPRUS 6-0 (1-0)
Estadio Nuevo Los Cármenes, Granada
Referee: Dirk Zier Gerardus (Dick) Jol (Netherlands)
Attendance: 16,150
SPAIN: Andoni ZUBIZARRETA Urreta, Alberto BELSUÉ Arias, Agustín ARANZÁBAL Alkorta, Rafael ALKORTA Martínez, Miguel Ángel NADAL Homar, Fernando Ruiz HIERRO, LUIS ENRIQUE Martínez García, Julen GUERRERO López (77 Javier MANJARÍN Pereda), ALFONSO Pérez Muñoz (61 Juan Antonio PIZZI Torroja), José Luis Pérez CAMINERO, José Emilio AMAVISCA Gárate (53 Francisco Javier González Pérez "FRAN").   Manager: Javier CLEMENTE Lázaro
CYPRUS: Nikos Panayiotou, Kokos Panayi, Nikos Charalambous, Pambos Pittas, Giorgos Christodoulou, Antonis Antoniou (81 Pambis Andreou), Loukas Hatziloukas (67 Giannos Ioannou), Sinisa Gogic, Sozos Andreou, Kostas Malekkos (57 Andreas Sotiriou), Dimitris Assiotis.
Manager: Andreas Michailidis
Goals: Julen GUERRERO (45), ALFONSO Pérez Muñoz (51), Juan Antonio PIZZI Torroja (74, 79), Fernando HIERRO (78), José Luis Pérez CAMINERO (82)

401. 20.09.1995
SPAIN v ARGENTINA 2-1 (1-0)
Estadio Vicente Calderón, Madrid

Referee: Sotiris Vorgias (Greece)   Attendance: 50,000

SPAIN: Andoni ZUBIZARRETA Urreta, Albert FERRER Llopis, Rafael ALKORTA Martínez, Miguel Ángel NADAL Homar, ABELARDO Fernández Artuña, SERGI Barjuan Esclusa, José Luis Pérez CAMINERO (46 Fernando Ruiz HIERRO), Francisco Javier González Pérez "FRAN" (56 Julen GUERRERO López), DONATO Gama da Silva (76 LUIS ENRIQUE Martínez García), Javier MANJARÍN Pereda, Juan Antonio PIZZI Torroja (46 ALFONSO Pérez Muñoz).   Manager: Javier CLEMENTE Lázaro

ARGENTINA: Germán Adrián Ramón Burgos, Roberto Fabián Ayala, Leonardo Rubén Astrada, Javier Adelmar Zanetti, José Antonio CHAMOT Reguero, Fernando Gabriel Cáceres, Diego Pablo SIMEONE González, Jorge Horacio BORELLI Ertini (59 Marcelo Daniel Gallardo), Arnaldo Ariel Ortega, Abel Eduardo Balbo, Gabriel Omar Batistuta.   Manager: Daniel Alberto Passarella

Goals: Juan Antonio PIZZI Torroja (35), Julen GUERRERO López (68) / Arnaldo Ariel Ortega (80)

402. 11.10.1995   UEFA Euro 1996 Qualifying – Group 2
DENMARK v SPAIN 1-1 (0-1)
Parken, Copenhagen

Referee: Dr. Václav Krondl (Czech Republic)
Attendance: 40,262

DENMARK: Peter Schmeichel, Jacob Laursen, Jes Høgh, Marc Rieper, Jens Risager, Torben Piechnik, Brian Steen Nielsen (67 Morgen Wieghorst), Kim Vilfort, Mikkel Beck, Michael Laudrup, Peter Rasmussen.
Manager: Richard Møller-Nielsen

SPAIN: Andoni ZUBIZARRETA Urreta, Alberto BELSUÉ Arias, Rafael ALKORTA Martínez, ABELARDO Fernández Artuña, SERGI Barjuan Esclusa, Miguel Ángel NADAL Homar, Fernando Ruiz HIERRO, LUIS ENRIQUE Martínez García, José Luis Pérez CAMINERO (29 Francisco Javier González Pérez "FRAN"), Javier MANJARÍN Pereda (63 DONATO Gama da Silva), Juan Antonio PIZZI Torroja (46 ALFONSO Pérez Muñoz).   Manager: Javier CLEMENTE Lázaro

Goals: Kim Vilfort (47) / Fernando Ruiz HIERRO (18 pen)

403. 15.11.1995   UEFA Euro 1996 Qualifying – Group 2
SPAIN v MACEDONIA 3-0 (1-0)
Estadio Manuel Martínez Valero, Elche

Referee: Edgar Steinborn (Germany)   Attendance: 21,350

SPAIN: Andoni ZUBIZARRETA Urreta, Alberto BELSUÉ Arias, Rafael ALKORTA Martínez, Miguel Ángel NADAL Homar, SERGI Barjuan Esclusa, DONATO Gama da Silva, Javier MANJARÍN Pereda, Miguel Narváez Machón "KIKO" (74 Jon Andoni GOIKOETXEA Olaskoaga), José Luis Pérez CAMINERO, Juan Antonio PIZZI Torroja (46 ALFONSO Pérez Muñoz), José Emilio AMAVISCA Gárate (46 Albert FERRER Llopis).   Manager: Javier CLEMENTE Lázaro

MONTENEGRO: Danco Celeski, Borce Jovanovski, Mitko Stojkovski, Zarko Serafimovski (57 Dragan Veselinovski, 78 Gorgi Hristov), Boban Babunski, Zoran Jovanovski (73 Igor Nikolovski), Saso Karadzov, Nedzmedin Memedi, Sasa Ciric, Zoran Boskovski, Toni Micevski.
Manager: Andon Doncevski

Goals: Miguel Narváez Machón "KIKO" (9), Javier MANJARÍN (72), José Luis Pérez CAMINERO (78)

Sent off: Miguel Ángel NADAL Homar (38)

404. 07.02.1996
SPAIN v NORWAY 1-0 (1-0)
Estadio Insular, Las Palmas de Gran Canaria

Referee: Marcello Nicchi (Italy)   Attendance: 18,500

SPAIN: José Santiago CAÑIZARES Ruiz, Albert FERRER Llopis (46 Miguel Ángel NADAL Homar), Rafael ALKORTA Martínez (80 Jon Andoni GOIKOETXEA Olaskoaga), ABELARDO Fernández Artuña, SERGI Barjuan Esclusa, Fernando Ruiz HIERRO (46 José Luis Pérez CAMINERO), Javier MANJARÍN Pereda (46 Francisco Javier González Pérez "FRAN"), DONATO Gama da Silva, LUIS ENRIQUE Martínez García, Julen GUERRERO López (27 Miguel Narváez Machón "KIKO"), Juan Antonio PIZZI Torroja.
Manager: Javier CLEMENTE Lázaro

NORWAY: Frode Grodås, Alf-Inge Håland, Henning Berg, Roger Nilsen, Stig Inge Bjørnebye, Petter Rudi, Lars Bohinen (18 Ståle Solbakken), Kjetil Rekdal, Øyvind Leonhardsen, Jan Åge Fjørtoft, Tore André Flo (25 Mini Jakobsen).
Manager: Egil Olsen

Goal: Miguel Narváez Machón "KIKO" (44)

405. 24.04.1996
NORWAY v SPAIN 0-0
Ullevaal Stadion, Oslo

Referee: Georg Dardenne (Germany)   Attendance: 11,898

NORWAY: Frode Grodås, Alf-Inge Håland, Tore Pedersen (85 Claus Lundekvam), Henning Berg, Stig Inge Bjørnebye (77 Roger Nilsen), Petter Rudi, Ståle Solbakken, Ole Gunnar Solskjær, Jan Åge Fjørtoft (77 Egil Østenstad), Kjetil Rekdal, Mini Jakobsen (46 Tommy Svindal Larsen).
Manager: Egil Olsen

SPAIN: Andoni ZUBIZARRETA Urreta, Albert FERRER Llopis, Alberto BELSUÉ Arias, Miguel Ángel NADAL Homar, ABELARDO Fernández Artuña, Fernando Ruiz HIERRO (53 DONATO Gama da Silva), Javier MANJARÍN Pereda, Guillermo AMOR Martínez (53 Juan Manuel "Juanma" LÓPEZ Martinez, 78 José Francisco MOLINA Jiménez), LUIS ENRIQUE Martínez García (53 ALFONSO Pérez Muñoz), Julen GUERRERO López (53 Miguel Narváez Machón "KIKO"), Juan Antonio PIZZI Torroja.
Manager: Javier CLEMENTE Lázaro

Goalkeeper José Francisco MOLINA Jiménez came on to play in midfield, because the maximum number of substitutes had already been used by Spain. Therefore, only a goalkeeper was allowed to come on as substitute

406. 09.06.1996   UEFA European Championship – Group B
BULGARIA v SPAIN 1-1 (0-0)
Elland Road, Leeds (England)

Referee: Piero Ceccarini (Italy)   Attendance: 24,006

BULGARIA: Borislav Mihailov, Radostin Kishishev, Petar Hubchev, Trifon Ivanov, Iliyan Kiryakov (72 Tsanko Tsvetanov), Yordan Lechkov, Zlatko Yankov, Krasimir Balakov, Emil Kostadinov (73 Ivaylo Yordanov), Hristo Stoichkov, Lyuboslav Penev (76 Daniel Borimirov).
Manager: Dimitar Penev

SPAIN: Andoni ZUBIZARRETA Urreta, Alberto BELSUÉ Arias, Rafael ALKORTA Martínez, ABELARDO Fernández Artuña, SERGI Barjuan Esclusa, José Luis Pérez CAMINERO (82 DONATO Gama da Silva), Fernando Ruiz HIERRO, Julen GUERRERO López (51 José Emilio AMAVISCA Gárate), Guillermo AMOR Martínez (72 ALFONSO Pérez Muñoz), LUIS ENRIQUE Martínez García, Juan Antonio PIZZI Torroja.
Manager: Javier CLEMENTE Lázaro

Goals: Hristo Stoichkov (65 pen) / ALFONSO Pérez Muñoz (73)

Sent off: Petar Hubchev (71) / Juan Antonio PIZZI (74)

407. 15.06.1996   UEFA European Championship – Group B
FRANCE v SPAIN 1-1 (0-0)
Elland Road, Leeds (England)

Referee: Vadim Zhuk (Belarus)   Attendance: 35,626

FRANCE: Bernard Lama, Jocelyn Angloma (65 Alain Roche), Laurent Blanc, Marcel Desailly, Christian Karembeu, Bixente Lizarazu, Didier Deschamps, Vincent Guérin (81 Lilian Thuram), Zinédine Zidane, Youri Djorkaeff, Patrice Loko (73 Christophe Dugarry).   Manager: Aimé Jacquet

SPAIN: Andoni ZUBIZARRETA Urreta, Jorge OTERO Bouzas (58 Francisco Miguel Narváez Machón "KIKO"), Rafael ALKORTA Martínez, Juan Manuel "Juanma" LÓPEZ Martinez, ABELARDO Fernández Antuña, SERGI Barjuan Esclusa, José Emilio AMAVISCA Gárate, Fernando Ruiz HIERRO, José Luis Pérez CAMINERO, LUIS ENRIQUE Martínez García (54 Javier MANJARÍN Pereda), ALFONSO Pérez Muñoz (82 JULIO SALINAS Fernández).   Manager: Javier CLEMENTE Lázaro

Goals: Youri Djorkaeff (48) / José Luis Pérez CAMINERO (87)

408. 18.06.1996   UEFA European Championship – Group B
SPAIN v ROMANIA 2-1 (1-1)
Elland Road, Leeds (England)

Referee: Ahmet Çakar (Turkey)   Attendance: 32,719

SPAIN: Andoni ZUBIZARRETA Urreta, Juan Manuel "Juanma" LÓPEZ Martinez, Rafael ALKORTA Martínez, ABELARDO Fernández Antuña (63 Guillermo AMOR Martínez), SERGI Barjuan Esclusa, José Emilio AMAVISCA Gárate (71 Julen GUERRERO López), Miguel Ángel NADAL Homar, Fernando Ruiz HIERRO, Javier MANJARÍN Pereda, Juan Antonio PIZZI Torroja (56 ALFONSO Pérez Muñoz), Francisco Miguel Narváez Machón "KIKO".
Manager: Javier CLEMENTE Lázaro

ROMANIA: Florin Prunea, Dan Petrescu, Daniel Prodan (86 Ioan Lupescu), Anton Dobos, Tibor Selymes, Gheorghe Popescu, Constantin Gâlca, Gheorghe Hagi, Ovidiu Stînga, Florin Raducioiu (78 Ion Vladoiu), Adrian Ilie (66 Dorinel Munteanu).   Manager: Anghel Iordanescu

Goals: Javier MANJARÍN Pereda (10), Guillermo AMOR Martínez (83) / Florin Raducioiu (28)

409. 22.06.1996   UEFA European Championship – Quarter-final
ENGLAND v SPAIN 0-0 (AET)
British Empire Exhibition Stadium, London (England)
Referee: Marc Batta (France)   Attendance: 75,447

ENGLAND: David Seamon, Gary Neville, Tony Adams, Gareth Southgate, Stuart Pearce, Steve McManaman (109 Steve Stone), David Platt, Paul Gascoigne, Darren Anderton (109 Nick Barmby), Teddy Sheringham (109 Robbie Fowler), Alan Shearer.   Manager: Terry Venables

SPAIN: Andoni ZUBIZARRETA Urreta, Alberto BELSUÉ Arias, Rafael ALKORTA Martínez (73 Juan Manuel "Juanma" LÓPEZ Martinez), ABELARDO Fernández Antuña, SERGI Barjuan Esclusa, Javier MANJARÍN Pereda (46 José Luis Pérez CAMINERO), Fernando Ruiz HIERRO, Miguel Ángel NADAL Homar, Guillermo AMOR Martínez, Francisco Miguel Narváez Machón "KIKO", JULIO SALINAS Fernández (46 ALFONSO Pérez Muñoz).   Manager: Javier CLEMENTE Lázaro

Penalties: 1-0 Alan Shearer, Fernando Ruiz HIERRO (miss), 2-0 David Platt, 2-1 Guillermo AMOR, 3-1 Stuart Pearce, 3-2 Alberto BELSUÉ Arias, 4-2 Paul Gascoigne, Miguel Ángel NADAL Homar (miss)

410. 04.09.1996   FIFA World Cup Qualification – Group 6
FAROE ISLANDS v SPAIN 2-6 (0-1)
Svangaskard, Toftir

Referee: Philippe Leduc (France)   Attendance: 4,200

FAROE ISLANDS: Jens Martin Knudsen, Allan Joensen, Øssur Hansen, Óli Johannesen, Jens Kristian Hansen, Julian Johnsson, Allan Mørkøre, Henning Jarnskor, John Petersen (79 Símun Eliasen), Jan Allan Müller (74 Uni Arge), Todi Jónsson. Manager: Allan Simonsen

SPAIN: Andoni ZUBIZARRETA Urreta, Alberto BELSUÉ Arias, Agustín ARANZÁBAL Alkorta (71 Julen GUERRERO López), Rafael ALKORTA Martínez (46 ABELARDO Fernández Antuña), SERGI Barjuan Esclusa, Miguel Ángel NADAL Homar, Josep "Pep" GUARDIOLA Sala, Fernando Ruiz HIERRO, LUIS ENRIQUE Martínez García, Juan Antonio PIZZI Torroja (59 ALFONSO Pérez Muñoz), Francisco Miguel Narváez Machón "KIKO".
Manager: Javier CLEMENTE Lázaro

Goals: Todi Jónsson (46), Uni Arge (90) / LUIS ENRIQUE Martínez García (37), ALFONSO Pérez Muñoz (63, 84, 87), Óli Johannesen (70 og), Fernando Ruiz HIERRO (85)

411. 09.10.1996   FIFA World Cup Qualification – Group 6
CZECH REPUBLIC v SPAIN 0-0
Letenský Stadion, Prague

Referee: Per Stefan Anders Frisk (Sweden)
Attendance: 19,223

CZECH REPUBLIC: Pavel Srnícek, Radoslav Látal, Jan Suchopárek, Pavel Nedved (86 Martin Frýdek), Miroslav Kadlec, Michal Hornák, Jirí Nemec, Karel Poborský (58 Vladimír Smicer), Pavel Kuka, Patrik Berger, Radek Bejbl.
Manager: Dusan Uhrin

SPAIN: Andoni ZUBIZARRETA Urreta, Miguel Ángel NADAL Homar, Rafael ALKORTA Martínez, ABELARDO Fernández Antuña, SERGI Barjuan Esclusa, Fernando Ruiz HIERRO, Julen GUERRERO López (52 Josep "Pep" GUARDIOLA Sala), Guillermo AMOR Martínez (77 Ismael URZÁIZ Aranda), LUIS ENRIQUE Martínez García, ALFONSO Pérez Muñoz (72 Roberto RÍOS Patus), RAÚL González Blanco.   Manager: Javier CLEMENTE Lázaro

412. 13.11.1996   FIFA World Cup Qualification – Group 6
SPAIN v SLOVAKIA 4-1 (1-1)
Estadio Heliodoro Rodríguez López, Santa Cruz de Tenerife

Referee: Dr. Markus Merk (Germany)   Attendance: 13,500

SPAIN: Andoni ZUBIZARRETA Urreta, Alberto BELSUÉ Arias, Rafael ALKORTA Martínez, Miguel Ángel NADAL Homar, SERGI Barjuan Esclusa, Fernando Ruiz HIERRO (75 Roberto RÍOS Patus), Julen GUERRERO López (56 Francisco Miguel Narváez Machón "KIKO"), Guillermo AMOR Martínez (58 Josep "Pep" GUARDIOLA Sala), LUIS ENRIQUE Martínez García, Juan Antonio PIZZI Torroja, RAÚL González Blanco.
Manager: Javier CLEMENTE Lázaro

SLOVAKIA: Alexander Vencel, Dusan Tittel, Ivan Kozák, Miroslav Karhan, Vladimír Kinder, Samuel Slovák, Róbert Tomaschek, Július Simon, Marek Ujlaky (65 Rastislav Kostka), Jaroslav Timko (52 Lubomír Luhový), Tibor Jancula.
Manager: Jozef Jankech

Goals: Juan Antonio PIZZI Torroja (30), Guillermo AMOR Martínez (46), LUIS ENRIQUE Martínez García (57), Fernando Ruiz HIERRO (61) / Dusan Tittel (39)

413. 14.12.1996   FIFA World Cup Qualification – Group 6

SPAIN v YUGOSLAVIA 2-0 (2-0)

Estadio de Mestalla, Valencia

Referee: Serge Muhmenthaler (Switzerland)
Attendance: 37,000

SPAIN: Andoni ZUBIZARRETA Urreta, Rafael ALKORTA Martínez, Miguel Ángel NADAL Homar, ABELARDO Fernández Antuña, SERGI Barjuan Esclusa, Roberto RÍOS Patus, Josep "Pep" GUARDIOLA Sala, LUIS ENRIQUE Martínez García, Francisco Miguel Narváez Machón "KIKO" (75 Javier MANJARÍN Pereda), ALFONSO Pérez Muñoz (62 Guillermo AMOR Martínez), RAÚL González Blanco (86 Julen GUERRERO López).   Manager: Javier CLEMENTE Lázaro

YUGOSLAVIA: Aleksandar Kocic, Nisa Saveljic, Risto Vidakovic (75 Milinko Pantic, 79 Albert Nadj), Goran Djorovic, Slavisa Jokanovic, Miroslav Djukic, Branko Brnovic, Vladimir Jugovic, Dejan Savicevic, Predrag Mijatovic, Dragan Stojkovic.   Manager: Slobodan Santrac

Goals: Josep "Pep" GUARDIOLA Sala (19 pen), RAÚL González Blanco (37)

Sent off: Nisa Saveljic (84)

414. 18.12.1996   FIFA World Cup Qualification – Group 6

MALTA v SPAIN 0-3 (0-3)

Ta'Qali National Stadium, Attard

Referee: Nikolay Levnikov (Russia)   Attendance: 3,200

MALTA: Reginald Cini, Jeffrey Chetcuti, Richard Buhagiar, Silvio Vella, Darren Debono, Ivan Zammit, Gilbert Agius (80 Stefan Sultana), Noel Turner, Hubert Suda (70 Brian Said), Joe Brincat, Antoine Zahra.   Manager: Milorad Kosanovic

SPAIN: Andoni ZUBIZARRETA Urreta, Alberto BELSUÉ Arias (69 ARMANDO Álvarez Álvarez), Agustín ARANZÁBAL Alkorta, ABELARDO Fernández Antuña, Miguel Ángel NADAL Homar, Josep "Pep" GUARDIOLA Sala (61 Guillermo AMOR Martínez), Roberto RÍOS Patus, Julen GUERRERO López, LUIS ENRIQUE Martínez García, RAÚL González Blanco (61 Javier MANJARÍN Pereda), Juan Antonio PIZZI Torroja.   Manager: Javier CLEMENTE Lázaro

Goals: Julen GUERRERO López (8, 27, 33)

Sent off: Darren Debono (68) / Guillermo AMOR Martínez (85)

415. 12.02.1997   FIFA World Cup Qualification – Group 6

SPAIN v MALTA 4-0 (2-0)

Estadio José Rico Pérez, Alicante

Referee: Stephen John (Steve) Lodge (England)
Attendance: 28,000

SPAIN: Andoni ZUBIZARRETA Urreta, ARMANDO Álvarez Álvarez, Agustín ARANZÁBAL Alkorta, ABELARDO Fernández Antuña, Miguel Ángel NADAL Homar, Fernando Ruiz HIERRO (46 Roberto RÍOS Patus), Josep "Pep" GUARDIOLA Sala (74 Julen GUERRERO López), Javier MANJARÍN Pereda, LUIS ENRIQUE Martínez García, ALFONSO Pérez Muñoz, RAÚL González Blanco (46 Juan Antonio PIZZI Torroja).
Manager: Javier CLEMENTE Lázaro

MALTA: Reginald Cini, Lawrence Attard, Richard Buhagiar (84 Joe Galea), Jeffrey Chetcuti, Ivan Zammit (77 David Camilleri), Gilbert Agius (64 David Carabott), Hubert Suda, Noel Turner, Joe Brincat, Antoine Zahra, Silvio Vella. Manager: Milorad Kosanovic

Goals: Josep "Pep" GUARDIOLA Sala (25), ALFONSO Pérez Muñoz (40, 47), Juan Antonio PIZZI Torroja (90)

416. 30.04.1997   FIFA World Cup Qualification – Group 6

YUGOSLAVIA v SPAIN 1-1 (0-1)

Stadion Crvena Zvezda, Beograd

Referee: Rune Pedersen (Norway)   Attendance: 49,253

YUGOSLAVIA: Ivica Kralj, Zoran Mirkovic, Goran Djorovic, Risto Vidakovic (46 Zeljko Petrovic), Miroslav Djukic, Sinisa Mihajlovic (58 Dragan Ciric), Dejan Govedarica, Dejan Savicevic (34 Savo Milosevic), Predrag Mijatovic, Dragan Stojkovic, Ljubinko Drulovic.   Manager: Slobodan Santrac

SPAIN: Andoni ZUBIZARRETA Urreta, Rafael ALKORTA Martínez, ABELARDO Fernández Antuña, Miguel Ángel NADAL Homar, SERGI Barjuan Esclusa, Roberto RÍOS Patus (56 Juan Manuel "Juanma" LÓPEZ Martinez), Fernando Ruiz HIERRO, Josep "Pep" GUARDIOLA Sala, Francisco Miguel Narváez Machón "KIKO" (55 LUIS ENRIQUE Martínez García), ALFONSO Pérez Muñoz (69 Guillermo AMOR Martínez), RAÚL González Blanco.
Manager: Javier CLEMENTE Lázaro

Goals: Predrag Mijatovic (87 pen) / Fernando Ruiz HIERRO (18 pen)

417. 08.06.1997   FIFA World Cup Qualification – Group 6
SPAIN v CZECH REPUBLIC 1-0 (1-0)
Nuevo Estadio Municipal José Zorrilla, Valladolid

Referee: Hugh Dallas (Scotland)   Attendance: 24,544

SPAIN: Andoni ZUBIZARRETA Urreta, Albert FERRER Llopis, Rafael ALKORTA Martínez, ABELARDO Fernández Antuña, José Emilio AMAVISCA Gárate (71 Guillermo AMOR Martínez), Javier MANJARÍN Pereda (56 Ismael URZÁIZ Aranda), Fernando Ruiz HIERRO, Josep "Pep" GUARDIOLA Sala, Francisco Miguel Narváez Machón "KIKO" (78 Roberto RÍOS Patus), ALFONSO Pérez Muñoz, RAÚL González Blanco.   Manager: Javier CLEMENTE Lázaro

CZECH REPUBLIC: Pavel Srnícek, Radoslav Látal, Karel Rada, Pavel Nedved, Miroslav Kadlec (79 Karel Poborský), Michal Hornák, Jirí Nemec, Tomás Repka, Martin Cízek (69 Martin Frýdek), Vladimír Smicer, René Wagner (74 Horst Siegl).   Manager: Dusan Uhrin

Goal: Fernando Ruiz HIERRO (41 pen)

418. 24.09.1997   FIFA World Cup Qualification – Group 6
SLOVAKIA v SPAIN 1-2 (0-0)
Tehelné pole, Bratislava

Referee: László Vágner (Hungary)   Attendance: 13,667

SLOVAKIA: Ladislav Molnár, Dusan Tittel, Ivan Kozák, Marek Spilár, Vladimír Kinder, Igor Balis, Róbert Tomaschek, Július Simon (65 Vladislav Zvara), Tibor Jancula (85 Marek Ujlaky), Jozef Majoros, Jozef Kozlej (54 Lubomír Luhový).   Manager: Jozef Jankech

SPAIN: Andoni ZUBIZARRETA Urreta, Albert FERRER Llopis (62 Juan Carlos AGUILERA Martín), Roberto RÍOS Patus, Rafael ALKORTA Martínez, Miguel Ángel NADAL Homar, SERGI Barjuan Esclusa, Fernando Ruiz HIERRO, LUIS ENRIQUE Martínez García, Francisco Miguel Narváez Machón "KIKO" (88 Oliverio Jesús "OLI" Álvarez González), ALFONSO Pérez Muñoz (72 Guillermo AMOR Martínez), RAÚL González Blanco.   Manager: Javier CLEMENTE Lázaro

Goals: Jozef Majoros (75) / Francisco Miguel Narváez Machón "KIKO" (47), Guillermo AMOR Martínez (76)

419. 11.10.1997   FIFA World Cup Qualification – Group 6
SPAIN v FAROE ISLANDS 3-1 (2-1)
Estadio Municipal El Molinón, Gijón

Referee: Jacek Granat (Poland)   Attendancce: 10,000

SPAIN: Andoni ZUBIZARRETA Urreta, Juan Carlos AGUILERA Martín (80 Albert FERRER Llopis), Santiago "SANTI" Denia Sánchez, ABELARDO Fernández Antuña, SERGI Barjuan Esclusa, Fernando Ruiz HIERRO (57 Josep "Pep" GUARDIOLA Sala), LUIS ENRIQUE Martínez García, RAÚL González Blanco, Guillermo AMOR Martínez, Oliverio Jesús "OLI" Álvarez González, Juan Antonio PIZZI Torroja (70 José Emilio AMAVISCA Gárate).   Manager: Javier CLEMENTE Lázaro

FAROE ISLANDS: Jens Martin Knudsen, Óli Johannesen, Jens Kristian Hansen, Pól Thorsteinsson, Øssur Hansen (78 Arnbjørn Danielsen), Magni Jarnskor, Julian Johnsson, Sámal Joensen (89 Ingi Rasmussen), Jan Christian Dam, Jan Allan Müller, John Petersen (48 Jens Erik Rasmussen).   Manager: Allan Simonsen

Goals: LUIS ENRIQUE Martínez García (19, 84), Oliverio Jesús "OLI" Álvarez González (27) / Jens Kristian Hansen (44)

420. 19.11.1997
SPAIN v ROMANIA 1-1 (0-0)
Estadio Lluís Sitjar, Palma de Mallorca

Referee: Fiorenzo Treossi (Italy)   Attendance: 16,000

SPAIN: Andoni ZUBIZARRETA Urreta, Juan Carlos AGUILERA Martín (46 Albert FERRER Llopis), Rafael ALKORTA Martínez (64 Guillermo AMOR Martínez), ABELARDO Fernández Antuña, Miguel Ángel NADAL Homar, SERGI Barjuan Esclusa, Fernando Ruiz HIERRO (46 Roberto RÍOS Patus), Jordi LARDÍN Cruz, Joseba ETXEBERRÍA Lizardi, Francisco Miguel Narváez Machón "KIKO" (46 RAÚL González Blanco), ALFONSO Pérez Muñoz (69 Juan Antonio PIZZI Torroja).   Manager: Javier CLEMENTE Lázaro

ROMANIA: Bogdan Stelea, Dan Petrescu, Daniel Prodan, Anton Dobos (46 Gabriel Popescu), Constantin Gâlca, Gheorghe Popescu, Tibor Selymes (79 Cristian Dulca), Gheorghe Hagi, Iulian Filipescu (67 Lucian Marinescu), Gheorghe (Gica) Craioveanu (62 Marius Lacatus), Viorel Moldovan (46 Catalin Munteanu).   Manager: Anghel Iordanescu

Goals: Joseba ETXEBERRÍA Lizardi (49) / Gabriel Popescu (82)

421. 28.01.1998
FRANCE v SPAIN 1-0 (1-0)

Stade de France, Saint-Denis

Referee: Urs Meier (Switzerland)   Attendance: 78,836

FRANCE: Fabien Barthez, Lilian Thuram, Laurent Blanc, Marcel Desailly, Ibrahim Ba (62 Robert Pirès), Didier Deschamps (62 Vincent Candela), Alain Boghossian, Bernard Diomède, Zinédine Zidane, Youri Djorkaeff (90+5 Frank Lebœuf), Stéphane Guivarc'h (74 David Trézéguet). Manager: Aimé Jacquet

SPAIN: Andoni ZUBIZARRETA Urreta, Juan Carlos AGUILERA Martín, Rafael ALKORTA Martínez, ABELARDO Fernández Antuña, Miguel Ángel NADAL Homar, SERGI Barjuan Esclusa (59 Roberto RÍOS Patus), Guillermo AMOR Martínez (80 FERNANDO SÁNCHEZ Cipitria), LUIS ENRIQUE Martínez García, Joseba ETXEBERRÍA Lizardi (53 Jordi LARDÍN Cruz), RAÚL González Blanco (73 Juan Antonio PIZZI Torroja), ALFONSO Pérez Muñoz. Managers: José Antonio CAMACHO Alfaro & Javier CLEMENTE Lázaro

Goal: Zinédine Zidane (20)

422. 25.03.1998
SPAIN v SWEDEN 4-0 (3-0)

Estadio Municipal de Balaídos, Vigo

Referee: Georg Dardenne (Germany)   Attendance: 17,000

SPAIN: Andoni ZUBIZARRETA Urreta, Albert FERRER Llopis, IVÁN CAMPO Ramos (74 Roberto RÍOS Patus), Miguel Ángel NADAL Homar, SERGI Barjuan Esclusa, Fernando Ruiz HIERRO (46 Santiago "SANTI" Denia Sánchez), Guillermo AMOR Martínez, FERNANDO SÁNCHEZ Cipitria (61 Joseba ETXEBERRÍA Lizardi), LUIS ENRIQUE Martínez García, RAÚL González Blanco (46 Francisco Miguel Narváez Machón "KIKO"), Fernando MORIENTES Sánchez (46 ALFONSO Pérez Muñoz). Managers: José Antonio CAMACHO Alfaro & Javier CLEMENTE Lázaro

SWEDEN: Håkan Svensson, Joachim Björklund, Gary Sundgren (70 Teddy Lucic), Patrik Andersson, Roland Nilsson, Henrik Larsson (82 Yksel Osmanovski), Stefan Schwarz, Pär Zetterberg, Klas Ingesson, Kennet Andersson, Jörgen Pettersson (70 Håkan Mild).   Manager: Tommy Söderberg

Goals: Fernando MORIENTES Sánchez (1, 5), RAÚL González Blanco (30), Joseba ETXEBERRÍA (65)

423. 03.06.1998
SPAIN v NORTHERN IRELAND 4-1 (2-1)

Estadio El Sardinero, Santander

Referee: Gilles Veissière (France)   Attendance: 18,120

SPAIN: José Santiago CAÑIZARES Ruiz, Albert FERRER Llopis, IVÁN CAMPO Ramos, ABELARDO Fernández Antuña, SERGI Barjuan Esclusa (46 Agustín ARANZÁBAL Alkorta), Guillermo AMOR Martínez, Joseba ETXEBERRÍA Lizardi, Albert CELADES López, Julen GUERRERO López (46 Francisco Miguel Narváez Machón "KIKO"), RAÚL González Blanco (46 ALFONSO Pérez Muñoz), Juan Antonio PIZZI Torroja (46 Fernando MORIENTES Sánchez). Managers: José Antonio CAMACHO Alfaro & Javier CLEMENTE Lázaro

NORTHERN IRELAND: Alan Fettis, Iain Jenkins, Aaron Hughes, Jim Whitley, Gerry Taggart, Steve Morrow (64 Darren Patterson), Jon McCarthy, Neil Lennon (89 Jeff Whitley), Iain Dowie, Michael Hughes, Jim Magilton (75 Phil Mulryne). Manager: Lawrie McMenemy

Goals: Juan Antonio PIZZI Torroja (29, 37), Fernando MORIENTES Sánchez (47, 67) / Gerry Taggart (43)

424. 13.06.1998   FIFA World Cup Final Tournament – Group D
SPAIN v NIGERIA 2-3 (1-1)

Stade de la Beaujoire – Louis Fonteneau, Nantes (France)

Referee: Esfandiar (Esse) Baharmast (United States)   Attendance: 33,257

SPAIN: Andoni ZUBIZARRETA Urreta, Albert FERRER Llopis (46 Guillermo AMOR Martínez), Rafael ALKORTA Martínez, IVÁN CAMPO Ramos, Miguel Ángel NADAL Homar (76 Albert CELADES López), LUIS ENRIQUE Martínez García, Fernando Ruiz HIERRO, RAÚL González Blanco, SERGI Barjuan Esclusa, ALFONSO Pérez Muñoz (58 Joseba ETXEBERRÍA Lizardi) Francisco Miguel Narváez Machón "KIKO".   Manager: Javier CLEMENTE Lázaro

NIGERIA: Peter Rufai, Mobi Oparaku (69 Rashidi Yekini), Taribo West, Uche Okechukwu, Celestine Babayaro, Mutiu Adepoju, Sunday Oliseh, Finidi George, Jay Jay Okocha, Garba Lawal (90+3 Godwin Okpara), Victor Ikpeba (83 Tijani Babangida).   Manager: Bora Milutinovic

Goals: Fernando HIERRO (21), RAÚL González Blanco (47) / Mutiu Adepoju (24), Andoni ZUBIZARRETA Urreta (72 og), Sunday Oliseh (77)

425. 19.06.1998 FIFA World Cup Final Tournament – Group D
SPAIN v PARAGUAY 0-0
Stade Geoffroy Guichard, Saint-Étienne (France)
Referee: Ian McLeod (South Africa)   Attendance: 30,600

SPAIN: Andoni ZUBIZARRETA Urreta, Juan Carlos AGUILERA Martín, Rafael ALKORTA Martínez, ABELARDO Fernández Antuña (57 Albert CELADES López), SERGI Barjuan Esclusa, Fernando Ruiz HIERRO, Guillermo AMOR Martínez, Joseba ETXEBERRÍA Lizardi, LUIS ENRIQUE Martínez García, RAÚL González Blanco (66 Francisco Miguel Narváez Machón "KIKO"), Juan Antonio PIZZI Torroja (53 Fernando MORIENTES Sánchez).
Manager: Javier CLEMENTE Lázaro

PARAGUAY: José Luis Félix CHILAVERT González, Francisco Javier ARCE Rolón, Celso Rafael AYALA Gavilán, Carlos Alberto GAMARRA Pavón, Pedro Alcides SARABIA Achucarro, Denis Ramón CANIZA Acuña, Roberto Miguel ACUÑA Cabello (73 Julio César YEGROS Torres), Miguel Ángel BENÍTEZ Pavón, Julio César ENCISO Ferreira, Jorge Luis CAMPOS Velasquez (46 Carlos Humberto PAREDES Monges), Arístides Fabián ROJAS Aranda (83 César Augusto RAMÍREZ Caje).   Manager: Paulo César CARPEGIANI

426. 24.06.1998 FIFA World Cup Final Tournament – Group D
SPAIN v BULGARIA 6-1 (2-0)
Stade Félix Bollaert, Lens (France)
Referee: Mario van der Ende (Netherlands)
Attendance: 41,275

SPAIN: Andoni ZUBIZARRETA Urreta, Juan Carlos AGUILERA Martín, Rafael ALKORTA Martínez, Miguel Ángel NADAL Homar, SERGI Barjuan Esclusa, Fernando Ruiz HIERRO, Guillermo AMOR Martínez, Joseba ETXEBERRÍA Lizardi (52 RAÚL González Blanco), LUIS ENRIQUE Martínez García (70 Julen GUERRERO López), Fernando MORIENTES Sánchez, ALFONSO Pérez Muñoz (65 Francisco Miguel Narváez Machón "KIKO").
Manager: Javier CLEMENTE Lázaro

BULGARIA: Zdravko Zdravkov, Anatoli Nankov (29 Lyuboslav Penev), Trifon Ivanov, Radostin Kishishev, Daniel Borimirov, Gosho Ginchev, Ivaylo Yordanov, Krasimir Balakov (61 Mariyan Hristov), Georgi Bachev, Hristo Stoichkov (46 Ilian Iliev), Emil Kostadinov.   Manager: Hristo Bonev

Goals: Fernando Ruiz HIERRO (6 pen), LUIS ENRIQUE Martínez García (19), Fernando MORIENTES Sánchez (54, 81), Francisco Miguel Narváez Machón "KIKO" (88, 90) / Emil Kostadinov (56).

427. 05.09.1998 UEFA Euro 2000 Qualifying – Group 6
CYPRUS v SPAIN 3-2 (1-0)
Antonis Papadopoulos Stadium, Larnaca
Referee: Sergei Khusainov (Russia)   Attendance: 1,876

CYPRUS: Nikos Panayiotou, Panagiotis Engomitis, Pambos Pittas, Dimitris Ioannou (81 Akis Ioakim), Vassos Melanarkitis, Sinisa Gogic (62 Marios Agathokleous), Milenko Spoljaric, Kostas Malekkos (59 Panikos Pounnas), Marios Christodoulou, Marios Charalambous, Kostas Kosta.
Manager: Panikos Georgiou

SPAIN: José Santiago CAÑIZARES Ruiz, Miguel Ángel "MÍCHEL" SALGADO Fernández, Miguel Ángel NADAL Homar (66 Guillermo AMOR Martínez), Rafael ALKORTA Martínez, SERGI Barjuan Esclusa, Joseba ETXEBERRÍA Lizardi (60 Santiago "Santi" EZQUERRO Marín), Fernando Ruiz HIERRO, RAÚL González Blanco, LUIS ENRIQUE Martínez García, ALFONSO Pérez Muñoz (39 Francisco Miguel Narváez Machón "KIKO"), Fernando MORIENTES Sánchez.   Manager: Javier CLEMENTE Lázaro

Goals: Panagiotis Engomitis (43), Sinisa Gogic (49), Milenko Spoljaric (77) / RAÚL González Blanco (73), Fernando MORIENTES Sánchez (85).

428. 23.09.1998
SPAIN v RUSSIA 1-0 (1-0)
Estadio Nuevo Los Cármenes, Granada
Referee: Said Belqola (Morocco)   Attendance: 16,000

SPAIN: José Santiago CAÑIZARES Ruiz, Juan Carlos AGUILERA Martín (77 Joseba ETXEBERRÍA Lizardi), Rafael ALKORTA Martínez, Fernando Ruiz HIERRO, SERGI Barjuan Esclusa, Vicente ENGONGA Maté, Bittor ALKIZA Fernández, LUIS ENRIQUE Martínez García (85 Jordi LARDÍN Cruz), RAÚL González Blanco (89 Antonio Álvarez Pérez "ITO"), Francisco Miguel Narváez Machón "KIKO" (68 Fernando MORIENTES Sánchez), Francisco Javier DE PEDRO Falque (30 Francisco Manuel "PACO" Jémez Martín).
Manager: José Antonio CAMACHO Alfaro

RUSSIA: Sergey Ovchinnikov, Dmitriy Khlestov, Yevgeniy Varlamov (56 Artyom Yevin), Valeriy Minko (46 Aleksandr Shmarko), Sergey Semak (73 Vladislav Radimov), Valery Yesipov, Viktor Onopko, Valeriy Karpin, Sergey Kiryakov (80 Dmitriy Cheryshev), Aleksandr Mostovoy, Vladimir Beschastnykh (60 Oleg Teryokhin).
Manager: Anatoliy Byshovets

Goal: Bittor ALKIZA Fernández (39)

Sent off: SERGI Barjuan Esclusa (27)

429. 14.10.1998   UEFA Euro 2000 Qualifying – Group 6

ISRAEL v SPAIN 1-2 (0-0)

National Stadium, Ramat Gan

Referee: David Roland Elleray (England)   Attendance: 37,000

ISRAEL: Rafi Cohen, Alon Harazi, Arik Benado, Ran Ben Shimon, Najwan Ghrayib, Alon Hazan (75 Tal Banin), Walid Badir, Jan Talesnikov (58 Alon Mizrahi), Avi Nimni, Eyal Berkovic, Haim Revivo.   Manager: Shlomo Scharf

SPAIN: José Santiago CAÑIZARES Ruiz, Miguel Ángel "MÍCHEL" SALGADO Fernández, Fernando Ruiz HIERRO, Rafael ALKORTA Martínez, Agustín ARANZÁBAL Alkorta, LUIS ENRIQUE Martínez García, Vicente ENGONGA Maté, Bittor ALKIZA Fernández, Francisco Javier DE PEDRO Falque (73 Joseba ETXEBERRÍA Lizardi), Francisco Miguel Narváez Machón "KIKO" (88 Ismael URZÁIZ Aranda), RAÚL González Blanco (89 MARCOS VALES Illanes).
Manager: José Antonio CAMACHO Alfaro

Goals: Alon Hazan (64) / Fernando Ruiz HIERRO (66), Joseba ETXEBERRÍA Lizardi (78)

430. 18.11.1998

ITALY v SPAIN 2-2 (1-1)

Stadio Arechi, Salerno

Referee: Fernand Meese (Belgium)   Attendance: 17,981

ITALY: Angelo Peruzzi, Christian Panucci (46 Moreno Torricelli), Fabio Cannavaro, Paolo Maldini, Giuseppe Favalli (60 Gianluca Pessotto), Diego Fuser (46 Enrico Chiesa), Dino Baggio (46 Damiano Tommasi), Demetrio Albertini (46 Luigi Di Biagio), Eusebio Di Francesco, Francesco Totti, Filippo Inzaghi.   Manager: Dino Zoff

SPAIN: José Santiago CAÑIZARES Ruíz (83 Antonio "TONI" Jiménez Sistachs), Miguel Ángel "MÍCHEL" SALGADO Fernández, MARCELINO Elena Sierra, Francisco Manuel "PACO" Jémez Martín, SERGI Barjuan Esclusa, Joseba ETXEBERRÍA Lizardi (46 Daniel García Lara "DANI"), Vicente ENGONGA Maté (46 Iván HELGUERA Bujía), Bittor ALKIZA Fernández (46 Juan Carlos VALERÓN Santana), RAÚL González Blanco, Francisco Javier DE PEDRO Falque (63 Agustín ARANZÁBAL Alkorta), Ismael URZÁIZ Aranda (76 Juan Ginés SÁNCHEZ Moreno).
Manager: José Antonio CAMACHO Alfaro

Goals: Filippo Inzaghi (13, 74) / Francisco Javier DE PEDRO Falque (33), RAÚL González Blanco (82 pen)

431. 27.03.1999   UEFA Euro 2000 Qualifying – Group 6

SPAIN v AUSTRIA 9-0 (5-0)

Estadio de Mestalla, Valencia

Referee: Gilles Veissière (France)   Attendance: 35,000

SPAIN: José Santiago CAÑIZARES Ruíz, Miguel Ángel "MÍCHEL" SALGADO Fernández, Fernando Ruiz HIERRO, MARCELINO Elena Sierra, SERGI Barjuan Esclusa, Joseba ETXEBERRÍA Lizardi (83 Daniel García Lara "DANI"), Josep "Pep" GUARDIOLA Sala, Juan Carlos VALERÓN Santana (72 Gaizka MENDIETA Zabala), Francisco Javier González Pérez "FRAN", RAÚL González Blanco, Ismael URZÁIZ Aranda (60 Pedro Manuel MUNITIS Álvarez).
Manager: José Antonio CAMACHO Alfaro

AUSTRIA: Franz Wohlfahrt, Wolfgang Feiersinger (53 Walter Kogler), Peter Schöttel, Anton Pfeffer, Günther Neukirchner, Roman Mählich, Andreas Herzog, Christian Prosenik (58 Hannes Reinmayr), Arnold Wetl, Harald Cerny, Mario Haas (70 Christian Mayrleb).   Manager: Herbert Prohaska

Goals: RAÚL González Blanco (7, 17, 47, 74), Ismael URZÁIZ Aranda (30, 45), Fernando Ruiz HIERRO (34 pen), Arnold Wetl (77 og), Francisco Javier González Pérez "FRAN" (84)

432. 31.03.1999   UEFA Euro 2000 Qualifying – Group 6

SAN MARINO v SPAIN 0-6 (0-2)

Stadio Olimpico, Serravalle

Referee: Goran Maric (Croatia)   Attendance: 2,020

SAN MARINO: Federico Gasperoni, Ermanno Zonzini, Mirco Gennari, Mauro Marani, Vittorio Valentini, Mauro Valentini, Luca Gobbi (51 Simone Della Balda), Pierangelo Manzaroli, Bryan Gasperoni (76 Riccardo Muccioli), Paolo Montagna (59 Davide Gualtieri), Andy Selva.
Manager: Giampaolo Mazza

SPAIN: José Santiago CAÑIZARES Ruíz, Miguel Ángel "MÍCHEL" SALGADO Fernández, MARCELINO Elena Sierra, Francisco Manuel "PACO" Jémez Martín, SERGI Barjuan Esclusa, Joseba ETXEBERRÍA Lizardi, Josep "Pep" GUARDIOLA Sala (70 Vicente ENGONGA Maté), Juan Carlos VALERÓN Santana (78 Iván HELGUERA Bujía), Francisco Javier González Pérez "FRAN", RAÚL González Blanco, Ismael URZÁIZ Aranda (62 Daniel García Lara "DANI").
Manager: José Antonio CAMACHO Alfaro

Goals: Francisco Javier González Pérez "FRAN" (21), RAÚL González Blanco (45, 58, 67), Ismael URZÁIZ (50), Joseba ETXEBERRÍA Lizardi (74)

433. 05.05.1999
SPAIN v CROATIA 3-1 (1-1)

Estadio Olímpico de Sevilla, Sevilla

Referee: Pierluigi Collina (Italy)   Attendance: 57,000

SPAIN: José Santiago CAÑIZARES Ruíz, Miguel Ángel "MÍCHEL" SALGADO Fernández, Fernando Ruiz HIERRO (85 Francisco Manuel "PACO" Jémez Martín), MARCELINO Elena Sierra, Agustín ARANZÁBAL Alkorta, Joseba ETXEBERRÍA Lizardi, Vicente ENGONGA Maté (46 José María Gutiérrez Gernández "GUTI"), Josep "Pep" GUARDIOLA Sala (68 Iván HELGUERA Bujía), LUIS ENRIQUE Martínez García (53 Gaizka MENDIETA Zabala), Ismael URZÁIZ Aranda (46 Pedro Manuel MUNITIS Álvarez), Daniel García Lara "DANI". Manager: José Antonio CAMACHO Alfaro

CROATIA: Drazen Ladic, Goran Juric, Igor Tudor, Dario Simic, Robert Jarni, Milan Rapaic (79 Silvio Maric), Krunoslav Jurcic, Zvonimir Boban, Robert Kovac, Goran Vlaovic (72 Igor Cvitanovic), Davor Suker. Manager: Miroslav Blazevic

Goals: Vicente ENGONGA Maté (34), Fernando Ruiz HIERRO (48 pen), Daniel García Lara "DANI" (84) / Davor Suker (10)

435. 18.08.1999
POLAND v SPAIN 1-2 (1-0)

Stadion Wojska Polskiego imienia Marszalka Józefa Pilsudskiego, Warszawa

Referee: Sergei Khusainov (Russia)   Attendance: 8,000

POLAND: Adam Matysek (63 Jerzy Dudek), Dariusz Adamczuk (87 Tomasz Klos), Tomasz Waldoch, Jacek Zielinski, Rafal Siadaczka, Tomasz Hajto, Piotr Swierczewski, Krzysztof Nowak (81 Ryszard Czerwiec), Tomasz Iwan, Artur Wichniarek (87 Piotr Wlodarczyk), Miroslaw Trzeciak (66 Radoslaw Kaluzny). Manager: Janusz Wójcik

SPAIN: José Santiago CAÑIZARES Ruíz (73 José Francisco MOLINA Jiménez), Miguel Ángel "MÍCHEL" SALGADO Fernández, Francisco Manuel "PACO" Jémez Martín, CÉSAR MARTÍN Villar, Agustín ARANZÁBAL Alkorta, Joseba ETXEBERRÍA Lizardi (71 Julen GUERRERO López), Vicente ENGONGA Maté, Francisco Javier FARINÓS Zapata (46 Gaizka MENDIETA Zabala), LUIS ENRIQUE Martínez García (46 Juan Carlos VALERÓN Santana), RAÚL González Blanco, Fernando MORIENTES Sánchez (61 Pedro Manuel MUNITIS Álvarez). Manager: José Antonio CAMACHO Alfaro

Goals: Tomasz Hajto (7) / Fernando MORIENTES (54), Pedro Manuel MUNITIS Álvarez (66)

434. 05.06.1999   UEFA Euro 2000 Qualifying – Group 6
SPAIN v SAN MARINO 9-0 (4-0)

Estadio El Madrigal, Villarreal

Referee: Gerard (Gerry) Perry (Republic of Ireland)   Attendance: 16,000

SPAIN: José Santiago CAÑIZARES Ruíz, Miguel Ángel "MÍCHEL" SALGADO Fernández (62 Pedro Manuel MUNITIS Álvarez), MARCELINO Elena Sierra, Fernando Ruiz HIERRO, Agustín ARANZÁBAL Alkorta, Joseba ETXEBERRÍA Lizardi, Josep "Pep" GUARDIOLA Sala, Julen GUERRERO López (74 Gaizka MENDIETA Zabala), LUIS ENRIQUE Martínez García, RAÚL González Blanco (62 Ismael URZÁIZ Aranda), Fernando MORIENTES Sánchez. Manager: José Antonio CAMACHO Alfaro

SAN MARINO: Federico Gasperoni, Ermanno Zonzini, Mirco Gennari (89 Damiano Vannucci), Mauro Marani, Simone Della Balda, Luca Gobbi, William Guerra, Nicola Bacciocchi, Pier Domenico Della Valle, Paolo Montagna (56 Andrea Ugolini), Pierangelo Manzaroli (74 Vittorio Valentini). Manager: Giampaolo Mazza

Goals: Fernando Ruiz HIERRO (8 pen), LUIS ENRIQUE Martínez García (22, 68, 70), Joseba ETXEBERRIA (25, 45), RAÚL González Blanco (56), Mirco Gennari (87 og), Gaizka MENDIETA Zabala (89)

436. 04.09.1999   UEFA Euro 2000 Qualifying – Group 6
AUSTRIA v SPAIN 1-3 (0-1)

Ernst Happel Stadion, Vienna

Referee: Michel Piraux (Belgium)   Attendance: 27,000

AUSTRIA: Alexander Manninger, Michael Streiter, Thomas Winklhofer, Michael Hatz, Robert Ibertsberger, Dietmar Kühbauer, Roman Mählich (60 Markus Schopp), Roland Kirchler (67 Markus Weissenberger), Harald Cerny, Ivica Vastic, Christian Mayrleb.
Managers: Otto Baric & Dietmar Constantini

SPAIN: José Santiago CAÑIZARES Ruíz, Miguel Ángel "MÍCHEL" SALGADO Fernández, Francisco Manuel "PACO" Jémez Martín, Fernando Ruiz HIERRO, SERGI Barjuan Esclusa, Joseba ETXEBERRÍA Lizardi (80 Gaizka MENDIETA Zabala), Josep "Pep" GUARDIOLA Sala, LUIS ENRIQUE Martínez García, Juan Carlos VALERÓN Santana (72 Vicente ENGONGA Maté), RAÚL González Blanco, Fernando MORIENTES Sánchez (87 Julen GUERRERO López). Manager: José Antonio CAMACHO Alfaro

Goals: Fernando Ruiz HIERRO (49 og) / RAÚL González Blanco (22), Fernando Ruiz HIERRO (55), LUIS ENRIQUE Martínez García (88)

437.   08.09.1999   UEFA Euro 2000 Qualifying – Group 6
SPAIN v CYPRUS 8-0 (5-0)
Estadio Nuevo Vivero, Badajoz
Referee: Alfredo Trentalange (Italy)   Attendance: 13,700

SPAIN: José Santiago CAÑIZARES Ruíz (78 Antonio "TONI" Jiménez Sistachs), Miguel Ángel "MÍCHEL" SALGADO Fernández, Fernando Ruiz HIERRO, CÉSAR MARTÍN Villar, Agustín ARANZÁBAL Alkorta, Joseba ETXEBERRÍA Lizardi (46 Pedro Manuel MUNITIS Álvarez), Josep "Pep" GUARDIOLA Sala, Julen GUERRERO López, LUIS ENRIQUE Martínez García (61 Gaizka MENDIETA Zabala), RAÚL González Blanco, Ismael URZÁIZ Aranda.
Manager: José Antonio CAMACHO Alfaro

CYPRUS: Nikos Panayiotou, Kostas Kosta, Loukas Louka, Panagiotis Engomitis, Pambos Pittas (46 Giorgos Theodotou), Vassos Melanarkitis, Marios Christodoulou, Charis Nikolaou (46 Aristos Aristokleous), Sinisa Gogic (88 Giasemakis Giasoumi), Nikodimos Papavasiliou, Giannis Okkas.
Manager: Stavros Papadopoulos

Goals: Ismael URZÁIZ Aranda (19, 25, 38), Julen GUERRERO López (34, 42, 56), CÉSAR MARTÍN (81), Fernando Ruiz HIERRO (89)

438.   10.10.1999   UEFA Euro 2000 Qualifying – Group 6
SPAIN v ISRAEL 3-0 (2-0)
Estadio Carlos Belmonte, Albacete
Referee: Hellmut Heinz Krug (Germany)
Attendance: 16,100

SPAIN: Antonio "TONI" Jiménez Sistachs, Miguel Ángel "MÍCHEL" SALGADO Fernández, Fernando Ruiz HIERRO (24 CÉSAR MARTÍN Villar), Francisco Manuel "PACO" Jémez Martín, SERGI Barjuan Esclusa, Joseba ETXEBERRÍA Lizardi, Josep "Pep" GUARDIOLA Sala, LUIS ENRIQUE Martínez García, Julen GUERRERO López (70 Gaizka MENDIETA Zabala), RAÚL González Blanco, Fernando MORIENTES Sánchez (78 Ismael URZÁIZ Aranda).
Manager: José Antonio CAMACHO Alfaro

ISRAEL: Dudu Aouate, Alon Hazan (82 Jan Talesnikov), Shimon Gershon, Amir Schelach, Arik Benado (50 Alon Halfon), David Amsalem, Tal Banin, Idan Tal, Eyal Berkovic (68 Yossi Benayoun), Haim Revivo, Amir Turgeman.
Manager: Shlomo Scharf

Goals: Fernando MORIENTES Sánchez (30), CÉSAR MARTÍN Villar (38), RAÚL González Blanco (52)

439.   13.11.1999
SPAIN v BRAZIL 0-0
Estadio Municipal de Balaídos, Vigo
Referee: Renatus Hendrikus Johannes (René) Temmink (Netherlands)   Attendance: 31,000

SPAIN: José Francisco MOLINA Jiménez, Miguel Ángel "MÍCHEL" SALGADO Fernández, Francisco Manuel "PACO" Jémez Martín, ABELARDO Fernández Antuña, SERGI Barjuan Esclusa, Joseba ETXEBERRÍA Lizardi (67 Pedro Manuel MUNITIS Álvarez), Josep "Pep" GUARDIOLA Sala, Juan Carlos VALERÓN Santana (67 Vicente ENGONGA Maté), LUIS ENRIQUE Martínez García (81 Gaizka MENDIETA Zabala), RAÚL González Blanco (86 ALFONSO Pérez Muñoz), Fernando MORIENTES Sánchez (67 Ismael URZÁIZ Aranda).
Manager: José Antonio CAMACHO Alfaro

BRAZIL: MARCOS Roberto Silveira Reis, Marcos Evangelista de Moraes "CAFÚ", ANTÔNIO CARLOS Zago, ALDAIR Nascimento dos Santos, ROBERTO CARLOS da Silva Rocha, MARCOS dos Santos ASSUNÇÃO, ÉMERSON Ferreira da Rosa, José "ZÉ" ROBERTO da Silva Júnior (69 GIOVANNI Silva de Oliveira), "RIVALDO" Vítor Borba Ferreira (89 José "ZÉ" ELIAS Moedim Júnior), "SONNY" ÂNDERSON da Silva (14 Mário JARDEL de Almeida Ribeiro), Giovane ÉLBER de Souza.   Manager: VANDERLEI LUXEMBURGO da Silva

440.   17.11.1999
SPAIN v ARGENTINA 0-2 (0-0)
Estadio Olímpico de Sevilla, Sevilla
Referee: Giorgos Psyhomanis (Greece)   Attendance: 45,000

SPAIN: José Francisco MOLINA Jiménez, Albert FERRER Llopis, Francisco Manuel "PACO" Jémez Martín, Miguel Ángel NADAL Homar, Agustín ARANZÁBAL Alkorta, Josep "Pep" GUARDIOLA Sala, Julen GUERRERO López (67 Juan Carlos VALERÓN Santana), Gaizka MENDIETA Zabala (73 Fernando MORIENTES Sánchez), LUIS ENRIQUE Martínez García (46 Joseba ETXEBERRÍA Lizardi), RAÚL González Blanco (46 Pedro Manuel MUNITIS Álvarez), ALFONSO Pérez Muñoz (22 Ismael URZÁIZ Aranda).
Manager: José Antonio CAMACHO Alfaro

ARGENTINA: Germán Adrián Ramón BURGOS, Roberto Néstor Sensini, Roberto Fabián Ayala, Mauricio Roberto POCHETTINO Trossero, Nelson David Vivas, Diego Pablo SIMEONE González, Javier Adelmar Zanetti, Cristian Alberto "Killy" GONZÁLEZ Peret, Arnaldo Ariel Ortega (87 Santiago Hernán SOLARI Poggio), Hernán Jorge Crespo (89 Manuel Eduardo BERIZZO Magnolo), Claudio Javier López (77 Gustavo Adrián LÓPEZ Pablo).
Manager: Marcelo Alberto Bielsa

Goals: Cristian Alberto "Killy" GONZÁLEZ Peret (63), Mauricio Roberto POCHETTINO Trossero (75)

441. 26.01.2000
SPAIN v POLAND 3-0 (1-0)

Estadio Cartagonova, Cartagena

Referee: Éric Poulat (France)   Attendance: 15,000

SPAIN: José Francisco MOLINA Jiménez (81 Juan Miguel García Inglés "JUANMI"), Francisco Manuel "PACO" Jémez Martín, Agustín ARANZÁBAL Alkorta, Fernando Ruiz HIERRO, Juan VELASCO Damas, Joseba ETXEBERRÍA Lizardi (46 Gaizka MENDIETA Zabala), Juan Carlos VALERÓN Santana (74 LUIS CEMBRANOS Martínez), Josep "Pep" GUARDIOLA Sala (65 Vicente ENGONGA Maté), LUIS ENRIQUE Martínez García, RAÚL González Blanco, Ismael URZÁIZ Aranda (68 Salvador Ballesta Vialcho "SALVA").
Manager: José Antonio CAMACHO Alfaro

POLAND: Radoslaw Majdan, Marek Zajac (60 Arkadiusz Kaliszan), Jacek Zielinski, Michal Zewlakow, Slawomir Majak, Tomasz Iwan, Radoslaw Michalski, Ryszard Czerwiec (84 Marcin Baszczynski), Jacek Krzynówek (66 Pawel Kaczorowski), Radoslaw Gilewicz (75 Krzysztof Bizacki), Pawel Kryszalowicz (53 Maciej Zurawski).
Manager: Jerzy Engel

Goals: RAÚL González Blanco (15), Ismael URZÁIZ (56, 58)

442. 23.02.2000
CROATIA v SPAIN 0-0

Gradski stadion u Poljudu, Split

Referee: Attila Hanacsek (Hungary)   Attendance: 9,931

CROATIA: Stipe Pletikosa, Daniel Saric, Robert Jarni, Zvonimir Soldo, Igor Stimac, Stjepan Tomas, Aljosa Asanovic (81 Mario Cvitanovic), Krunoslav Jurcic, Niko Kovac (67 Jurica Vucko), Davor Suker, Davor Vugrinec.
Manager: Miroslav Blazevic

SPAIN: José Francisco MOLINA Jiménez, Agustín ARANZÁBAL Alkorta, ABELARDO Fernández Antuña, Fernando Ruiz HIERRO (46 Francisco Manuel "PACO" Jémez Martín), Juan VELASCO Damas, Vicente ENGONGA Maté, Juan Carlos VALERÓN Santana, Francisco Javier González Pérez "FRAN" (46 Gaizka MENDIETA Zabala), LUIS ENRIQUE Martínez García (63 VÍCTOR Manuel FERNÁNDEZ Gutiérrez), Joseba ETXEBERRÍA Lizardi (82 Enrique Fernández ROMERO), Ismael URZÁIZ Aranda (77 Salvador Ballesta Vialcho "SALVA").
Manager: José Antonio CAMACHO Alfaro

443. 29.03.2000
SPAIN v ITALY 2-0 (0-0)

Estadio Olímpico de Montjuïc, Barcelona

Referee: Claude Colombo (France)   Attendance: 53,600

SPAIN: José Francisco MOLINA Giménez (46 José Santiago CAÑIZARES Ruíz), Agustín ARANZÁBAL Alkorta (73 Juan Francisco García García "JUANFRAN"), Francisco "PACO" Jémez Martín, ABELARDO Fernández Artuña, Juan VELASCO Damas, Joseba ETXEBERRÍA Lizardi (63 Francisco Joaquín Pérez RUFETE), Juan Carlos VALERÓN Santana (81 Vicente ENGONGA Maté), Francisco Javier González Pérez "FRAN", Josep "Pep" GUARDIOLA Sala (77 Iván HELGUERA Bujía), RAÚL González Blanco (77 Pedro MUNITIS Álvarez), Ismael URZÁIZ Aranda (46 ALFONSO Pérez Muñoz).
Manager: José Antonio CAMACHO Alfaro

ITALY: Gianluigi Buffon, Paolo Maldini, Gianluca Pessotto (73 Giuseppe Pancaro), Massimo Ambrosini (60 Gennaro Gattuso), Fabio Cannavaro, Alessandro Del Piero (46 Francesco Totti), Luigi Di Biagio (46 Alessio Tacchinardi), Ciro Ferrara, Stefano Fiore (60 Simone Inzaghi), Diego Fuser (46 Gianluca Zambrotta), Filippo Inzaghi (46 Marco Delvecchio).
Manager: Dino Zoff

Goals: ALFONSO Pérez Muñoz (61), ABELARDO Fernández Artuña (79)

444. 03.06.2000
SWEDEN v SPAIN 1-1 (0-1)

Ullevi Stadion, Gothenburg

Referee: Fiorenzo Treossi (Italy)   Attendance: 35,215

SWEDEN: Magnus Hedman, Roland Nilsson (90 Tomas Antonelius), Joachim Björklund, Gary Sundgren (46 Olof Mellberg), Niclas Alexandersson (68 Håkan Mild), Daniel Andersson, Johan Mjällby, Fredrik (Freddie) Ljungberg, Jörgen Pettersson (66 Yksel Osmanovski), Kennet Andersson (66 Henrik Larsson), Patrik Andersson.
Managers: Tommy Söderberg & Lars Lagerbäck

SPAIN: José Francisco MOLINA Giménez (63 IKER CASILLAS Fernández), Miguel Ángel "MÍCHEL" SALGADO Fernández, Francisco "PACO" Jémez Martín, Fernando Ruiz HIERRO (46 Iván HELGUERA Bujía), Agustín ARANZÁBAL Alkorta, Joseba ETXEBERRÍA Lizardi (46 Gaizka MENDIETA Zabala), Juan Carlos VALERÓN Santana (63 Vicente ENGONGA Maté), Francisco Javier González Pérez "FRAN" (46 SERGI Barjuan Esclusa), Josep "Pep" GUARDIOLA Sala, Ismael URZÁIZ Aranda (46 Pedro MUNITIS Álvarez), ALFONSO Pérez Muñoz (64 GERARD López Segú).
Manager: José Antonio CAMACHO Alfaro

Goals: Roland Nilsson (74 pen) /
Josep "Pep" GUARDIOLA Sala (43 pen)

445. 07.06.2000
LUXEMBOURG v SPAIN 0-1 (0-1)

Stade Josy Barthel, Luxembourg City

Referee: Herbert Fandel (Germany)   Attendance: 6,000

LUXEMBOURG: Alija Besic, Laurent Deville, Manou Schauls, Ralph Ferron, Jeff Strasser, Manuel Cardoni, Luc Holtz (88 René Peters), Jeff Saibene, Jean-Pierre Vanek, Sacha Schneider, Marcel Christophe (72 Mikhail Zaritski). Manager: Paul Philipp

SPAIN: José Santiago CAÑIZARES Ruíz (60 IKER CASILLAS Fernández), Juan VELASCO Damas, Iván HELGUERA Bujía, ABELARDO Fernández Artuña, SERGI Barjuan Esclusa (77 Agustín ARANZÁBAL Alkorta), Vicente ENGONGA Maté, Gaizka MENDIETA Zabala (60 GERARD López Segú), Juan Carlos VALERÓN Santana (60 Joseba ETXEBERRÍA Lizardi), Francisco Javier González Pérez "FRAN" (60 Fernando Ruiz HIERRO), Pedro MUNITIS Álvarez, ALFONSO Pérez Muñoz. Manager: José Antonio CAMACHO Alfaro

Goal: Gaizka MENDIETA Zabala (2)

446.   13.06.2000   UEFA European Championship – Group C
SPAIN v NORWAY 0-1 (0-0)

De Kuip, Rotterdam (Netherlands)

Referee: Gamal Mahmoud Ahmed El Ghandour (Egypt)   Attendance: 41,000

SPAIN: José Francisco MOLINA Giménez, Miguel Ángel "MÍCHEL" SALGADO Fernández, Fernando Ruiz HIERRO, Francisco "PACO" Jémez Martín, Agustín ARANZÁBAL Alkorta, Joseba ETXEBERRÍA Lizardi (71 ALFONSO Pérez Muñoz), Josep "Pep" GUARDIOLA Sala, Juan Carlos VALERÓN Santana (79 Iván HELGUERA Bujía), Francisco Javier González Pérez "FRAN" (71 Gaizka MENDIETA Zabala), RAÚL González Blanco, Ismael URZÁIZ Aranda. Manager: José Antonio CAMACHO Alfaro

NORWAY: Thomas Myhre, André Bergdølmo, Bjørn Otto Bragstad, Henning Berg (59 Dan Eggen), Erik Mykland, Tore André Flo (71 John Carew), Bent Skammelsrud, Vegard Heggem, Steffen Iversen (90 Vidar Riseth), Eirik Bakke, Ole Gunnar Solskjær. Manager: Nils-Johan Semb

Goal: Steffen Iversen (66)

447.   18.06.2000   UEFA European Championship – Group C
SLOVENIA v SPAIN 1-2 (0-1)

Amsterdam ArenA, Amsterdam (Netherlands)

Referee: Dr. Markus Merk (Germany)   Attendance: 51,300

SLOVENIA: Mladen Dabanovic, Zeljko Milinovic, Darko Milanic (68 Aleksander Knavs), Marinko Galic, Dzoni Novak, Ales Ceh, Saso Udovic (46 Milan Osterc), Zlatko Zahovic, Miran Pavlin (82 Milenko Acimovic), Mladen Rudonja, Amir Karic. Manager: Srecko Katanec

SPAIN: José Santiago CAÑIZARES Ruíz, Miguel Ángel "MÍCHEL" SALGADO Fernández, Fernando Ruiz HIERRO, ABELARDO Fernández Artuña, Agustín ARANZÁBAL Alkorta, Joseba ETXEBERRÍA Lizardi, Juan Carlos VALERÓN Santana (89 Vicente ENGONGA Maté), Josep "Pep" GUARDIOLA Sala (81 Iván HELGUERA Bujía), Gaizka MENDIETA Zabala, RAÚL González Blanco, ALFONSO Pérez Muñoz (71 Ismael URZÁIZ Aranda). Manager: José Antonio CAMACHO Alfaro

Goals: Zlatko Zahovic (59) / RAÚL González Blanco (4), Joseba ETXEBERRÍA Lizardi (60)

448.   21.06.2000   UEFA European Championship – Group C
YUGOSLAVIA v SPAIN 3-4 (1-1)

Jan Breydelstadion, Brugge (Belgium)

Referee: Gilles Veissière (France)   Attendance: 26,611

YUGOSLAVIA: Ivica Kralj, Goran Djorovic (12 Jovan Stankovic), Slavica Jokanovic, Miroslav Djukic, Vladimir Jugovic (46 Dejan Govedarica), Predrag Mijatovic, Savo Milosevic, Dragan Stojkovic (68 Nisa Saveljic), Sinisa Mihajlovic, Slobodan Komljenovic, Ljubinko Drulovic. Manager: Vujadin Boskov

SPAIN: José Santiago CAÑIZARES Ruíz, Miguel Ángel "MÍCHEL" SALGADO Fernández (46 Pedro MUNITIS Álvarez), ABELARDO Fernández Artuña, Francisco "PACO" Jémez Martín (64 Ismael URZÁIZ Aranda), SERGI Barjuan Esclusa, Gaizka MENDIETA Zabala, Josep "Pep" GUARDIOLA Sala, Iván HELGUERA Bujía, Francisco Javier González Pérez "FRAN" (22 Joseba ETXEBERRÍA Lizardi), RAÚL González Blanco, ALFONSO Pérez Muñoz. Manager: José Antonio CAMACHO Alfaro

Goals: Savo Milosevic (30), Dejan Govedarica (50), Slobodan Komljenovic (75) / ALFONSO Pérez (38, 90+5), Pedro MUNITIS Álvarez (51), Gaizka MENDIETA (90+4 pen)

Sent off: Slavica Jokanovic (63)

449. 25.06.2000   UEFA European Championship – Quarter-final
SPAIN v FRANCE 1-2 (1-2)
Jan Breydelstadion, Brugge (Belgium)

Referee: Pierluigi Collina (Italy)   Attendance: 26,614

SPAIN: José Santiago CAÑIZARES Ruiz, Miguel Ángel "MÍCHEL" SALGADO Fernández, ABELARDO Fernández Antuña, Francisco Manuel "PACO" Jémez Martín, Agustín ARANZÁBAL Alkorta, Gaizka MENDIETA Zabala (57 Ismael URZÁIZ Aranda), Josep "Pep" GUARDIOLA Sala, Iván HELGUERA Bujía (77 GERARD López Segú), Pedro Manuel MUNITIS Álvarez (73 Joseba ETXEBERRÍA Lizard), ALFONSO Pérez Muñoz, RAÚL González Blanco.
Manager: José Antonio CAMACHO Alfaro

FRANCE: Fabien Barthez, Lilian Thuram, Bixente Lizarazu, Patrick Vieira, Laurent Blanc, Youri Djorkaeff, Didier Deschamps, Marcel Desailly, Zinédine Zidane, Thierry Henry (81 Nicolas Anelka), Christophe Dugarry.
Manager: Roger Lemerre

Goals: Gaizka MENDIETA Zabala (38 pen) /
Zinédine Zidane (32), Youri Djorkaeff (44)

RAÚL González Blanco missed a penalty kick (90)

450. 16.08.2000
GERMANY v SPAIN 4-1 (1-0)
Niedersachsenstadion, Hannover

Referee: Knud Erik Fisker (Denmark)   Attendance: 35,000

GERMANY: Oliver Kahn, Marko Rehmer, Jens Nowotny, Jörg Heinrich (67 Thomas Linke), Sebastian Deisler, Michael Ballack (79 Dietmar Hamann), Carsten Ramelow, Marco Bode (46 Stefan Beinlich), Mehmet Scholl (66 Oliver Neuville), Carsten Jancker (73 Paulo Rink), Alexander Zickler.
Manager: Rudi Völler

SPAIN: CÉSAR SÁNCHEZ Domínguez, Juan VELASCO Damas (46 MANUEL PABLO García Díaz), ABELARDO Fernández Antuña, Francisco "PACO" Jémez Martín (46 IVÁN CAMPO Ramos), Juan Francisco García García "JUANFRAN", Joseba ETXEBERRÍA Lizardi (63 Francisco Joaquín Pérez RUFETE), GERARD López Segú (46 José María Gutiérrez Gernández "GUTI"), Josep "Pep" GUARDIOLA Sala, Gaizka MENDIETA Zabala (46 VÍCTOR SÁNCHEZ del Amo), RAÚL González Blanco, Daniel García Lara "DANI" (75 Raúl TAMUDO Montero).
Manager: José Antonio CAMACHO Alfaro

Goals: Mehmet Scholl (24, 51), Alexander Zickler (57, 62) /
RAÚL González Blanco (69)

451. 02.09.2000   FIFA World Cup Qualification – Group 7
BOSNIA & HERZEGOVINA v SPAIN 1-2 (1-1)
Stadion Kosevo, Sarajevo

Referee: Herbert Fandel (Germany)   Attendance: 28,700

BOSNIA & HERZEGOVINA: Adnan Guso, Faruk Hujdurovic, Mirsad Hibic, Mirza Varesanovic, Hasan Salihamidzic, Nermin Sabic (86 Samir Muratovic), Bruno Akrapovic, Sergej Barbarez, Edin Mujcin (79 Marko Topic), Elvir Baljic, Elvir Bolic.   Manager: Drago (Miso) Smajlovic

SPAIN: IKER CASILLAS Fernández, MANUEL PABLO García Díaz, ABELARDO Fernández Antuña, Francisco "PACO" Jémez Martín, SERGI Barjuan Esclusa, Pedro Manuel MUNITIS Álvarez (58 Joseba ETXEBERRÍA Lizardi), GERARD López Segú (84 Julen GUERRERO López), Iván HELGUERA Bujía, Gaizka MENDIETA Zabala, RAÚL González Blanco, Ismael URZÁIZ Aranda (70 Albert CELADES López).
Manager: José Antonio CAMACHO Alfaro

Goals: Elvir Baljic (41) /
GERARD López Segú (39), Joseba ETXEBERRÍA Lizardi (72)

452. 07.10.2000   FIFA World Cup Qualification – Group 7
SPAIN v ISRAEL 2-0 (1-0)
Estadio Santiago Bernabéu, Madrid

Referee: Claude Colombo (France)   Attendance: 75,000

SPAIN: IKER CASILLAS Fernández, MANUEL PABLO García Díaz, ABELARDO Fernández Antuña, Fernando Ruiz HIERRO, SERGI Barjuan Esclusa, Pedro Manuel MUNITIS Álvarez, GERARD López Segú (30 Rubén BARAJA Vegas), Iván HELGUERA Bujía, Gaizka MENDIETA Zabala, RAÚL González Blanco (86 Julen GUERRERO López), Ismael URZÁIZ Aranda (71 Henrique Guedes da Silva "CATANHA").
Manager: José Antonio CAMACHO Alfaro

ISRAEL: Nir Davidovich, Alon Halfon, Ofer Talker, Amir Schelach, Arik Benado, Adoram Keisi, Idan Tal, Avi Nimni (64 Yossi Benayoun), Walid Badir (72 Eyal Berkovic), Haim Revivo, Alon Mizrahi.   Manager: Richard Møller-Nielsen

Goals: GERARD López Segú (22), Fernando HIERRO (53)

453. 11.10.2000 FIFA World Cup Qualification – Group 7

AUSTRIA v SPAIN 1-1 (1-1)

Ernst Happel Stadion, Vienna

Referee: Valentin Valentinovich Ivanov (Russia)
Attendance: 48,000

AUSTRIA: Franz Wohlfahrt, Michael Hatz, Michael Bauer, Martin Hiden, Martin Stranzl (46 Alfred Hörtnagl), Thomas Flögel, Harald Cerny, Dietmar Kühbauer (75 Markus Schopp), Christian Mayrleb, Andreas Herzog, Tomica Kocijan (54 Roland Kirchler).
Managers: Otto Baric & Dietmar Constantini

SPAIN: IKER CASILLAS Fernández, MANUEL PABLO García Díaz, ABELARDO Fernández Antuña, Fernando Ruiz HIERRO, SERGI Barjuan Esclusa, VÍCTOR SÁNCHEZ del Amo (46 Francisco Joaquín Pérez RUFETE), Rubén BARAJA Vegas, Iván HELGUERA Bujía, Gaizka MENDIETA Zabala, RAÚL González Blanco (87 Julen GUERRERO López), Ismael URZÁIZ Aranda (59 Henrique Guedes da Silva "CATANHA").
Manager: José Antonio CAMACHO Alfaro

Goals: Michael Baur (21) / Rubén BARAJA Vegas (26)

454. 15.11.2000

SPAIN v NETHERLANDS 1-2 (0-0)

Estadio Olímpico de Sevilla, Sevilla

Referee: Domenico Messina (Italy)   Attendance: 50,000

SPAIN: IKER CASILLAS Fernández, Carles PUYOL Saforcada (55 MANUEL PABLO García Díaz), ABELARDO Fernández Artuña, Fernando Ruiz HIERRO, SERGI Barjuan Esclusa, Xavier "XAVI" Hernández Creus, Rubén BARAJA Vegas (46 José María Gutiérrez Hernandez "GUTI"), LUIS ENRIQUE Martínez García (77 Francisco "PACO" Jémez Martín), Gaizka MENDIETA Zabala (46 Francisco Javier FARINÓS Zapata), RAÚL González Blanco (46 Pedro MUNITIS Álvarez), Ismael URZÁIZ Aranda (46 Henrique Guedes da Silva "CATANHA").
Manager: José Antonio CAMACHO Alfaro

NETHERLANDS: Edwin van der Sar, Michael Reiziger, Paul Bosvelt (88 Fernando Ricksen), Kevin Hofland (46 Patrick Paauwe), Frank de Boer, Winston Bogarde (74 Mario Melchiot), Arnold Bruggink (59 Clarence Seedorf), Edgar Davids, Phillip Cocu (46 Mark van Bommel), Jimmy Floyd Hasselbaink, Patrick Kluivert (46 Roy Makaay).
Manager: Louis van Gaal

Goals: Fernando Ruiz HIERRO (66) / Jimmy Floyd Hasselbaink (73), Frank de Boer (85)

Sent off: Fernando Ruiz HIERRO (76) / Jimmy Floyd Hasselbaink (76)

455. 28.02.2001

ENGLAND v SPAIN 3-0 (1-0)

Villa Park, Birmingham

Referee: Kyros Vasaras (Greece)   Attendance: 41,129

ENGLAND: David James (46 Nigel Martyn), Phil Neville (77 Gary Neville), Chris Powell (46 Gavin McCann), Nicky Butt (46 Frank Lampard), Rio Ferdinand (46 Michael Ball), Sol Campbell, David Beckham (46 Emile Heskey), Paul Scholes (46 Ugo Ehiogu), Andy Cole, Michael Owen, Nick Barmby.
Manager: Sven-Göran Eriksson

SPAIN: IKER CASILLAS Fernández (64 José Santiago CAÑIZARES Ruiz), MANUEL PABLO García Díaz, Enrique Fernández ROMERO, ABELARDO Fernández Artuña (46 Francisco "PACO" Jémez Martín), UNAI Vergara Díez-Caballero, Iván HELGUERA Bujía, Josep "Pep" GUARDIOLA Sala (81 Rubén BARAJA Vegas), LUIS ENRIQUE Martínez García (64 SERGI Barjuan Esclusa), Gaizka MENDIETA Zabala (64 VÍCTOR SÁNCHEZ del Amo), RAÚL González Blanco (81 Joseba ETXEBERRÍA Lizardi), Ismael URZÁIZ Aranda (46 Javier "JAVI" MORENO Valera).
Manager: José Antonio CAMACHO Alfaro

Goals: Nick Bramby (38), Emile Heskey (54), Ugo Ehiogu (70)

456. 24.03.2001   FIFA World Cup Qualification – Group 7

SPAIN v LIECHTENSTEIN 5-0 (2-0)

Estadio José Rico Pérez, Alicante

Referee: Darko Ceferin (Slovenia)   Attendance: 29,900

SPAIN: IKER CASILLAS Fernández, MANUEL PABLO García Díaz, Enrique Fernández ROMERO, Fernando Ruiz HIERRO, Miguel Ángel NADAL Homar, Iván HELGUERA Bujía (67 Rubén BARAJA Vegas), Josep "Pep" GUARDIOLA Sala (83 SERGIO González Soriano), Pedro MUNITIS Álvarez (39 Joseba ETXEBERRÍA Lizardi), Gaizka MENDIETA Zabala, RAÚL González Blanco, Javier "JAVI" MORENO Valera.
Manager: José Antonio CAMACHO Alfaro

LIECHTENSTEIN: Peter Jehle, Harry Zech, Daniel Hasler, Patrick Hefti, Jürgen Ospelt, Martin Stocklasa (90+1 Andreas Gerster), Michael Stocklasa, Martin Telser, Frédéric Gigon, Thomas Beck (88 Ronny Büchel), Mario Frick.
Manager: Ralf Loose

Goals: Iván HELGUERA Bujía (19), Gaizka MENDIETA Zabala (36, 81), Fernando Ruiz HIERRO (54 pen), RAÚL González Blanco (67)

457. 28.03.2001
SPAIN v FRANCE 2-1 (1-0)
Estadio de Mestalla, Valencia

Referee: Lutz Michael Fröhlich (Germany)
Attendance: 35,500

SPAIN: José Santiago CAÑIZARES Ruiz, MANUEL PABLO García Díaz, Fernando Ruiz HIERRO, Miguel Ángel NADAL Homar, SERGI Barjuan Esclusa, Iván HELGUERA Bujía (63 Rubén BARAJA Vegas), Josep "Pep" GUARDIOLA Sala, Pedro Manuel MUNITIS Álvarez (71 VICENTE Rodríguez Guillén), Gaizka MENDIETA Zabala (88 Joseba ETXEBERRÍA Lizardi), RAÚL González Blanco, Fernando MORIENTES Sánchez (81 Javier "JAVI" MORENO Valera).
Manager: José Antonio CAMACHO Alfaro

FRANCE: Lionel Letizi, Christian Karembeu, Mikaël Silvestre, Marcel Desailly, Bixente Lizarazu, Claude Makélélé (58 Robert Pirès), Patrick Vieira (77 David Trézéguet), Emmanuel Petit, Zinédine Zidane (62 Johan Micoud), Christophe Dugarry (46 Sylvain Wiltord), Thierry Henry.
Manager: Roger Lemerre

Goals: Iván HELGUERA Bujía (38),
Fernando MORIENTES Sánchez (47) / David Trézéguet (84)

458. 25.04.2001
SPAIN v JAPAN 1-0 (0-0)
Estadio Nuevo Arcángel, Córdoba

Referee: Miroslav Radoman (Yugoslavia)
Attendance: 14,000

SPAIN: José Santiago CAÑIZARES Ruiz (75 IKER CASILLAS Fernández), MANUEL PABLO García Díaz (67 Carles PUYOL Saforcada), Francisco "PACO" Jémez Martín, Miguel Ángel NADAL Homar (46 Óscar TÉLLEZ Gomez), SERGI Barjuan Esclusa, Iván HELGUERA Bujía (31 Rubén BARAJA Vegas), Josep "Pep" GUARDIOLA Sala (75 SERGIO González Soriano), Pedro Manuel MUNITIS Álvarez, Gaizka MENDIETA Zabala (46 VICENTE Rodríguez Guillén), RAÚL González Blanco (46 JOSÉ "MARI" María Romero Poyón), Salvador Ballesta Vialcho "SALVA". Manager: José Antonio CAMACHO Alfaro

JAPAN: Yoshikatsu Kawaguchi, Kenichi Uemura (89 Yuji Nakazawa), Ryuzo Morioka, Koji Nakata, Yasuhiko Hato, Teruyoshi Ito (89 Takayuki Suzuki), Junichi Inamoto, Hiroshi Nanami (79 Tomokazu Myojin), Toshihiro Hattori, Hidetoshi Nakata (87 Daisuke Oku), Naohiro Takahara (83 Akinori Nishizawa). Manager: Philippe Troussier

Goal: Rubén BARAJA Vegas (90+2)

459. 02.06.2001   FIFA World Cup Qualification – Group 7
SPAIN v BOSNIA & HERZEGOVINA 4-1 (1-1)
Estadio Carlos Tartiere, Oviedo

Referee: Roy Helge Olsen (Norway)   Attendance: 27,000

SPAIN: José Santiago CAÑIZARES Ruiz, MANUEL PABLO García Díaz, Miguel Ángel NADAL Homar, Fernando Ruiz HIERRO, Juan Francisco García García "JUANFRAN", Iván HELGUERA Bujía (46 Juan Carlos VALERÓN Santana), Josep "Pep" GUARDIOLA Sala, LUIS ENRIQUE Martínez García (76 Javier "JAVI" MORENO Valera), Gaizka MENDIETA Zabala (58 Pedro Manuel MUNITIS Álvarez), RAÚL González Blanco, DIEGO TRISTÁN Herrera.
Manager: José Antonio CAMACHO Alfaro

BOSNIA & HERZEGOVINA: Tomislav Piplica, Mirsad Beslija, Vedin Music, Faruk Hujdurovic, Mirza Varesanovic, Mirsad Hibic, Elvir Bolic (83 Enes Demirovic), Bruno Akrapovic, Sergej Barbarez, Edin Mujcin (69 Almedin Hota), Elvir Baljic.   Manager: Drago (Miso) Smajlovic

Goals: Fernando HIERRO (26), Javier "JAVI" MORENO (76), RAÚL González Blanco (90), DIEGO TRISTÁN (90+2) / Mirsad Beslija (42)

460. 06.06.2001   FIFA World Cup Qualification – Group 7
ISRAEL v SPAIN 1-1 (1-0)
National Stadium, Ramat Gan

Referee: Per Stefan Anders Frisk (Sweden)
Attendance: 23,000

ISRAEL: Nir Davidovich (45+6 Dudu Aouate), Ofer Talker, Gadi Brumer, Shimon Gershon, Arik Benado, Adoram Keisi, Oren Zeitouni, Idan Tal, Eyal Berkovic (87 Yossi Benayoun), Haim Revivo (70 Tal Banin), Avi Nimni.
Manager: Richard Møller-Nielsen

SPAIN: José Santiago CAÑIZARES Ruiz, MANUEL PABLO García Díaz, Miguel Ángel NADAL Homar, Fernando Ruiz HIERRO, SERGI Barjuan Esclusa, Rubén BARAJA Vegas, Juan Carlos VALERÓN Santana (75 Iván HELGUERA Bujía), Josep "Pep" GUARDIOLA Sala (59 DIEGO TRISTÁN Herrera), LUIS ENRIQUE Martínez García (82 Carles PUYOL Saforcada), RAÚL González Blanco, Javier "JAVI" MORENO Valera.
Manager: José Antonio CAMACHO Alfaro

Goals: Haim Revivo (4) / RAÚL González Blanco (62)

461. 01.09.2001   FIFA World Cup Qualification – Group 7
SPAIN v AUSTRIA 4-0 (1-0)
Estadio de Mestalla, Valencia
Referee: Horacio Marcelo Elizondo (Argentina)
Attendance: 31,661
SPAIN: José Santiago CAÑIZARES Ruiz, MANUEL PABLO García Díaz, Miguel Ángel NADAL Homar, Fernando Ruiz HIERRO, Agustín ARANZÁBAL Alkorta, Xavier "XAVI" Hernández Creus, VÍCTOR SÁNCHEZ del Amo (79 Gaizka MENDIETA Zabala), VICENTE Rodríguez Guillén (82 LUIS ENRIQUE Martínez García), Juan Carlos VALERÓN Santana, RAÚL González Blanco, DIEGO TRISTÁN Herrera (71 Fernando MORIENTES Sánchez).
Manager: José Antonio CAMACHO Alfaro
AUSTRIA: Franz Wohlfahrt, Michael Bauer, Walter Kogler, Robert Ibertsberger (69 Thomas Winklhofer), Martin Hiden, Markus Weissenberger (58 Richard Kitzbichler), Alfred Hörtnagl, Thomas Flögel, Gilbert Prilasnig, Andreas Herzog, Ivica Vastic (66 Ronald Brunmayr).
Managers: Otto Baric & Dietmar Constantini
Goals: DIEGO TRISTÁN Herrera (44), Fernando MORIENTES (79, 84), Gaizka MENDIETA (90+1)

462. 05.09.2001   FIFA World Cup Qualification – Group 7
LIECHTENSTEIN v SPAIN 0-2 (0-1)
Rheinpark Stadion, Vaduz
Referee: Ivan Dobrinov (Bulgaria)   Attendance: 4,648
LIECHTENSTEIN: Peter Jehle, Harry Zech, Michael Stocklasa, Martin Stocklasa, Jürgen Ospelt, Martin Telser, Frédéric Gigon, Andreas Gerster, Thomas Beck (88 Thomas Nigg), Matthias Beck (67 Patrick Burgmeier), Ronny Büchel (81 Marco Büchel).   Manager: Ralf Loose
SPAIN: IKER CASILLAS Fernández, Carles PUYOL Saforcada, Óscar TÉLLEZ Gomez, Fernando Ruiz HIERRO (46 Miguel Ángel NADAL Homar), Agustín ARANZÁBAL Alkorta, Joseba ETXEBERRÍA Lizardi, David ALBELDA Aliqués, LUIS ENRIQUE Martínez García (73 DIEGO TRISTÁN Herrera), Gaizka MENDIETA Zabala, RAÚL González Blanco (46 JOSÉ IGNACIO Saénz Marín), Fernando MORIENTES Sánchez.
Manager: José Antonio CAMACHO Alfaro
Goals: RAÚL González Blanco (19), Miguel Ángel NADAL Homar (82).

463. 14.11.2001
SPAIN v MEXICO 1-0 (0-0)
Estadio Nuevo Colombino, Huelva
Referee: Domenico Messina (Italy)   Attendance: 20,000
SPAIN: IKER CASILLAS Fernández (79 RICARDO López Felipe), Carles PUYOL Saforcada (71 Cristóbal Emilio "CURRO" TORRES Ruiz), Fernando Ruiz HIERRO, Miguel Ángel NADAL Homar (46 Óscar TÉLLEZ Gomez), Juan Francisco García García "JUANFRAN", Juan Carlos VALERÓN Santana (57 JOSÉ IGNACIO Sáenz Marín), Josep "Pep" GUARDIOLA Sala (57 SERGIO González Soriano), Pedro Manuel MUNITIS Álvarez, Gaizka MENDIETA Zabala (57 VÍCTOR SÁNCHEZ del Amo), RAÚL González Blanco (79 Agustín ARANZÁBAL Alkorta), DIEGO TRISTÁN Herrera (46 Fernando MORIENTES Sánchez).
Manager: José Antonio CAMACHO Alfaro
MEXICO: Óscar PÉREZ Rojas (86 Oswaldo Javier SÁNCHEZ Ibarra), Melvin BROWN Casados, Manuel VIDRIO Solís, Luis Claudio SUÁREZ Sánchez, José de Jesús ARELLANO Alcocer (60 Javier SAAVEDRA Vázquez), Johan Rubén RODRÍGUEZ Álvarez (67 Alberto RODRÍGUEZ Barrera), Alberto García ASPE Mena (63 José Rafael GARCÍA Torres), Ramón Heriberto Cortez MORALES Higuera, Gerardo TORRADO Diéz de Bonilla (86 Sigifredo MERCADO Sáenz), Juan Francisco PALENCIA Hernández (66 Antonio DE NIGRIS Guajardo), Luís Roberto ALVES dos Santos Gavranic.
Manager: Javier AGUIRRE Onaindía
Goal: RAÚL González Blanco (72)

464. 13.02.2002
SPAIN v PORTUGAL 1-1 (1-1)
Estadi Olímpic Lluís Companys, Barcelona
Referee: Alexandru Dan Tudor (Romania)
Attendance: 48,200
SPAIN: IKER CASILLAS Fernández (64 José Santiago CAÑIZARES Ruiz), Cristóbal Emilio "CURRO" TORRES Ruiz (46 Miguel Ángel "MÍCHEL" SALGADO Fernández), Carles PUYOL Saforcada (65 Óscar TÉLLEZ Gomez), Miguel Ángel NADAL Homar, SERGI Barjuan Esclusa (65 Juan Francisco García García "JUANFRAN"), Xavier "XAVI" Hernández Creus (46 Juan Carlos VALERÓN Santana), JOAQUÍN Sánchez Rodríguez, Rubén BARAJA Vegas (46 Iván HELGUERA Bujía), VICENTE Rodríguez Guillén (46 Gaizka MENDIETA Zabala), Fernando MORIENTES Sánchez (46 DIEGO TRISTÁN Herrera), Raúl TAMUDO Montero (65 Pedro Manuel MUNITIS Álvarez).
Manager: José Antonio CAMACHO Alfaro

PORTUGAL: RICARDO Alexandre Martins Soares Pereira (46 Joaquim Manuel Sampaio da Silva "QUIM"), Nuno Miguel FRECHAUT Barreto, JORGE Paulo COSTA Almeida (90+ PAULO Jorge Gomes BENTO), FERNANDO Manuel Silva COUTO, RUI JORGE de Sousa Dias Macedo de Oliveira (46 DIMAS Manuel Marques Teixeira), José Luís da Cruz VIDIGAL, HUGO Miguel Ferreira Gomes VIANA (62 JORGE Manuel Almeida Gomes de ANDRADE), LUÍS Filipe Madeira Caeiro FIGO (80 Nuno Fernando Gonçalves da Rocha "CAPUCHO"), SÉRGIO Paulo Marceneiro da CONCEIÇÃO (46 SIMÃO Pedro Fonseca Sabrosa), JOÃO Manuel VIEIRA PINTO (46 PEDRO Alexandre dos Santos BARBOSA), Pedro Miguel Carreiro Resendes "PAULETA" (46 NUNO "GOMES" Miguel Soares Pereira Ribeiro). Manager: António Luís Alves Ribeiro OLIVEIRA

Goals: Fernando MORIENTES Sánchez (41) / JORGE Paulo COSTA Almeida (29)

466.   17.04.2002
NORTHERN IRELAND v SPAIN 0-5 (0-1)
Windsor Park, Belfast

Referee: Kenneth William (Kenny) Clark (Scotland)   Attendance: 13,000

NORTHERN IRELAND: Maik Taylor (46 Roy Carroll), Ian Nolan, George McCartney, Aaron Hughes, Mark Williams, Damien Johnson, Keith Gillespie (77 Patrick (Paddy) McCourt), Kevin Horlock, Stuart Elliott, David Healy, Warren Feeney (64 Lee McEvilly).   Manager: Sammy McIlroy

SPAIN: José Santiago CAÑIZARES Ruíz (73 IKER CASILLAS Fernández), Carles PUYOL Saforcada, Miguel Ángel NADAL Homar (46 Iván HELGUERA Bujía), Fernando Ruiz HIERRO (73 SERGIO González Soriano), Juan Francisco García García "JUANFRAN", JOAQUÍN Sánchez Rodríguez (46 Gaizka MENDIETA Zabala), David ALBELDA Aliqués (46 Cristóbal Emilio "CURRO" TORRES Ruiz), Rubén BARAJA Vegas, Francisco Javier DE PEDRO Falque (46 Juan Carlos VALERÓN Santana), RAÚL González Blanco, Fernando MORIENTES Sánchez.   Manager: José Antonio CAMACHO Alfaro

Goals: RAÚL González Blanco (24, 53), Rubén BARAJA (48), Carles PUYOL (68), Fernando MORIENTES Sánchez (77)

465.   27.03.2002
NETHERLANDS v SPAIN 1-0 (1-0)
De Kuip, Rotterdam

Referee: Karl-Erik Nilsson (Sweden)   Attendance: 22,000

NETHERLANDS: Edwin van der Sar (46 Ronald Waterreus), Michael Reiziger, Jaap Stam (46 André Ooijer), Frank de Boer, Arthur Numan (71 Patrick Paauwe), Mark van Bommel (64 Denny Landzaat), Patrick Kluivert, Phillip Cocu, Roy Makaay (84 Fernando Ricksen), Jimmy Floyd Hasselbaink, Marc Overmars (68 Victor Sikora).   Manager: Dick Advocaat

SPAIN: José Santiago CAÑIZARES Ruíz, Carles PUYOL Saforcada, Miguel Ángel NADAL Homar (76 Cristóbal Emilio "CURRO" TORRES Ruiz), Fernando Ruiz HIERRO (46 CÉSAR MARTÍN Villar), Juan Francisco García García "JUANFRAN", Iván HELGUERA Bujía (46 Jesús Capitán Prada "CAPI"), JOAQUÍN Sánchez Rodríguez (46 Roberto Martínez Rípodas "TIKO"), SERGIO González Soriano, Francisco Javier DE PEDRO Falque (68 VICENTE Rodríguez Guillén), RAÚL González Blanco (46 Juan Carlos VALERÓN Santana), Fernando MORIENTES Sánchez (46 DIEGO TRISTÁN Herrera).   Manager: José Antonio CAMACHO Alfaro

Goal: Frank de Boer (31)

467.   02.06.2002   FIFA World Cup Final Tournament – Group B
SPAIN v SLOVENIA 3-1 (1-0)
Gwangju World Cup Stadium, Gwangju (Korea Republic)

Referee: Mohamed Guezzaz (Morocco)   Attendance: 28,598

SPAIN: IKER CASILLAS Fernández, Carles PUYOL Saforcada, Juan Francisco García García "JUANFRAN" (82 Enrique Fernández ROMERO), Miguel Ángel NADAL Homar, Fernando Ruiz HIERRO, Juan Carlos VALERÓN Santana, Rubén BARAJA Vegas, Francisco Javier DE PEDRO Falque, RAÚL González Blanco, DIEGO TRISTÁN Herrera (67 Fernando MORIENTES Sánchez), LUIS ENRIQUE Martínez García (74 Iván HELGUERA Bujía).
Manager: José Antonio CAMACHO Alfaro

SLOVENIA: Marko Simeunovic, Zeljko Milinovic, Marinko Galic, Aleksander Knavs, Dzoni Novak (77 Sasa Gajser), Ales Ceh, Milan Osterc (57 Sebastjan Cimirotic), Zlatko Zahovic (63 Milenko Acimovic), Miran Pavlin, Mladen Rudonja, Amir Karic.   Manager: Srecko Katanec

Goals: RAÚL González Blanco (44), Juan Carlos VALERÓN Santana (74), Fernando Ruiz HIERRO (87 pen) / Sebastjan Cimirotic (82)

468. 07.06.2002   FIFA World Cup Final Tournament – Group B

SPAIN v PARAGUAY 3-1 (0-1)

Jeonju World Cup Stadium, Jeonju (Korea Republic)

Referee: Gamal Mahmoud Ahmed El Ghandour (Egypt)
Attendance: 24,000

SPAIN: IKER CASILLAS Fernández, Carles PUYOL Saforcada, Fernando Ruiz HIERRO, Miguel Ángel NADAL Homar, Juan Francisco García García "JUANFRAN", Rubén BARAJA Vegas, Francisco Javier DE PEDRO Falque, Juan Carlos VALERÓN Santana (84 Xavier "XAVI" Hernández Creus), DIEGO TRISTÁN Herrera (46 Fernando MORIENTES Sánchez), RAÚL González Blanco, LUIS ENRIQUE Martínez García (46 Iván HELGUERA Bujía).
Manager: José Antonio CAMACHO Alfaro

PARAGUAY: José Luis Félix CHILAVERT González, Francisco Javier ARCE Rolón, Celso Rafael AYALA Gavilán, Carlos Alberto GAMARRA Pavón, Roque Luis SANTA CRUZ Cantero, Roberto Miguel ACUÑA Cabello, Carlos Humberto PAREDES Monges, Diego Antonio GAVILÁN Zarate, Julio César CÁCERES López, José Saturnino CARDOZO Otazú (63 Jorge Luis CAMPOS Velasquez), Denis Ramón CANIZA Acuña (78 Estanislao STRUWAY Samaniego).
Manager: Cesare Maldini

Goals: Fernando MORIENTES Sánchez (52, 68), Fernando Ruiz HIERRO (82 pen) / Carles PUYOL (10 og)

469. 12.06.2002   FIFA World Cup Final Tournament – Group B

SOUTH AFRICA v SPAIN 2-3 (1-2)

Daejeon World Cup Stadium, Daejeon (Korea Republic)

Referee: Saad Kamil Al Fadhli (Kuwait)   Attendance: 31,024

IVORY COAST: Andre Arendse, Cyril Nzama, Bradley Carnell, Aaron Mokoena, MacBeth Sibaya, Quinton Fortune (83 Jacob Lekgetho), Teboho Mokoena, Siyabonga Nomvethe (74 George Koumantarakis), Sibusiso Zuma, Benedict (Benny) McCarthy, Lucas Radebe (80 Thabang Molefe).
Manager: Jomo Sono

SPAIN: IKER CASILLAS Fernández, Cristóbal Emilio "CURRO" TORRES Ruiz, Miguel Ángel NADAL Homar, Iván HELGUERA Bujía, David ALBELDA Aliqués (53 SERGIO González Soriano), Enrique Fernández ROMERO, Gaizka MENDIETA Zabala, Xavier "XAVI" Hernández Creus, RAÚL González Blanco (82 LUIS ENRIQUE Martínez García), Fernando MORIENTES Sánchez (77 Albert LUQUE Martos), JOAQUÍN Sánchez Rodríguez.
Manager: José Antonio CAMACHO Alfaro

Goals: Benedict (Benny) McCarthy (31), Lucas Radebe (53) / RAÚL González Blanco (4, 56), Gaizka MENDIETA (45+1)

470. 16.06.2002   FIFA World Cup Final Tournament – Round of 16

**SPAIN
v REPUBLIC OF IRELAND 1-1** (1-0, 1-1) (AET)

Suwon World Cup Stadium, Suwon (Korea Republic)

Referee: Per Stefan Anders Frisk (Sweden)   Att: 38,926

SPAIN: IKER CASILLAS Fernández, Carles PUYOL Saforcada, Fernando Ruiz HIERRO, Iván HELGUERA Bujía, Juan Francisco García García "JUANFRAN", Rubén BARAJA Vegas, Juan Carlos VALERÓN Santana, Francisco Javier DE PEDRO Falque (66 Gaizka MENDIETA Zabala), RAÚL González Blanco (79 Albert LUQUE Martos), Fernando MORIENTES Sánchez (72 David ALBELDA Aliqués), LUIS ENRIQUE Martínez García.
Manager: José Antonio CAMACHO Alfaro

REPUBLIC OF IRELAND: Shay Given, Gary Breen, Steve Finnan, Gary Kelly (55 Niall Quinn), Steve Staunton (50 Kenny Cunningham), Ian Harte (82 David Connolly), Mark Kinsella, Matt Holland, Kevin Kilbane, Damien Duff, Robbie Keane. Manager: Mick McCarthy

Goals: Fernando MORIENTES (8) / Robbie Keane (90 pen)

Ian Harte missed a penalty kick (63)

Penalties: 1-0 Robbie Keane, 1-1 Fernando Ruiz HIERRO, Matt Holland (missed), 2-1 Rubén BARAJA Vegas, David Connolly (missed), Juan Francisco García García "JUANFRAN" (missed), Kevin Kilbane (missed), Juan Carlos VALERÓN Santana (missed), 2-2 Steve Finnan, 3-2 Gaizka MENDIETA Zabala

471. 22.06.2002   FIFA World Cup Final Tournament – Quarter-final

SPAIN v SOUTH KOREA 0-0 (AET)

Gwangju World Cup Stadium, Gwangju (Korea Republic)

Referee: Gamal Mahmoud Ahmed El Ghandour (Egypt)
Attendance: 42,114

SPAIN: IKER CASILLAS Fernández, Carles PUYOL Saforcada, Iván HELGUERA Bujía (93 Xavier "XAVI" Hernández Creus), Fernando Ruiz HIERRO, Miguel Ángel NADAL Homar, Enrique Fernández ROMERO, Rubén BARAJA Vegas, Francisco Javier DE PEDRO Falque (69 Gaizka MENDIETA Zabala), Juan Carlos VALERÓN Santana (80 LUIS ENRIQUE Martínez García), Fernando MORIENTES Sánchez, JOAQUÍN Sánchez Rodríguez.
Manager: José Antonio CAMACHO Alfaro

SOUTH KOREA: Lee Woon-Jae, Choi Jin-Cheul, Kim Nam-Il (32 Lee Eul-Yong), Yoo Sang-Chul (61 Lee Chun-Soo), Kim Tae-Young (90 Hwang Sun-Hong), Seol Ki-Hyeon, Lee Young-Pyo, Ahn Jung-Hwan, Hong Myung-Bo, Park Ji-Sung, Song Chong-Gug.   Manager: Guus Hiddink

Penalties: 1-0 Hwang Sun-Hong, 1-1 Fernando Ruiz HIERRO, 2-1 Park Ji-Sung, 2-2 Rubén BARAJA Vegas, 3-2 Seol Ki-Hyeon, 3-3 Xavier "XAVI" Hernández Creus, 4-3 Ahn Jung-Hwan, JOAQUÍN Sánchez Rodríguez (missed), 5-3 Hong Myung-Bo

472.   21.08.2002
HUNGARY v SPAIN 1-1 (0-0)
Puskás Ferenc Stadion, Budapest
Referee: Dr. Helmut Fleischer (Germany)
Attendance: 20,000
HUNGARY: Gábor Király, Flórián Urbán (46 Gábor Korolovszky), Attila Dragóner, Gábor Gyepes, László Bodnár, Krisztián Lisztes (46 Zoltán Böör), Vilmos Sebök (60 Csaba Fehér), Vasile Miriuta, Zsolt Löw (78 Péter Halmosi), Zoltán Gera (46 Miklós Fehér), Attila Tököli (63 Krisztián Kenesei).   Manager: Imre Gellei
SPAIN: IKER CASILLAS Fernández (46 RICARDO López Felipe), Carles PUYOL Saforcada, José Antonio GARCÍA CALVO, Carlos MARCHENA López (46 Juan Gutiérrez Moreno "JUANITO"), RAÚL BRAVO Sanfélix (61 Agustín ARANZÁBAL Alkorta), Pablo ORBÁIZ Lesaka (61 SERGIO González Soriano), Xavier "XAVI" Hernández Creus, Gaizka MENDIETA Zabala (46 JOAQUÍN Sánchez Rodríguez), VICENTE Rodríguez Guillén, RAÚL González Blanco (46 Juan Carlos VALERÓN Santana), Fernando MORIENTES Sánchez (46 Raúl TAMUDO Montero).
Manager: José Ignacio "IÑAKI" SÁEZ Ruiz
Goals: Vasile Miriuta (72) / Raúl TAMUDO Montero (54)

473.   07.09.2002   UEFA Euro 2004 Qualifying – Group 6
GREECE v SPAIN 0-2 (0-1)
Apostolos Nikolaidis Stadium, Athens
Referee: Dr. Markus Merk (Germany)   Attendance: 17,000
GREECE: Antonis Nikopolidis, Christos Patsatzoglou, Panagiotis (Takis) Fyssas (72 Zisis Vryzas), Nikolaos Dabizas, Traianos Dellas, Konstantinos Konstantinidis (41 Giorgios Karagounis), Theodoros Zagorakis (46 Angelos Basinas), Stelios Giannakopoulos, Angelos Charisteas, Vassilios Tsiartas, Demis Nikolaidis.   Manager: Otto Rehhagel
SPAIN: IKER CASILLAS Fernández, Miguel Ángel "MÍCHEL" SALGADO Fernández, RAÚL BRAVO Sanfélix, José Antonio GARCÍA CALVO, Carlos MARCHENA López, Iván HELGUERA Bujía, JOAQUÍN Sánchez Rodríguez (59 Gaizka MENDIETA Zabala), Juan Carlos VALERÓN Santana (87 CÉSAR martín Villar), Xavier "XAVI" Hernández Creus (59 Rubén BARAJA Vegas), RAÚL González Blanco, VICENTE Rodríguez Guillén.
Manager: José Ignacio "IÑAKI" SÁEZ Ruiz
Goals: RAÚL González Blanco (8), Juan Carlos VALERÓN Santana (76)

474.   12.10.2002   UEFA Euro 2004 Qualifying – Group 6
SPAIN v NORTHERN IRELAND 3-0 (1-0)
Estadio Carlos Belmonte, Albacete
Referee: Lubos Michel (Slovakia)   Attendance: 16,000
SPAIN: IKER CASILLAS Fernández, Miguel Ángel "MÍCHEL" SALGADO Fernández, Carles PUYOL Saforcada, Iván HELGUERA Bujía, RAÚL BRAVO Sanfélix, José María Gutiérrez Hernandez "GUTI" (83 Jesús Capitán Prada "CAPI"), Rubén BARAJA Vegas, JOAQUÍN Sánchez Rodríguez (76 Gaizka MENDIETA Zabala), Xavier "XAVI" Hernández Creus, RAÚL González Blanco (63 Fernando MORIENTES Sánchez), VICENTE Rodríguez Guillén.
Manager: José Ignacio "IÑAKI" SÁEZ Ruiz
NORTHERN IRELAND: Maik Taylor, Aaron Hughes, George McCartney, Gerry Taggart (69 Grant McCann), Colin Murdock, Steve Lomas, Keith Gillespie, Phil Mulryne, Damien Johnson, Paul McVeigh (65 David Healy), Kevin Horlock (65 Michael Hughes).   Manager: Sammy McIlroy
Goals: Rubén BARAJA Vegas (19, 89), José María Gutiérrez Hernandez "GUTI" (59)

475.   16.10.2002
SPAIN v PARAGUAY 0-0
Estadio Municipal Las Gaunas, Logroño
Referee: Olegário Manuel Bartolo Faustino Benquerença (Portugal)   Attendance: 15,000
SPAIN: Pedro CONTRERAS González, Miguel Ángel "MÍCHEL" SALGADO Fernández, Juan Gutiérrez Moreno "JUANITO", José Antonio GARCÍA CALVO, RAÚL BRAVO Sanfélix (46 Joan CAPDEVILA Méndez), Gaizka MENDIETA Zabala (46 JOAQUÍN Sánchez Rodríguez), David ALBELDA Aliqués, Rubén BARAJA Vegas (46 Xavier "XAVI" Hernández Creus), Jesús Capitán Prada "CAPI", Fernando MORIENTES Sánchez (46 DIEGO TRISTÁN Herrera), VICENTE Rodríguez Guillén (46 José María Gutiérrez Hernandez "GUTI").
Manager: José Ignacio "IÑAKI" SÁEZ Ruiz
PARAGUAY: Ricardo Javier TAVARELLI Paiva, Néstor Daniel ISASI Guillén, Carlos Alberto GAMARRA Pavón, Celso Rafael AYALA Gavilán, Paulo César DA SILVA Barrios, Roberto Miguel ACUÑA Cabello, Jorge Francisco CAMPOS Navarrete (85 Julio César CÁCERES López), Carlos Humberto PAREDES Monges, Carlos BONET Cáceres, Nelson Rafael CUEVAS Amarilla (90+ Walter David ÁVALOS Amarilla), David GÓMEZ Báez (46 Juan Eduardo SAMUDIO Serna).
Manager: Aníbal RUIZ Leites

476. 20.11.2002
SPAIN v BULGARIA 1-0 (1-0)
Estadio Nuevo Los Cármenes, Granada

Referee: Bruno Coué (France)   Attendance: 16,000

SPAIN: IKER CASILLAS Fernández (46 José Santiago CAÑIZARES Ruíz), Miguel Ángel "MÍCHEL" SALGADO Fernández, Carles PUYOL Saforcada (46 Iván HELGUERA Bujía), Carlos MARCHENA López, RAÚL BRAVO Sanfélix, Gaizka MENDIETA Zabala (46 Joseba ETXEBERRÍA Lizardi), David ALBELDA Aliqués, Rubén BARAJA Vegas (46 Xavier "XAVI" Hernández Creus), José María Gutiérrez Hernandez "GUTI" (60 Jesús Capitán Prada "CAPI"), JOSÉ "MARI" María Romero Poyón (46 DIEGO TRISTÁN Herrera), VICENTE Rodríguez Guillén (78 Joan CAPDEVILA Méndez).
Manager: José Ignacio "IÑAKI" SÁEZ Ruiz

BULGARIA: Zdravko Zdravkov (79 Stoyan Kolev), Radostin Kishishev, Rosen Kirilov, Georgi Petrov (46 Zlatomir Zagorcic), Ivaylo Petkov (69 Ilian Stoyanov), Daniel Borimirov (79 Todor Yanchev), Georgi Peev (70 Svetoslav Petrov), Stiliyan Petrov (70 Velizar Dimitrov), Dimitar Berbatov, Vladimir Manchev (46 Georgi Chilikov), Martin Petrov.
Manager: Plamen Markov

Goal: JOSÉ "MARI" María Romero Poyón (10)

477. 12.02.2003
SPAIN v GERMANY 3-1 (1-1)
Estadio Son Moix, Palma de Mallorca

Referee: Michael Anthony (Mike) Riley (England)
Attendance: 20,000

SPAIN: IKER CASILLAS Fernández (84 José Santiago CAÑIZARES Ruíz), Miguel Ángel "MÍCHEL" SALGADO Fernández, Carles PUYOL Saforcada, CÉSAR MARTÍN Villar (46 Iván HELGUERA Bujía), Agustín ARANZÁBAL Alkorta, JOAQUÍN Sánchez Rodríguez (69 Joseba ETXEBERRÍA Lizardi), David ALBELDA Aliqués, Rubén BARAJA Vegas (74 Xavier "XAVI" Hernández Creus), VICENTE Rodríguez Guillén, RAÚL González Blanco (84 JOSÉ "MARI" María Romero Poyón), DIEGO TRISTÁN Herrera (74 José María Gutiérrez Hernandez "GUTI").
Manager: José Ignacio "IÑAKI" SÁEZ Ruiz

GERMANY: Oliver Kahn, Arne Friedrich, Christian Wörns, Christoph Metzelder, Tobias Rau (51 Frank Baumann, 62 Hanno Balitsch), Bernd Schneider (74 Paul Freier), Jens Jeremies, Carsten Ramelow, Jörg Böhme, Fredi Bobic (59 Benjamin Lauth), Miroslav Klose (83 Oliver Neuville).
Manager: Rudi Völler

Goals: RAÚL González Blanco (31, 76 pen), José María Gutiérrez Hernandez "GUTI" (83) / Fredi Bobic (38)

478. 29.03.2003   UEFA Euro 2004 Qualifying – Group 6
UKRAINE v SPAIN 2-2 (1-0)
Olimpiysky National Sports Complex, Kyiv

Referee: Michael Anthony (Mike) Riley (England)
Attendance: 83,000

UKRAINE: Oleksandr Shovkovskyi, Andriy Nesmachnyi, Sergey Fedorov, Anatoliy Tymoshchuk, Sergey Kormyltsev (63 Maksym Kalynychenko), Yuriy Dmytrulin, Andriy Shevchenko (67 Sergey Serebrennikov), Andriy Gusin, Aleksandr Gorshkov, Andriy Voronin, Andriy Vorobey.
Manager: Leonid Buryak

SPAIN: IKER CASILLAS Fernández, Miguel Ángel "MÍCHEL" SALGADO Fernández, Carlos MARCHENA López, CÉSAR MARTÍN Villar, Agustín ARANZÁBAL Alkorta, David ALBELDA Aliqués (66 Xavier "XAVI" Hernández Creus), RAÚL González Blanco, Rubén BARAJA Vegas, José María Gutiérrez Hernandez "GUTI" (66 Juan Carlos VALERÓN Santana), VICENTE Rodríguez Guillén (78 DIEGO TRISTÁN Herrera), Joseba ETXEBERRÍA Lizardi.
Manager: José Ignacio "IÑAKI" SÁEZ Ruiz

Goals: Andriy Voronin (11), Aleksandr Gorshkov (90+2) / RAÚL González Blanco (83), Joseba ETXEBERRÍA (87)

479. 02.04.2003   UEFA Euro 2004 Qualifying – Group 6
SPAIN v ARMENIA 3-0 (0-0)
Nuevo Estadio Antonio Amilivia, León

Referee: Alon Yefet (Israel)   Attendance: 13,500

SPAIN: IKER CASILLAS Fernández, Miguel Ángel "MÍCHEL" SALGADO Fernández, Iván HELGUERA Bujía, Carlos MARCHENA López, RAÚL BRAVO Sanfélix, David ALBELDA Aliqués, Xavier "XAVI" Hernández Creus (53 VICENTE Rodríguez Guillén), Juan Carlos VALERÓN Santana (64 Rubén BARAJA Vegas), RAÚL González Blanco, DIEGO TRISTÁN Herrera, Joseba ETXEBERRÍA Lizardi (43 JOAQUÍN Sánchez Rodríguez).
Manager: José Ignacio "IÑAKI" SÁEZ Ruiz

ARMENIA: Roman Berezovsky, Yegishe Melikyan, Karen Dokhoyan, Sargis Hovsepyan, Harutyun Vardanyan, Romik Khachatryan (83 Vardan Minasyan), Arthur Petrosyan (80 Hamlet Mkhitaryan), Arthur Voskanyan, Albert Sargsyan, Artavazd Karamyan (90 José Andrés Bilibio), Arman Karamyan.   Manager: Mihai Stoichita

Goals: DIEGO TRISTÁN Herrera (60), Iván HELGUERA (69), JOAQUÍN Sánchez Rodríguez (90+2).

480.   30.04.2003
SPAIN v ECUADOR 4-0 (3-0)
Estadio Vicente Calderón, Madrid

Referee: Sergo Kvaratskhelia (Georgia)   Attendance: 35,000

SPAIN: José Santiago CAÑIZARES Ruíz (76 IKER CASILLAS Fernández), Miguel Ángel "MÍCHEL" SALGADO Fernández (46 Gabriel Francisco García de la Torre "GABRI"), Carlos MARCHENA López, Iván HELGUERA Bujía (46 CÉSAR MARTÍN Villar), Agustín ARANZÁBAL Alkorta (46 RAÚL BRAVO Sanfélix), JOAQUÍN Sánchez Rodríguez, Xabier "XABI" ALONSO Olano (66 SERGIO González Soriano), Rubén BARAJA Vegas (66 José María Gutiérrez Hernandez "GUTI"), Francisco Javier DE PEDRO Falque, Fernando MORIENTES Sánchez (66 JOSÉ "MARI" María Romero Poyón), Juan Carlos VALERÓN Santana.
Manager: José Ignacio "IÑAKI" SÁEZ Ruiz

ECUADOR: José Francisco CEVALLOS Villavicencio, Fricson Vinicio GEORGE Tenorio, Augusto Jesús POROSO Caicedo (27 Giovanny Patricio ESPINOZA Pabón), Iván Jacinto HURTADO Angulo, Marlon Riter AYOVÍ Mosquera, Ulises Hernán DE LA CRUZ Bernardo, Álex Darío AGUINAGA Garzón (75 Angel Oswaldo FERNÁNDEZ Vernaza), Edwin Rolando TENORIO Montaño (27 Iván Jaime KAVIEDES Llorentty, 75 Nicolás Geovanny ASENCIO Espinoza), Edison Vicente MÉNDEZ Méndez, Kléber Manuel CHALÁ Guerron (81 Franklin Agustín SALAS Nárvaez), Carlos Vicente TENORIO Medina (75 Wellington Eduardo SÁNCHEZ Luzuriaga).   Manager: Hernán Darío GÓMEZ Jaramillo

Goals: Francisco Javier DE PEDRO Falque (15), Fernando MORIENTES Sánchez (20, 22, 64)

481.   07.06.2003   UEFA Euro 2004 Qualifying – Group 6
SPAIN v GREECE 0-1 (0-1)
Estadio de La Romareda, Zaragoza

Referee: Alain Sars (France)   Attendance: 32,000

SPAIN: IKER CASILLAS Fernández, Miguel Ángel "MÍCHEL" SALGADO Fernández, Carles PUYOL Saforcada, Iván HELGUERA Bujía, RAÚL BRAVO Sanfélix, Carlos MARCHENA López (76 SERGIO González Soriano), Juan Carlos VALERÓN Santana, VICENTE Rodríguez Guillén (59 Francisco Javier DE PEDRO Falque), Joseba ETXEBERRÍA Lizardi (59 JOAQUÍN Sánchez Rodríguez), Fernando MORIENTES Sánchez, RAÚL González Blanco.
Manager: José Ignacio "IÑAKI" SÁEZ Ruiz

GREECE: Antonis Nikopolidis, Giourkas Seitaridis, Stelios Venetidis, Nikolaos Dabizas, Traianos Dellas, Mihalis Kapsis, Theodoros Zagorakis, Zisis Vryzas, Angelos Charisteas (34 Vasilis Lakis), Stelios Giannakopoulos, Vassilios Tsiartas (37 Giorgios Karagounis).   Manager: Otto Rehhagel

Goal: Stelios Giannakopoulos (43)

Sent off: Stelios Venetidis (80)

482.   11.06.2003   UEFA Euro 2004 Qualifying – Group 6
NORTHERN IRELAND v SPAIN 0-0
Windsor Park, Belfast

Referee: Claus Bo Larsen (Denmark)   Attendance: 11,365

NORTHERN IRELAND: Maik Taylor, Aaron Hughes, Chris Baird, Peter Kennedy, George McCartney, Danny Griffin, Tommy Doherty (80 Ciarán Toner), Damien Johnson, David Healy, Andy Smith (90+2 Mark Williams), Steve Jones (73 Paul McVeigh).   Manager: Sammy McIlroy

SPAIN: IKER CASILLAS Fernández, Carles PUYOL Saforcada, Carlos MARCHENA López, Iván HELGUERA Bujía, Juan Francisco García García "JUANFRAN", Joseba ETXEBERRÍA Lizardi (79 Francisco Javier DE PEDRO Falque), SERGIO González Soriano (66 JOAQUÍN Sánchez Rodríguez), Rubén BARAJA Vegas, Juan Carlos VALERÓN Santana, VICENTE Rodríguez Guillén (66 Fernando MORIENTES Sánchez), RAÚL González Blanco.
Manager: José Ignacio "IÑAKI" SÁEZ Ruiz

483.   06.09.2003
PORTUGAL v SPAIN 0-3 (0-1)
Estádio Dom Afonso Henriques, Guimarães

Referee: Marian Mircea Salomir (Romania)
Attendance: 21,176

PORTUGAL: RICARDO Alexandre Martins Soares Pereira (76 Joaquim Manuel Sampaio da Silva "QUIM"), Luís MIGUEL Brito Garcia Monteiro, NUNO Jorge Pereira da Silva VALENTE (46 RUI JORGE de Sousa Dias Macedo de Oliveira), FERNANDO José da Silva Freitas MEIRA (46 JORGE Manuel Almeida Gomes de ANDRADE), FERNANDO Manuel Silva COUTO, Francisco José Rodrigues da Costa "COSTINHA", LUÍS Filipe Madeira Caeiro FIGO, Nuno Ricardo de Oliveira Ribeiro "MANICHE" (79 Nuno Miguel FRECHAUT Barreto), Pedro Miguel Carreiro Resendes "PAULETA", RUI Manuel César COSTA (61 Anderson Luís de Souza "DECO"), SÉRGIO Paulo Marceneiro da CONCEIÇÃO (46 Luís BOA MORTE Pereira).   Manager: Luiz Felipe SCOLARI

SPAIN: IKER CASILLAS Fernández (66 José Santiago CAÑIZARES Ruíz), Miguel Ángel "MÍCHEL" SALGADO Fernández, Juan Gutiérrez Moreno "JUANITO", Carlos MARCHENA López, Carles PUYOL Saforcada (46 Enrique Fernández ROMERO), Joseba ETXEBERRÍA Lizardi (46 JOAQUÍN Sánchez Rodríguez), Xabier "XABI" ALONSO Olano, Rubén BARAJA Vegas (46 Xavier "XAVI" Hernández Creus), VICENTE Rodríguez Guillén (46 José Antonio REYES Calderón), RAÚL González Blanco (46 DIEGO TRISTÁN Herrera), FERNANDO José TORRES Sanz (46 Juan Carlos VALERÓN Santana).
Manager: José Ignacio "IÑAKI" SÁEZ Ruiz

Goals: Joseba ETXEBERRÍA Lizardi (11), JOAQUÍN Sánchez Rodríguez (64), DIEGO TRISTÁN Herrera (77)

484. 10.09.2003   UEFA Euro 2004 Qualifying – Group 6
SPAIN v UKRAINE 2-1 (0-0)
Estadio Manuel Martínez Valero, Elche
Referee: Terje Hauge (Norway)   Attendance: 39,000
SPAIN: IKER CASILLAS Fernández, Miguel Ángel "MÍCHEL" SALGADO Fernández, Juan Gutiérrez Moreno "JUANITO", Carlos MARCHENA López, Carles PUYOL Saforcada, Joseba ETXEBERRÍA Lizardi, Xabier "XABI" ALONSO Olano, Rubén BARAJA Vegas (84 Xavier "XAVI" Hernández Creus), VICENTE Rodríguez Guillén (63 Juan Carlos VALERÓN Santana), RAÚL González Blanco, FERNANDO José TORRES Sanz (64 José Antonio REYES Calderón).
Manager: José Ignacio "IÑAKI" SÁEZ Ruiz

UKRAINE: Oleksandr Shovkovskyi, Oleh Luzhny, Sergey Fedorov, Anatoliy Tymoshchuk, Andriy Nesmachnyi, Yuriy Dmytrulin (65 Gennadiy Zubov), Andriy Shevchenko, Sergei Popov (19 Sergey Serebrennikov), Aleksandr Gorshkov, Andriy Voronin (52 Oleg Gusev), Andriy Vorobey.
Manager: Leonid Buryak

Goals: RAÚL González Blanco (59, 71) / Andriy Shevchenko (84)

FERNANDO José TORRES Sanz missed a penalty kick (54)

485. 11.10.2003   UEFA Euro 2004 Qualifying – Group 6
ARMENIA v SPAIN 0-4 (0-1)
Republican Vazgen Sargsyan Stadium, Yerevan
Referee: Urs Meier (Switzerland)   Attendance: 16,000
ARMENIA: Roman Berezovsky, Yegishe Melikyan, Karen Dokhoyan, Sargis Hovsepyan, Harutyun Vardanyan, Romik Khachatryan, Marian Zeciu (88 José Andrés Bilibio), Arthur Voskanyan (78 Andrey Movsisyan), Albert Sargsyan, Artavazd Karamyan (87 Arthur Petrosyan), Arman Karamyan.
Manager: Mihai Stoichita

SPAIN: IKER CASILLAS Fernández, Miguel Ángel "MÍCHEL" SALGADO Fernández, Carlos MARCHENA López, Iván HELGUERA Bujía, Carles PUYOL Saforcada, David ALBELDA Aliqués, Joseba ETXEBERRÍA Lizardi, Rubén BARAJA Vegas (66 Xabier "XABI" ALONSO Olano), Juan Carlos VALERÓN Santana, VICENTE Rodríguez Guillén (62 José Antonio REYES Calderón), RAÚL González Blanco (78 Albert LUQUE Martos).   Manager: José Ignacio "IÑAKI" SÁEZ Ruiz

Goals: Juan Carlos VALERÓN Santana (7), RAÚL González Blanco (76), José Antonio REYES Calderón (87, 90)

486. 15.11.2003   UEFA Euro 2004 Qualifying – Play-off
SPAIN v NORWAY 2-1 (1-1)
Estadio de Mestalla, Valencia
Referee: Graham Poll (England)   Attendance: 53,000
SPAIN: IKER CASILLAS Fernández, Miguel Ángel "MÍCHEL" SALGADO Fernández, Carlos MARCHENA López, Iván HELGUERA Bujía, Carles PUYOL Saforcada, Joseba ETXEBERRÍA Lizardi (78 JOAQUÍN Sánchez Rodríguez), David ALBELDA Aliqués, Rubén BARAJA Vegas, FERNANDO José TORRES Sanz (67 Juan Carlos VALERÓN Santana), José Antonio REYES Calderón (78 VICENTE Rodríguez Guillén), RAÚL González Blanco.
Manager: José Ignacio "IÑAKI" SÁEZ Ruiz

NORWAY: Espen Johnsen, Christer Basma, Henning Berg, Claus Lundekvam, John Arne Risse, Steffen Iversen (78 Frode Johnsen), Martin Andresen (87 Runar Berg), Trond Andersen, Jan Gunnar Solli, Roar Strand (25 Harald Brattbakk), Tore André Flo.   Manager: Nils-Johan Semb

Goals: RAÚL González Blanco (21), Henning Berg (85 og) / Steffen Iversen (14)

487. 19.11.2003   UEFA Euro 2004 Qualifying – Play-off
NORWAY v SPAIN 0-3 (0-1)
Ullevaal Stadion, Oslo
Referee: Pierluigi Collina (Italy)   Attendance: 25,106
NORWAY: Espen Johnsen (62 Frode Olsen), Christer Basma, Claus Lundekvam, Ronny Johnsen, Ståle Stensaas, Steffen Iversen, Martin Andresen (74 Frode Johnsen), Trond Andersen (46 Håvard Flo), Jan Gunnar Solli, John Arne Risse, Tore André Flo.   Manager: Nils-Johan Semb

SPAIN: IKER CASILLAS Fernández, Miguel Ángel "MÍCHEL" SALGADO Fernández, CÉSAR MARTÍN Villar, Iván HELGUERA Bujía, Carles PUYOL Saforcada, David ALBELDA Aliqués (87 Rubén BARAJA Vegas), Xabier "XABI" ALONSO Olano, Joseba ETXEBERRÍA Lizardi (78 JOAQUÍN Sánchez Rodríguez), Juan Carlos VALERÓN Santana (74 José María Gutiérrez Hernandez "GUTI"), VICENTE Rodríguez Guillén, RAÚL González Blanco.
Manager: José Ignacio "IÑAKI" SÁEZ Ruiz

Goals: RAÚL González Blanco (34), VICENTE Rodríguez Guillén (49), Joseba ETXEBERRÍA Lizardi (57)

488. 18.02.2004
SPAIN v PERU 2-1 (2-1)
Estadi Olímpic Lluís Companys, Barcelona
Referee: Bertrand Layec (France)   Attendance: 23,580
SPAIN: IKER CASILLAS Fernández (46 José Santiago CAÑIZARES Ruíz), Miguel Ángel "MÍCHEL" SALGADO Fernández (46 RAÚL BRAVO Sanfélix), Iván HELGUERA Bujía, Carlos MARCHENA López, Carles PUYOL Saforcada, Joseba ETXEBERRÍA Lizardi (46 JOAQUÍN Sánchez Rodríguez), Xabier "XABI" ALONSO Olano (46 David ALBELDA Aliqués), Rubén BARAJA Vegas (46 Xavier "XAVI" Hernández Creus), VICENTE Rodríguez Guillén (46 Albert LUQUE Martos), RAÚL González Blanco (46 Raúl TAMUDO Montero), Juan Carlos VALERÓN Santana.
Manager: José Ignacio "IÑAKI" SÁEZ Ruiz

PERU: Óscar Manuel IBÁÑEZ Holzmann, Jorge Antonio SOTO Gómez (46 Guillermo Sandro SALAS Suarez), John Christian GALLIQUIO Castro (71 Wilmer Santiago ACASIETE Ariadela), César Miguel REBOSIO Compans, Emilio Martín HIDALGO Conde, Nolberto Albino SOLANO Todco (83 Julio César GARCÍA Mezones), Marko Gustavo CIURLIZZA Rodríguez, Carlos Alberto ZEGARRA Zamora (65 Juan Carlos LA ROSA Llontop), Roberto Carlos PALACIOS Mestas (74 Henry Edson QUINTEROS Sánchez), Andrés Augusto MENDOZA Azevedo (67 Roberto Enrique SILVA Pro), Claudio Miguel PIZARRO Bosio (67 Jefferson Agustín FARFÁN Guadalupe).   Manager: PAULO AUTUORI de Mello
Goals: Joseba ETXEBERRÍA (31), Rubén BARAJA Vegas (33) / Nolberto Albino SOLANO Todco (21)

489. 31.03.2004
SPAIN v DENMARK 2-0 (1-0)
Estadio Municipal El Molinón, Gijón
Referee: António Manuel Almeida Costa (Portugal)
Attendance: 18,600
SPAIN: José Santiago CAÑIZARES Ruíz (76 IKER CASILLAS Fernández), Gabriel Francisco García de la Torre "GABRI" (64 Miguel Ángel "MÍCHEL" SALGADO Fernández), CÉSAR MARTÍN Villar, Carlos MARCHENA López, Joan CAPDEVILA Méndez, Joseba ETXEBERRÍA Lizardi, Xabier "XABI" ALONSO Olano (64 David ALBELDA Aliqués), José María Gutiérrez Hernández "GUTI" (46 Rubén BARAJA Vegas), Albert LUQUE Martos (46 VICENTE Rodríguez Guillén), Fernando MORIENTES Sánchez (46 RAÚL González Blanco), Salvador Ballesta Vialcho "SALVA" (46 FERNANDO José TORRES Sanz).   Manager: José "IÑAKI" SÁEZ Ruiz

DENMARK: Thomas Sørensen (46 Stephan Andersen), Brian Priske (67 Søren Colding), Martin Laursen, René Henriksen (72 Per Krøldrup), Niclas Jensen, Daniel Jensen (80 Thomas Røll Larsen), Thomas Gravesen, Claus Jensen (78 Thomas Kahlenberg), Jesper Grønkjær, Martin Jørgensen (46 Kenneth Pérez), Peter Madsen (46 Jon Dahl Tomasson).
Manager: Morten Olsen
Goals: Fernando MORIENTES Sánchez (22), RAÚL González Blanco (60)

490. 28.04.2004
ITALY v SPAIN 1-1 (0-0)
Stadio Comunale Luigi Ferraris, Genova
Referee: Graham Poll (England)   Attendance: 30,300
ITALY: Gianluigi Buffon (46 Angelo Peruzzi), Christian Panucci, Fabio Cannavaro (46 Matteo Ferrari), Marco Materazzi, Gianluca Zambrotta, Stefano Fiore (75 Aimo Stefano Diana), Simone Perrotta (46 Massimo Ambrosini), Andrea Pirlo (75 Carlo Nervo), Marco Di Vaio (66 Giuseppe Favalli), Roberto Baggio (87 Fabrizio Miccoli), Christian Vieri (75 Bernardo Corradi).   Manager: Giovanni Trapattoni

SPAIN: IKER CASILLAS Fernández (77 José Santiago CAÑIZARES Ruíz), Miguel Ángel "MÍCHEL" SALGADO Fernández (46 MANUEL PABLO García Díaz), Iván HELGUERA Bujía (63 CÉSAR MARTÍN Villar), Juan Gutierrez Moreno "JUANITO", RAÚL BRAVO Sanfélix, Joseba ETXEBERRÍA Lizardi, David ALBELDA Aliqués (78 Rubén BARAJA Vegas), Xabier "XABI" ALONSO Olano (46 Xavier "XAVI" Hernández Creus), VICENTE Rodríguez Guillén (46 Juan Carlos VALERÓN Santana), RAÚL González Blanco (46 FERNANDO José TORRES Sanz), Fernando MORIENTES Sánchez (46 JOAQUÍN Sánchez Rodríguez).
Manager: José Ignacio "IÑAKI" SÁEZ Ruiz
Goals: Christian Vieri (56) / FERNANDO José TORRES (52)

491.   05.06.2004
SPAIN v ANDORRA 4-0 (2-0)
Coliseum Alfonso Pérez, Getafe
Referee: Matteo Simone Trefoloni (Italy)   Att: 14,000
SPAIN: IKER CASILLAS Fernández (31 José Santiago CAÑIZARES Ruíz, 61 Daniel ARANZUBÍA Aguado), Carles PUYOL Saforcada (46 Gabriel Francisco García de la Torre "GABRI"), Iván HELGUERA Bujía (46 CÉSAR MARTÍN Villar), Carlos MARCHENA López (46 Juan Gutierrez Moreno "JUANITO"), RAÚL BRAVO Sanfélix (46 Joan CAPDEVILA Méndez), Joseba ETXEBERRÍA Lizardi (46 JOAQUÍN Sánchez Rodríguez), Rubén BARAJA Vegas (46 Xabier "XABI" ALONSO Olano), David ALBELDA Aliqués (46 Xavier "XAVI" Hernández Creus), Albert LUQUE Martos, RAÚL González Blanco (46 Juan Carlos VALERÓN Santana), Fernando MORIENTES Sánchez (46 FERNANDO José TORRES Sanz). Manager: José Ignacio "IÑAKI" SÁEZ Ruiz

ANDORRA: Jesús Luis Álvarez de Eulate Güergue "KOLDO" (82 ALFONS SÁNCHEZ Miguez), FRANCESC Javier RAMÍREZ Palomo (90 DAVID RIBOLLEDA Bernat), José Manuel "TXEMA" García Luena (50 JORDI ESCURA Aixas), Antonio "TONI" LIMA Solá (87 Manuel "MANOLO" JIMÉNEZ Soria), ILDEFONS LIMA Solà, Julià "JULI" FERNÁNDEZ Ariza (90 Daniel "DANI" FERRÓN Pérez), JOSEP Manuel AYALA Díaz, ANTONI Miguel SIVERA Peris (85 GENÍS GARCÍA Iscla), Julià "JULI" SÁNCHEZ Soto (79 Gabriel "GABI" RIERA Lancha), ÓSCAR SONEJEE Masand (65 ROBERTO JONÁS Alonso Martínez), JUSTO RUÍZ González (74 Sergio "SERGI" MORENO Marín).   Manager: David RODRIGO Lo

Goals: Fernando MORIENTES Sánchez (24), Rubén BARAJA Vegas (45), CÉSAR MARTÍN Villar (64), Juan Carlos VALERÓN Santana (89)

492.   12.06.2004   UEFA European Championship – Group A
SPAIN v RUSSIA 1-0 (0-0)
Estádio Algarve, Loulé (Portugal)
Referee: Urs Meier (Switzerland)   Attendance: 28,182
SPAIN: IKER CASILLAS Fernández, Carles PUYOL Saforcada, Carlos MARCHENA López, Iván HELGUERA Bujía, RAÚL BRAVO Sanfélix, Joseba ETXEBERRÍA Lizardi, David ALBELDA Aliqués, Rubén BARAJA Vegas (59 Xabier "XABI" ALONSO Olano), VICENTE Rodríguez Guillén, Fernando MORIENTES Sánchez (59 Juan Carlos VALERÓN Santana), RAÚL González Blanco (78 FERNANDO José TORRES Sanz). Manager: José Ignacio "IÑAKI" SÁEZ Ruiz

RUSSIA: Sergey Ovchinnikov, Vadim Evseev, Roman Sharonov, Dmitriy Sennikov, Dmitriy Alenichev, Aleksey Smertin, Aleksandr Mostovoy, Evgeniy Aldonin (68 Dmitriy Sychev), Rolan Gusev (46 Vladislav Radimov), Marat Izmailov (74 Andrey Karyaka), Dmitriy Bulykin.
Manager: Georgiy Yartsev

Goal: Juan Carlos VALERÓN Santana (60)

Sent off: Roman Sharonov (88)

493.   16.06.2004   UEFA European Championship – Group A
GREECE v SPAIN 1-1 (0-1)
Estádio do Bessa Século XXI, Porto (Portugal)
Referee: Lubos Michel (Slovakia)   Attendance: 25,444
GREECE: Antonis Nikopolidis, Giourkas Seitaridis, Mihalis Kapsis, Traianos Dellas, Panagiotis (Takis) Fyssas (85 Stelios Venetidis), Kostas Katsouranis, Theodoros Zagorakis, Stelios Giannakopoulos (49 Demis Nikolaidis), Giorgios Karagounis (52 Vassilios Tsiartas), Angelos Charistas, Zisis Vryzas.
Manager: Otto Rehhagel

SPAIN: IKER CASILLAS Fernández, Carles PUYOL Saforcada, Carlos MARCHENA López, Iván HELGUERA Bujía, RAÚL BRAVO Sanfélix, Joseba ETXEBERRÍA Lizardi (46 JOAQUÍN Sánchez Rodríguez), David ALBELDA Aliqués, Rubén BARAJA Vegas, VICENTE Rodríguez Guillén, Fernando MORIENTES Sánchez (64 Juan Carlos VALERÓN Santana), RAÚL González Blanco (79 FERNANDO José TORRES Sanz).   Manager: José Ignacio "IÑAKI" SÁEZ Ruiz

Goals: Angelos Charistas (67) /
Fernando MORIENTES Sánchez (28)

494.   20.06.2004   UEFA European Championship – Group A
SPAIN v PORTUGAL 0-1 (0-0)
Estádio José Alvalade, Lisboa (Portugal)
Referee: Per Stefan Anders Frisk (Sweden)
Attendance: 47,491
SPAIN: IKER CASILLAS Fernández, Carles PUYOL Saforcada, Iván HELGUERA Bujía, RAÚL BRAVO Sanfélix, Juan Gutierrez Moreno "JUANITO" (81 Fernando MORIENTES Sánchez), David ALBELDA Aliqués (66 Rubén BARAJA Vegas), VICENTE Rodríguez Guillén, Xabier "XABI" ALONSO Olano, JOAQUÍN Sánchez Rodríguez (72 Albert LUQUE Martos), RAÚL González Blanco, FERNANDO José TORRES Sanz. Manager: José Ignacio "IÑAKI" SÁEZ Ruiz

PORTUGAL: RICARDO Alexandre Martins Soares Pereira, Luís MIGUEL Brito Garcia Monteiro, JORGE Manuel Almeida Gomes de ANDRADE, RICARDO Alberto Silveira de CARVALHO, NUNO Jorge Pereira da Silva VALENTE, LUÍS Filipe Madeira Caeiro FIGO (77 Armando Gonçalves Teixeira "PETIT"), Nuno Ricardo de Oliveira Ribeiro "MANICHE", Francisco José Rodrigues da Costa "COSTINHA", Anderson Luís de Souza "DECO", CRISTIANO RONALDO dos Santos Aveiro (84 FERNANDO Manuel Silva COUTO), Pedro Miguel Carreiro Resendes "PAULETA" (46 NUNO "GOMES" Miguel Soares Pereira Ribeiro).   Manager: Luiz Felipe SCOLARI

Goal: NUNO "GOMES" Miguel Soares Pereira Ribeiro (57)

495. 18.08.2004
SPAIN v VENEZUELA 3-2 (1-1)
Estadio Gran Canaria, Las Palmas de Gran Canaria
Referee: Pasquale Rodomonti (Italy)   Attendance: 31,000
SPAIN: José Santiago CAÑIZARES Ruíz, Miguel Ángel "MÍCHEL" SALGADO Fernández, Carles PUYOL Saforcada, Iván HELGUERA Bujía, Enrique Fernández ROMERO, VÍCTOR SÁNCHEZ del Amo (69 JOAQUÍN Sánchez Rodríguez), David ALBELDA Aliqués (64 Xabier "XABI" ALONSO Olano), Rubén BARAJA Vegas (46 Juan Carlos VALERÓN Santana), VICENTE Rodríguez Guillén (46 José Antonio REYES Calderón), RAÚL González Blanco (46 FERNANDO José TORRES Sanz), Fernando MORIENTES Sánchez (46 Raúl TAMUDO Montero).
Manager: José Luis ARAGONÉS Suárez
VENEZUELA: Gilberto ANGELUCCI Guión (76 Rafael Antonio "RAFA" PONZO García), Leonel Gerardo VIELMA Peña (76 Fernando Franco DE ORNELAS), José Manuel REY Cortegoso, Alejandro Enrique CICHERO Konarek, Jonay Miguel Hernández Santos "MEJI" (64 Alexander José RONDÓN Heredia), Ricardo David PÁEZ Gomez (72 Enrique Andrés ROUGA Rossi), Leopoldo Rafael JIMÉNEZ González, Luis Enrique VERA Martineau (65 Andreé Aníbal GONZÁLEZ Frustacci), Gabriel José URDANETA Rángel, Jorge Alberto ROJAS Méndez, Massimo MARGIOTTA (68 Rafael Ernesto CASTELLÍN García).
Manager: Richard Alfred Mayela PÁEZ Monzón
Goals: Fernando MORIENTES Sánchez (41), Raúl TAMUDO Montero (57, 67) / Jorge Alberto ROJAS Méndez (45+1), Rafael Ernesto CASTELLÍN García (90+2)

496. 03.09.2004
SPAIN v SCOTLAND 1-1 (0-1)
Estadio Ciudad de Valencia, Valencia
Referee: Stéphane Bré (France)   Attendance: 11,000
SPAIN: IKER CASILLAS Fernández, Aitor LÓPEZ REKARTE, Carles PUYOL Saforcada, Carlos MARCHENA López (57 Iván HELGUERA Bujía), Asier DEL HORNO Cosgaya, JOAQUÍN Sánchez Rodríguez, Xabier "XABI" ALONSO Olano, Rubén BARAJA Vegas (46 Juan Carlos VALERÓN Santana), José Antonio REYES Calderón, FERNANDO José TORRES Sanz (46 RAÚL González Blanco), Raúl TAMUDO Montero (46 VICENTE Rodríguez Guillén).
Manager: José Luis ARAGONÉS Suárez
SCOTLAND: Craig Gordon, Gary Caldwell, Andy Webster, Malky Mackay, Gary Naysmith, Jackie McNamara, Darren Fletcher (58 Colin Cameron), Nigel Quashie, Barry Ferguson, James McFadden (46 Stephen Pearson), Stephen Crawford (58 Kenny Miller). Manager: Berti Vogts
Goals: RAÚL González Blanco (56 pen) / Rubén BARAJA Vegas (17 og)

The match was abandoned after 59 minutes due to floodlight failure and a waterlogged pitch.

497. 08.09.2004   FIFA World Cup Qualification – Group 7
BOSNIA & HERZEGOVINA v SPAIN 1-1 (0-0)
Stadion Bilino Polje, Zenica
Referee: Massimo De Santis (Italy)   Attendance: 14,380
BOSNIA & HERZEGOVINA: Kenan Hasagic, Vladan Grujic (68 Dusan Kerkez), Vedin Music, Emir Spahic, Branimir Bajic, Zvjezdan Misimovic, Elvir Bolic (83 Nedim Halilovic), Mirsad Beslija, Sergej Barbarez, Hasan Salihamidzic, Elvir Baljic (62 Dragan Blatnjak). Manager: Blaz Sliskovic
SPAIN: IKER CASILLAS Fernández, Miguel Ángel "MÍCHEL" SALGADO Fernández, Carles PUYOL Saforcada, Iván HELGUERA Bujía, Enrique Fernández ROMERO, VÍCTOR SÁNCHEZ del Amo (49 Fernando MORIENTES Sánchez), David ALBELDA Aliqués (71 Xabier "XABI" ALONSO Olano), Rubén BARAJA Vegas (58 Juan Carlos VALERÓN Santana), VICENTE Rodríguez Guillén, José Antonio REYES Calderón, RAÚL González Blanco.
Manager: José Luis ARAGONÉS Suárez
Goals: Elvir Bolic (74) / VICENTE Rodríguez Guillén (65)

498. 09.10.2004   FIFA World Cup Qualification – Group 7
SPAIN v BELGIUM 2-0 (0-0)
Estadio El Sardinero, Santander
Referee: Kim Milton Nielsen (Denmark)
Attendance: 17,000
SPAIN: IKER CASILLAS Fernández, Miguel Ángel "MÍCHEL" SALGADO Fernández, Carles PUYOL Saforcada, Carlos MARCHENA López, Asier DEL HORNO Cosgaya, JOAQUÍN Sánchez Rodríguez, Xavier "XAVI" Hernández Creus (73 Rubén BARAJA Vegas), David ALBELDA Aliqués (58 Xabier "XABI" ALONSO Olano), José Antonio REYES Calderón, RAÚL González Blanco, FERNANDO José TORRES Sanz (53 Albert LUQUE Martos).
Manager: José Luis ARAGONÉS Suárez
BELGIUM: Tristan Peersman, Eric Deflandre, Vincent Kompany, Daniel Van Buyten, Olivier Deschacht, Roberto Bisconti (69 Olivier Doll), Thomas Buffel (79 Grégory Dufer), Philippe Clement, Bart Goor, Wesley Sonck, Mbo Mpenza (74 Stein Huysegems). Manager: Aimé Anthuenis
Goals: Albert LUQUE (58), RAÚL González Blanco (63)
Sent off: Eric Deflandre (29), Bart Goor (73)

499. 13.10.2004   FIFA World Cup Qualification – Group 7

LITHUANIA v SPAIN 0-0

Zalgirio Stadionas, Vilnius

Referee: Éric Poulat (France)   Attendance: 9,114

LITHUANIA: Zydrūnas Karcemarskas, Marius Stankevicius, Rolandas Dziaukstas, Nerijus Barasa, Andrius Skerla, Donatas Vencevicius, Aurelijus Skarbalius, Edgaras Cesnauskis, Andrius Gedgaudas (75 Saulius Mikoliūnas), Tomas Danilevicius (81 Tomas Radzinevicius), Edgaras Jankauskas. Manager: Algimantas Liubinskas

SPAIN: IKER CASILLAS Fernández, Miguel Ángel "MÍCHEL" SALGADO Fernández, Carles PUYOL Saforcada, Carlos MARCHENA López, Joan CAPDEVILA Méndez (78 FERNANDO José TORRES Sanz), VÍCTOR SÁNCHEZ del Amo (53 Raúl TAMUDO Montero), David ALBELDA Aliqués, Rubén BARAJA Vegas (64 José Antonio REYES Calderón), Albert LUQUE Martos, Xavier "XAVI" Hernández Creus, RAÚL González Blanco.   Manager: José Luis ARAGONÉS Suárez

500. 17.11.2004

SPAIN v ENGLAND 1-0 (1-0)

Estadio Santiago Bernabéu, Madrid

Referee: Giorgios Kasnaferis (Greece)   Attendance: 48,000

SPAIN: IKER CASILLAS Fernández, Miguel Ángel "MÍCHEL" SALGADO Fernández, Carlos MARCHENA López (46 PABLO Ibáñez Tébar), Juan Gutierrez Moreno "JUANITO", Asier DEL HORNO Cosgaya, JOAQUÍN Sánchez Rodríguez (78 Enrique Fernández ROMERO), Xavier "XAVI" Hernández Creus, Xabier "XABI" ALONSO Olano (69 Pablo ORBÁIZ Lesaka), José Antonio REYES Calderón (57 Miguel Ángel ANGULO Valderrey), FERNANDO José TORRES Sanz (46 Albert LUQUE Martos), RAÚL González Blanco (46 José María Gutiérrez Hernandez "GUTI").   Manager: José Luis ARAGONÉS Suárez

ENGLAND: Paul Robinson, Wayne Bridge, Gary Neville, Ashley Cole (78 Jermain Defoe), Nicky Butt, Rio Ferdinand (62 Jamie Carragher), John Terry (65 Matthew Upson), David Beckham (60 Jermaine Jenas), Frank Lampard (60 Shaun Wright-Phillips), Wayne Rooney (42 Alan Smith), Michael Owen.   Manager: Sven-Göran Eriksson

Goal: Asier DEL HORNO Cosgaya (9)

501. 09.02.2005   FIFA World Cup Qualification – Group 7

SPAIN v SAN MARINO 5-0 (3-0)

Estadio de los Juegos Mediterráneos, Almería

Referee: Kenneth William (Kenny) Clark (Scotland)   Attendance: 12,580

SPAIN: IKER CASILLAS Fernández, Miguel Ángel "MÍCHEL" SALGADO Fernández, Carles PUYOL Saforcada, Carlos MARCHENA López, Asier DEL HORNO Cosgaya, JOAQUÍN Sánchez Rodríguez, Iván DE LA PEÑA López (76 Antonio GUAYRE Betancor Perdomo), Xavier "XAVI" Hernández Creus, Albert LUQUE Martos (46 DAVID VILLA Sánchez), RAÚL González Blanco (46 José María Gutiérrez Hernandez "GUTI"), FERNANDO José TORRES Sanz.   Manager: José Luis ARAGONÉS Suárez

SAN MARINO: Federico Gasperoni, Michele Marani, Simone Bacciocchi, Alessandro Della Valle, Carlo Valentini, Nicola Albani, Alex Gasperoni (88 Nicola Ciacci), Marco Domeniconi (75 Michele Moretti), Matteo Andreini (58 Bryan Gasperoni), Damiano Vannucci, Andy Selva.   Manager: Giampaolo Mazza

Goals: JOAQUÍN Sánchez Rodríguez (14), FERNANDO José TORRES (32), RAÚL González Blanco (42), José María Gutiérrez Hernandez "GUTI" (65), Asier DEL HORNO Cosgaya (78)

502. 26.03.2005

SPAIN v CHINA 3-0 (2-0)

Estadio Helmántico, Salamanca

Referee: Lucílio Cardoso Cortez Batista (Portugal)   Attendance: 17,341

SPAIN: IKER CASILLAS Fernández, Carles PUYOL Saforcada (46 SERGIO RAMOS García), Juan Gutierrez Moreno "JUANITO", PABLO Ibáñez Tébar, Asier DEL HORNO Cosgaya, JOAQUÍN Sánchez Rodríguez (54 LUIS Javier GARCÍA Sanz), David ALBELDA Aliqués (46 Pablo ORBÁIZ Lesaka), Xavier "XAVI" Hernández Creus (46 Juan Carlos VALERÓN Santana), Iván DE LA PEÑA López, Albert LUQUE Martos (46 José Antonio REYES Calderón), FERNANDO José TORRES Sanz (46 Miguel Ángel Ferrer Martínez "MISTA").   Manager: José Luis ARAGONÉS Suárez

CHINA: Liu Yunfei, Du Wei (56 Zhang Yaokun), Li Weifeng, Shao Jiayi (90 Shi Jun), Wei Xin, Xu Yunlong (27 Zou Yougen, 64 Hu Zhaojun), Zhao Junzhe, Ji Mingyi, Zhang Yongha (56 Sun Xiang), Li Yi (84 Zheng Bin), Chen Yongqiang.   Manager: Zhu Guanghu

Goals: FERNANDO José TORRES Sanz (2 pen), Xavier "XAVI" Hernández Creus (31), JOAQUÍN Sánchez Rodríguez (52)

503. 30.03.2005   FIFA World Cup Qualification – Group 7
SERBIA & MONTENEGRO v SPAIN   0-0
Stadion Crvena Zvezda, Beograd
Referee: Massimo Busacca (Switzerland)
Attendance: 48,910

SERBIA & MONTENEGRO: Dragoslav Jevric, Ivica Dragutinovic, Nemanja Vidic, Goran Gavrancic, Ognjen Koroman (77 Dusan Basta), Igor Duljaj, Mladen Krstajic, Predrag Djordjevic, Dejan Stankovic, Mateja Kezman (80 Nenad Jestovic), Savo Milosevic (65 Sasa Ilic).
Manager: Ilija Petkovic

SPAIN: IKER CASILLAS Fernández, SERGIO RAMOS García, PABLO Ibáñez Tébar, Carles PUYOL Saforcada (46 Juan Gutierrez Moreno "JUANITO"), Asier DEL HORNO Cosgaya, Xavier "XAVI" Hernández Creus, David ALBELDA Aliqués, Iván DE LA PEÑA López (46 RAÚL González Blanco), JOAQUÍN Sánchez Rodríguez, FERNANDO José TORRES Sanz, José Antonio REYES Calderón (61 ANTONIO LÓPEZ Guerrero).   Manager: José Luis ARAGONÉS Suárez

504. 04.06.2005   FIFA World Cup Qualification – Group 7
SPAIN v LITHUANIA   1-0 (0-0)
Estadio de Mestalla, Valencia
Referee: Stefano Farina (Italy)   Attendance: 25,000

SPAIN: IKER CASILLAS Fernández, Miguel Ángel "MÍCHEL" SALGADO Fernández, Carlos MARCHENA López, Carles PUYOL Saforcada, Asier DEL HORNO Cosgaya (61 LUIS Javier GARCÍA Sanz), David ALBELDA Aliqués, Xavier "XAVI" Hernández Creus, VICENTE Rodríguez Guillén, RAÚL González Blanco (74 SERGIO RAMOS García), JOAQUÍN Sánchez Rodríguez, FERNANDO José TORRES Sanz (56 Albert LUQUE Martos).
Manager: José Luis ARAGONÉS Suárez

LITHUANIA: Zydrūnas Karcemarskas, Gediminas Paulauskas, Rolandas Dziaukstas, Andrius Skerla, Tomas Zvirgzdauskas, Nerijus Barasa, Deividas Cesnauskis (73 Saulius Mikoliūnas), Aurimas Kucys (46 Aidas Preiksaitis), Igoris Morinas (77 Edgaras Cesnauskis), Tomas Danilevicius, Robertas Poskus.   Manager: Algimantas Liubinskas

Goal: Albert LUQUE Martos (68)

505. 08.06.2005   FIFA World Cup Qualification – Group 7
SPAIN v BOSNIA & HERZEGOVINA   1-1 (0-1)
Estadio de Mestalla, Valencia
Referee: Stephen Graham (Steve) Bennett (England)
Attendance: 38,041

SPAIN: IKER CASILLAS Fernández, Miguel Ángel "MÍCHEL" SALGADO Fernández, Carlos MARCHENA López, Carles PUYOL Saforcada (8 Juan Gutierrez Moreno "JUANITO"), ANTONIO LÓPEZ Guerrero (62 Xabier "XABI" ALONSO Olano), David ALBELDA Aliqués, JOAQUÍN Sánchez Rodríguez, Xavier "XAVI" Hernández Creus, VICENTE Rodríguez Guillén, RAÚL González Blanco, FERNANDO José TORRES Sanz (34 Albert LUQUE Martos).
Manager: José Luis ARAGONÉS Suárez

BOSNIA & HERZEGOVINA: Almir Tolja, Velimir Vidic (77 Ninoslav Milenkovic), Emir Spahic, Sergej Barbarez, Zlatan Bajramovic, Vedin Music, Vladan Grujic (74 Dario Damjanovic), Branimir Bajic, Zvjezdan Misimovic (64 Nedim Halilovic), Mirsad Beslija, Ivica Grlic.
Manager: Blaz Sliskovic

Goals: Carlos MARCHENA López (90+6) / Zvjezdan Misimovic (38)

Sent off: Nedim Halilovic (87), Mirsad Beslija (90+5)

506. 17.08.2005
SPAIN v URUGUAY   2-0 (2-0)
Estadio Municipal El Molinón, Gijón
Referee: Olegário Manuel Bartolo Faustino Benquerença (Portugal)   Attendance: 23,348

SPAIN: José Manuel "PEPE" REINA Páez, Miguel Ángel "MÍCHEL" SALGADO Fernández (59 SERGIO RAMOS García), Carlos MARCHENA López, Carles PUYOL Saforcada, Asier DEL HORNO Cosgaya (72 ANTONIO LÓPEZ Guerrero), Xavier "XAVI" Hernández Creus, Xabier "XABI" ALONSO Olano (46 SERGIO González Soriano), JOAQUÍN Sánchez Rodríguez (60 LUIS Javier GARCÍA Sanz), VICENTE Rodríguez Guillén, RAÚL González Blanco (69 Albert LUQUE Martos), Fernando MORIENTES Sánchez (46 FERNANDO José TORRES Sanz).   Manager: José Luis ARAGONÉS Suárez

URUGUAY: Héctor Fabián CARINI Hernández, Gustavo Antonio VARELA Rodríguez (78 Diego Fernando PÉREZ Aguado), Diego Luis LÓPEZ Breijo, Gonzalo SORONDO Amaro, Guillermo Daniel RODRÍGUEZ Pérez, Fabián Larry ESTOYANOFF Poggio (46 Álvaro Alexander RECOBA Rivero), Pablo Gabriel GARCÍA Pérez, Javier Omar DELGADO Papariello (61 Óscar Javier MORALES Albornoz), Gonzalo CASTRO Irizábal (46 Mario Ignacio REGUEIRO Pintos), Richard Javier MORALES Aguirre (70 Marcelo Danubio ZALAYETA), Diego Martín FORLÁN Corazzo (66 Marcos Marcelo TEJERA Battagliese).
Manager: Jorge Daniel FOSSATI Lurachi

Goals: Pablo Gabriel GARCÍA Pérez (25 og), VICENTE Rodríguez Guillén (38 pen)

507.   03.09.2005
SPAIN v CANADA 2-1 (1-0)
Estadio El Sardinero, Santander

Referee: Claude Colombo (France)   Attendance: 11,978

SPAIN: José Manuel "PEPE" REINA Páez, SERGIO RAMOS García, PABLO Ibáñez Tébar, Juan Gutierrez Moreno "JUANITO", ANTONIO LÓPEZ Guerrero, Pablo ORBÁIZ Lesaka (46 Xabier "XABI" ALONSO Olano), Iván DE LA PEÑA López (74 Xavier "XAVI" Hernández Creus), LUIS Javier GARCÍA Sanz (67 VICENTE Rodríguez Guillén), Raúl TAMUDO Montero (54 Fernando MORIENTES Sánchez), Albert LUQUE Martos (54 JOAQUÍN Sánchez Rodríguez), FERNANDO José TORRES Sanz (54 RAÚL González Blanco). Manager: José Luis ARAGONÉS Suárez

CANADA: Kenny Stamatopoulos, Adam Braz, Michael Klukowski, Kevin McKenna, Julian de Guzmán, Ali Gerba (66 Josh Simpson), Patrice Bernier (70 Sandro Grande), Adrian Serioux, Tomasz Radzinski, Atiba Hutchinson, Dwayne De Rosario (85 Rocco Placentino).   Manager: Frank Yallop

Goals: Raúl TAMUDO Montero (7), Fernando MORIENTES Sánchez (69) / Sandro Grande (73)

508.   07.09.2005   FIFA World Cup Qualification – Group 7
SPAIN v SERBIA & MONTENEGRO 1-1 (1-0)
Estadio Vicente Calderón, Madrid

Referee: Graham Poll (England)   Attendance: 51,491

SPAIN: IKER CASILLAS Fernández, Miguel Ángel "MÍCHEL" SALGADO Fernández, Carlos MARCHENA López, Carles PUYOL Saforcada, Asier DEL HORNO Cosgaya, Xavier "XAVI" Hernández Creus, Xabier "XABI" ALONSO Olano, JOAQUÍN Sánchez Rodríguez (65 LUIS Javier GARCÍA Sanz), RAÚL González Blanco, FERNANDO José TORRES Sanz (53 Raúl TAMUDO Montero), VICENTE Rodríguez Guillén (75 Albert LUQUE Martos).   Manager: José Luis ARAGONÉS Suárez

SERBIA & MONTENEGRO: Dragoslav Jevric, Ivica Dragutinovic, Igor Duljaj, Nemanja Vidic, Goran Gavrancic, Ognjen Koroman (84 Milos Maric), Mateja Kezman, Dejan Stankovic, Predrag Djordjevic, Mladen Krstajic, Sasa Ilic (46 Nikola Zigic, 90 Nenad Kovacevic).   Manager: Ilija Petkovic

Goals: RAÚL González Blanco (18) / Mateja Kezman (68)

Sent off: Igor Duljaj (89)

509.   08.10.2005   FIFA World Cup Qualification – Group 7
BELGIUM v SPAIN 0-2 (0-0)
Stade Roi Baudouin, Brussels

Referee: Lubos Michel (Slovakia)   Attendance: 40,300

BELGIUM: Silvio Proto, Anthony Vanden Borre (61 Eric Deflandre), Carl Hoefkens, Daniel Van Buyten, Olivier Deschacht, Yves Vanderhaeghe, Thomas Buffel (61 Jonathan Walasiak), Timmy Simons, Bart Goor, Mbo Mpenza (76 Luigi Pieroni), Émile Mpenza.   Manager: Aimé Anthuenis

SPAIN: IKER CASILLAS Fernández, Miguel Ángel "MÍCHEL" SALGADO Fernández, Carlos MARCHENA López, Carles PUYOL Saforcada, ANTONIO LÓPEZ Guerrero, David ALBELDA Aliqués, Xavier "XAVI" Hernández Creus, JOAQUÍN Sánchez Rodríguez (52 DAVID VILLA Sánchez), RAÚL González Blanco, FERNANDO José TORRES Sanz (70 Rubén BARAJA Vegas), VICENTE Rodríguez Guillén (52 José Antonio REYES Calderón). Manager: José Luis ARAGONÉS Suárez

Goals: FERNANDO José TORRES Sanz (56, 59)

510.   12.10.2005   FIFA World Cup Qualification – Group 7
SAN MARINO v SPAIN 0-6 (0-3)
Stadio Olimpico, Serravalle

Referee: Florian Meyer (Germany)   Attendance: 3,426

SAN MARINO: Federico Gasperoni, Matteo Andreini (83 Mirko Palazzi), Damiano Vannucci, Alessandro Della Valle, Luca Nanni, Simone Bacciocchi, Alex Gasperoni, Marco Domeniconi, Michele Marani, Manuel Marani (86 Federico Nanni), Paolo Montagna (71 Mattia Masi). Manager: Giampaolo Mazza

SPAIN: IKER CASILLAS Fernández, SERGIO RAMOS García, Juan Gutierrez Moreno "JUANITO", PABLO Ibáñez Tébar, ANTONIO LÓPEZ Guerrero, David ALBELDA Aliqués, Iván DE LA PEÑA López, José Antonio REYES Calderón (67 VICENTE Rodríguez Guillén), RAÚL González Blanco (72 Miguel Ángel Ferrer Martínez "MISTA"), FERNANDO José TORRES Sanz, DAVID VILLA Sánchez (57 Rubén BARAJA Vegas).   Manager: José Luis ARAGONÉS Suárez

Goals: ANTONIO LÓPEZ Guerrero (1), FERNANDO José TORRES Sanz (11, 78, 89 pen), SERGIO RAMOS (31, 48)

511.   12.11.2005   FIFA World Cup Qualification – Play-off
SPAIN v SLOVAKIA 5-1 (2-0)
Estadio Vicente Calderón, Madrid

Referee: Massimo De Santis (Italy)   Attendance: 47,210

SPAIN: IKER CASILLAS Fernández, Miguel Ángel "MÍCHEL" SALGADO Fernández, Carles PUYOL Saforcada, PABLO Ibáñez Tébar, Asier DEL HORNO Cosgaya, Xavier "XAVI" Hernández Creus, David ALBELDA Aliqués (66 Xabier "XABI" ALONSO Olano), LUIS Javier GARCÍA Sanz (77 Fernando MORIENTES Sánchez), José Antonio REYES Calderón (54 VICENTE Rodríguez Guillén), RAÚL González Blanco, FERNANDO José TORRES Sanz.
Manager: José Luis ARAGONÉS Suárez

SLOVAKIA: Kamil Contofalský, Radoslav Zabavník, Martin Skrtel, Roman Kratochvíl, Marián Had, Filip Holosko (46 Szilárd Németh), Martin Petrás, Miroslav Karhan (73 Vladimír Janocko), Peter Hlinka, Ivan Hodúr (66 Vratislav Gresko), Róbert Vittek.   Manager: Dusan Gális

Goals: LUIS Javier GARCÍA Sanz (10, 18, 74), FERNANDO José TORRES Sanz (65 pen), Fernando MORIENTES (79) / Szilárd Németh (49)

Sent off: Marián Had (64)

512.   16.11.2005   FIFA World Cup Qualification – Play-off
SLOVAKIA v SPAIN 1-1 (0-0)
Tehelné pole, Bratislava

Referee: Dr. Markus Merk (Germany)   Attendance: 23,587

SLOVAKIA: Kamil Contofalský, Radoslav Zabavník, Martin Skrtel, Roman Kratochvíl, Ján Durica, Matej Krajcík, Ivan Hodúr (46 Filip Holosko), Peter Hlinka, Vratislav Gresko (78 Marek Cech), Szilárd Németh (83 Branislav Fodrek), Róbert Vittek.   Manager: Dusan Gális

SPAIN: IKER CASILLAS Fernández, Miguel Ángel "MÍCHEL" SALGADO Fernández, Carles PUYOL Saforcada, PABLO Ibáñez Tébar, ANTONIO LÓPEZ Guerrero, Xavier "XAVI" Hernández Creus (74 SERGIO RAMOS García), Rubén BARAJA Vegas, Xabier "XABI" ALONSO Olano, VICENTE Rodríguez Guillén, RAÚL González Blanco (65 Fernando MORIENTES Sánchez), FERNANDO José TORRES Sanz (61 DAVID VILLA Sánchez).
Manager: José Luis ARAGONÉS Suárez

Goals: Filip Holosko (50) / DAVID VILLA Sánchez (71)

513.   01.03.2006
SPAIN v IVORY COAST 3-2 (1-1)
Nuevo Estadio Municipal José Zorrilla, Valladolid

Referee: Pasquale Rodomonti (Italy)   Attendance: 22,249

SPAIN: IKER CASILLAS Fernández, SERGIO RAMOS García, PABLO Ibáñez Tébar (79 Juan Gutierrez Moreno "JUANITO"), Carles PUYOL Saforcada (46 Miguel Ángel "MÍCHEL" SALGADO Fernández), ANTONIO LÓPEZ Guerrero, David ALBELDA Aliqués (68 Fernando MORIENTES Sánchez), Xabier "XABI" ALONSO Olano (58 MARCOS Antônio SENNA da Silva), Francesc "CESC" FÀBREGAS Soler, LUIS Javier GARCÍA Sanz (46 JOAQUÍN Sánchez Rodríguez), FERNANDO José TORRES Sanz (64 José Antonio REYES Calderón), DAVID VILLA Sánchez.
Manager: José Luis ARAGONÉS Suárez

IVORY COAST: Jean-Jacques Tizié, Seydou Kanté, Cyril Domoraud (46 Blaise Kouassi), Arthur Boka, Abdoulaye Méïté, Kanga Akalé (46 Bonaventure Kalou), Didier Zokora (82 Emerse Faé), Yaya Touré, Arouna Koné (72 Kandia Traoré), Abdulkader Keïta (46 Tchiressoua Guel), Didier Drogba.
Manager: Henri Michel

Goals: DAVID VILLA Sánchez (23), José Antonio REYES Calderón (72), Juan Gutierrez Moreno "JUANITO" (85) / Abdelkader Keïta (13), Bonaventure Kalou (46)

514.   27.05.2006
SPAIN v RUSSIA 0-0
Estadio Carlos Belmonte, Albacete

Referee: João Francisco Lopes Ferreira (Portugal)
Attendance: 18,000

SPAIN: IKER CASILLAS Fernández, SERGIO RAMOS García, PABLO Ibáñez Tébar, Carles PUYOL Saforcada, ANTONIO LÓPEZ Guerrero (72 JOAQUÍN Sánchez Rodríguez), David ALBELDA Aliqués (46 Xabier "XABI" ALONSO Olano), MARCOS Antônio SENNA da Silva (46 Xavier "XAVI" Hernández Creus), Francesc "CESC" FÀBREGAS Soler (46 ANDRÉS INIESTA Luján), LUIS Javier GARCÍA Sanz (46 RAÚL González Blanco), FERNANDO José TORRES Sanz, DAVID VILLA Sánchez (61 José Antonio REYES Calderón).
Manager: José Luis ARAGONÉS Suárez

RUSSIA: Igor Akinfeev, Vasiliy Berezutskiy, Sergey Ignashevich, Aleksey Berezutskiy (64 Konstantin Zyryanov), Aleksandr Anyukov, Evgeniy Aldonin, Aleksey Smertin, Dmitriy Loskov (72 Sergey Semak), Diniyar Bilyaletdinov (90+2 Dmitriy Kirichenko), Andrey Arshavin (46 Yegor Titov), Aleksandr Kerzhakov (46 Dmitriy Sychev).
Manager: Aleksandr Borodyuk

515. 03.06.2006
SPAIN v EGYPT 2-0 (1-0)
Estadio Manuel Martínez Valero, Elche
Referee: Stefano Farina (Italy)   Attendance: 38,000
SPAIN: IKER CASILLAS Fernández, SERGIO RAMOS García, PABLO Ibáñez Tébar (86 Juan Gutierrez Moreno "JUANITO"), Carles PUYOL Saforcada, ANTONIO LÓPEZ Guerrero, David ALBELDA Aliqués (46 Xavier "XAVI" Hernández Creus), MARCOS Antônio SENNA da Silva (46 Xabier "XABI" ALONSO Olano), Francesc "CESC" FÀBREGAS Soler (70 ANDRÉS INIESTA Luján), RAÚL González Blanco (63 LUIS Javier GARCÍA Sanz), FERNANDO José TORRES Sanz, DAVID VILLA Sánchez (46 José Antonio REYES Calderón).   Manager: Luis ARAGONÉS Suárez

EGYPT: ESSAM Kamal Tawfik EL-HADARY, Mohamed Abdel Wahab (76 AHMED ABOU MOSLEM Farag), MOHAMED BARAKAT Ahmed Bastamy (65 AHMED FATHI Abdelmonem), MOHAMED Ali Abu El-Yazid SHAWKY, WAEL GOMAA Kamel El Hooty, Emad Al-Nahhas, AHMED HASSAN Kamel Hussein, HOSNY Abd Rabo Abdel Mottaleb Ibrahim, ABDELZAHER Ahmed Hasan EL-SAQQA (71 Abdel Halim Ali), Mohamed Aboutraika (85 Hassan Mostafa), EMAD "MOTEAB" Mohamed Abd El Naby Ibrahim (85 Gamal Hamza).   Manager: Hassan Shehata

Goals: RAÚL González Blanco (14), José Antonio REYES (57)

516. 07.06.2006
SPAIN v CROATIA 2-1 (0-1)
Stade de Genève, Lancy (Switzerland)
Referee: Stéphane Laurent Lannoy (France)
Attendance: 15,000
SPAIN: José Manuel "PEPE" REINA Páez (46 José Santiago CAÑIZARES Ruíz), Miguel Ángel "MÍCHEL" SALGADO Fernández (46 SERGIO RAMOS García), PABLO Ibáñez Tébar, Carles PUYOL Saforcada, Mariano Andrés PERNÍA Molina, Xabier "XABI" ALONSO Olano, Xavier "XAVI" Hernández Creus, José Antonio REYES Calderón (46 LUIS Javier GARCÍA Sanz), JOAQUÍN Sánchez Rodríguez (73 Francesc "CESC" FÀBREGAS Soler), RAÚL González Blanco (46 FERNANDO José TORRES Sanz), DAVID VILLA Sánchez (62 ANDRÉS INIESTA Luján).   Manager: José Luis ARAGONÉS Suárez

CROATIA: Stipe Pletikosa, Dario Simic (85 Mario Tokic), Robert Kovac (46 Luka Modric), Josip Simunic, Jerko Leko, Igor Tudor, Niko Kovac (68 Jurica Vranjes), Marko Babic, Niko Kranjcar (70 Ivan Leko), Dado Prso (75 Ivan Bosnjak), Ivan Klasnic (88 Bosko Balaban).   Manager: Zlatko Kranjcar

Goals: Mariano Andrés PERNÍA Molina (62), FERNANDO José TORRES Sanz (90+2) / Pablo IBÁÑEZ Tébar (14 og)

517. 14.06.2006   FIFA World Cup Final Tournament – Group H
SPAIN v UKRAINE 4-0 (2-0)
Zentralstadion, Leipzig (Germany)
Referee: Massimo Busacca (Switzerland)
Attendance: 43,000
SPAIN: IKER CASILLAS Fernández, SERGIO RAMOS García, PABLO Ibáñez Tébar, Carles PUYOL Saforcada, Mariano Andrés PERNÍA Molina, MARCOS Antônio SENNA da Silva, Xabier "XABI" ALONSO Olano (55 David ALBELDA Aliqués), Xavier "XAVI" Hernández Creus, LUIS Javier GARCÍA Sanz (77 Francesc "CESC" FÀBREGAS Soler), FERNANDO José TORRES Sanz, DAVID VILLA Sánchez (55 RAÚL González Blanco).   Manager: José Luis ARAGONÉS Suárez

UKRAINE: Oleksandr Shovkovskyi, Andriy Nesmachnyi, Anatoliy Tymoshchuk, Vladimir Yezerskyi, Andriy Rusol, Andriy Shevchenko, Oleg Gusev (46 Andriy Vorobey), Andriy Voronin, Andriy Gusin (46 Oleg Shelaev), Vladislav Vashchuk, Ruslan Rotan (64 Serhiy Rebrov).   Manager: Oleg Blokhin

Goals: Xabier "XABI" ALONSO Olano (13), DAVID VILLA Sánchez (17, 48 pen), FERNANDO José TORRES Sanz (81)
Sent off: Vladislav Vashchuk (47)

518. 19.06.2006   FIFA World Cup Final Tournament – Group H
SPAIN v TUNISIA 3-1 (0-1)
Gottlieb Daimler Stadion, Stuttgart (Germany)
Referee: Carlos Eugênio Simon (Brazil)   Attendance: 54,267
SPAIN: IKER CASILLAS Fernández, SERGIO RAMOS García, PABLO Ibáñez Tébar, Carles PUYOL Saforcada, Mariano Andrés PERNÍA Molina, MARCOS Antônio SENNA da Silva (46 Francesc "CESC" FÀBREGAS Soler), Xabier "XABI" ALONSO Olano, Xavier "XAVI" Hernández Creus, LUIS Javier GARCÍA Sanz (46 RAÚL González Blanco), FERNANDO José TORRES Sanz, DAVID VILLA Sánchez (57 JOAQUÍN Sánchez Rodríguez).   Manager: José Luis ARAGONÉS Suárez

TUNISIA: Ali Boumnijel, Hatem Trabelsi, Radhi Jaïdi, Karim Haggui, Anis Ayari (57 Alaeddine Yahia), Hamed Namouchi, Jaouhar Mnari, Adel Chedli (79 Haykel Guemamdia), Mehdi Nafti, Riadh Bouazizi (57 Kaies Ghodhbane), Ziad Jaziri.   Manager: Roger Lemerre

Goals: RAÚL González Blanco (72), FERNANDO José TORRES Sanz (76, 90 pen) / Jaouhar Mnari (8)

519. 23.06.2006 FIFA World Cup Final Tournament – Group H
SAUDI ARABIA v SPAIN 0-1 (0-1)
Fritz Walter Stadion, Kaiserslautern (Germany)
Referee: Bonaventure Coffi Codjia (Benin)
Attendance: 46,000

SAUDI ARABIA: MABROUK ZAID, AHMED AL-DOKHI Al-Dossary, HUSSEIN Omar ABDULGHANI Al Sulaimani (80 MOHAMMED MASSAD Al Muwallad Al-Harbi), HAMAD Mohsen AL MONTASHARI, REDHA Hassan TUKAR Fallatah, SAUD Ali AL KHARIRI, MOHAMMED NOOR Al-Hawsawi, ABDULAZIZ Mohammed AL KHATHRAN, KHALED AZIZ Al Thaker (13 NAWAF AL TEMYAT), SAMI Abdullah AL JABER (68 MALEK Ali Mouath AL HAWSAWI), SAAD Meshal AL HARTHI.
Manager: Marcos "PAQUETA" César Dias de Castro

SPAIN: José Santiago CAÑIZARES Ruíz, Miguel Ángel "MÍCHEL" SALGADO Fernández, Juan Gutierrez Moreno "JUANITO", Carlos MARCHENA López, ANTONIO LÓPEZ Guerrero, Francesc "CESC" FÀBREGAS Soler (66 Xavier "XAVI" Hernández Creus), David ALBELDA Aliqués, ANDRÉS INIESTA Luján, JOAQUÍN Sánchez Rodríguez, RAÚL González Blanco (46 DAVID VILLA Sánchez), José Antonio REYES Calderón (70 FERNANDO José TORRES Sanz).
Manager: José Luis ARAGONÉS Suárez

Goals: Juan Gutierrez Moreno "JUANITO" (36)

520. 27.06.2006 FIFA World Cup Final Tournament – Round of 16
SPAIN v FRANCE 1-3 (1-1)
AWD Arena, Hannover (Germany)
Referee: Roberto Rosetti (Italy)   Attendance: 43,000

SPAIN: IKER CASILLAS Fernández, SERGIO RAMOS García, PABLO Ibáñez Tébar, Carles PUYOL Saforcada, Mariano Andrés PERNÍA Molina, Xavier "XAVI" Hernández Creus (72 MARCOS Antônio SENNA da Silva), Xabier "XABI" ALONSO Olano, Francesc "CESC" FÀBREGAS Soler, RAÚL González Blanco (54 LUIS Javier GARCÍA Sanz), FERNANDO José TORRES Sanz, DAVID VILLA Sánchez (54 JOAQUÍN Sánchez Rodríguez).   Manager: José Luis ARAGONÉS Suárez

FRANCE: Fabien Barthez, Willy Sagnol, Lilian Thuram, William Gallas, Éric Abidal, Claude Makélélé, Patrick Vieira, Zinédine Zidane, Franck Ribéry, Florent Malouda (74 Sidney Govou), Thierry Henry (88 Sylvain Wiltord).
Manager: Raymond Domenech

Goals: DAVID VILLA Sánchez (28 pen) / Franck Ribéry (41), Patrick Vieira (83), Zinédine Zidane (90+2)

521. 15.08.2006
ICELAND v SPAIN 0-0
Laugardalsvöllur, Reykjavík
Referee: Ian Stokes (Republic of Ireland)
Attendance: 12,327

ICELAND: Árni Gautur Arason, Grétar Steinsson, Ívar Ingimarsson, Hermann Hreidarsson, Indridi Sigurdsson, Kári Árnason (89 Ármann Björnsson), Jóhannes (Joey) Gudjónsson (46 Ólafur Ingi Skúlason), Arnar Thor Vidarsson (85 Sigurvin Ólafsson), Hannes Sigurdsson (78 Hjálmar Jónsson), Gunnar Thorvaldsson (86 Matthías Gudmundsson), Heidar Helguson (60 Veigar Pall Gunnarsson).   Manager: Eyjólfur Sverrisson

SPAIN: José Manuel "PEPE" REINA Páez, Miguel Ángel "MÍCHEL" SALGADO Fernández, PABLO Ibáñez Tébar, SERGIO RAMOS García, Mariano Andrés PERNÍA Molina (68 ANTONIO LÓPEZ Guerrero), David ALBELDA Aliqués, Francesc "CESC" FÀBREGAS Soler (68 ANDRÉS INIESTA Luján), LUIS Javier GARCÍA Sanz (46 JOAQUÍN Sánchez Rodríguez), RAÚL González Blanco, FERNANDO José TORRES Sanz (46 José Antonio REYES Calderón), DAVID VILLA Sánchez.   Manager: José Luis ARAGONÉS Suárez

522. 02.09.2006 UEFA Euro 2008 Qualifying – Group F
SPAIN v LIECHTENSTEIN 4-0 (2-0)
Estadio Nuevo Vivero, Badajoz
Referee: Emil Bozinovski (Macedonia)   Attendance: 12,400

SPAIN: IKER CASILLAS Fernández, SERGIO RAMOS García, PABLO Ibáñez Tébar, Carles PUYOL Saforcada, Mariano Andrés PERNÍA Molina, David ALBELDA Aliqués (69 Borja OUBIÑA Meléndez), Xabier "XABI" ALONSO Olano, Francesc "CESC" FÀBREGAS Soler (62 ANDRÉS INIESTA Luján), RAÚL González Blanco, FERNANDO José TORRES Sanz, DAVID VILLA Sánchez (62 LUIS Javier GARCÍA Sanz).
Manager: José Luis ARAGONÉS Suárez

LIECHTENSTEIN: Peter Jehle, Martin Telser (56 Benjamin Fischer), Daniel Hasler, Martin Stocklasa, Sandro Maierhofer, Marco Ritzberger, Fabio D'Elia, Martin Büchel, Franz Burgmeier, Mario Frick (86 Raphael Rohrer), Thomas Beck (68 Roger Beck).   Manager: Martin Andermatt

Goals: FERNANDO José TORRES Sanz (20), DAVID VILLA Sánchez (45, 62), LUIS Javier GARCÍA Sanz (66)

523. 06.09.2006   UEFA Euro 2008 Qualifying – Group F
NORTHERN IRELAND v SPAIN 3-2 (1-1)
Windsor Park, Belfast
Referee: Frank Wermer De Bleeckere (Belgium)
Attendance: 14,500
NORTHERN IRELAND: Roy Carroll (12 Maik Taylor), Michael Duff, Stephen Craigan, Aaron Hughes, Jonny Evans, Chris Baird, Keith Gillespie, Sammy Clingan, Steven Davis, Kyle Lafferty (54 James Quinn), David Healy (85 Warren Feeney).   Manager: Lawrie Sanchez
SPAIN: IKER CASILLAS Fernández, SERGIO RAMOS García (46 Miguel Ángel "MÍCHEL" SALGADO Fernández), PABLO Ibáñez Tébar, Carles PUYOL Saforcada, ANTONIO LÓPEZ Guerrero, David ALBELDA Aliqués (29 Francesc "CESC" FÀBREGAS Soler), Xavier "XAVI" Hernández Creus, Xabier "XABI" ALONSO Olano, RAÚL González Blanco, FERNANDO José TORRES Sanz (63 LUIS Javier GARCÍA Sanz), DAVID VILLA Sánchez.   Manager: José Luis ARAGONÉS Suárez
Goals: David Healy (20, 64, 80) / Xavier "XAVI" Hernández (14), DAVID VILLA Sánchez (52)

524. 07.10.2006   UEFA Euro 2008 Qualifying – Group F
SWEDEN v SPAIN 2-0 (1-0)
Råsunda Fotbollstadion, Solna
Referee: Stephen Graham (Steve) Bennett (England)
Attendance: 33,059
SWEDEN: Rami Shaaban, Mikael Nilsson, Olof Mellberg, Petter Hansson, Erik Edman, Tobias Linderoth, Niclas Alexandersson, Anders Svensson (75 Kim Källström), Fredrik (Freddie) Ljungberg (56 Christian Wilhelmsson), Marcus Allbäck, Johan Elmander (77 Daniel Andersson).   Manager: Lars Lagerbäck
SPAIN: IKER CASILLAS Fernández, SERGIO RAMOS García, Carles PUYOL Saforcada, Joan CAPDEVILA Méndez (52 Antonio José PUERTA Pérez), David ALBELDA Aliqués, Xavier "XAVI" Hernández Creus, Francesc "CESC" FÀBREGAS Soler (46 ANDRÉS INIESTA Luján), Juan Gutierrez Moreno "JUANITO", Miguel Ángel ANGULO Valderrey (59 LUIS Javier GARCÍA Sanz), FERNANDO José TORRES Sanz, DAVID VILLA Sánchez.   Manager: José Luis ARAGONÉS Suárez
Goals: Johan Elmander (10), Marcus Allbäck (82)

525. 11.10.2006
SPAIN v ARGENTINA 2-1 (1-1)
Estadio Nueva Condomina, Murcia
Referee: Laurent Duhamel (France)   Attendance: 31,000
SPAIN: José Manuel "PEPE" REINA Páez, SERGIO RAMOS García, PABLO Ibáñez Tébar, Juan Gutierrez Moreno "JUANITO", Joan CAPDEVILA Méndez (46 ANTONIO LÓPEZ Guerrero), David ALBELDA Aliqués (46 Xabier "XABI" ALONSO Olano), Xavier "XAVI" Hernández Creus, ANDRÉS INIESTA Luján, Miguel Ángel ANGULO Valderrey (76 Francesc "CESC" FÀBREGAS Soler), FERNANDO José TORRES Sanz (57 LUIS Javier GARCÍA Sanz), DAVID VILLA Sánchez.   Manager: José Luis ARAGONÉS Suárez
ARGENTINA: Roberto Carlos Abbondanzieri, Pablo Javier ZABALETA Girod, Roberto Fabián Ayala, Gabriel Alejandro Milito, Rodolfo Martin Arruabarrena, Luis Óscar "Lucho" González (46 Leandro Daniel Somoza), Javier Alejandro Mascherano, Maximiliano Rubén "Maxi" Rodríguez (16 Daniel Rubén Bilos), Federico Insúa (56 Pablo César AIMAR Giordano), Lionel Andrés MESSI Cuccittini (61 Javier Pedro SAVIOLA Fernández), Carlos Alberto Tévez (71 Sergio Leonel "Kun" AGÜERO del Castillo).
Manager: Alfredo Rubén (Alfio) BASILE Moreno
Goals: Xavier "XAVI" Hernández Creus (34), DAVID VILLA Sánchez (64 pen) / Daniel Rubén Bilos (35)

526. 15.11.2006
SPAIN v ROMANIA 0-1 (0-0)
Estadio Ramón de Carranza, Cádiz
Referee: Domenico Messina (Italy)   Attendance: 11,000
SPAIN: IKER CASILLAS Fernández, Francisco Javier "JAVI" Vicente NAVARRO, ÁNGEL Domingo López Ruano (74 SERGIO RAMOS García), Juan Gutierrez Moreno "JUANITO", ANTONIO LÓPEZ Guerrero, Francesc "CESC" FÀBREGAS Soler (46 MARCOS Antônio SENNA da Silva), Miguel Ángel ANGULO Valderrey, Xabier "XABI" ALONSO Olano (46 Borja OUBIÑA Meléndez), DAVID Josué Jiménez SILVA, DAVID VILLA Sánchez, Fernando MORIENTES Sánchez.   Manager: José Luis ARAGONÉS Suárez
ROMANIA: Danut Coman, Petre Marin, Gabriel Tamas (87 Dorin Goian), Cristian Chivu (87 Sorin Ghionea), Razvan Rat (89 Stefan Radu), Marius Maldarasanu (46 Laurentiu Rosu), Ovidiu Petre, Razvan Cocis, Ciprian Marica, Claudiu Niculescu (46 Mugurel Buga), Daniel Niculae (74 Nicolae Dica).   Manager: Victor Piturca
Goal: Ciprian Marica (59)

527.   07.02.2007
ENGLAND v SPAIN 0-1 (0-0)
Old Trafford, Manchester
Referee: Michael Weiner (Germany)   Attendance: 58,207
ENGLAND: Ben Foster, Gary Neville (64 Micah Richards), Phil Neville (74 Stewart Downing), Steven Gerrard (46 Gareth Barry), Rio Ferdinand, Jonathan Woodgate (65 Jamie Carragher), Michael Carrick, Frank Lampard (79 Joey Barton), Kieron Dyer, Peter Crouch, Shaun Wright-Phillips (70 Jermain Defoe).   Manager: Steve McClaren
SPAIN: IKER CASILLAS Fernández, SERGIO RAMOS García (46 ÁNGEL Domingo López Ruano), Carles PUYOL Saforcada (46 Francisco Javier "JAVI" Vicente NAVARRO), Joan CAPDEVILA Méndez, PABLO Ibáñez Tébar, David ALBELDA Aliqués, Xavier "XAVI" Hernández Creus, DAVID Josué Jiménez SILVA (65 Ángel Javier ARIZMENDI de Lucas), Miguel Ángel ANGULO Valderrey (56 ANDRÉS INIESTA Luján), DAVID VILLA Sánchez (74 Francesc "CESC" FÀBREGAS Soler), Fernando MORIENTES Sánchez (46 FERNANDO José TORRES Sanz).
Manager: José Luis ARAGONÉS Suárez
Goal: ANDRÉS INIESTA Luján (62)

528.   24.03.2007   UEFA Euro 2008 Qualifying – Group F
SPAIN v DENMARK 2-1 (2-0)
Estadio Santiago Bernabéu, Madrid
Referee: Massimo Busacca (Switzerland)
Attendance: 71,000
SPAIN: IKER CASILLAS Fernández, ÁNGEL Domingo López Ruano, Francisco Javier "JAVI" Vicente NAVARRO, Carlos MARCHENA López, Joan CAPDEVILA Méndez, David ALBELDA Aliqués, ANDRÉS INIESTA Luján, Xavier "XAVI" Hernández Creus (60 Xabier "XABI" ALONSO Olano), DAVID Josué Jiménez SILVA, DAVID VILLA Sánchez (76 Miguel Ángel ANGULO Valderrey), Fernando MORIENTES Sánchez (64 FERNANDO José TORRES Sanz).
Manager: José Luis ARAGONÉS Suárez
DENMARK: Thomas Sørensen, Lars Jacobsen, Michael Gravgaard, Daniel Agger, Niclas Jensen, Daniel Jensen, Christian Poulsen, Martin Jørgensen (38 Leon Andreasen, 74 Nicklas Bendtner), Dennis Rommedahl, Jon Dahl Tomasson, Thomas Kahlenberg (60 Jesper Grønkjær).
Manager: Morten Olsen
Goals: Fernando MORIENTES Sánchez (34), DAVID VILLA Sánchez (45) / Michael Gravgaard (49)
Sent off: Niclas Jensen (19)

529.   28.03.2007   UEFA Euro 2008 Qualifying – Group F
SPAIN v ICELAND 1-0 (0-0)
Ono Estadi, Palma de Mallorca
Referee: Laurent Duhamel (France)   Attendance: 17,000
SPAIN: IKER CASILLAS Fernández, SERGIO RAMOS García, Carlos MARCHENA López, Carles PUYOL Saforcada, Joan CAPDEVILA Méndez (46 Miguel Ángel ANGULO Valderrey), David ALBELDA Aliqués (78 Xabier "XABI" ALONSO Olano), ANDRÉS INIESTA Luján, Xavier "XAVI" Hernández Creus, DAVID Josué Jiménez SILVA, Fernando MORIENTES Sánchez (43 FERNANDO José TORRES Sanz), DAVID VILLA Sánchez.
Manager: José Luis ARAGONÉS Suárez
ICELAND: Árni Gautur Arason, Kristján Orn Sigurdsson, Ólafur Orn Bjarnason, Ívar Ingimarsson, Gunnar Thor Gunnarsson, Grétar Steinsson, Brynjar Gunnarsson, Arnar Thor Vidarsson (81 Hannes Sigurdsson), Emil Hallfredsson (72 Indridi Sigurdsson), Veigar Pall Gunnarsson (58 Stefán Gíslason), Eidur Gudjohnsen.   Manager: Eyjólfur Sverrisson
Goal: ANDRÉS INIESTA Luján (81)

530.   02.06.2007   UEFA Euro 2008 Qualifying – Group F
LATVIA v SPAIN 0-2 (0-1)
Skonto Stadium, Riga
Referee: Craig Alexander Thomson (Scotland)
Attendance: 8,000
LATVIA: Aleksandrs Kolinko, Oskars Klava, Artūrs Zakresevskis, Deniss Ivanovs, Dzintars Zirnis, Imants Bleidelis (86 Andrejs Pereplotkins), Vitālijs Astafjevs, Juris Laizāns, Andrejs Rubins (66 Genādijs Solonicins), Girts Karlsons (89 Aleksandrs Cauna), Māris Verpakovskis.
Manager: Aleksandrs Starkovs
SPAIN: IKER CASILLAS Fernández, Carles PUYOL Saforcada, SERGIO RAMOS García, Carlos MARCHENA López, David ALBELDA Aliqués (66 Xabier "XABI" ALONSO Olano), ANDRÉS INIESTA Luján, Xavier "XAVI" Hernández Creus, Miguel Ángel ANGULO Valderrey (46 JOAQUÍN Sánchez Rodríguez), Joan CAPDEVILA Méndez, DAVID VILLA Sánchez, LUIS GARCÍA Fernández (55 Roberto SOLDADO Rillo).   Manager: José Luis ARAGONÉS Suárez
Goals: Artūrs Zakresevskis (45 og), Xavier "XAVI" Hernández Creus (60)

531. 06.06.2007   UEFA Euro 2008 Qualifying – Group F

LIECHTENSTEIN v SPAIN 0-2 (0-2)

Rheinark Stadion, Vaduz

Referee: Nikolay Vladimirovich Ivanov (Russia)
Attendance: 5,739

LIECHTENSTEIN: Peter Jehle, Marco Ritzberger, Daniel Hasler, Martin Stocklasa, Michael Stocklasa (29 Martin Telser), Raphael Rohrer (59 Daniel Frick), Ronny Büchel, Michele Polverino, Franz Burgmeier, Mario Frick, Thomas Beck (83 Roger Beck).   Manager: Hans-Peter Zaugg

SPAIN: José Manuel "PEPE" REINA Páez, Francisco Javier "JAVI" Vicente NAVARRO, Carlos MARCHENA López, SERGIO RAMOS García, Joan CAPDEVILA Méndez (52 ANTONIO LÓPEZ Guerrero), Xabier "XABI" ALONSO Olano, ANDRÉS INIESTA Luján, JOAQUÍN Sánchez Rodríguez, Francesc "CESC" FÀBREGAS Soler (67 LUIS GARCÍA Fernández), DAVID Josué Jiménez SILVA (77 Roberto SOLDADO Rillo), DAVID VILLA Sánchez.
Manager: José Luis ARAGONÉS Suárez

Goals: DAVID VILLA Sánchez (8, 14)

DAVID VILLA Sánchez missed a penalty kick (90)

532. 22.08.2007

GREECE v SPAIN 2-3 (2-1)

Stadium Toumpas, Thessaloniki

Referee: Stéphane Laurent Lannoy (France)
Attendance: 13,000

GREECE: Antonis Nikopolidis (46 Konstantinos Chalkias), Mihalis Kapsis, Traianos Dellas (46 Paraskevas Antzas), Kostas Katsouranis (64 Dimitris Papadopoulos), Vasilis Torosidis (46 Loukas Vyntra), Giourkas Seitaridis (46 Christos Patsatzoglou), Angelos Basinas (78 Alexandros Tziolis), Theodoros Zagorakis (17 Giannis Goumas), Giorgios Karagounis, Theofanis Gekas, Dimitris Salpingidis. Manager: Otto Rehhagel

SPAIN: José Manuel "PEPE" REINA Páez, ÁNGEL Domingo López Ruano, Carlos MARCHENA López, Juan Gutierrez Moreno "JUANITO", Mariano Andrés PERNÍA Molina, David ALBELDA Aliqués (66 Xabier "XABI" ALONSO Olano), Xavier "XAVI" Hernández Creus (70 LUIS GARCÍA Fernández), JOAQUÍN Sánchez Rodríguez (81 Francesc "CESC" FÀBREGAS Soler), DAVID Josué Jiménez SILVA, DAVID VILLA Sánchez (76 Miguel Ángel ANGULO Valderrey), FERNANDO José TORRES Sanz (46 ANDRÉS INIESTA Luján).   Manager: José Luis ARAGONÉS Suárez

Goals: Theofanis Gekas (19), Kostas Katsouranis (44) / Carlos MARCHENA López (37), DAVID SILVA (66, 90+2)

533. 08.09.2007   UEFA Euro 2008 Qualifying – Group F

ICELAND v SPAIN 1-1 (1-0)

Laugardalsvöllur, Reykjavík

Referee: Wolfgang Stark (Germany)   Attendance: 9,483

ICELAND: Árni Gautur Arason, Kristján Orn Sigurdsson, Ragnar Sigurdsson, Ívar Ingimarsson, Hermann Hreidarsson, Grétar Steinsson, Jóhannes (Joey) Gudjónsson (79 Baldur Ingimar Adalsteinsson), Kári Árnason, Arnar Thor Vidarsson (69 Ólafur Ingi Skúlason), Emil Hallfredsson, Gunnar Thorvaldsson (88 Ármann Björnsson).
Manager: Eyjólfur Sverrisson

SPAIN: IKER CASILLAS Fernández, SERGIO RAMOS García, Carlos MARCHENA López, Juan Gutierrez Moreno "JUANITO", Mariano Andrés PERNÍA Molina (26 David ALBELDA Aliqués), Xabier "XABI" ALONSO Olano, Xavier "XAVI" Hernández Creus, JOAQUÍN Sánchez Rodríguez (69 LUIS GARCÍA Fernández), DAVID Josué Jiménez SILVA, FERNANDO José TORRES Sanz (57 ANDRÉS INIESTA Luján), DAVID VILLA Sánchez.
Manager: José Luis ARAGONÉS Suárez

Goals: Emil Hallfredsson (40) / ANDRÉS INIESTA Luján (86)

Sent off: Xabier "XABI" ALONSO Olano (20)

534. 12.09.2007   UEFA Euro 2008 Qualifying – Group F

SPAIN v LATVIA 2-0 (1-0)

Estadio Carlos Tartiere, Oviedo

Referee: Alon Yefet (Israel)   Attendance: 22,560

SPAIN: IKER CASILLAS Fernández, SERGIO RAMOS García, Carlos MARCHENA López, Juan Gutierrez Moreno "JUANITO", Mariano Andrés PERNÍA Molina, JOAQUÍN Sánchez Rodríguez (77 Miguel Ángel ANGULO Valderrey), David ALBELDA Aliqués, Xavier "XAVI" Hernández Creus, DAVID Josué Jiménez SILVA (69 Francesc "CESC" FÀBREGAS Soler), FERNANDO José TORRES Sanz, DAVID VILLA Sánchez (49 ANDRÉS INIESTA Luján).
Manager: José Luis ARAGONÉS Suárez

LATVIA: Andris Vanins, Oskars Klava, Deniss Ivanovs, Kaspars Gorkss, Dzintars Zirnis, Imants Bleidelis (74 Aleksejs Visnakovs), Vitālijs Astafjevs, Juris Laizāns, Andrejs Rubins, Girts Karlsons (63 Marians Pahars), Māris Verpakovskis (88 Kristaps Blanks).   Manager: Aleksandrs Starkovs

Goals: Xavier "XAVI" Hernández Creus (13), FERNANDO José TORRES Sanz (85)

535. 13.10.2007   UEFA Euro 2008 Qualifying – Group F

DENMARK v SPAIN 1-3 (0-2)

NRGi Park, Aarhus

Referee: Lubos Michel (Slovakia)   Attendance: 19,849

DENMARK: Thomas Sørensen, Thomas Helveg, Martin Laursen, Ulrik Laursen, Niclas Jensen (77 Kenneth Pérez), Christian Poulsen, Daniel Jensen, Leon Andreasen (46 Nicklas Bendtner), Dennis Rommedahl, Jon Dahl Tomasson, Jesper Grønkjær (66 Thomas Kahlenberg).   Manager: Morten Olsen

SPAIN: IKER CASILLAS Fernández, RAÚL ALBIOL Tortajada, Carlos MARCHENA López, Joan CAPDEVILA Méndez, SERGIO RAMOS García, David ALBELDA Aliqués (64 PABLO Ibáñez Tébar), Xavier "XAVI" Hernández Creus, ANDRÉS INIESTA Luján, JOAQUÍN Sánchez Rodríguez (69 Albert RIERA Ortega), Francesc "CESC" FÀBREGAS Soler (78 LUIS GARCÍA Fernández), Raúl TAMUDO Montero.   Manager: José Luis ARAGONÉS Suárez

Goals: Jon Dahl Tomasson (88) / Raúl TAMUDO (14), SERGIO RAMOS García (40), Albert RIERA Ortega (89)

536. 17.10.2007

FINLAND v SPAIN 0-0

Helsingin Olympiastadion, Helsinki

Referee: Stéphane Bré (France)   Attendance: 11,751

FINLAND: Antti Niemi, Petri Pasanen, Sami Hyypiä (46 Hannu Tihinen), Toni Kuivasto, Toni Kallio, Mika Väyrynen (83 Jari Ilola), Roman Eremenko, Aki Riihilahti (46 Mika Nurmela), Joonas Kolkka (76 Veli Lampi), Jonathan Johansson, Shefki Kuqi (65 Alexei Eremenko).   Manager: Roy Hodgson

SPAIN: José Manuel "PEPE" REINA Páez, Mariano Andrés PERNÍA Molina, Carles PUYOL Saforcada (46 Carlos MARCHENA López), SERGIO RAMOS García, PABLO Ibáñez Tébar, David ALBELDA Aliqués, ANDRÉS INIESTA Luján (46 Xavier "XAVI" Hernández Creus), Albert RIERA Ortega, DAVID Josué Jiménez SILVA (55 Raúl TAMUDO Montero), LUIS GARCÍA Fernández (74 Francesc "CESC" FÀBREGAS Soler), Miguel Ángel ANGULO Valderrey (55 JOAQUÍN Sánchez Rodríguez).   Manager: José Luis ARAGONÉS Suárez

537. 17.11.2007   UEFA Euro 2008 Qualifying – Group F

SPAIN v SWEDEN 3-0 (2-0)

Estadio Santiago Bernabéu, Madrid

Referee: Roberto Rosetti (Italy)   Attendance: 67,055

SPAIN: IKER CASILLAS Fernández, SERGIO RAMOS García, Carles PUYOL Saforcada, Carlos MARCHENA López, Joan CAPDEVILA Méndez, David ALBELDA Aliqués, Xavier "XAVI" Hernández Creus, ANDRÉS INIESTA Luján (51 JOAQUÍN Sánchez Rodríguez), Francesc "CESC" FÀBREGAS Soler, DAVID Josué Jiménez SILVA (66 Albert RIERA Ortega), DAVID VILLA Sánchez (51 Raúl TAMUDO Montero).   Manager: José Luis ARAGONÉS Suárez

SWEDEN: Andreas Isaksson, Mikael Nilsson, Olof Mellberg, Petter Hansson, Erik Edman, Daniel Andersson (46 Kim Källström), Christian Wilhelmsson (79 Kennedy Bakircioglu), Anders Svensson, Fredrik (Freddie) Ljungberg, Zlatan Ibrahimovic, Marcus Rosenberg (60 Marcus Allbäck).   Manager: Lars Lagerbäck

Goals: Joan CAPDEVILA Méndez (14), ANDRÉS INIESTA Luján (39), SERGIO RAMOS García (64)

538. 21.11.2007   UEFA Euro 2008 Qualifying – Group F

SPAIN v NORTHERN IRELAND 1-0 (0-0)

Estadio Gran Canaria, Las Palmas de Gran Canaria

Referee: Herbert Fandel (Germany)   Attendance: 31,250

SPAIN: José Manuel "PEPE" REINA Páez, SERGIO RAMOS García, RAÚL ALBIOL Tortajada, PABLO Ibáñez Tébar, Mariano Andrés PERNÍA Molina, ANDRÉS INIESTA Luján, Xavier "XAVI" Hernández Creus (66 DAVID VILLA Sánchez), Francesc "CESC" FÀBREGAS Soler (47 JOAQUÍN Sánchez Rodríguez), MARCOS Antônio SENNA da Silva, DAVID Josué Jiménez SILVA, Daniel "DANI" González GÜIZA (57 Raúl TAMUDO Montero).   Manager: José Luis ARAGONÉS Suárez

NORTHERN IRELAND: Maik Taylor, Gareth McAuley, Aaron Hughes, Stephen Craigan, Chris Baird, Ivan Sproule (46 Stephen Robinson), Sammy Clingan, Steven Davis, Chris Brunt (59 Kyle Lafferty), Warren Feeney (72 Martin Paterson), David Healy.   Manager: Nigel Worthington

Goal: Xavier "XAVI" Hernández Creus (52)

539. 06.02.2008
SPAIN v FRANCE 1-0 (0-0)
Estadio La Rosaleda, Málaga
Referee: Tony Asumaa (Finland)   Attendance: 38,000
SPAIN: IKER CASILLAS Fernández, SERGIO RAMOS García (46 ÁNGEL Domingo López Ruano, 74 Juan Gutiérrez Moreno "JUANITO"), RAÚL ALBIOL Tortajada, Carlos MARCHENA López (46 PABLO Ibáñez Tébar), Joan CAPDEVILA Méndez, David ALBELDA Aliqués (62 Xabier "XABI" ALONSO Olano), Francesc "CESC" FÀBREGAS Soler, Albert RIERA Ortega (46 DAVID VILLA Sánchez), ANDRÉS INIESTA Luján, Xavier "XAVI" Hernández Creus, FERNANDO José TORRES Sanz (22 Daniel "DANI" González GÜIZA).
Manager: José Luis ARAGONÉS Suárez
FRANCE: Grégory Coupet, Willy Sagnol, William Gallas, Lilian Thuram (46 Julien Escudé), Éric Abidal, Patrick Vieira (82 Hatem Ben Arfa), Jérémy Toulalan, Lassana Diarra, Florent Malouda, Nicolas Anelka (60 Karim Benzema), Thierry Henry.   Manager: Raymond Domenech
Goal: Joan CAPDEVILA Méndez (79)

540.   26.03.2008
SPAIN v ITALY 1-0 (0-0)
Estadio Manuel Martínez Valero, Elche
Referee: Fritz Stuchlik (Austria)   Attendance: 38,000
SPAIN: IKER CASILLAS Fernández, SERGIO RAMOS García (75 Álvaro ARBELOA Coca), Carles PUYOL Saforcada (17 RAÚL ALBIOL Tortajada), Carlos MARCHENA López, Joan CAPDEVILA Méndez, MARCOS Antonio SENNA Da Silva (59 Xabier "XABI" ALONSO Olano), Francesc "CESC" FÀBREGAS Soler (68 LUIS GARCÍA Fernández), Xavier "XAVI" Hernández Creus, ANDRÉS INIESTA Luján, DAVID Josué Jiménez SILVA (59 Albert RIERA Ortega), FERNANDO José TORRES Sanz (46 DAVID VILLA Sánchez).
Manager: José Luis ARAGONÉS Suárez
ITALY: Gianluigi Buffon, Christian Panucci (69 Gianluca Zambrotta), Fabio Cannavaro, Marco Materazzi (46 Andrea Barzagli), Fabio Grosso, Andrea Pirlo (46 Gennaro Gattuso), Daniele De Rossi, Mauro Germán Camoranesi Serra, Simone Perrotta (61 Alberto Aquilani), Antonio Di Natale (75 Vincenzo Iaquinta), Luca Toni (46 Marco Borriello).
Manager: Roberto Donadoni
Goal: DAVID VILLA Sánchez (77)

541. 31.05.2008
SPAIN v PERU 2-1 (1-0)
Estadio Nuevo Colombino, Huelva
Referee: Dimitar Meckarovski (Macedonia)
Attendance: 17,500
SPAIN: IKER CASILLAS Fernández, SERGIO RAMOS García, Carles PUYOL Saforcada, Carlos MARCHENA López, Joan CAPDEVILA Méndez, ANDRÉS INIESTA Luján (62 Santiago "SANTI" CAZORLA González), Xavier "XAVI" Hernández Creus (46 MARCOS Antonio SENNA Da Silva), Xabier "XABI" ALONSO Olano (46 Daniel "DANI" González GÜIZA), DAVID Josué Jiménez SILVA (83 SERGIO GARCÍA de la Fuente), FERNANDO José TORRES Sanz (46 Francesc "CESC" FÀBREGAS Soler), DAVID VILLA Sánchez (57 Rubén DE LA RED Gutiérrez).   Manager: José Luis ARAGONÉS Suárez
PERU: Leao BUTRÓN Gotuzzo, Alberto Júnior RODRÍGUEZ Valdelomar (43 Miguel Ángel VILLALTA Hurtado), Emilio Martín HIDALGO Conde (75 Donny Renzo NEYRA Ferrada), Walter Ricardo VÍLCHEZ Soto, Nolberto Albino SOLANO Todco (90 Miguel Ángel CEVASCO Abad), Rainer TORRES Salas, Daniel Mackensi CHÁVEZ Castillo (65 Hernán RENGIFO Trigoso), Luis Alberto HERNÁNDEZ Díaz, Paulo Rinaldo CRUZADO Durand (46 Juan Carlos MARIÑO Márquez), José Paolo GUERRERO Gonzales, Guillermo Sandro SALAS Suarez.
Manager: José Guillermo DEL SOLAR Álvarez-Calderón
Goals: DAVID VILLA Sánchez (38), Joan CAPDEVILA Méndez (90+2) / José Paolo GUERRERO Gonzales (74)

542. 04.06.2008
SPAIN v UNITED STATES 1-0 (0-0)
Estadio El Sardinero, Santander
Referee: Sokol Jareci (Albania)   Attendance: 14,232
SPAIN: IKER CASILLAS Fernández, SERGIO RAMOS García, Carlos MARCHENA López, Carles PUYOL Saforcada, Joan CAPDEVILA Méndez (52 FERNANDO NAVARRO Corbacho), Xavier "XAVI" Hernández Creus, Francesc "CESC" FÀBREGAS Soler (84 Álvaro ARBELOA Coca), Santiago "SANTI" CAZORLA González, Xabier "XABI" ALONSO Olano (46 MARCOS Antonio SENNA Da Silva), DAVID Josué Jiménez SILVA (57 Rubén DE LA RED Gutiérrez), FERNANDO José TORRES Sanz (46 Daniel "DANI" González GÜIZA).
Manager: José Luis ARAGONÉS Suárez
UNITED STATES: Tim Howard (46 Brad Guzan), Steven Cherundolo (46 Frankie Hejduk), Oguchi Onyewu, Carlos Bocanegra, Hearth Pearce, Clint Dempsey (86 Pablo Mastroeni), Maurice Edu, Michael Bradley, Eddie Lewis (70 Josh Wolff), Eddie Johnson, Freddy Adu (46 DaMarcus Beasley).   Manager: Robert (Bob) Bradley
Goal: Xavier "XAVI" Hernández Creus (79)

543. 10.06.2008   UEFA European Championship – Group D
SPAIN v RUSSIA 4-1 (2-0)
Tivoli Neu, Innsbruck (Austria)
Referee: Konrad Plautz (Austria)   Attendance: 30,772
SPAIN: IKER CASILLAS Fernández, SERGIO RAMOS García, Carles PUYOL Saforcada, Carlos MARCHENA López, Joan CAPDEVILA Méndez, ANDRÉS INIESTA Luján (62 Santiago "SANTI" CAZORLA González), MARCOS Antonio SENNA Da Silva, Xavier "XAVI" Hernández Creus, DAVID Josué Jiménez SILVA (76 Xabier "XABI" ALONSO Olano), FERNANDO José TORRES Sanz (53 Francesc "CESC" FÀBREGAS Soler), DAVID VILLA Sánchez.   Manager: José Luis ARAGONÉS Suárez
RUSSIA: Igor Akinfeev, Aleksandr Anyukov, Roman Shirokov, Denis Kolodin, Yuriy Zhirkov, Dmitriy Sychev (46 Vladimir Bystrov, 70 Roman Adamov), Konstantin Zyryanov, Sergey Semak, Igor Semshov (57 Dmitriy Torbinskiy), Diniyar Bilyaletdinov, Roman Pavlyuchenko.
Manager: Guus Hiddink
Goals: DAVID VILLA Sánchez (19, 44, 74), Francesc "CESC" FÀBREGAS Soler (90+1) / Roman Pavlyuchenko (86)

544. 14.06.2008   UEFA European Championship – Group D
SWEDEN v SPAIN 1-2 (1-1)
Tivoli Neu, Innsbruck (Austria)
Referee: Pieter Vink (Netherlands)   Attendance: 30,772
SWEDEN: Andreas Isaksson, Fredrik Stoor, Olof Mellberg, Petter Hansson, Mikael Nilsson, Johan Elmander (79 Sebastian Larsson), Daniel Andersson, Anders Svensson, Fredrik (Freddie) Ljungberg, Henrik Larsson (87 Kim Källström), Zlatan Ibrahimovic (46 Marcus Rosenberg).
Manager: Lars Lagerbäck
SPAIN: IKER CASILLAS Fernández, SERGIO RAMOS García, Carles PUYOL Saforcada (23 RAÚL ALBIOL Tortajada), Carlos MARCHENA López, Joan CAPDEVILA Méndez, ANDRÉS INIESTA Luján (58 Santiago "SANTI" CAZORLA González), MARCOS Antonio SENNA Da Silva, Xavier "XAVI" Hernández Creus (58 Francesc "CESC" FÀBREGAS Soler), DAVID Josué Jiménez SILVA, FERNANDO José TORRES Sanz, DAVID VILLA Sánchez.
Manager: José Luis ARAGONÉS Suárez
Goals: Zlatan Ibrahimovic (34) / FERNANDO José TORRES Sanz (14), DAVID VILLA Sánchez (90+1)

545. 18.06.2008   UEFA European Championship – Group D
GREECE v SPAIN 1-2 (1-0)
Wals-Siezenheim Stadion, Wals-Siezenheim (Austria)
Referee: Howard Melton Webb (England)
Attendance: 30,883
GREECE: Antonis Nikopolidis, Loukas Vyntra, Nikos Spyropoulos, Traianos Dellas, Sotiris Kyrgiakos (62 Paraskevas Antzas), Kostas Katsouranis, Angelos Basinas, Giorgios Karagounis (74 Alexandros Tziolis), Giannis Amanatidis, Angelos Charisteas, Dimitris Salpingidis (86 Stelios Giannakopoulos).   Manager: Otto Rehhagel
SPAIN: José Manuel "PEPE" REINA Páez, Álvaro ARBELOA Coca, RAÚL ALBIOL Tortajada, Juan Gutiérrez Moreno "JUANITO", FERNANDO NAVARRO Corbacho, Rubén DE LA RED Gutiérrez, Xabier "XABI" ALONSO Olano, ANDRÉS INIESTA Luján (58 Santiago "SANTI" CAZORLA González), Francesc "CESC" FÀBREGAS Soler, SERGIO GARCÍA de la Fuente, Daniel "DANI" González GÜIZA.
Manager: José Luis ARAGONÉS Suárez
Goals: Angelos Charisteas (42) / Rubén DE LA RED Gutiérrez (61), Daniel "DANI" González GÜIZA (88)

546. 22.06.2008   UEFA European Championship – Quarter-final
SPAIN v ITALY 0-0 (AET)
Ernst-Happel-Stadion, Vienna (Austria)
Referee: Herbert Fandel (Germany)   Attendance: 51,178
SPAIN: IKER CASILLAS Fernández, SERGIO RAMOS García, Carles PUYOL Saforcada, Carlos MARCHENA López, Joan CAPDEVILA Méndez, ANDRÉS INIESTA Luján (58 Santiago "SANTI" CAZORLA González), MARCOS Antonio SENNA Da Silva, Xavier "XAVI" Hernández Creus (59 Francesc "CESC" FÀBREGAS Soler), DAVID Josué Jiménez SILVA, FERNANDO José TORRES Sanz (84 Daniel "DANI" González GÜIZA), DAVID VILLA Sánchez.
Manager: José Luis ARAGONÉS Suárez
ITALY: Gianluigi Buffon, Gianluca Zambrotta, Christian Panucci, Giorgio Chiellini, Fabio Grosso, Daniele De Rossi, Massimo Ambrosini, Alberto Aquilani (108 Alessandro Del Piero), Simone Perrotta (58 Mauro Germán Camoranesi Serra), Antonio Cassano (74 Antonio Di Natale), Luca Toni.
Manager: Roberto Donadoni
Penalties: 1-0 DAVID VILLA Sánchez, 1-1 Fabio Grosso, 2-1 Santiago "SANTI" CAZORLA, Daniele De Rossi (missed), 3-1 MARCOS Antonio SENNA Da Silva, 3-2 Mauro Germán Camoranesi Serra, Daniel "DANI" González GÜIZA (missed), Antonio Di Natale (missed), 4-2 Francesc "CESC" FÀBREGAS

547. 26.06.2008   UEFA European Championship – Semi-final
RUSSIA v SPAIN 0-3 (0-0)
Ernst Happel Stadion, Vienna (Austria)
Referee: Frank Wermer De Bleeckere (Belgium)
Attendance: 51,428
RUSSIA: Igor Akinfeev, Aleksandr Anyukov, Sergey Ignashevich, Vasiliy Berezutskiy, Yuriy Zhirkov, Ivan Saenko (57 Dmitriy Sychev), Igor Semshov (56 Diniyar Bilyaletdinov), Sergey Semak, Konstantin Zyryanov, Andrey Arshavin, Roman Pavlyuchenko.   Manager: Guus Hiddink
SPAIN: IKER CASILLAS Fernández, SERGIO RAMOS García, Carles PUYOL Saforcada, Carlos MARCHENA López, Joan CAPDEVILA Méndez, ANDRÉS INIESTA Luján, MARCOS Antonio SENNA Da Silva, Xavier "XAVI" Hernández Creus (68 Xabier "XABI" ALONSO Olano), DAVID Josué Jiménez SILVA, FERNANDO José TORRES Sanz (68 Daniel "DANI" González GÜIZA), DAVID VILLA Sánchez (34 Francesc "CESC" FÀBREGAS Soler).   Manager: José Luis ARAGONÉS Suárez
Goals: Xavier "XAVI" Hernández Creus (50), Daniel "DANI" González GÜIZA (73), DAVID Josué Jiménez SILVA (82)

548. 29.06.2008   UEFA European Championship – Final
GERMANY v SPAIN 0-1 (0-0)
Ernst Happel Stadion, Vienna (Austria)
Referee: Roberto Rosetti (Italy)   Attendance: 51,428
GERMANY: Jens Lehmann, Arne Friedrich, Per Mertesacker, Christoph Metzelder, Philipp Lahm (46 Marcell Jansen), Torsten Frings, Thomas Hitzlsperger (58 Kevin Kurányi), Bastian Schweinsteiger, Michael Ballack, Lukas Podolski, Miroslav Klose (79 Mario Gómez).   Manager: Joachim Löw
SPAIN: IKER CASILLAS Fernández, SERGIO RAMOS García, Carles PUYOL Saforcada, Carlos MARCHENA López, Joan CAPDEVILA Méndez, DAVID Josué Jiménez SILVA (66 Santiago "SANTI" CAZORLA González), MARCOS Antonio SENNA Da Silva, Xavier "XAVI" Hernández Creus, ANDRÉS INIESTA Luján, Francesc "CESC" FÀBREGAS Soler (62 Xabier "XABI" ALONSO Olano), FERNANDO José TORRES Sanz (77 Daniel "DANI" González GÜIZA).
Manager: José Luis ARAGONÉS Suárez
Goal: FERNANDO José TORRES Sanz (33)

549. 20.08.2008
DENMARK v SPAIN 0-3 (0-0)
Parken, Copenhagen
Referee: Martin Hansson (Sweden)   Attendance: 26,155
DENMARK: Thomas Sørensen, Lars Jacobsen (70 Jonas Borring), Martin Laursen, Daniel Agger, Michael Silberbauer, Christian Poulsen, Daniel Jensen (79 Martin Retov), Dennis Rommedahl, Martin Vingaard (55 Christopher Poulsen), Jon Dahl Tomasson (55 Mikkel Thygesen), Nicklas Bendtner.
Manager: Morten Olsen
SPAIN: IKER CASILLAS Fernández (74 José Manuel "PEPE" REINA Páez), SERGIO RAMOS García (74 Andoni IRAOLA Sagarna), Carles PUYOL Saforcada, RAÚL ALBIOL Tortajada, Joan CAPDEVILA Méndez, MARCOS Antonio SENNA Da Silva, ANDRÉS INIESTA Luján (63 Santiago "SANTI" CAZORLA González), Xavier "XAVI" Hernández Creus, DAVID Josué Jiménez SILVA (46 Xabier "XABI" ALONSO Olano), DAVID VILLA Sánchez (46 Diego Ángel CAPEL Trinidad), FERNANDO José TORRES Sanz (62 Daniel "DANI" González GÜIZA).
Manager: Vicente DEL BOSQUE González
Goals: Xabier "XABI" ALONSO Olano (49, 90), Xavier "XAVI" Hernández Creus (73)

550. 06.09.2008   FIFA World Cup Qualification – Group 5
SPAIN v BOSNIA & HERZEGOVINA 1-0 (0-0)
Estadio Nuevo Condomina, Murcia
Referee: Craig Alexander Thomson (Scotland)
Attendance: 29,152
SPAIN: IKER CASILLAS Fernández, SERGIO RAMOS García, Carles PUYOL Saforcada, RAÚL ALBIOL Tortajada, Joan CAPDEVILA Méndez, MARCOS Antonio SENNA Da Silva, ANDRÉS INIESTA Luján, Xavier "XAVI" Hernández Creus, Francesc "CESC" FÀBREGAS Soler (64 Xabier "XABI" ALONSO Olano), Diego Ángel CAPEL Trinidad (71 Santiago "SANTI" CAZORLA González), DAVID VILLA Sánchez (84 Daniel "DANI" González GÜIZA).
Manager: Vicente DEL BOSQUE González
BOSNIA & HERZEGOVINA: Kenan Hasagic, Dzemal Berberovic (64 Vedad Ibisevic), Admir Vladavic, Sejad Salihovic, Samir Muratovic, Elvir Rahimic, Dario Damjanovic (81 Senijad Ibricic), Zvjezdan Misimovic, Edin Dzeko (84 Miralem Pjanic), Safet Nadarevic, Ivan Radeljic.
Manager: Miroslav Blazevic
Goal: DAVID VILLA Sánchez (57)

DAVID VILLA Sánchez missed a penalty kick (36)

551.   10.09.2008   FIFA World Cup Qualification – Group 5
SPAIN v ARMENIA 4-0 (2-0)
Estadio Carlos Belmonte, Albacete

Referee: Tony Asumaa (Finland)   Attendance: 16,996

SPAIN: IKER CASILLAS Fernández, SERGIO RAMOS García, Carles PUYOL Saforcada, RAÚL ALBIOL Tortajada, Joan CAPDEVILA Méndez, MARCOS Antonio SENNA Da Silva, ANDRÉS INIESTA Luján, Xavier "XAVI" Hernández Creus (73 Francesc "CESC" FÀBREGAS Soler), Daniel "DANI" González GÜIZA (56 Xabier "XABI" ALONSO Olano), Santiago "SANTI" CAZORLA González (64 BOJAN Krkic Pérez), DAVID VILLA Sánchez.   Manager: Vicente DEL BOSQUE González

ARMENIA: Roman Berezovsky, Aghvan Mkrtchyan, Sargis Hovsepyan, Robert Arzumanyan, Alexander Tadevosyan, Ararat Arakelyan, Arthur Voskanyan, Karen Aleksanyan (79 Romik Khachatryan), Artavazd Karamyan (51 Arman Karamyan), Levon Pachadzhyan, Samvel Melkonyan (46 Edgar Manucharyan).   Manager: Jan Børge Poulsen

Goals: Joan CAPDEVILA Méndez (6), DAVID VILLA Sánchez (15, 78), MARCOS Antonio SENNA Da Silva (82)

552.   11.10.2008   FIFA World Cup Qualification – Group 5
ESTONIA v SPAIN 0-3 (0-2)
A. Le Coq Arena, Tallinn

Referee: Hans Jonas Eriksson (Sweden)   Attendance: 9,200

ESTONIA: Pavel Londak, Enar Jääger, Alo Bärengrub, Raio Piiroja, Dmitri Kruglov, Martin Vunk, Aleksandr Dmitrijev, Tarmo Kink (59 Sander Puri), Joel Lindpere (75 Ragnar Klavan), Konstantin Vassiljev, Vladimir Voskoboinikov (73 Kaimar Saag).   Manager: Tarmo Rüütli

SPAIN: IKER CASILLAS Fernández, SERGIO RAMOS García (54 Andoni IRAOLA Sagarna), Juan Gutiérrez Moreno "JUANITO", Carles PUYOL Saforcada, Joan CAPDEVILA Méndez, ANDRÉS INIESTA Luján (78 Albert RIERA Ortega), Xavier "XAVI" Hernández Creus, Xabier "XABI" ALONSO Olano, Santiago "SANTI" CAZORLA González, DAVID VILLA Sánchez (70 Francesc "CESC" FÀBREGAS Soler), FERNANDO José TORRES Sanz.   Manager: Vicente DEL BOSQUE González

Goals: Juan Gutiérrez Moreno "JUANITO" (34), DAVID VILLA Sánchez (37 pen), Carles PUYOL (70)

553.   15.10.2008   FIFA World Cup Qualification – Group 5
BELGIUM v SPAIN 1-2 (1-1)
Stade Roi Baudouin, Brussels

Referee: Tom Henning Øvrebø (Norway)
Attendance: 45,888

BELGIUM: Stijn Stijnen, Anthony Vanden Borre (88 Guillaume Gillet), Timmy Simons, Vincent Kompany, Daniel Van Buyten (46 Filip Daems), Steven Defour (73 Jelle Van Damme), Axel Witsel, Wesley Sonck, Thomas Vermaelen, Jan Vertonghen, Marouane Fellaini.
Manager: René Vandereycken

SPAIN: IKER CASILLAS Fernández, SERGIO RAMOS García, Juan Gutierrez Moreno "JUANITO", Carles PUYOL Saforcada, Joan CAPDEVILA Méndez, ANDRÉS INIESTA Luján (84 Daniel "DANI" González GÜIZA), Xavier "XAVI" Hernández Creus, MARCOS Antonio SENNA Da Silva, Santiago "SANTI" CAZORLA González (64 Xabier "XABI" ALONSO Olano), DAVID VILLA Sánchez, FERNANDO José TORRES Sanz (16 Francesc "CESC" FÀBREGAS Soler).
Manager: Vicente DEL BOSQUE González

Goals: Wesley Sonck (7) /
ANDRÉS INIESTA Luján (36), DAVID VILLA Sánchez (88)

554.   19.11.2008
SPAIN v CHILE 3-0 (1-0)
Estadio El Madrigal, Villarreal

Referee: George Vadachkoria (Georgia)   Attendance: 15,000

SPAIN: IKER CASILLAS Fernández (46 José Manuel "PEPE" REINA Páez), SERGIO RAMOS García (61 Álvaro ARBELOA Coca), RAÚL ALBIOL Tortajada, Joan CAPDEVILA Méndez, Carles PUYOL Saforcada (46 Carlos MARCHENA López), Xavier "XAVI" Hernández Creus (71 FERNANDO Javier LLORENTE Torres), Francesc "CESC" FÀBREGAS Soler, MARCOS Antonio SENNA Da Silva (46 Santiago "SANTI" CAZORLA González), Albert RIERA Ortega, Xabier "XABI" ALONSO Olano, DAVID VILLA Sánchez (57 FERNANDO José TORRES Sanz).   Manager: Vicente DEL BOSQUE González

CHILE: Claudio Andrés BRAVO Muñoz, Cristián Andrés ÁLVAREZ Valenzuela, Waldo Alonso PONCE Carrizo, Ismael Ignacio FUENTES Castro, Rodrigo Álvaro TELLO Valenzuela, Carlos Emilio CARMONA Tello, Matías Ariel FERNÁNDEZ Fernández, Mauricio Aníbal ISLA Isla, Humberto Andrés SUAZO Pontivo (87 Jorge Luis VALDIVIA Toro), Alexis Alejandro SÁNCHEZ Sánchez, Fabián Ariel ORELLANA Valenzuela.   Manager: Marcelo Alberto BIELSA Caldera

Goals: DAVID VILLA Sánchez (36 pen), FERNANDO José TORRES Sanz (66), Santiago "SANTI" CAZORLA (85)

555.   11.02.2009
SPAIN v ENGLAND 2-0 (1-0)
Estadio Ramón Sánchez Pizjuán, Sevilla
Referee: Stéphane Laurent Lannoy (France)
Attendance: 42,102
SPAIN: IKER CASILLAS Fernández (46 José Manuel "PEPE" REINA Páez), SERGIO RAMOS García, RAÚL ALBIOL Tortajada (75 Carlos MARCHENA López), GERARD PIQUÉ Bernabéu, Joan CAPDEVILA Méndez (46 Álvaro ARBELOA Coca), ANDRÉS INIESTA Luján, Xavier "XAVI" Hernández Creus (85 Daniel "DANI" González GÜIZA), Xabier "XABI" ALONSO Olano, MARCOS Antonio SENNA Da Silva, DAVID VILLA Sánchez (56 DAVID Josué Jiménez SILVA), FERNANDO José TORRES Sanz (64 FERNANDO Javier LLORENTE Torres).
Manager: Vicente DEL BOSQUE González
ENGLAND: David James (46 Robert Green), Glen Johnson, Ashley Cole, Michael Carrick, Phil Jagielka (46 Matthew Upson), John Terry, Shaun Wright-Phillips, Gareth Barry (46 Frank Lampard), Emile Heskey (46 Peter Crouch), Gabriel Agbonlahor (76 Carlton Cole), Stewart Downing (46 David Beckham).   Manager: Fabio Capello
Goals: DAVID VILLA Sánchez (36), FERNANDO Javier LLORENTE Torres (82)

556.   28.03.2009   FIFA World Cup Qualification – Group 5
SPAIN v TURKEY 1-0 (0-0)
Estadio Santiago Bernabéu, Madrid
Referee: Massimo Busacca (Switzerland)
Attendance: 73,820
SPAIN: IKER CASILLAS Fernández, SERGIO RAMOS García, RAÚL ALBIOL Tortajada, GERARD PIQUÉ Bernabéu, Joan CAPDEVILA Méndez, Xavier "XAVI" Hernández Creus, Xabier "XABI" ALONSO Olano, MARCOS Antonio SENNA Da Silva, Santiago "SANTI" CAZORLA González (78 DAVID Josué Jiménez SILVA), DAVID VILLA Sánchez (63 JUAN Manuel MATA García), FERNANDO José TORRES Sanz (87 FERNANDO Javier LLORENTE Torres).
Manager: Vicente DEL BOSQUE González
TURKEY: Volkan Demirel, Gökhan Gönül, Emre Asik, Ibrahim Üzülmez, Hakan Balta, Tuncay Sanli, Mehmet Aurélio, Emre Belözoglu (83 Sabri Sarioglu), Arda Turan (77 Gökhan Ünal), Semih Sentürk (56 Ayhan Akman), Nihat Kahveci.   Manager: Fatih Terim
Goal: GERARD PIQUÉ Bernabéu (59)

557.   01.04.2009   FIFA World Cup Qualification – Group 5
TURKEY v SPAIN 1-2 (1-0)
Ali Sami Yen Stadi, Istanbul
Referee: Michael Anthony (Mike) Riley (England)
Attendance: 19,617
TURKEY: Volkan Demirel, Gökhan Gönül, Hakan Balta, Emre Asik, Ibrahim Üzülmez, Tuncay Sanli, Mehmet Aurélio, Emre Belözoglu, Arda Turan (88 Nuri Sahin), Nihat Kahveci (77 Batuhan Karadeniz), Semih Sentürk (81 Sabri Sarioglu).
Manager: Fatih Terim
SPAIN: IKER CASILLAS Fernández, SERGIO RAMOS García, Carlos MARCHENA López, Joan CAPDEVILA Méndez, GERARD PIQUÉ Bernabéu, DAVID Josué Jiménez SILVA (74 SERGIO BUSQUETS Burgos), Xavier "XAVI" Hernández Creus, Xabier "XABI" ALONSO Olano, MARCOS Antonio SENNA Da Silva (67 Santiago "SANTI" CAZORLA González), Albert RIERA Ortega, FERNANDO José TORRES Sanz (88 Daniel "DANI" González GÜIZA).
Manager: Vicente DEL BOSQUE González
Goals: Semih Sentürk (26) / Xabier "XABI" ALONSO Olano (63 pen), Albert RIERA (90+2)

558.   09.06.2009
AZERBAIJAN v SPAIN 0-6 (0-3)
Tofiq Bahramov adina Respublika Stadionu, Baku
Referee: Igor Grygorovych Ishchenko (Ukraine)
Attendance: 29,000
AZERBAIJAN: Farhad Valiyev, Rail Malikov, Sasa Yunisoglu, Mahir Sükürov, Samir Abbasov (79 Vladimir Levin), Branimir Subasiç (57 Elmar Bakhsiyev), Rashad Sadygov, Dzhavid Hüseynov, Jamshid Maharramov (57 Vüqar Nadirov), Daniel Akhtyamov, Zeynal Zeynalov (77 Leandro Gomes).
Manager: Berti Vogts
SPAIN: IKER CASILLAS Fernández (46 José Manuel "PEPE" REINA Páez), RAÚL ALBIOL Tortajada (71 Carles PUYOL Saforcada), Carlos MARCHENA López, Joan CAPDEVILA Méndez (46 SERGIO RAMOS García), Álvaro ARBELOA Coca, Francesc "CESC" FÀBREGAS Soler (46 Xavier "XAVI" Hernández Creus), Xabier "XABI" ALONSO Olano, Albert RIERA Ortega, Santiago "SANTI" CAZORLA González (68 Daniel "DANI" González GÜIZA), DAVID VILLA Sánchez (46 SERGIO BUSQUETS Burgos), FERNANDO José TORRES Sanz.   Manager: Vicente DEL BOSQUE González
Goals: DAVID VILLA Sánchez (34, 38, 45 pen), Albert RIERA (67), Daniel "DANI" González GÜIZA (70), FERNANDO José TORRES Sanz (87)

559. 14.06.2009   FIFA Confederation Cup 2009 – Group A
NEW ZEALAND v SPAIN 0-5 (0-4)
Royal Bafokeng Stadium, Phokeng (South Africa)
Referee: Bonaventura Coffi Codjia (Benin)
Attendance: 21,649

NEW ZEALAND: Glen Moss, Tony Lochhead, Ivan Vicelich, David Mulligan, Andrew Boyens, Simon Elliott, Tim Brown, Leo Bertos, Shane Smeltz (76 Chris James), Chris Killen (85 Kris Bright), Jeremy Brockie (27 Jeremy Christie). Manager: Ricki Herbert

SPAIN: IKER CASILLAS Fernández, SERGIO RAMOS García (54 Álvaro ARBELOA Coca), RAÚL ALBIOL Tortajada, Carles PUYOL Saforcada, Joan CAPDEVILA Méndez, Xavier "XAVI" Hernández Creus (54 Santiago "SANTI" CAZORLA González), Francesc "CESC" FÀBREGAS Soler, Xabier "XABI" ALONSO Olano, Albert RIERA Ortega, DAVID VILLA Sánchez, FERNANDO José TORRES Sanz (69 DAVID Josué Jiménez SILVA).   Manager: Vicente DEL BOSQUE González

Goals: FERNANDO José TORRES Sanz (6, 14, 17), Francesc "CESC" FÀBREGAS Soler (24), DAVID VILLA Sánchez (48)

560. 17.06.2009   FIFA Confederation Cup 2009 – Group A
SPAIN v IRAQ 1-0 (0-0)
Free State Stadium, Bloemfontein (South Africa)
Referee: Matthew Christopher Breeze (Australia)
Attendance: 30,512

SPAIN: IKER CASILLAS Fernández, SERGIO RAMOS García, GERARD PIQUÉ Bernabéu, Carlos MARCHENA López, Joan CAPDEVILA Méndez, Xavier "XAVI" Hernández Creus (82 SERGIO BUSQUETS Burgos), Xabier "XABI" ALONSO Olano, Santiago "SANTI" CAZORLA González (67 DAVID Josué Jiménez SILVA), JUAN Manuel MATA García, DAVID VILLA Sánchez (74 Daniel "DANI" González GÜIZA), FERNANDO José TORRES Sanz. Manager: Vicente DEL BOSQUE González

IRAQ: Mohammed Gassid Kadhim Al-Jaberi, Mohammed Ali Karim, Bassim Abbas Gatea Al-Ogaili, Faeed Majeed Ghadban, Salam Shakir Ali Dad, Ali Hussein Rehema Al-Mutairi, Muayad Khalid, Nashat Akram Abid Ali Al-Eissa, Hawar Mulla Mohammed Taher Zebari (69 Karrar Jassim Al-Mahmoudi), Samer Saeed Mujbel Al Mamoori (60 Mahdi Karim Ajeel), Alaa Abdul Zahra Khashen Al-Azzawi (80 Younis Mahmoud Khalaf).   Manager: Bora Milutinovic

Goal: DAVID VILLA Sánchez (54)

561. 20.06.2009   FIFA Confederation Cup 2009 – Group A
SPAIN v SOUTH AFRICA 2-0 (0-0)
Free State Stadium, Bloemfontein (South Africa)
Referee: Pablo Antonio Pozo Quinteros (Chile)
Attendance: 38,212

SPAIN: José Manuel "PEPE" REINA Páez, RAÚL ALBIOL Tortajada, GERARD PIQUÉ Bernabéu, Carles PUYOL Saforcada, Álvaro ARBELOA Coca, Xavier "XAVI" Hernández Creus, Francesc "CESC" FÀBREGAS Soler, SERGIO BUSQUETS Burgos, Albert RIERA Ortega (81 Santiago "SANTI" CAZORLA González), DAVID VILLA Sánchez (60 PABLO HERNÁNDEZ Domínguez), FERNANDO José TORRES Sanz (60 FERNANDO Javier LLORENTE Torres). Manager: Vicente DEL BOSQUE González

IVORY COAST: Itumeleng Khune, Siboniso Gaxa, Peter Tsepo Masilela, Aaron Mokoena, Matthew Booth, Benson Mhlongo, Macbeth Sibaya (83 Katlego Mashego), Steven Pienaar, Teko Modise, Kagisho Dikgacoi, Bernard Parker (89 Siphiwe Tshabalala).   Manager: Joel Natalino Santana

Goals: DAVID VILLA Sánchez (52), FERNANDO Javier LLORENTE Torres (72)

DAVID VILLA Sánchez missed a penalty kick (51)

562. 24.06.2009   FIFA Confederation Cup 2009 – Semi-final
SPAIN v UNITED STATES 0-2 (0-1)
Free State Stadium, Bloemfontein (South Africa)
Referee: Jorge Luis Larrionda Pietrafesa (Uruguay)
Attendance: 35,369

SPAIN: IKER CASILLAS Fernández, SERGIO RAMOS García, GERARD PIQUÉ Bernabéu, Carles PUYOL Saforcada, Joan CAPDEVILA Méndez, Xavier "XAVI" Hernández Creus, Francesc "CESC" FÀBREGAS Soler (68 Santiago "SANTI" CAZORLA González), Xabier "XABI" ALONSO Olano, Albert RIERA Ortega (78 JUAN Manuel MATA García), DAVID VILLA Sánchez, FERNANDO José TORRES Sanz. Manager: Vicente DEL BOSQUE González

UNITED STATES: Tim Howard, Jonathan Spector, Oguchi Onyewu, Jay DeMerit, Carlos Bocanegra, Landon Donovan, Ricardo Clark, Michael Bradley, Clint Dempsey (88 Jonathan Bornstein), Charlie Davies (69 Benny Feilhaber), Jozy Altidore (84 Conor Casey).   Manager: Robert (Bob) Bradley

Goals: Jozy Altidore (27), Clint Dempsey (74)

Sent off: Michael Bradley (87)

563. 28.06.2009   FIFA Confederation Cup 2009 – Third Place Play-off

SPAIN v SOUTH AFRICA 3-2 (0-0, 2-2) (AET)

Royal Bafokeng Stadium, Phokeng (South Africa)

Referee: Matthew Christopher Breeze (Australia)
Attendance: 31,788

SPAIN: IKER CASILLAS Fernández, RAÚL ALBIOL Tortajada, GERARD PIQUÉ Bernabéu, Joan CAPDEVILA Méndez, Álvaro ARBELOA Coca, SERGIO BUSQUETS Burgos (81 FERNANDO Javier LLORENTE Torres), Xabier "XABI" ALONSO Olano, Albert RIERA Ortega, Santiago "SANTI" CAZORLA González, DAVID VILLA Sánchez (57 DAVID Josué Jiménez SILVA), FERNANDO José TORRES Sanz (57 Daniel "DANI" González GÜIZA).
Manager: Vicente DEL BOSQUE González

IVORY COAST: Itumeleng Khune, Siboniso Gaxa, Peter Tsepo Masilela, Aaron Mokoena, Matthew Booth, Macbeth Sibaya, Siphiwe Tshabalala (84 Benson Mhlongo), Steven Pienaar (64 Katlego Mphela), Teko Modise (69 Elrio van Heerden), Kagisho Dikgacoi, Bernard Parker.
Manager: Joel Natalino Santana

Goals: Daniel "DANI" González GÜIZA (87, 89), Xabier "XABI" ALONSO (107) / Katlego Mphela (73, 90+3)

564. 12.08.2009

MACEDONIA v SPAIN 2-3 (2-0)

National Arena Philip II of Macedon, Skopje

Referee: Pieter Vink (Netherlands)   Attendance: 25,000

MONTENEGRO: Jane Nikoloski (67 Tome Pacovski), Nikolce Noveski (57 Daniel Mojsov), Goran Popov, Goce Sedloski (46 Vlade Lazarevski), Igor Mitreski, Velice Sumuliloski, Goran Pandev (81 Agim Ibraimi), Ilco Naumovski (56 Filip Ivanovski), Filip Despotovski (67 Darko Tasevski), Slavco Georgievski (60 Vlatko Grozdanoski), Aco Stojkov.
Manager: Mirsad Jonuz

SPAIN: José Manuel "PEPE" REINA Páez (65 DIEGO LÓPEZ Rodríguez), Álvaro ARBELOA Coca, GERARD PIQUÉ Bernabéu, Carles PUYOL Saforcada, Joan CAPDEVILA Méndez (71 Ignacio "NACHO" MONREAL Eraso), Xavier "XAVI" Hernández Creus (71 Carlos MARCHENA López), Xabier "XABI" ALONSO Olano (46 SERGIO BUSQUETS Burgos), Santiago "SANTI" CAZORLA González (46 Francesc "CESC" FÀBREGAS Soler), DAVID Josué Jiménez SILVA, DAVID VILLA Sánchez (46 Albert RIERA Ortega), FERNANDO José TORRES Sanz (64 Daniel "DANI" González GÜIZA).   Manager: Vicente DEL BOSQUE González

Goals: Goran Pandev (8, 33) / FERNANDO José TORRES Sanz (50), GERARD PIQUÉ (54), Albert RIERA Ortega (55)

565. 05.09.2009   FIFA World Cup Qualification – Group 5

SPAIN v BELGIUM 5-0 (1-0)

Estadio Municipal de Riazor, La Coruña

Referee: Bertrand Layec (France)   Attendance: 30,441

SPAIN: IKER CASILLAS Fernández, GERARD PIQUÉ Bernabéu, Carles PUYOL Saforcada, Joan CAPDEVILA Méndez, Álvaro ARBELOA Coca (83 RAÚL ALBIOL Tortajada), SERGIO BUSQUETS Burgos, Xabier "XABI" ALONSO Olano, Xavier "XAVI" Hernández Creus (70 Francesc "CESC" FÀBREGAS Soler), DAVID Josué Jiménez SILVA, DAVID VILLA Sánchez, FERNANDO José TORRES Sanz (67 Albert RIERA Ortega).
Manager: Vicente DEL BOSQUE González

BELGIUM: Jean-François Gillet, Anthony Vanden Borre, Timmy Simons, Thomas Vermaelen, Daniel Van Buyten, Steven Defour, Wesley Sonck (70 Igor de Camargo), Jan Vertonghen (29 Olivier Deschacht), Eden Hazard (58 Kevin Mirallas), Marouane Fellaini, Moussa Dembélé.
Manager: Frank Vercauteren

Goals: DAVID Josué Jiménez SILVA (41,42), DAVID VILLA Sánchez (49, 85), GERARD PIQUÉ Bernabéu (50)

DAVID VILLA Sánchez missed a penalty kick (23)

566. 09.09.2009   FIFA World Cup Qualification – Group 5

SPAIN v ESTONIA 3-0 (1-0)

Estadio Romano, Mérida

Referee: Oleh Oriekhov (Ukraine)   Attendance: 14,362

SPAIN: IKER CASILLAS Fernández, RAÚL ALBIOL Tortajada, GERARD PIQUÉ Bernabéu, Carlos MARCHENA López, Joan CAPDEVILA Méndez, Xavier "XAVI" Hernández Creus, Francesc "CESC" FÀBREGAS Soler, MARCOS Antonio SENNA Da Silva, DAVID Josué Jiménez SILVA (78 JUAN Manuel MATA García), DAVID VILLA Sánchez (65 Santiago "SANTI" CAZORLA González), FERNANDO José TORRES Sanz (56 Daniel "DANI" González GÜIZA).
Manager: Vicente DEL BOSQUE González

ESTONIA: Sergei Pareiko, Tihhon Sisov (64 Enar Jääger), Taavi Rähn, Raio Piiroja, Ragnar Klavan, Dmitri Kruglov, Martin Vunk, Konstantin Vassiljev, Sergei Zenjov (46 Vladimir Voskoboinikov), Tarmo Kink (71 Joel Lindpere), Andres Oper.
Manager: Tarmo Rüütli

Goals: Francesc "CESC" FÀBREGAS Soler (33), Santiago "SANTI" CAZORLA (81), JUAN MATA García (90+2)

567.   10.10.2009   FIFA World Cup Qualification – Group 5
ARMENIA v SPAIN   1-2 (0-1)
Republican Vazgen Sargsyan Stadium, Yerevan
Referee: Jirí Jech (Czech Republic)   Attendance: 10,500

ARMENIA: Roman Berezovsky, Sargis Hovsepyan, Hrayr Mkoyan, Robert Arzumanyan, Aghvan Mkrtchyan, Arthur Yedigaryan (73 Ararat Arakelyan), Karlen Mkrtchyan, Artavazd Karamyan, Arman Karamyan, Hovhannes Goharyan (61 Samvel Melkonyan), Marcos Pizzelli (67 Artak Dashyan).
Manager: Vardan Minasyan

SPAIN: José Manuel "PEPE" REINA Páez, SERGIO RAMOS García, Ignacio "NACHO" MONREAL Eraso, Carlos MARCHENA López (46 GERARD PIQUÉ Bernabéu), Carles PUYOL Saforcada, Xavier "XAVI" Hernández Creus, Francesc "CESC" FÀBREGAS Soler, Santiago "SANTI" CAZORLA González, JUAN Manuel MATA García (67 ANDRÉS INIESTA Luján), MARCOS Antonio SENNA Da Silva, FERNANDO José TORRES Sanz (54 Álvaro NEGREDO Sánchez).
Manager: Vicente DEL BOSQUE González

Goals: Robert Arzumanyan (58) / Francesc "CESC" FÀBREGAS Soler (32), JUAN Manuel MATA García (64 pen)

568.   14.10.2009   FIFA World Cup Qualification – Group 5
BOSNIA & HERZEGOVINA v SPAIN   2-5 (0-2)
Stadion Bilino Polje, Zenica
Referee: Konrad Plautz (Austria)   Attendance: 13,500

BOSNIA & HERZEGOVINA: Nemanja Supic, Emir Spahic, Samir Muratovic (67 Admir Vladavic), Elvir Rahimic (46 Zlatan Bajramovic), Sanel Jahic, Zvjezdan Misimovic, Edin Dzeko, Safet Nadarevic, Vedad Ibisevic, Sejad Salihovic (73 Mirko Hrgovic), Miralem Pjanic.
Manager: Miroslav Blazevic

SPAIN: IKER CASILLAS Fernández, GERARD PIQUÉ Bernabéu (77 SERGIO RAMOS García), RAÚL ALBIOL Tortajada, Joan CAPDEVILA Méndez, Andoni IRAOLA Sagarna, SERGIO BUSQUETS Burgos, ANDRÉS INIESTA Luján (67 MARCOS Antonio SENNA Da Silva), DAVID Josué Jiménez SILVA (81 JUAN Manuel MATA García), Xabier "XABI" ALONSO Olano, Albert RIERA Ortega, Álvaro NEGREDO Sánchez.
Manager: Vicente DEL BOSQUE González

Goals: Edin Dzeko (90), Zvjezdan Misimovic (90+2) / GERARD PIQUÉ (12), DAVID Josué Jiménez SILVA (13), Álvaro NEGREDO (49, 55), JUAN Manuel MATA García (88)

569.   14.11.2009
SPAIN v ARGENTINA   2-1 (1-1)
Estadio Vicente Calderón, Madrid
Referee: Alan Kelly (Republic of Ireland)
Attendance: 54,000

SPAIN: IKER CASILLAS Fernández (88 José Manuel "PEPE" REINA Páez), Carles PUYOL Saforcada (46 RAÚL ALBIOL Tortajada), SERGIO RAMOS García, GERARD PIQUÉ Bernabéu, Joan CAPDEVILA Méndez, ANDRÉS INIESTA Luján (82 JESÚS NAVAS González), Xabier "XABI" ALONSO Olano, Xavier "XAVI" Hernández Creus (61 Francesc "CESC" FÀBREGAS Soler), DAVID Josué Jiménez SILVA (67 Álvaro NEGREDO Sánchez), SERGIO BUSQUETS Burgos, DAVID VILLA Sánchez (82 JUAN Manuel MATA García).
Manager: Vicente DEL BOSQUE González

ARGENTINA: Sergio Germán Romero, Gabriel Iván Heinze, Martín Gastón Demichelis, Fabricio Coloccini, Cristian Daniel Ansaldi, Maximiliano Rubén "Maxi" Rodríguez (82 Diego Perotti), Javier Alejandro Mascherano, Fernando Rubén Gago (76 Esteban Matías CAMBIASSO Deleau), Ángel Fabián Di María, Gonzalo Gerardo Higuaín (59 Carlos Alberto Tévez), Lionel Andrés MESSI Cuccittini (82 Ezequiel Iván Lavezzi).
Manager: Diego Armando MARADONA Franco

Goals: Xabier "XABI" ALONSO Olano (15, 85 pen) / Lionel Andrés MESSI Cuccittini (62 pen)

570.   18.11.2009
AUSTRIA v SPAIN   1-5 (1-3)
Ernst Happel Stadion, Vienna
Referee: Florian Meyer (Germany)   Attendance: 32,000

AUSTRIA: Christian Gratzei, György Garics, Aleksandar Dragovic, Paul Scharner, Christian Fuchs, Andreas Hölzl (46 Jürgen Patocka), Christoph Leitgeb (37 Julian Baumgartlinger), Yasin Pehlivan, Jakob Jantscher (60 Veli Kavlak), Marc Janko (62 Erwin Hoffer), Roman Wallner (68 David Alaba).   Manager: Dietmar Constantini

SPAIN: IKER CASILLAS Fernández (46 José Manuel "PEPE" REINA Páez), Carlos MARCHENA López, SERGIO RAMOS García, RAÚL ALBIOL Tortajada, Álvaro ARBELOA Coca, Francesc "CESC" FÀBREGAS Soler, ANDRÉS INIESTA Luján (46 JESÚS NAVAS González), Xavier "XAVI" Hernández Creus (46 PABLO HERNÁNDEZ Domínguez), DAVID Josué Jiménez SILVA (46 Álvaro NEGREDO Sánchez), SERGIO BUSQUETS Burgos (60 Andoni IRAOLA Sagarna), DAVID VILLA Sánchez (46 Daniel "DANI" González GÜIZA).
Manager: Vicente DEL BOSQUE González

Goals: Jakob Jantscher (8) / Francesc "CESC" FÀBREGAS Soler (10), DAVID VILLA Sánchez (20, 45), Daniel "DANI" González GÜIZA (56), PABLO HERNÁNDEZ Domínguez (57)

Sent off: Yasin Pehlivan (27)

571. 03.03.2010

FRANCE v SPAIN 0-2 (0-2)

Stade de France, Saint-Denis

Referee: Craig Alexander Thomson (Scotland)
Attendance: 79,021

FRANCE: Hugo Lloris, Bacary Sagna, Michaël Ciani, Julien Escudé, Patrice Évra, Lassana Diarra, Jérémy Toulalan, Yoann Gourcuff, Franck Ribéry (74 Florent Malouda), Thierry Henry (64 Sidney Govou), Nicolas Anelka (77 Djibril Cissé). Manager: Raymond Domenech

SPAIN: IKER CASILLAS Fernández, Carles PUYOL Saforcada (46 RAÚL ALBIOL Tortajada), SERGIO RAMOS García, Álvaro ARBELOA Coca, GERARD PIQUÉ Bernabéu, Francesc "CESC" FÀBREGAS Soler (46 Xavier "XAVI" Hernández Creus), ANDRÉS INIESTA Luján (63 JESÚS NAVAS González), Xabier "XABI" ALONSO Olano (63 MARCOS Antônio SENNA da Silva), DAVID Josué Jiménez SILVA (80 Daniel "DANI" González GÜIZA), SERGIO BUSQUETS Burgos, DAVID VILLA Sánchez (46 FERNANDO José TORRES Sanz). Manager: Vicente DEL BOSQUE González

Goals: DAVID VILLA Sánchez (21), SERGIO RAMOS (45+1)

572. 29.05.2010

SPAIN v SAUDI ARABIA 3-2 (1-1)

Tivoli Neu, Innsbruck (Austria)

Referee: Thomas Einwaller (Austria)   Attendance: 7,200

SPAIN: IKER CASILLAS Fernández, Carles PUYOL Saforcada (60 Carlos MARCHENA López), SERGIO RAMOS García (60 Joan CAPDEVILA Méndez), Álvaro ARBELOA Coca, GERARD PIQUÉ Bernabéu, ANDRÉS INIESTA Luján (60 JESÚS NAVAS González), Xabier "XABI" ALONSO Olano, Xavier "XAVI" Hernández Creus (75 Javier "JAVI" MARTÍNEZ Aginaga), DAVID Josué Jiménez SILVA (60 PEDRO Eliezer Rodríguez Ledesma), SERGIO BUSQUETS Burgos, DAVID VILLA Sánchez (70 FERNANDO Javier LLORENTE Torres). Manager: Vicente DEL BOSQUE González

SAUDI ARABIA: Waleed Abdullah Ali, Abdullah Jaman Al-Shuhail, Osama Abdulrazag Hawsawi, Kamil Saddiq Al Mousa, Mishal Ahmed Al Saeed (88 Hasan Khairat), Ahmed Ibrahim Otaif (83 Abdullatif Al Ghannam), Sultan Abdulaziz Al-Nemri (81 Alaa Ahmed Al-Rishani), Abdoh Ibrahim Otaif (69 Talal Assiri), Saud Ali Khariri, Ahmed Mohammed Al Fraidi (59 Yahya Sulaiman Ali Al Shehri), Naif Ahmed Taib Hazazi (64 Mohammed Ibrahim Mohammad Al Sahlawi). Manager: José Vítor dos Santos Peseiro

Goals: DAVID VILLA Sánchez (31), Xabier "XABI" ALONSO Olano (59), FERNANDO Javier LLORENTE Torres (90+2) / Osama Abdulrazag Hawsawi (17), Mohammed Ibrahim Mohammad Al Sahlawi (73)

573. 03.06.2010

SOUTH KOREA v SPAIN 0-1 (0-0)

Tivoli Neu, Innsbruck (Austria)

Referee: Robert Schörgenhofer (Austria)   Attendance:17,400

SOUTH KOREA: Lee Woon-Jae (46 Jung Sung-Ryong), Oh Beom-Seok (80 Cha Du-Ri), Cho Yong-Hyung, Lee Jung-Soo, Lee Young-Pyo, Kim Jung-Woo, Ki Sung-Yueng, Lee Chung-Yong, Kim Jae-Sung (46 Kim Nam-Il), Yeom Ki-Hun (65 Ahn Jung-Hwan), Park Chu-Young.   Manager: Huh Jung-Moo

SPAIN: José Manuel "PEPE" REINA Páez (46 VÍCTOR VALDÉS Arribas), Carlos MARCHENA López, SERGIO RAMOS García, RAÚL ALBIOL Tortajada, Joan CAPDEVILA Méndez, Francesc "CESC" FÀBREGAS Soler (58 Xavier "XAVI" Hernández Creus), ANDRÉS INIESTA Luján (57 Xabier "XABI" ALONSO Olano), Javier "JAVI" MARTÍNEZ Aginaga (79 DAVID Josué Jiménez SILVA), JESÚS NAVAS González, JUAN Manuel MATA García (58 PEDRO Eliezer Rodríguez Ledesma), FERNANDO Javier LLORENTE Torres (58 DAVID VILLA Sánchez). Manager: Vicente DEL BOSQUE González

Goal: JESÚS NAVAS González (85)

574. 08.06.2010

SPAIN v POLAND 6-0 (2-0)

Estadio Nueva Condomina, Murcia

Referee: Mihalis Koukoulakis (Greece)   Attendance: 31,000

SPAIN: IKER CASILLAS Fernández, Carles PUYOL Saforcada (71 Carlos MARCHENA López), Álvaro ARBELOA Coca (54 SERGIO RAMOS García), GERARD PIQUÉ Bernabéu, Joan CAPDEVILA Méndez, ANDRÉS INIESTA Luján (39 PEDRO Eliezer Rodríguez Ledesma), Xabier "XABI" ALONSO Olano, Xavier "XAVI" Hernández Creus (54 Francesc "CESC" FÀBREGAS Soler), DAVID Josué Jiménez SILVA (54 JESÚS NAVAS González), SERGIO BUSQUETS Burgos, DAVID VILLA Sánchez (65 FERNANDO José TORRES Sanz). Manager: Vicente DEL BOSQUE González

POLAND: Tomasz Kuszczak, Grzegorz Wojtkowiak, Michal Zewlakow, Kamil Glik (46 Maciej Sadlok), Dariusz Dudka, Slawomir Peszko (78 Tomasz Jodlowiec), Rafal Murawski, Adrian Mierzejewski (46 Adam Matuszczyk), Jakub Blaszczykowski (82 Mateusz Cetnarski), Dawid Nowak (46 Maciej Rybus), Robert Lewandowski (67 Artur Sobiech). Manager: Franciszek Smuda

Goals: Dariusz Dudka (12 og), DAVID SILVA (14), Xabier "XABI" ALONSO Olano (50), Francesc "CESC" FÀBREGAS Soler (58), FERNANDO José TORRES Sanz (75), PEDRO Eliezer Rodríguez Ledesma (80)

575. 16.06.2010   FIFA World Cup Final Tournament – Group H
SPAIN v SWITZERLAND 0-1 (0-0)
Moses Mabhida Stadium, Durban (South Africa)
Referee: Howard Melton Webb (England)
Attendance: 62,453

SPAIN: IKER CASILLAS Fernández, Carles PUYOL Saforcada, SERGIO RAMOS García, GERARD PIQUÉ Bernabéu, Joan CAPDEVILA Méndez, ANDRÉS INIESTA Luján (77 PEDRO Eliezer Rodríguez Ledesma), Xabier "XABI" ALONSO Olano, Xavier "XAVI" Hernández Creus, DAVID Josué Jiménez SILVA (62 JESÚS NAVAS González), SERGIO BUSQUETS Burgos (61 FERNANDO José TORRES Sanz), DAVID VILLA Sánchez.
Manager: Vicente DEL BOSQUE González

SWITZERLAND: Diego Benaglio, Stephan Lichtsteiner, Philippe Senderos (37 Steve von Bergen), Stéphane Grichting, Reto Ziegler, Tranquillo Barnetta (90 Mario Eggimann), Gökhan Inler, Benjamin Huggel, Gélson Fernandes, Eren Derdiyok (80 Hakan Yakin), Blaise N'Kufo.
Manager: Ottmar Hitzfeld

Goal: Gélson Fernandes (52)

576. 21.06.2010   FIFA World Cup Final Tournament – Group H
SPAIN v HONDURAS 2-0 (1-0)
Ellis Park Stadium, Johannesburg (South Africa)
Referee: Yuichi Nishimura (Japan)   Attendance: 54,386

SPAIN: IKER CASILLAS Fernández, Carles PUYOL Saforcada, SERGIO RAMOS García (75 Álvaro ARBELOA Coca), GERARD PIQUÉ Bernabéu, Joan CAPDEVILA Méndez, Xabier "XABI" ALONSO Olano, Xavier "XAVI" Hernández Creus (65 Francesc "CESC" FÀBREGAS Soler), JESÚS NAVAS González, SERGIO BUSQUETS Burgos, FERNANDO José TORRES Sanz (69 JUAN Manuel MATA García), DAVID VILLA Sánchez.
Manager: Vicente DEL BOSQUE González

HONDURAS: Noel Eduardo VALLADARES Bonilla, Sergio Giovanny MENDOZA Escobar, Osman Danilo CHÁVEZ Guity, Maynor Alexis FIGUEROA Róchez, Emilio Arturo IZAGUIRRE Giron, Wilson Roberto PALACIOS Suazo, Walter Julián MARTÍNEZ Ramos, Danilo Elvis TURCIOS Fúnez (63 Ramón Fernando NÚÑEZ Reyes), Amado GUEVARA, Roger Aníbal ESPINOZA Ramírez (46 Georgie Wilson WELCOME Collins), Óscar David SUAZO Velázquez (84 Jerry Nelson PALACIOS Suazo).   Manager: Reinaldo RUEDA Rivera

Goals: DAVID VILLA Sánchez (17, 51)

DAVID VILLA Sánchez missed a penalty kick (62)

577. 25.06.2010   FIFA World Cup Final Tournament – Group H
CHILE v SPAIN 1-2 (0-2)
Loftus Versfeld Stadium, Pretoria (South Africa)
Referee: Marco Antonio Rodríguez Moreno (Mexico)
Attendance: 41,958

CHILE: Claudio Andrés BRAVO Muñoz, Mauricio Aníbal ISLA Isla, Gary Alexis MEDEL Soto, Waldo Alonso PONCE Carrizo, Gonzalo Alejandro JARA Reyes, Arturo Erasmo VIDAL Pardo, Marco Andrés ESTRADA Quinteros, Mark Dennis GONZÁLEZ Hoffmann (46 Rodrigo Javier MILLAR Carvajal), Jorge Luis VALDIVIA Toro (46 Esteban Efraín PAREDES Quintanilla), Alexis Alejandro SÁNCHEZ Sánchez (65 Fabián Ariel ORELLANA Valenzuela), Jean André Emanuel BEAUSEJOUR Coliqueo. Manager: Marcelo BIELSA

SPAIN: IKER CASILLAS Fernández, Carles PUYOL Saforcada, SERGIO RAMOS García, GERARD PIQUÉ Bernabéu, Joan CAPDEVILA Méndez, ANDRÉS INIESTA Luján, Xabier "XABI" ALONSO Olano (73 Javier "JAVI" MARTÍNEZ Aginaga), Xavier "XAVI" Hernández Creus, SERGIO BUSQUETS Burgos, FERNANDO José TORRES Sanz (54 Francesc "CESC" FÀBREGAS Soler), DAVID VILLA Sánchez.   Manager: Vicente DEL BOSQUE González

Goals: Rodrigo Javier MILLAR Carvajal (47) / DAVID VILLA Sánchez (23), ANDRÉS INIESTA Luján (36)

Sent off: Marco Andrés ESTRADA Quinteros (37)

578. 29.06.2010   FIFA World Cup Final Tournament – Round of 16
SPAIN v PORTUGAL 1-0 (0-0)
Cape Town Stadium, Cape Town (South Africa)
Referee: Héctor Walter Baldassi (Argentina)
Attendance: 62,955

SPAIN: IKER CASILLAS Fernández, Carles PUYOL Saforcada, SERGIO RAMOS García, GERARD PIQUÉ Bernabéu, Joan CAPDEVILA Méndez, ANDRÉS INIESTA Luján, Xabier "XABI" ALONSO Olano (90+2 Carlos MARCHENA López), Xavier "XAVI" Hernández Creus, SERGIO BUSQUETS Burgos, FERNANDO José TORRES Sanz (57 FERNANDO Javier LLORENTE Torres), DAVID VILLA Sánchez (87 PEDRO Eliezer Rodríguez Ledesma).
Manager: Vicente DEL BOSQUE González

PORTUGAL: EDUARDO dos Reis Carvalho, RICARDO Miguel Moreira da COSTA, BRUNO Eduardo Regufe ALVES, RICARDO Alberto Silveira de CARVALHO, FÁBIO Alexandre da Silva COENTRÃO, TIAGO Cardoso Mendes, Képler Laveran Loma Ferreira "PEPE" (72 PEDRO Miguel da Silva MENDES), RAÚL José Trindade MEIRELES, CRISTIANO RONALDO dos Santos Aveiro, HUGO Miguel Pereira de ALMEIDA (58 Daniel Miguel "DANNY" Alves Gomes), SIMÃO Pedro Fonseca Sabrosa (72 LIÉDSON da Silva Muniz).
Manager: CARLOS Manuel Brito Leal QUEIROZ

Goal: DAVID VILLA Sánchez (63)

Sent off: RICARDO Miguel Moreira da COSTA (89)

579. 03.07.2010 FIFA World Cup Final Tournament – Quarter-final

PARAGUAY v SPAIN 0-1 (0-0)

Ellis Park Stadium, Johannesburg (South Africa)

Referee: Carlos Alberto Batres González (Guatemala)
Attendance: 55,359

PARAGUAY: Justo Wilmar VILLAR Viveros, Darío Anastacio VERÓN Maldonado, Paulo César DA SILVA Barrios, Antolín ALCARÁZ Viveros, Claudio Marcelo MOREL Rodríguez, Édgar Osvaldo BARRETO Cáceres (64 Enrique Daniel VERA Torres), Víctor Javier CÁCERES Centurión (84 Lucas Ramón BARRIOS Cáceres), Cristian Miguel RIVEROS Núñez, Jonathan SANTANA Gehre, Óscar René CARDOZO Marín, Nelson Antonio Haedo VÁLDEZ (73 Roque Luis SANTA CRUZ Cantero).
Manager: Gerardo Daniel MARTINO Capiglioni

SPAIN: IKER CASILLAS Fernández, Carles PUYOL Saforcada (84 Carlos MARCHENA López), SERGIO RAMOS García, GERARD PIQUÉ Bernabéu, Joan CAPDEVILA Méndez, ANDRÉS INIESTA Luján, Xabier "XABI" ALONSO Olano (74 PEDRO Eliezer Rodríguez Ledesma), Xavier "XAVI" Hernández Creus, SERGIO BUSQUETS Burgos, FERNANDO José TORRES Sanz (55 Francesc "CESC" FÀBREGAS Soler), DAVID VILLA Sánchez.
Manager: Vicente DEL BOSQUE González

Goal: DAVID VILLA Sánchez (82)

Óscar René CARDOZO Marín missed a penalty kick (58)
Xabier "XABI" ALONSO Olano missed a penalty kick (61)

580. 07.07.2010 FIFA World Cup Final Tournament – Semi-final

GERMANY v SPAIN 0-1 (0-0)

Moses Mabhida Stadium, Durban (South Africa)

Referee: Viktor Kassai (Hungary)   Attendance: 60,960

GERMANY: Manuel Neuer, Philipp Lahm, Per Mertesacker, Arne Friedrich, Jérôme Boateng (52 Marcell Jansen), Bastian Schweinsteiger, Sami Khedira (81 Mario Gómez), Piotr Trochowski (62 Toni Kroos), Mesut Özil, Lukas Podolski, Miroslav Klose.   Manager: Joachim Löw

SPAIN: IKER CASILLAS Fernández, Carles PUYOL Saforcada, SERGIO RAMOS García, GERARD PIQUÉ Bernabéu, Joan CAPDEVILA Méndez, ANDRÉS INIESTA Luján, Xabier "XABI" ALONSO Olano (90+3 Carlos MARCHENA López), Xavier "XAVI" Hernández Creus, SERGIO BUSQUETS Burgos, PEDRO Eliezer Rodríguez Ledesma (84 DAVID Josué Jiménez SILVA), DAVID VILLA Sánchez (79 FERNANDO José TORRES Sanz).
Manager: Vicente DEL BOSQUE González

Goal: Carles PUYOL Saforcada (73)

581. 11.07.2010 FIFA World Cup Final Tournament – Final

NETHERLANDS v SPAIN 0-1 (0-0, 0-0) (AET)

First National Bank Stadium, Johannesburg (South Africa)

Referee: Howard Melton Webb (England)   Att: 84,490

NETHERLANDS: Maarten Stekelenburg, Gregory van der Wiel, John Heitinga, Joris Mathijsen, Giovanni van Bronckhorst (105 Edson Braafheid), Nigel de Jong (99 Rafael van de Vaart), Mark van Bommel, Wesley Sneijder, Dirk Kuijt (71 Eljero Elia), Arjen Robben, Robin van Persie.
Manager: Bert van Marwijk

SPAIN: IKER CASILLAS Fernández, Carles PUYOL Saforcada, SERGIO RAMOS García, GERARD PIQUÉ Bernabéu, Joan CAPDEVILA Méndez, ANDRÉS INIESTA Luján, Xabier "XABI" ALONSO Olano (86 Francesc "CESC" FÀBREGAS Soler), Xavier "XAVI" Hernández Creus, SERGIO BUSQUETS Burgos, PEDRO Eliezer Rodríguez Ledesma (60 JESÚS NAVAS González), DAVID VILLA Sánchez (106 FERNANDO José TORRES Sanz).
Manager: Vicente DEL BOSQUE González

Goal: ANDRÉS INIESTA Luján (116)

Sent off: John Heitinga (109)

582. 11.08.2010

MEXICO v SPAIN 1-1 (1-0)

Estadio Azteca, Mexico City

Referee: Roberto Moreno Salazar (Panama)
Attendance: 103,000

MEXICO: Francisco Guillermo OCHOA Magaña (56 José de Jesús CORONA Rodríguez), Carlos Arnoldo SALCIDO Flores, Francisco Javier Rodríguez Pinedo "MAZA", Héctor Alfredo MORENO Herrera (66 Leobardo LÓPEZ García), Rafael MÁRQUEZ Álvarez (58 Paul Nicolás AGUILAR Rojas), Gerardo TORRADO Díez de Bonilla, Efraín JUÁREZ Valdez, José Andrés GUARDADO Hernández (70 Fausto Manuel PINTO Rosas), Carlos Alberto VELA Garrido (57 Enrique Alejandro ESQUEDA Tirado), Javier HERNÁNDEZ Balcazar (46 Pablo Edson BARRERA Acosta), Giovani Alex DOS SANTOS Ramírez (66 Elías Hernán HERNÁNDEZ Jacuinde).
Manager: Enrique Everardo MEZA Enríquez

SPAIN: IKER CASILLAS Fernández (46 VÍCTOR VALDÉS Arribas), Carlos MARCHENA López (65 GERARD PIQUÉ Bernabéu), Carles PUYOL Saforcada (46 SERGIO RAMOS García), Ignacio "NACHO" MONREAL Eraso, Álvaro ARBELOA Coca, Francesc "CESC" FÀBREGAS Soler (46 Xabier "XABI" ALONSO Olano), Santiago "SANTI" CAZORLA González, JUAN Manuel MATA García (46 DAVID Josué Jiménez SILVA), BRUNO Soriano Llido (71 PEDRO Eliezer Rodríguez Ledesma), SERGIO BUSQUETS Burgos (61 Xavier "XAVI" Hernández Creus), FERNANDO Javier LLORENTE Torres (46 JESÚS NAVAS González).
Manager: Vicente DEL BOSQUE González

Goals: Javier Hernández (12) / DAVID SILVA (90+1)

583.   03.09.2010   UEFA Euro 2012 Qualifying – Group I
LIECHTENSTEIN v SPAIN 0-4 (0-2)
Rheinpark Stadion, Vaduz
Referee: Bülent Yildirim (Turkey)   Attendance: 6,127
LIECHTENSTEIN: Peter Jehle, Lucas Eberle (44 Martin Rechsteiner), Michael Stocklasa, Yves Oehri (46 Franz-Josef Vogt), Martin Stocklasa, Mario Frick, Franz Burgmeier, David Hasler, Philippe Erne, Sandro Wieser (82 Ronny Büchel), Michele Polverino.   Manager: Hans-Peter Zaugg
SPAIN: IKER CASILLAS Fernández, Carlos MARCHENA López, SERGIO RAMOS García, GERARD PIQUÉ Bernabéu, Joan CAPDEVILA Méndez, ANDRÉS INIESTA Luján (64 PEDRO Eliezer Rodríguez Ledesma), Xabier "XABI" ALONSO Olano, Xavier "XAVI" Hernández Creus (46 Francesc "CESC" FÀBREGAS Soler), SERGIO BUSQUETS Burgos, FERNANDO José TORRES Sanz (57 DAVID Josué Jiménez SILVA), DAVID VILLA Sánchez.   Manager: Vicente DEL BOSQUE González
Goals: FERNANDO José TORRES Sanz (17, 54), DAVID VILLA (26), DAVID Josué Jiménez SILVA (61)

584.   07.09.2010
ARGENTINA v SPAIN 4-1 (3-0)
Estadio Monumental Antonio Vespucio Liberti, Buenos Aires
Referee: Óscar Julián Ruiz Acosta (Colombia)
Attendance: 53,000
ARGENTINA: Sergio Germán Romero, Javier Adelmar Zanetti, Gabriel Alejandro Milito, Gabriel Iván Heinze, Martín Gastón Demichelis, Esteban Matías CAMBIASSO Deleau, Javier Alejandro Mascherano, Éver Maximiliano David Banega, Carlos Alberto Tévez (60 Ángel Fabián Di María), Lionel Andrés MESSI Cuccittini (90 Andrés Nicolás D'Alessandro), Gonzalo Gerardo Higuaín (68 Sergio Leonel "Kun" Agüero del Castillo).   Manager: Sergio Daniel Batista
SPAIN: José Manuel "PEPE" REINA Páez (46 VÍCTOR VALDÉS Arribas), Carlos MARCHENA López, Ignacio "NACHO" MONREAL Eraso, Álvaro ARBELOA Coca, GERARD PIQUÉ Bernabéu, Francesc "CESC" FÀBREGAS Soler (56 Xavier "XAVI" Hernández Creus), ANDRÉS INIESTA Luján (46 FERNANDO Javier LLORENTE Torres), Xabier "XABI" ALONSO Olano (71 PEDRO Eliezer Rodríguez Ledesma), DAVID Josué Jiménez SILVA (46 JESÚS NAVAS González), SERGIO BUSQUETS Burgos, DAVID VILLA Sánchez (46 Santiago "SANTI" CAZORLA González).   Manager: Vicente DEL BOSQUE González
Goals: Lionel Andrés MESSI Cuccittini (10), Gonzalo Gerardo Higuaín (14), Carlos Alberto Tévez (34), Sergio Leonel "Kun" Agüero del Castillo (90) / FERNANDO Javier LLORENTE Torres (84)

585.   08.10.2010   UEFA Euro 2012 Qualifying – Group I
SPAIN v LITHUANIA 3-1 (0-0)
Estadio Helmántico, Salamanca
Referee: Gianluca Rocchi (Italy)   Attendance: 17,340
SPAIN: IKER CASILLAS Fernández, Carles PUYOL Saforcada, SERGIO RAMOS García (83 Álvaro ARBELOA Coca), GERARD PIQUÉ Bernabéu, Joan CAPDEVILA Méndez, ANDRÉS INIESTA Luján, DAVID Josué Jiménez SILVA, Santiago "SANTI" CAZORLA González, SERGIO BUSQUETS Burgos, DAVID VILLA Sánchez (76 PABLO HERNÁNDEZ Domínguez), FERNANDO Javier LLORENTE Torres (76 ARITZ ADURIZ Zubeldia).   Manager: Vicente DEL BOSQUE González
LITHUANIA: Zydrūnas Karcemarskas, Ramūnas Radavicius, Tadas Kijanskas, Andrius Skerla, Marius Stankevicius, Deividas Semberas, Mindaugas Panka, Edgaras Cesnauskis (85 Robertas Poskus), Saulius Mikoliūnas (59 Deividas Cesnauskis), Darvydas Sernas, Tomas Danilevicius (82 Kestutis Ivaskevicius).   Manager: Raimondas Zutautas
Goals: FERNANDO Javier LLORENTE Torres (47, 56), DAVID Josué Jiménez SILVA (78) / Darvydas Sernas (54)

586.   12.10.2010   UEFA Euro 2012 Qualifying – Group I
SCOTLAND v SPAIN 2-3 (0-1)
Hampden Park, Glasgow
Referee: Massimo Busacca (Switzerland)
Attendance: 51,322
SCOTLAND: Allan McGregor, Phil Bardsley, Steven Whittaker, Stephen McManus, David Weir, Lee McCulloch (46 Charlie Adam), Darren Fletcher, James Morrison (88 Shaun Maloney), Kenny Miller, Steven Naismith, Graham Dorrans (80 Jamie Mackie).   Manager: Craig Levein
SPAIN: IKER CASILLAS Fernández, Carles PUYOL Saforcada, SERGIO RAMOS García, GERARD PIQUÉ Bernabéu, Joan CAPDEVILA Méndez, ANDRÉS INIESTA Luján, Xabier "XABI" ALONSO Olano, DAVID Josué Jiménez SILVA (75 FERNANDO Javier LLORENTE Torres), Santiago "SANTI" CAZORLA González (70 PABLO HERNÁNDEZ Domínguez), SERGIO BUSQUETS Burgos (89 Carlos MARCHENA López), DAVID VILLA Sánchez.   Manager: Vicente DEL BOSQUE González
Goals: Steven Naismith (58), GERARD PIQUÉ (66 og) / DAVID VILLA Sánchez (44 pen), ANDRÉS INIESTA (55), FERNANDO Javier LLORENTE Torres (79)
Sent off: Steven Whittaker (89)

587. 17.11.2010
PORTUGAL v SPAIN 4-0 (1-0)
Estadio do Sport Lisboa e Benfica, Lisboa
Referee: Antony Gautier (France)   Attendance: 66,500
PORTUGAL: EDUARDO dos Reis Carvalho (46 RUI Pedro dos Santos PATRÍCIO), JOÃO Pedro da Silva PEREIRA, RICARDO Alberto Silveira de CARVALHO (46 Képler Laveran Loma Ferreira "PEPE"), BRUNO Eduardo Regufe ALVES, José BOSINGWA da Silva, RAÚL José Trindade MEIRELES, JOÃO Filipe Iria Santos MOUTINHO, CARLOS Jorge Neto MARTINS (62 MANUEL Henrique Tavares FERNANDES), Luís Carlos Almeida da Cunha "NANI" (88 PAULO Ricardo Ribeiro de Jesus MACHADO), HÉLDER Manuel Marques POSTIGA (76 HUGO Miguel Pereira de ALMEIDA), CRISTIANO RONALDO dos Santos Aveiro (46 Daniel Miguel "DANNY" Alves Gomes).
Manager: PAULO Jorge Gomes BENTO
SPAIN: IKER CASILLAS Fernández, Carles PUYOL Saforcada (72 Álvaro ARBELOA Coca), SERGIO RAMOS García, GERARD PIQUÉ Bernabéu (46 Carlos MARCHENA López), Joan CAPDEVILA Méndez, ANDRÉS INIESTA Luján (57 Santiago "SANTI" CAZORLA González), Xabier "XABI" ALONSO Olano (57 FERNANDO Javier LLORENTE Torres), Xavier "XAVI" Hernández Creus (46 Francesc "CESC" FÀBREGAS Soler), DAVID Josué Jiménez SILVA, SERGIO BUSQUETS Burgos, DAVID VILLA Sánchez (46 FERNANDO José TORRES Sanz).
Manager: Vicente DEL BOSQUE González
Goals: CARLOS Jorge Neto MARTINS (45), HÉLDER Manuel Marques POSTIGA (49, 68), HUGO Miguel Pereira de ALMEIDA (90)

588. 09.02.2011   AFE (Asociación de Futbolistas Españoles) Benefit Match 2011
SPAIN v COLOMBIA 1-0 (0-0)
Estadio Santiago Bernabéu, Madrid
Referee: Richard Trutz (Slovakia)   Attendance: 60,000
SPAIN: IKER CASILLAS Fernández, SERGIO RAMOS García, RAÚL ALBIOL Tortajada, GERARD PIQUÉ Bernabéu, Joan CAPDEVILA Méndez (56 Álvaro ARBELOA Coca), ANDRÉS INIESTA Luján (69 JESÚS NAVAS González), Xabier "XABI" ALONSO Olano (76 DAVID Josué Jiménez SILVA), Xavier "XAVI" Hernández Creus (56 Santiago "SANTI" CAZORLA González), SERGIO BUSQUETS Burgos, PEDRO Eliezer Rodríguez Ledesma (82 FERNANDO Javier LLORENTE Torres), DAVID VILLA Sánchez (56 FERNANDO José TORRES Sanz).   Manager: Vicente DEL BOSQUE González
COLOMBIA: David OSPINA Ramírez, Mario Alberto YEPES Díaz, Luis Amaranto PEREA Mosquera, Juan Camilo ZÚÑIGA Mosquera, Pablo Estifer ARMERO, Abel Enrique AGUILAR Tapias, Yulián José ANCHICO Patiño (46 Carlos Alberto SÁNCHEZ Moreno), Giovanni Andrés MORENO Cardona (62 Hugo Andres RODALLEGA Camacho), Fredy Alejandro GUARÍN Vasquez, Dayro Mauricio MORENO Galindo, Gustavo Adrián RAMOS Vásquez (58 Juan Guillermo CUADRADO Bello).
Manager: Hernán Darío GÓMEZ Jaramillo
Goal: DAVID Josué Jiménez SILVA (86)

589. 25.03.2011   UEFA Euro 2012 Qualifying – Group I
SPAIN v CZECH REPUBLIC 2-1 (0-1)
Estadio Nuevo Los Cármenes, Granada
Referee: Viktor Kassai (Hungary)   Attendance: 16,301
SPAIN: IKER CASILLAS Fernández, SERGIO RAMOS García, Álvaro ARBELOA Coca, GERARD PIQUÉ Bernabéu, Joan CAPDEVILA Méndez (58 Santiago "SANTI" CAZORLA González), ANDRÉS INIESTA Luján, Xabier "XABI" ALONSO Olano (46 FERNANDO José TORRES Sanz), Xavier "XAVI" Hernández Creus, JESÚS NAVAS González (86 Carlos MARCHENA López), SERGIO BUSQUETS Burgos, DAVID VILLA Sánchez.   Manager: Vicente DEL BOSQUE González
CZECH REPUBLIC: Petr Cech, Michal Kadlec, Tomáš Hübschman, Roman Hubník, Tomáš Sivok, Jan Rezek (84 Tomáš Necid), Tomáš Rosický, Daniel Pudil (78 Adam Hlousek), Zdenek Pospech, Jaroslav Plasil, Milan Baros.
Manager: Michal Bílek
Goals: DAVID VILLA Sánchez (69, 72 pen) / Jaroslav Plasil (29)

590. 29.03.2011 UEFA Euro 2012 Qualifying – Group I
LITHUANIA v SPAIN 1-3 (0-1)
Steponas Darius ir Stasys Girėnas Stadionas, Kaunas
Referee: Laurent Duhamel (France)   Attendance: 9,180
LITHUANIA: Zydrūnas Karcemarskas, Marius Stankevicius, Deividas Semberas, Tadas Kijanskas, Andrius Skerla, Marius Zaliūkas, Mindaugas Panka, Edgaras Cesnauskis, Tomas Danilevicius (85 Dominykas Galkevicius), Darvydas Sernas (74 Tadas Labukas), Saulius Mikoliūnas (71 Ramūnas Radavicius).   Manager: Raimondas Zutautas
SPAIN: IKER CASILLAS Fernández, RAÚL ALBIOL Tortajada, Andoni IRAOLA Sagarna, Álvaro ARBELOA Coca, GERARD PIQUÉ Bernabéu (89 SERGIO RAMOS García), Xabier "XABI" ALONSO Olano, Xavier "XAVI" Hernández Creus, Javier "JAVI" MARTÍNEZ Aginaga, Santiago "SANTI" CAZORLA González (67 JUAN Manuel MATA García), DAVID VILLA Sánchez (54 DAVID Josué Jiménez SILVA), FERNANDO Javier LLORENTE Torres.
Manager: Vicente DEL BOSQUE González

Goals: Marius Stankevicius (57) /
Xavier "XAVI" Hernández Creus (19), Tadas Kijanskas (70 og), JUAN Manuel MATA García (83)

591. 04.06.2011
UNITED STATES v SPAIN 0-4 (0-3)
Gillette Stadium, Foxborough
Referee: Roberto Carlos Silvera Calcerrada (Uruguay) Attendance: 64,121
UNITED STATES: Tim Howard, Oguchi Onyewu (46 Clarence Goodson), Jonathan Spector, Eric Lichaj, Tim Ream, Jermaine Jones (46 Michael Bradley), Sacha Kljestan, Robbie Rogers (46 Clint Dempsey), Maurice Edu (46 Steven Cherundolo), Jozy Altidore (46 Chris Wondolowski), Juan Agudelo (65 Alejandro Bedoya).
Manager: Robert (Bob) Bradley
SPAIN: José Manuel "PEPE" REINA Páez (76 IKER CASILLAS Fernández), SERGIO RAMOS García (65 Joan CAPDEVILA Méndez), RAÚL ALBIOL Tortajada, Álvaro ARBELOA Coca, GERARD PIQUÉ Bernabéu, Xabier "XABI" ALONSO Olano, DAVID Josué Jiménez SILVA (65 BORJA VALERO Iglesias), Santiago "SANTI" CAZORLA González, SERGIO BUSQUETS Burgos (46 BRUNO Soriano Llido), DAVID VILLA Sánchez (46 ANDRÉS INIESTA Luján), Álvaro NEGREDO Sánchez (46 FERNANDO José TORRES Sanz).
Manager: Vicente DEL BOSQUE González

Goals: Santiago "SANTI" CAZORLA González (28, 41), Álvaro NEGREDO (32), FERNANDO José TORRES Sanz (73)

592. 07.06.2011
VENEZUELA v SPAIN 0-3 (0-3)
Estadio Olímpico General José Antonio Anzoátegui, Puerto de la Cruz
Referee: Georges Buckley De Maritens (Peru)   Att: 36,000
VENEZUELA: Renny Vicente VEGA Hernández, Roberto José ROSALES Altuve (89 Alexander David GONZÁLEZ Sibulo), Grenddy Adrián PEROZO Rincón, Gabriel Alejandro CICHERO Konarek, César Eduardo GONZÁLEZ Amaís (64 Jesús Manuel MEZA Moreno), Franklin José LUCENA Peña, Yohandry José OROZCO Cujía (46 Juan Fernando ARANGO Sáenz), Tomás Eduardo RINCÓN Hernández, Luis Manuel SEIJAS Gunther (46 Giácomo DI GIORGI Zerill), Alejandro Enrique MORENO Riera (74 Alejandro Abraham GUERRA Morales), Giancarlo Gregorio MALDONADO Marrero (46 Nicolás Ladislao FEDOR Flores "MIKU").
Manager: César Alejandro FARIÁS Acosta
SPAIN: VÍCTOR VALDÉS Arribas (89 IKER CASILLAS Fernández), Carlos MARCHENA López, RAÚL ALBIOL Tortajada, Andoni IRAOLA Sagarna, Álvaro ARBELOA Coca (63 Joan CAPDEVILA Méndez), ANDRÉS INIESTA Luján (46 Santiago "SANTI" CAZORLA González), Xabier "XABI" ALONSO Olano (46 DAVID Josué Jiménez SILVA), SERGIO BUSQUETS Burgos, PEDRO Eliezer Rodríguez Ledesma, DAVID VILLA Sánchez (46 Manuel "MANU" del Moral Fernández), FERNANDO Javier LLORENTE Torres (63 FERNANDO José TORRES Sanz).
Manager: Vicente DEL BOSQUE González

Goals: DAVID VILLA Sánchez (5), PEDRO Eliezer Rodríguez Ledesma (20), Xabier "XABI" ALONSO Olano (45+1)

593. 10.08.2011
ITALY v SPAIN 2-1 (1-1)
Stadio San Nicola, Bari
Referee: Dr. Felix Brych (Germany)   Attendance: 50,000
ITALY: Gianluigi Buffon, Christian Maggio, Andrea Ranocchia (77 Leonardo Bonucci), Giorgio Chiellini, Domenico Criscito, Daniele De Rossi (66 Alberto Aquilani), Andrea Pirlo, Thiago Motta (47 Claudio Marchisio), Riccardo Montolivo (74 Antonio Nocerino), Antonio Cassano (59 Mario Barwuah Balotelli), Giuseppe Rossi (59 Giampaolo Pazzini).
Manager: Cesare Claudio Prandelli
SPAIN: IKER CASILLAS Fernández (46 VÍCTOR VALDÉS Arribas), RAÚL ALBIOL Tortajada, Andoni IRAOLA Sagarna (46 THIAGO ALCÂNTARA do Nascimento), Álvaro ARBELOA Coca, GERARD PIQUÉ Bernabéu (45+1 SERGIO BUSQUETS Burgos), ANDRÉS INIESTA Luján (47 DAVID VILLA Sánchez), Xabier "XABI" ALONSO Olano, DAVID Josué Jiménez SILVA, Javier "JAVI" MARTÍNEZ Aginaga, Santiago "SANTI" CAZORLA González (80 JUAN Manuel MATA García), FERNANDO José TORRES Sanz (15 FERNANDO Javier LLORENTE Torres).
Manager: Vicente DEL BOSQUE González

Goals: Riccardo Montolivo (11), Alberto Aquilani (83) /
Xabier "XABI" ALONSO Olano (37 pen)

594. 02.09.2011
SPAIN v CHILE 3-2 (0-2)
AFG Arena, St. Gallen (Switzerland)
Referee: Jérôme Laperrièrre (Switzerland)
Attendance: 14,605

SPAIN: IKER CASILLAS Fernández (46 José Manuel "PEPE" REINA Páez), SERGIO RAMOS García, RAÚL ALBIOL Tortajada, Álvaro ARBELOA Coca, Xabier "XABI" ALONSO Olano (46 ANDRÉS INIESTA Luján), Xavier "XAVI" Hernández Creus (64 Francesc "CESC" FÀBREGAS Soler), DAVID Josué Jiménez SILVA (81 Santiago "SANTI" CAZORLA González), Javier "JAVI" MARTÍNEZ Aginaga, SERGIO BUSQUETS Burgos, DAVID VILLA Sánchez (46 PEDRO Eliezer Rodríguez Ledesma), Álvaro NEGREDO Sánchez (64 FERNANDO José TORRES Sanz).
Manager: Vicente DEL BOSQUE González

CHILE: Claudio Andrés BRAVO Muñoz, Pablo Andrés CONTRERAS Fica, Arturo Erasmo VIDAL Pardo, Gonzalo Alejandro JARA Reyes, Mauricio Aníbal ISLA Isla (84 Fernando Andrés MENESES Cornejo), Carlos Emilio CARMONA Tello, Gary Alexis MEDEL Soto (89 Marco Andrés ESTRADA Quinteros), Jorge Luis VALDIVIA Toro (86 Fabián Ariel ORELLANA Valenzuela), Alexis Alejandro SÁNCHEZ Sánchez, Eduardo Jesús VARGAS Rojas (58 Felipe Ignacio SEYMOUR Dobud), Jean André Emanuel BEAUSEJOUR Coliqueo (79 Felipe Alejandro GUTIÉRREZ Leiva).
Manager: Claudio Daniel Borghi

Goals: ANDRÉS INIESTA Luján (55), Francesc "CESC" FÀBREGAS Soler (71, 90+2) / Mauricio Aníbal ISLA Isla (10), Eduardo Jesús VARGAS Rojas (20)

Francesc "CESC" FÀBREGAS Soler missed a penalty kick (90)

Sent off: Pablo Andrés CONTRERAS Fica (83), Jorge Luis VALDIVIA Toro (90)

595. 06.09.2011   UEFA Euro 2012 Qualifying – Group I
SPAIN v LIECHTENSTEIN 6-0 (3-0)
Estadio Municipal Las Gaunas, Logroño
Referee: Harald Lechner (Austria)   Attendance: 15,660

SPAIN: IKER CASILLAS Fernández, SERGIO RAMOS García (54 THIAGO ALCÂNTARA do Nascimento), RAÚL ALBIOL Tortajada, Álvaro ARBELOA Coca, ANDRÉS INIESTA Luján, Xabier "XABI" ALONSO Olano, Xavier "XAVI" Hernández Creus (46 Francesc "CESC" FÀBREGAS Soler), JUAN Manuel MATA García, SERGIO BUSQUETS Burgos, DAVID VILLA Sánchez, Álvaro NEGREDO Sánchez (61 FERNANDO Javier LLORENTE Torres).
Manager: Vicente DEL BOSQUE González

LIECHTENSTEIN: Peter Jehle, Michael Stocklasa, Martin Rechsteiner, Martin Stocklasa, Marco Ritzberger, Thomas Beck (88 Rony Hanselmann), Mario Frick, Franz Burgmeier, Martin Büchel (81 Wolfgang Kieber), David Hasler, Sandro Wieser (71 Nicolas Hasler).   Manager: Hans-Peter Zaugg

Goals: Álvaro NEGREDO Sánchez (33, 37), Xavier "XAVI" Hernández Creus (44), SERGIO RAMOS (52), DAVID VILLA Sánchez (59, 79)

596. 07.10.2011   UEFA Euro 2012 Qualifying – Group I
CZECH REPUBLIC v SPAIN 0-2 (0-2)
Generali Arena, Prague
Referee: Paolo Tagliavento (Italy)   Attendance: 17,873

CZECH REPUBLIC: Petr Cech, Theodor Gebre Selassie, Michal Kadlec, Roman Hubník, Tomás Sivok, Tomás Rosický, Daniel Pudil, Milan Baros (62 Tomás Pekhart), Tomás Hübschman, Daniel Kolár (76 Kamil Vacek), Petr Jirácek.
Manager: Michal Bílek

SPAIN: IKER CASILLAS Fernández, SERGIO RAMOS García (46 Carles PUYOL Saforcada), RAÚL ALBIOL Tortajada, Álvaro ARBELOA Coca, GERARD PIQUÉ Bernabéu, Xabier "XABI" ALONSO Olano (70 Javier "JAVI" MARTÍNEZ Aginaga), Xavier "XAVI" Hernández Creus, DAVID Josué Jiménez SILVA, JUAN Manuel MATA García, SERGIO BUSQUETS Burgos, FERNANDO José TORRES Sanz (61 DAVID VILLA Sánchez).
Manager: Vicente DEL BOSQUE González

Goals: JUAN Manuel MATA García (7), Xabier "XABI" ALONSO Olano (23)

Sent off: Tomás Hübschman (69)

597. 11.10.2011   UEFA Euro 2012 Qualifying – Group I
SPAIN v SCOTLAND 3-1 (2-0)
Estadio José Rico Pérez, Alicante
Referee: Stefan Johannesson (Sweden)   Attendance: 27,559

SPAIN: VÍCTOR VALDÉS Arribas, Carles PUYOL Saforcada (46 Álvaro ARBELOA Coca), SERGIO RAMOS García, GERARD PIQUÉ Bernabéu, JORDI ALBA Ramos, Xavier "XAVI" Hernández Creus (62 FERNANDO Javier LLORENTE Torres), DAVID Josué Jiménez SILVA (55 THIAGO ALCÂNTARA do Nascimento), Santiago "SANTI" CAZORLA González, SERGIO BUSQUETS Burgos, PEDRO Eliezer Rodríguez Ledesma, DAVID VILLA Sánchez.
Manager: Vicente DEL BOSQUE González

SCOTLAND: Allan McGregor, Alan Hutton, Phil Bardsley, Christophe Berra, Gary Caldwell, Charlie Adam (63 James Forrest), Darren Fletcher (85 Don Cowie), James Morrison, Craig Mackail-Smith, Barry Bannan (63 David Goodwillie), Steven Naismith.   Manager: Craig Levein

Goals: DAVID Josué Jiménez SILVA (6, 44), DAVID VILLA Sánchez (54) / David Goodwillie (66 pen)

598. 12.11.2011
ENGLAND v SPAIN 1-0 (0-0)
Wembley Stadium, London
Referee: Frank Wermer De Bleeckere (Belgium)   Attendance: 87,189

ENGLAND: Joe Hart, Joleon Lescott, Ashley Cole, Glen Johnson, Phil Jagielka, Phil Jones (57 Jack Rodwell), Scott Parker (85 Kyle Walker), Frank Lampard (57 Gareth Barry), James Milner (76 Adam Johnson), Darren Bent (64 Danny Welbeck), Theo Walcott (46 Stewart Downing).
Manager: Fabio Capello

SPAIN: IKER CASILLAS Fernández (46 José Manuel "PEPE" REINA Páez), SERGIO RAMOS García (75 Carles PUYOL Saforcada), Álvaro ARBELOA Coca, GERARD PIQUÉ Bernabéu, JORDI ALBA Ramos, ANDRÉS INIESTA Luján (75 Santiago "SANTI" CAZORLA González), SERGIO BUSQUETS Burgos (64 FERNANDO José TORRES Sanz), Xabier "XABI" ALONSO Olano, Xavier "XAVI" Hernández Creus (46 Francesc "CESC" FÀBREGAS Soler), DAVID Josué Jiménez SILVA (46 JUAN Manuel MATA García), DAVID VILLA Sánchez.
Manager: Vicente DEL BOSQUE González

Goal: Frank Lampard (49)

599. 15.11.2011
COSTA RICA v SPAIN 2-2 (2-0)
Estadio Nacional de Costa Rica, San José
Referee: Mauricio Navarro (Canada)   Attendance: 23,000

COSTA RICA: Keylor Antonio NAVAS Gamboa, Michael UMAÑA Corrales, Roy MILLER Hernández, Bryan Josué OVIEDA Jiménez (79 Carlos Gerardo HERNÁNDEZ Valverde), Johnny Gerardo ACOSTA Zamora, José Andrés SALVATIERRA López, Michael Francisco BARRANTES Rojas (74 Júnior Enrique DÍAZ Campbell), Randall AZOFEIFA Corrales (86 José Miguel CUBERO Loría), Bryan Jafet RUIZ González (89 Allen Esteban GUEVARA), Randall Eduardo BRENES Moya (59 José Luis LÓPEZ Ramírez), Joel Nathaniel CAMPBELL Samuels (66 Winston Antonio PARKS Tifet).
Manager: Jorge Luis PINTO Afanador

SPAIN: IKER CASILLAS Fernández (46 VÍCTOR VALDÉS Arribas), Carles PUYOL Saforcada, SERGIO RAMOS García, Ignacio "NACHO" MONREAL Eraso (70 FERNANDO José TORRES Sanz), Álvaro ARBELOA Coca, Francesc "CESC" FÀBREGAS Soler (65 DAVID Josué Jiménez SILVA), ANDRÉS INIESTA Luján, Xabier "XABI" ALONSO Olano (46 SERGIO BUSQUETS Burgos), Xavier "XAVI" Hernández Creus (46 Santiago "SANTI" CAZORLA González), JUAN Manuel MATA García (46 JESÚS NAVAS González), DAVID VILLA Sánchez.
Manager: Vicente DEL BOSQUE González

Goals: Randall Eduardo BRENES Moya (31), Joel Nathaniel CAMPBELL Samuels (41) / DAVID Josué Jiménez SILVA (83), DAVID VILLA Sánchez (90+3)

600. 29.02.2012
SPAIN v VENEZUELA 5-0 (2-0)
Estadio La Rosaleda, Málaga
Referee: Andris Treimanis (Latvia)   Attendance: 25,000

SPAIN: IKER CASILLAS Fernández, SERGIO RAMOS García (61 Carles PUYOL Saforcada), Álvaro ARBELOA Coca, GERARD PIQUÉ Bernabéu, JORDI ALBA Ramos, Francesc "CESC" FÀBREGAS Soler (75 Iker MUNIAIN Goñi), ANDRÉS INIESTA Luján (46 Santiago "SANTI" CAZORLA González), Xabier "XABI" ALONSO Olano (61 Xavier "XAVI" Hernández Creus), DAVID Josué Jiménez SILVA (61 JESÚS NAVAS González), SERGIO BUSQUETS Burgos, FERNANDO Javier LLORENTE Torres (46 Roberto SOLDADO Rillo).
Manager: Vicente DEL BOSQUE González

VENEZUELA: Daniel "Dani" HERNÁNDEZ Santos, Fernando AMOREBIETA Mardaras, Oswaldo Augusto VIZCARRONDO Araujo, Roberto José ROSALES Altuve, Rubert José QUIJADA Fasciana (72 Rolf Günther FELTSCHER Martínez), Juan Fernando ARANGO Sáenz (89 Edgar Fernando PÉREZ Greco), Miguel Ángel MEA Vitali (81 Francisco Javier FLORES Sequera), Tomás Eduardo RINCÓN Hernández, Julio ÁLVAREZ Mosquera (60 César Eduardo GONZÁLEZ Amais), José Salomón RONDÓN Giménez (78 Frank FELTSCHER Martínez), Nicolás Ladislao FEDOR Flores "MIKU" (66 Andrés José TÚÑEZ Arceo).
Manager: César Alejandro FARIÁS Acosta

Goals: ANDRÉS INIESTA Luján (37), DAVID SILVA (40), Roberto SOLDADO Rillo (49, 54, 85)

Sent off: Fernando AMOREBIETA Mardaras (65)

Roberto SOLDADO Rillo missed a penalty kick (66)

601. 26.05.2012
SPAIN v SERBIA 2-0 (0-0)
AFG Arena, St. Gallen (Switzerland)
Referee: Cyril Zimmermann (Switzerland)   Att: 15,625

SPAIN: IKER CASILLAS Fernández, SERGIO RAMOS García (46 ÁLVARO DOMÍNGUEZ Soto), Juan Francisco "JUANFRAN" Torres Belén, RAÚL ALBIOL Tortajada, JORDI ALBA Ramos (64 Ignacio "NACHO" MONREAL Eraso), Xabier "XABI" ALONSO Olano (46 BEÑAT Etxebarria Urkiaga), JESÚS NAVAS González, Santiago "SANTI" CAZORLA González, BRUNO Soriano Llido (69 Francisco Javier "JAVI" GARCÍA Fernández), Roberto SOLDADO Rillo (46 ADRIÁN López Álvarez), Álvaro NEGREDO Sánchez (46 DAVID Josué Jiménez SILVA).
Manager: Vicente DEL BOSQUE González

ECUADOR: Damir Kahriman, Dusko Tosic, Neven Subotic, Branislav Ivanovic, Aleksandar Kolarov, Aleksandar Ignjovski (65 Ljubomir Fejsa), Ivan Radovanovic (64 Nemanja Matic), Dusan Basta, Filip Djuricic (65 Bosko Jankovic), Adem Ljajic (76 Zoran Tosic), Dejan Lekic (76 Stefan Scepovic).
Manager: Sinisa Mihajlovic

Goals: ADRIÁN López Álvarez (63), Santiago "SANTI" CAZORLA González (74 pen)

602.   30.05.2012
SPAIN v SOUTH KOREA 4-1 (1-1)
Stade de Suisse, Bern (Switzerland)
Referee: Alain Bieri (Switzerland)   Attendance: 10,220
SPAIN: José Manuel "PEPE" REINA Páez (81 IKER CASILLAS Fernández), SERGIO RAMOS García (57 ÁLVARO DOMÍNGUEZ Soto), RAÚL ALBIOL Tortajada, Ignacio "NACHO" MONREAL Eraso, Álvaro ARBELOA Coca, Xabier "XABI" ALONSO Olano (66 BRUNO Soriano Llido), DAVID Josué Jiménez SILVA, Santiago "SANTI" CAZORLA González (57 Roberto SOLDADO Rillo), JUAN Manuel MATA García (57 ADRIÁN López Álvarez), BEÑAT Etxebarria Urkiaga, FERNANDO José TORRES Sanz (57 Álvaro NEGREDO Sánchez).   Manager: Vicente DEL BOSQUE González
SOUTH KOREA: Kim Jin-Hyeon, Choi Hyo-Jin, Cho Yong-Hyung, Lee Jung-Soo, Park Joo-Ho, Kim Do-Heon (82 Oh Beom-Seok), Nam Tae-Hee (64 Kim Chi-Woo), Koo Ja-Cheol (75 Kim Jae-Sung), Yeom Ki-Hun (46 Kim Bo-Kyung), Son Heung-Min (58 Lee Dong-Gook), Ji Dong-Won (58 Park Hyun-Beom).   Manager: Choi Kang-Hee
Goals: FERNANDO José TORRES Sanz (11), Xabier "XABI" ALONSO Olano (53 pen), Santiago "SANTI" CAZORLA González (58), Álvaro NEGREDO Sánchez (82) / Kim Do-Heon (43)

603.   03.06.2012
SPAIN v CHINA 1-0 (0-0)
Estadio Olímpico de Sevilla, Sevilla
Referee: Hendrikus Sebastiaan Hermanus (Bas) Nijhuis (Netherlands)   Attendance: 45,000
SPAIN: IKER CASILLAS Fernández (46 VÍCTOR VALDÉS Arribas), SERGIO RAMOS García (56 GERARD PIQUÉ Bernabéu), RAÚL ALBIOL Tortajada, lvaro ARBELOA Coca, JORDI ALBA Ramos, SERGIO BUSQUETS Burgos (46 ANDRÉS INIESTA Luján), Xabier "XABI" ALONSO Olano, Xavier "XAVI" Hernández Creus (46 JESÚS NAVAS González), DAVID Josué Jiménez SILVA, Santiago "SANTI" CAZORLA González (67 JUAN Manuel MATA García), Álvaro NEGREDO Sánchez (46 FERNANDO José TORRES Sanz).   Manager: Vicente DEL BOSQUE González
CHINA: Cheng Zeng, Linpeng Zhang, Xiaoting Feng, Zhao Peng, Sun Xiang, Zhao Xuri (71 Zheng Zheng), Sheng Qin (85 Yu Dabao), Junmin Hao (59 Xiaolong Wang), Zhi Zheng (65 Peng Lu), Hai Yu (74 Jianye Liu), Yu Dabao.   Manager: José Antonio Camacho
Goal: DAVID Josué Jiménez SILVA (84)

604.   10.06.2012   UEFA European Championship – Group C
SPAIN v ITALY 1-1 (0-0)
P.G.E. Arena, Gdansk (Poland)
Referee: Viktor Kassai (Hungary)   Attendance: 38,869
SPAIN: IKER CASILLAS Fernández, SERGIO RAMOS García, Álvaro ARBELOA Coca, GERARD PIQUÉ Bernabéu, JORDI ALBA Ramos, Francesc "CESC" FÀBREGAS Soler (74 FERNANDO José TORRES Sanz), ANDRÉS INIESTA Luján, Xabier "XABI" ALONSO Olano, Xavier "XAVI" Hernández Creus, DAVID Josué Jiménez SILVA (65 JESÚS NAVAS González), SERGIO BUSQUETS Burgos.   Manager: Vicente DEL BOSQUE González
ITALY: Gianluigi Buffon, Leonardo Bonucci, Giorgio Chiellini, Daniele De Rossi, Andrea Pirlo, Thiago Motta (89 Antonio Nocerino), Christian Maggio, Claudio Marchisio, Emanuele Giaccherini, Antonio Cassano (65 Sebastian Giovinco), Mario Barwuah Balotelli (56 Antonio Di Natale).   Manager: Cesare Claudio Prandelli
Goals: Francesc "CESC" FÀBREGAS Soler (64) / Antonio Di Natale (60)

605.   14.06.2012   UEFA European Championship – Group C
SPAIN v REPUBLIC OF IRELAND 4-0 (1-0)
PGE Arena Gdansk, Gdansk (Poland)
Referee: Pedro Proença Oliveira Alves Garcia (Portugal)   Attendance: 39,150
SPAIN: IKER CASILLAS Fernández, SERGIO RAMOS García, Álvaro ARBELOA Coca, GERARD PIQUÉ Bernabéu, JORDI ALBA Ramos, ANDRÉS INIESTA Luján (78 Santiago "SANTI" CAZORLA González), Xabier "XABI" ALONSO Olano (65 Javier "JAVI" MARTÍNEZ Aginaga, Xavier "XAVI" Hernández Creus, DAVID Josué Jiménez SILVA, SERGIO BUSQUETS Burgos, FERNANDO José TORRES Sanz (73 Francesc "CESC" FÀBREGAS Soler).   Manager: Vicente DEL BOSQUE González
REPUBLIC OF IRELAND: Shay Given, Sean St Ledger, Stephen Ward, John O'Shea, Richard Dunne, Glenn Whelan (80 Paul Green), Aiden McGeady, Keith Andrews, Damien Duff (76 James McClean), Robbie Keane, Simon Cox (46 Jon Walters).   Manager: Giovanni Trapattoni
Goals: FERNANDO José TORRES Sanz (4, 70), DAVID Josué Jiménez SILVA (49), Francesc "CESC" FÀBREGAS Soler (82)

606. 18.06.2012 UEFA European Championship – Group C

CROATIA v SPAIN 0-1 (0-0)

PGE Arena Gdansk, Gdansk (Poland)

Referee: Wolfgang Stark (Germany)   Attendance: 39,076

CROATIA: Stipe Pletikosa, Darijo Srna, Vedran Corluka, Gordon Schildenfeld, Domagoj Vida (66 Nikica Jelavic), Ivan Strinic, Luka Modric, Danijel Pranjic (65 Ivan Perisic), Ivan Rakitic, Ognjen Vukojevic (81 EDUARDO da Silva), Mario Mandzukic.   Manager: Slaven Bilic

SPAIN: IKER CASILLAS Fernández, SERGIO RAMOS García, Álvaro ARBELOA Coca, GERARD PIQUÉ Bernabéu, JORDI ALBA Ramos, ANDRÉS INIESTA Luján, Xabier "XABI" ALONSO Olano, Xavier "XAVI" Hernández Creus (89 Álvaro NEGREDO Sánchez), DAVID Josué Jiménez SILVA (73 Francesc "CESC" FÀBREGAS Soler), SERGIO BUSQUETS Burgos, FERNANDO José TORRES Sanz (61 JESÚS NAVAS González).   Manager: Vicente DEL BOSQUE González

Goal: JESÚS NAVAS González (88)

607. 23.06.2012 UEFA European Championship – Quarter-final

SPAIN v FRANCE 2-0 (1-0)

Donbass Arena, Donetsk (Ukraine)

Referee: Nicola Rizzoli (Italy)   Attendance: 47,000

SPAIN: IKER CASILLAS Fernández, SERGIO RAMOS García, Álvaro ARBELOA Coca, GERARD PIQUÉ Bernabéu, JORDI ALBA Ramos, Francesc "CESC" FÀBREGAS Soler (67 FERNANDO José TORRES Sanz), ANDRÉS INIESTA Luján (84 Santiago "SANTI" CAZORLA González), SERGIO BUSQUETS Burgos, Xabier "XABI" ALONSO Olano, Xavier "XAVI" Hernández Creus, DAVID Josué Jiménez SILVA (65 PEDRO Eliezer Rodríguez Ledesma). Manager: Vicente DEL BOSQUE González

FRANCE: Hugo Lloris, Anthony Réveillère, Mathieu Debuchy (64 Jérémy Ménez), Gaël Clichy, Adil Rami, Laurent Koscielny, Florent Malouda (65 Samir Nasri), Franck Ribéry, Yohan Cabaye, Yann M'Vila (79 Olivier Giroud), Karim Benzema. Manager: Laurent Blanc

Goals: Xabier "XABI" ALONSO Olano (19, 90+1 pen)

608. 27.06.2012 UEFA European Championship – Semi-final

PORTUGAL v SPAIN 0-0 (AET)

Donbass Arena, Donetsk (Ukraine)

Referee: Cüneyt Çakir (Turkey)   Attendance: 48,000

PORTUGAL: RUI Pedro dos Santos PATRÍCIO, Képler Laveran Loma Ferreira "PEPE", BRUNO Eduardo Regufe ALVES, FÁBIO Alexandre da Silva COENTRÃO, JOÃO Pedro da Silva PEREIRA, RAÚL José Trindade MEIRELES (113 Silvestre Manuel Gonçalves VARELA), Luís Carlos Almeida da Cunha "NANI", MIGUEL Luís Pinto VELOSO (106 CUSTÓDIO Miguel Dias de Castro), JOÃO Filipe Iria Santos MOUTINHO, CRISTIANO RONALDO dos Santos Aveiro, HUGO Miguel Pereira de ALMEIDA (81 NÉLSON Miguel Castro OLIVEIRA). Manager: PAULO Jorge Gomes BENTO

SPAIN: IKER CASILLAS Fernández, SERGIO RAMOS García, Álvaro ARBELOA Coca, GERARD PIQUÉ Bernabéu, JORDI ALBA Ramos, ANDRÉS INIESTA Luján, Xabier "XABI" ALONSO Olano, Xavier "XAVI" Hernández Creus (87 PEDRO Eliezer Rodríguez Ledesma), DAVID Josué Jiménez SILVA (60 JESÚS NAVAS González), SERGIO BUSQUETS Burgos, Álvaro NEGREDO Sánchez (54 Francesc "CESC" FÀBREGAS Soler). Manager: Vicente DEL BOSQUE González

Penalties: Xabier "XABI" ALONSO Olano (missed), JOÃO Filipe Iria Santos MOUTINHO (missed), 1-0 ANDRÉS INIESTA Luján, 1-1 Képler Laveran Loma Ferreira "PEPE", 2-1 GERARD PIQUÉ, 2-2 Luís Carlos Almeida da Cunha "NANI", 3-2 SERGIO RAMOS García, BRUNO ALVES (miss), 4-2 Francesc "CESC" FÀBREGAS Soler

609. 01.07.2012 UEFA European Championship – Final

SPAIN v ITALY 4-0 (2-0)

Olimpiysky National Sports Complex, Kyiv (Ukraine)

Referee: Pedro Proença Oliveira Alves Garcia (Portugal)   Attendance: 63,170

SPAIN: IKER CASILLAS Fernández, SERGIO RAMOS García, Álvaro ARBELOA Coca, GERARD PIQUÉ Bernabéu, JORDI ALBA Ramos, Francesc "CESC" FÀBREGAS Soler (75 FERNANDO José TORRES Sanz), ANDRÉS INIESTA Luján (87 JUAN Manuel MATA García), Xabier "XABI" ALONSO Olano, Xavier "XAVI" Hernández Creus, DAVID Josué Jiménez SILVA (59 PEDRO Eliezer Rodríguez Ledesma), SERGIO BUSQUETS Burgos.   Manager: Vicente DEL BOSQUE

ITALY: Gianluigi Buffon, Andrea Barzagli, Leonardo Bonucci, Giorgio Chiellini (21 Federico Balzaretti), Ignazio Abate, Daniele De Rossi, Andrea Pirlo, Riccardo Montolivo (57 Thiago Motta), Claudio Marchisio, Antonio Cassano (46 Antonio Di Natale), Mario Barwuah Balotelli. Manager: Cesare Claudio Prandelli

Goals: DAVID Josué Jiménez SILVA (14), JORDI ALBA (41), FERNANDO José TORRES Sanz (84), JUAN MATA (88)

Italy were reduced to 10 men when Thiago Motta left the pitch injured after 60 minutes as all substitutes had been used.

610.   15.08.2012
PUERTO RICO v SPAIN   1-2 (0-2)

Estadio Juan Ramón Loubriel, Bayamón

Referee: Javier Santos Escobar (Puerto Rico)   Att: 15,000

PUERTO RICO: William (Bill) Gaudette, John Charles Krause, Cristian Arrieta, Scott Lyman Jones (53 Marco Vélez), Alexis RIVERA Curet (90+3 Joseph Yamil (Jackie) MARRERO García), Richard Andrew Martínez, Anthony Vázquez, Noah Delgado (76 Samuel Javier SOTO Álvarez), Fernando González (85 Tyler Linden Wilson), Andrés Edgardo Pérez (62 Marc Cintron), Héctor Omar RAMOS Lebrón (90+1 Carlos Manuel ROSARIO Fernández).
Manager: Jeaustin Gerardo CAMPOS Madriz

SPAIN: José Manuel "PEPE" REINA Páez (71 IKER CASILLAS Fernández), Juan Francisco "JUANFRAN" Torres Belén (19 Álvaro ARBELOA Coca), RAÚL ALBIOL Tortajada, Ignacio "NACHO" MONREAL Eraso (56 DAVID Josué Jiménez SILVA), GERARD PIQUÉ Bernabéu (46 SERGIO RAMOS García), Francesc "CESC" FÀBREGAS Soler, ANDRÉS INIESTA Luján (46 FERNANDO Javier LLORENTE Torres), Xabier "XABI" ALONSO Olano (46 SERGIO BUSQUETS Burgos), JESÚS NAVAS González, Santiago "SANTI" CAZORLA González, FERNANDO José TORRES Sanz.
Manager: Vicente DEL BOSQUE González

Goals: Marc Cintron (65) / Santiago "SANTI" CAZORLA (42), Francesc "CESC" FÀBREGAS Soler (45)

611.   07.09.2012
SPAIN v SAUDI ARABIA   5-0 (2-0)

Estadio Municipal de Pasarón, Pontevedra

Referee: Anar Salmanov (Azerbaijan)   Attendance: 11,850

SPAIN: VÍCTOR VALDÉS Arribas (72 IKER CASILLAS Fernández), Juan Francisco "JUANFRAN" Torres Belén, RAÚL ALBIOL Tortajada, Ignacio "NACHO" MONREAL Eraso, GERARD PIQUÉ Bernabéu (46 SERGIO RAMOS García), Francesc "CESC" FÀBREGAS Soler (46 Xavier "XAVI" Hernández Creus), Santiago "SANTI" CAZORLA Luján (61 DAVID Josué Jiménez SILVA), BEÑAT Etxebarria Urkiaga, SERGIO BUSQUETS Burgos (61 ANDRÉS INIESTA Luján), PEDRO Eliezer Rodríguez Ledesma, FERNANDO José TORRES Sanz (53 DAVID VILLA Sánchez).
Manager: Vicente DEL BOSQUE González

SAUDI ARABIA: Waleed Abdullah Ali, Mohammed Eid Al-Bishi, Kamil Saddiq Al Mousa, Osama Abdulrazag Hawsawi (82 Sultan Al Bishi), Mansour Alteeq Al Harbi (86 Yasir Gharsan Seed al Mohammadi Al Shahrani), Taiseer Jaber Al-Jassam (58 Al Ruwaili), Abdulrahim Jizawi (65 Hamed Muhanna Al Hamed), Ahmed Ibrahim Otaif, Abdulaziz Saeed Al Dawsari (70 Motaz Sidiq Al-Musa), Saud Ali Al Khariri, Nasser Ali Al Shamrani (78 Mohammed Ibrahim Mohammad Al Sahlawi).   Manager: Frank Rijkaard

Goals: Santiago "SANTI" CAZORLA González (22), PEDRO Eliezer Rodríguez Ledesma (28, 73), Xavier "XAVI" Hernández Creus (47), DAVID VILLA Sánchez (63 pen)

612.   11.09.2012   FIFA World Cup Qualification – Group I
GEORGIA v SPAIN   0-1 (0-0)

Dinamo Arena - Boris Paichadze, Tbilisi

Referee: Sveinn Oddvar Moen (Norway)   Attendance: 54,598

GEORGIA: Giorgi Loria (73 Roin Kvaskhvadze), Zurab Khizanishvili, Aleksandr Amisulashvili, Davit (Dato) Kvirkvelia, Guram Kashia, Ucha Lobjanidze, Jaba Kankava, Murtaz Daushvili, David Targamadze (64 Nika Dzalamidze), Tornike Okriashvili, Levan Mchedlidze (79 Irakli Sirbiladze).
Manager: Temuri Ketsbaia

SPAIN: IKER CASILLAS Fernández, SERGIO RAMOS García, Álvaro ARBELOA Coca (80 Francesc "CESC" FÀBREGAS Soler), GERARD PIQUÉ Bernabéu, JORDI ALBA Ramos, ANDRÉS INIESTA Luján, Xabier "XABI" ALONSO Olano, Xavier "XAVI" Hernández Creus, DAVID Josué Jiménez SILVA (64 Santiago "SANTI" CAZORLA González), SERGIO BUSQUETS Burgos (57 PEDRO Eliezer Rodríguez Ledesma), Roberto SOLDADO Rillo.
Manager: Vicente DEL BOSQUE González

Goal: Roberto SOLDADO Rillo (86)

613.   12.10.2012   FIFA World Cup Qualification – Group I
BELARUS v SPAIN   0-4 (0-2)

Dynamo Stadium, Minsk

Referee: Serge Gumienny (Belgium)   Attendance: 28,800

BELARUS: Sergey Veremko, Stanislav Dragun (79 Andrey Chukhley), Aleksandr Martinovich, Igor Shitov, Pavel Plaskonny, Aleksandr Volodjko (46 Sergey Kislyak), Aliaksandr Hleb, Jan Tigorev, Maksim Bordachev, Vitaliy Rodionov (65 Renan Bressan), Egor Filipenko.
Manager: Georgiy Kondratiev

SPAIN: IKER CASILLAS Fernández, SERGIO RAMOS García (70 RAÚL ALBIOL Tortajada), Álvaro ARBELOA Coca, JORDI ALBA Ramos, Francesc "CESC" FÀBREGAS Soler, Xabier "XABI" ALONSO Olano, Xavier "XAVI" Hernández Creus (76 DAVID VILLA Sánchez), DAVID Josué Jiménez SILVA (56 ANDRÉS INIESTA Luján), Santiago "SANTI" CAZORLA González, SERGIO BUSQUETS Burgos, PEDRO Eliezer Rodríguez Ledesma.
Manager: Vicente DEL BOSQUE González

Goals: JORDI ALBA Ramos (12), PEDRO Eliezer Rodríguez Ledesma (21, 69, 72)

614. 16.10.2012   FIFA World Cup Qualification – Group I

SPAIN v FRANCE 1-1 (1-0)

Estadio Vicente Calderón, Madrid

Referee: Dr. Felix Brych (Germany)   Attendance: 46,825

SPAIN: IKER CASILLAS Fernández, SERGIO RAMOS García, Álvaro ARBELOA Coca (50 Juan Francisco "JUANFRAN" Torres Belén), JORDI ALBA Ramos, Francesc "CESC" FÀBREGAS Soler, ANDRÉS INIESTA Luján (74 FERNANDO José TORRES Sanz), Xabier "XABI" ALONSO Olano, Xavier "XAVI" Hernández Creus, DAVID Josué Jiménez SILVA (13 Santiago "SANTI" CAZORLA González), SERGIO BUSQUETS Burgos, PEDRO Eliezer Rodríguez Ledesma.
Manager: Vicente DEL BOSQUE González

FRANCE: Hugo Lloris, Mathieu Debuchy, Patrice Évra, Mamadou Sakho, Laurent Koscielny, Yohan Cabaye, Franck Ribéry, Blaise Matuidi, Jérémy Ménez (68 Moussa Sissoko), Maxime Gonalons (57 Mathieu Valbuena), Karim Benzema (88 Olivier Giroud).   Manager: Didier Deschamps

Goals: SERGIO RAMOS García (25) / Olivier Giroud (90+4)

Francesc "CESC" FÀBREGAS Soler missed a penalty kick (42)

615. 14.11.2012

PANAMA v SPAIN 1-5 (0-3)

Estadio Rommel Fernández, Panama City

Referee: Mauricio Rafael Morales Ovalle (Mexico)
Attendance: 26,000

PANAMA: Jaime Manuel PENEDO Cano, Felipe Abdiel BALOY Ramírez, Carlos Gabriel RODRÍGUEZ Orantes (77 Rolando Antonio ALGANDONA Tejada), Jean Carlos CEDEÑO Preciado (73 Algish Raheem DIXÓN Gooding), Eduardo César DASENT Paz, Gabriel Enrique GÓMEZ Girón, Juan de Díos PÉREZ Quijada (54 Armando Enrique COOPER Whitaker), Rolando Emilio ESCOBAR Batista (59 Nelson Alberto BARAHONA Collins), Blas Antonio Miguel PÉREZ Ortega (59 Alberto Abdiel QUINTERO Medina), Marcos Aníbal SÁNCHEZ Mullins, Gabriel Arturo TORRES Tejada (45 Luis Gabriel RENTERÍA).   Manager: Julio César Dely Valdés

SPAIN: VÍCTOR VALDÉS Arribas (60 IKER CASILLAS Fernández), Juan Francisco "JUANFRAN" Torres Belén, RAÚL ALBIOL Tortajada, JORDI ALBA Ramos (60 SERGIO RAMOS García), ANDRÉS INIESTA Luján (46 Francesc "CESC" FÀBREGAS Soler), Javier "JAVI" MARTÍNEZ Aginaga, JUAN Manuel MATA García (46 JESÚS NAVAS González), BEÑAT Etxebarria Urkiaga, SERGIO BUSQUETS Burgos, PEDRO Eliezer Rodríguez Ledesma (46 Roberto SOLDADO Rillo), DAVID VILLA Sánchez (73 Markel SUSAETA Laskurian).
Manager: Vicente DEL BOSQUE González

Goals: Gabriel Enrique GÓMEZ Girón (87 pen) / PEDRO Eliezer Rodríguez Ledesma (16, 43), DAVID VILLA Sánchez (30), SERGIO RAMOS García (82), Markel SUSAETA Laskurian (84)

616. 06.02.2013

SPAIN v URUGUAY 3-1 (1-1)

Khalifa International Stadium, Doha (Qatar)

Referee: Fahad Jaber Al Marri (Qatar)   Attendance: 48,000

SPAIN: VÍCTOR VALDÉS Arribas, Carles PUYOL Saforcada (46 GERARD PIQUÉ Bernabéu), SERGIO RAMOS García, CÉSAR AZPILICUETA Tanco, JORDI ALBA Ramos (78 Ignacio "NACHO" MONREAL Eraso), Francesc "CESC" FÀBREGAS Soler, ANDRÉS INIESTA Luján (60 Francisco Román Alarcón Suárez "ISCO"), Santiago "SANTI" CAZORLA González (71 MARIO SUÁREZ Mata), JUAN Manuel MATA García (46 DAVID VILLA Sánchez), SERGIO BUSQUETS Burgos, PEDRO Eliezer Rodríguez Ledesma (75 Álvaro NEGREDO Sánchez).
Manager: Vicente DEL BOSQUE González

URUGUAY: Néstor Fernando MUSLERA Micol, Diego Alfredo LUGANO Moreno, Victorio Maximiliano "Maxi" PEREIRA Páez, José Martín CÁCERES Silva, Diego Roberto GODÍN Leal, Diego Fernando PÉREZ Aguado (65 Egidio Raúl ARÉVALO Ríos), Cristian Gabriel RODRÍGUEZ Barotti (69 Gonzalo CASTRO Irizábal), Álvaro Rafael GONZÁLEZ Luengo (80 Matías AGUIRREGARAY Guruceaga), Marcelo Nicolás LODEIRO Benítez (77 Walter Alejandro GARGANO Guevara), Luis Alberto SUÁREZ Díaz, Edinson Roberto CAVANI Gómez (70 Diego Martín FORLÁN Corazo).
Manager: Óscar Washington TABÁREZ Sclavo

Goals: Francesc "CESC" FÀBREGAS Soler (16), PEDRO Eliezer Rodríguez Ledesma (51, 74) / Cristian Gabriel RODRÍGUEZ Barotti (32)

617. 22.03.2013   FIFA World Cup Qualification – Group I

SPAIN v FINLAND 1-1 (0-0)

Estadio Municipal El Molinón, Gijón

Referee: Ovidiu Alin Hategan (Romania)
Attendance: 27,637

SPAIN: VÍCTOR VALDÉS Arribas, SERGIO RAMOS García, Álvaro ARBELOA Coca, GERARD PIQUÉ Bernabéu, JORDI ALBA Ramos, Francesc "CESC" FÀBREGAS Soler (76 JUAN Manuel MATA García), ANDRÉS INIESTA Luján, DAVID Josué Jiménez SILVA, Santiago "SANTI" CAZORLA González (46 PEDRO Eliezer Rodríguez Ledesma), SERGIO BUSQUETS Burgos, DAVID VILLA Sánchez (65 Álvaro NEGREDO Sánchez).   Manager: Vicente DEL BOSQUE González

FINLAND: Niki Mäenpää, Niklas Moisander, Joona Toivio, Jukka Raitala, Roman Eremenko, Përparim Hetemaj, Teemu Pukki (90+4 Markus Halsti), Kari Arkivuo, Teemu Tainio (69 Tim Sparv), Alexander Ring, Kasper Hämäläinen.   Manager: Mika-Matti (Mixu) Paatelainen

Goals: SERGIO RAMOS García (49) / Teemu Pukki (79)

618. 26.03.2013   FIFA World Cup Qualification – Group I

FRANCE v SPAIN 0-1 (0-0)

Stade de France, Saint-Denis

Referee: Viktor Kassai (Hungary)   Attendance: 78,329

FRANCE: Hugo Lloris, Patrice Évra, Raphaël Varane, Yohan Cabaye (70 Jérémy Ménez), Christophe Jallet (90+2 Olivier Giroud), Laurent Koscielny, Franck Ribéry, Mathieu Valbuena, Karim Benzema (82 Moussa Sissoko), Blaise Matuidi, Paul Pogba.   Manager: Didier Deschamps

SPAIN: VÍCTOR VALDÉS Arribas, SERGIO RAMOS García, Ignacio "NACHO" MONREAL Eraso, Álvaro ARBELOA Coca, GERARD PIQUÉ Bernabéu, ANDRÉS INIESTA Luján (90+3 JUAN Manuel MATA García), Xabier "XABI" ALONSO Olano, Xavier "XAVI" Hernández Creus, SERGIO BUSQUETS Burgos, PEDRO Eliezer Rodríguez Ledesma (76 Francesc "CESC" FÀBREGAS Soler), DAVID VILLA Sánchez (61 JESÚS NAVAS González).   Manager: Vicente DEL BOSQUE González

Goal: PEDRO Eliezer Rodríguez Ledesma (58)

Sent off: Paul Pogba 78)

619. 08.06.2013

SPAIN v HAITI 2-1 (2-0)

Sun Life Stadium, Miami Gardens (United States)

Referee: Juan Guzman (United States)   Attendance: 36,535

SPAIN: IKER CASILLAS Fernández (46 José Manuel "PEPE" REINA Páez), SERGIO RAMOS García (46 GERARD PIQUÉ Bernabéu), RAÚL ALBIOL Tortajada, Ignacio "NACHO" MONREAL Eraso, CÉSAR AZPILICUETA Tanco, Francesc "CESC" FÀBREGAS Soler (59 ANDRÉS INIESTA Luján), Javier "JAVI" MARTÍNEZ Aginaga, JESÚS NAVAS González (46 DAVID Josué Jiménez SILVA), Santiago "SANTI" CAZORLA González, JUAN Manuel MATA García (73 Xavier "XAVI" Hernández Creus), FERNANDO José TORRES Sanz (59 Roberto SOLDADO Rillo).
Manager: Vicente DEL BOSQUE González

HAITI: Frandy Montrévil, Judelin Aveska, Jeff Louis (69 Mechack Jérôme), Wilde-Donald Guerrier, Jean Sony Alcénat, Yves Hadley Desmarets (84 Jean Philippe Peguero), Jean-Marc Alexandre, Hérold Charles Jr. (90+1 Kevin Pierre Lafrance), Peterson Joseph (58 Jean-Eudes Maurice), Jean Junior Monuma Constant, Kervens Fils Belfort (54 Léonel Saint-Preux).   Manager: Antonio Israel Blake Cantero

Goals: Santiago "SANTI" CAZORLA González (8), Francesc "CESC" FÀBREGAS Soler (19) / Wilde-Donald Guerrier (75)

620. 12.06.2013

SPAIN v REPUBLIC OF IRELAND 2-0 (0-0)

Yankee Stadium, New York (United States)

Referee: Jair Marrufo (United States)   Attendance: 39,368

SPAIN: VÍCTOR VALDÉS Arribas (59 IKER CASILLAS Fernández), SERGIO RAMOS García, Álvaro ARBELOA Coca, GERARD PIQUÉ Bernabéu, JORDI ALBA Ramos, ANDRÉS INIESTA Luján (59 Francesc "CESC" FÀBREGAS Soler), Xavier "XAVI" Hernández Creus (69 JUAN Manuel MATA García), DAVID Josué Jiménez SILVA (46 JESÚS NAVAS González), SERGIO BUSQUETS Burgos, PEDRO Eliezer Rodríguez Ledesma (80 Santiago "SANTI" CAZORLA González), DAVID VILLA Sánchez (59 Roberto SOLDADO Rillo).   Manager: Vicente DEL BOSQUE González

REPUBLIC OF IRELAND: David Forde (74 Darren Randolph), Darren O'Dea, Paul McShane, Stephen Kelly (90 Damien Delaney), Séamus Coleman, Sean St Ledger, James McCarthy (84 David Meyler), Jeff Hendrick (46 Stephen Quinn), Conor Sammon, Andy Keogh (74 James McClean), Robbie Keane (57 Simon Cox).
Manager: Giovanni Trapattoni

Goals: Roberto SOLDADO Rillo (69), JUAN Manuel MATA García (88)

621. 16.06.2013   FIFA Confederations Cup 2013 – Group B

URUGUAY v SPAIN 1-2 (0-2)

Estádio Governador Carlos Wilson Rocha de Queirós Campos, São Lourenço da Mata (Brazil)

Referee: Yuichi Nishimura (Japan)   Attendance: 41,705

URUGUAY: Néstor Fernando MUSLERA Micol, José Martín CÁCERES Silva, Diego Alfredo LUGANO Moreno, Diego Roberto GODÍN Leal, Walter Alejandro GARGANO Guevara (63 Marcelo Nicolás LODEIRO Benítez), Cristian Gabriel RODRÍGUEZ Barotti, Victorio Maximiliano "Maxi" PEREIRA Páez, Diego Fernando PÉREZ Aguado (69 Diego Martín FORLÁN Corazo), Luis Alberto SUÁREZ Díaz, Gastón Ezequiel RAMÍREZ Pereyra (46 Álvaro Rafael GONZÁLEZ Luengo), Edinson Roberto CAVANI Gómez.
Manager: Óscar Washington TABÁREZ Sclavo

SPAIN: IKER CASILLAS Fernández, SERGIO RAMOS García, Álvaro ARBELOA Coca, GERARD PIQUÉ Bernabéu, JORDI ALBA Ramos, Francesc "CESC" FÀBREGAS Soler (65 Santiago "SANTI" CAZORLA González), ANDRÉS INIESTA Luján, Xavier "XAVI" Hernández Creus (77 Javier "JAVI" MARTÍNEZ Aginaga), SERGIO BUSQUETS Burgos, PEDRO Eliezer Rodríguez Ledesma (81 JUAN Manuel MATA García), Roberto SOLDADO Rillo.
Manager: Vicente DEL BOSQUE González

Goals: Luis Alberto SUÁREZ Díaz (88) / PEDRO Eliezer Rodríguez Ledesma (20), Roberto SOLDADO Rillo (32)

622. 20.06.2013 FIFA Confederations Cup 2013 – Group B
SPAIN v TAHITI 10-0 (4-0)
Estádio Jornalista Mário Filho, Rio de Janeiro (Brazil)
Referee: Djamel Haimoudi (Algeria)   Attendance: 71,806
SPAIN: José Manuel "PEPE" REINA Páez, SERGIO RAMOS García (46 JESÚS NAVAS González), RAÚL ALBIOL Tortajada, Ignacio "NACHO" MONREAL Eraso, CÉSAR AZPILICUETA Tanco, DAVID Josué Jiménez SILVA, Javier "JAVI" MARTÍNEZ Aginaga, Santiago "SANTI" CAZORLA González (76 ANDRÉS INIESTA Luján), JUAN Manuel MATA García (69 Francesc "CESC" FÀBREGAS Soler), FERNANDO José TORRES Sanz, DAVID VILLA Sánchez.
Manager: Vicente DEL BOSQUE González
TAHITI: Mickaël Roche, Ricky Aitamai, Teheivarii Ludivion, Nicolas Vallar, Jonathan Tehau, Edson Lemaire (74 Yannick Vero), Marama Vahirua, Henri Caroine, Heimano Bourebare (69 Lorenzo Tehau), Steevy Chong Hue, Alvin Tehau (53 Teaonui Tehau).   Manager: Eddy Etaeta
Goals: FERNANDO José TORRES Sanz (5, 33, 57, 78), DAVID SILVA (31, 89), DAVID VILLA Sánchez (39, 49, 64), JUAN Manuel MATA García (66)
FERNANDO José TORRES Sanz missed a penalty kick (78)

623. 23.06.2013   FIFA Confederations Cup 2013 – Group B
NIGERIA v SPAIN 0-3 (0-1)
Estádio Governador Plácido Castelo, Fortaleza (Brazil)
Referee: Joel Antonio Aguilar Chicas (El Salvador)
Attendance: 51,263
NIGERIA: Vincent Enyeama, Elderson Uwa Echiéjilé, Efetobore Ambrose Emuobo, Kenneth Josiah Omeruo (11 Azubuike Egwuekwe), Godfrey Oboabona Itama, John Michael "OBI MIKEL" Nchekwube Obinna, Fegor Ogude, Sunday M'ba (63 John Ogochukwu Ogu), Joseph Akpala (71 Muhammad Gambo), Brown Ideye Aide, Ahmed Musa. Manager: Stephen Okechukwu Keshi
SPAIN: VÍCTOR VALDÉS Arribas, SERGIO RAMOS García, Álvaro ARBELOA Coca, GERARD PIQUÉ Bernabéu, JORDI ALBA Ramos, Francesc "CESC" FÀBREGAS Soler (54 DAVID Josué Jiménez SILVA), ANDRÉS INIESTA Luján, Xavier "XAVI" Hernández Creus, SERGIO BUSQUETS Burgos, PEDRO Eliezer Rodríguez Ledesma (75 DAVID VILLA Sánchez), Roberto SOLDADO Rillo (60 FERNANDO José TORRES Sanz).   Manager: Vicente DEL BOSQUE González
Goals: JORDI ALBA Ramos (3, 88), FERNANDO José TORRES Sanz (62)

624. 27.06.2013   FIFA Confederations Cup 2013 – Semi-finals
SPAIN v ITALY 0-0 (AET)
Estádio Governador Plácido Castelo, Fortaleza (Brazil)
Referee: Howard Melton Webb (England)   Att: 56,083
SPAIN: IKER CASILLAS Fernández, SERGIO RAMOS García, Álvaro ARBELOA Coca, GERARD PIQUÉ Bernabéu, JORDI ALBA Ramos, ANDRÉS INIESTA Luján, Xavier "XAVI" Hernández Creus, DAVID Josué Jiménez SILVA (53 JESÚS NAVAS González), SERGIO BUSQUETS Burgos, PEDRO Eliezer Rodríguez Ledesma (79 JUAN Manuel MATA García), FERNANDO José TORRES Sanz (94 Javier "JAVI" MARTÍNEZ Aginaga).   Manager: Vicente DEL BOSQUE González
ITALY: Gianluigi Buffon, Andrea Barzagli (46 Riccardo Montolivo), Leonardo Bonucci, Giorgio Chiellini, Daniele De Rossi, Andrea Pirlo, Christian Maggio, Claudio Marchisio (80 Alberto Aquilani), Antonio Candreva, Emanuele Giaccherini, Alberto Gilardino (91 Sebastian Giovinco).
Manager: Cesare Claudio Prandelli
Penalties: 1-0 Antonio Candreva, 1-1 Xavier "XAVI" Hernández Creus, 2-1 Alberto Aquilani, 2-2 ANDRÉS INIESTA Luján, 3-2 Daniele De Rossi, 3-3 GERARD PIQUÉ, 4-3 Sebastian Giovinco, 4-4 SERGIO RAMOS García, 5-4 Andrea Pirlo, 5-5 JUAN Manuel MATA García, 6-5 Riccardo Montolivo, 6-6 SERGIO BUSQUETS Burgos, Leonardo Bonucci (missed), 6-7 JESÚS NAVAS González

625. 30.06.2013   FIFA Confederations Cup 2013 – Final
BRAZIL v SPAIN 3-0 (2-0)
Estádio Jornalista Mário Filho, Rio de Janeiro (Brazil)
Referee: Björn Kuipers (Netherlands)   Attendance: 73,531
BRAZIL: JÚLIO CÉSAR Soares Espíndola, Daniel "DANI" ALVES da Silva, THIAGO Emiliano da SILVA, DAVID LUIZ Moreira Marinho, MARCELO Vieira da Silva Júnior, José Paulo Bezerra Maciel Júnior "PAULINHO" (88 Anderson HERNANES de Carvalho Andrade Lima), LUIZ GUSTAVO Dias, OSCAR dos Santos Emboaba Júnior, Givanildo Vieira de Souza "HULK" (73 JÁDSON Rodrigues da Silva), Frederico Chaves Guedes "FRED" (80 João Alves de Assis Silva "JÔ"), NEYMAR da Silva Santos Júnior.
Manager: Luiz Felipe SCOLARI
SPAIN: IKER CASILLAS Fernández, SERGIO RAMOS García, Álvaro ARBELOA Coca (46 CÉSAR AZPILICUETA Tanco), GERARD PIQUÉ Bernabéu, JORDI ALBA Ramos, ANDRÉS INIESTA Luján, Xavier "XAVI" Hernández Creus, JUAN Manuel MATA García (52 JESÚS NAVAS González), SERGIO BUSQUETS Burgos, PEDRO Eliezer Rodríguez Ledesma, FERNANDO José TORRES Sanz (59 DAVID VILLA Sánchez). Manager: Vicente DEL BOSQUE González
Goals: Frederico Chaves Guedes "FRED" (2, 47), NEYMAR da Silva Santos Júnior (44)
SERGIO RAMOS García missed a penalty kick (55)
Sent off: GERARD PIQUÉ Bernabéu (68)

626.   14.08.2013
ECUADOR v SPAIN   0-2 (0-1)

Estadio Monumental Isidro Romero Carbo, Santiago de Guayaquil

Referee: Wilmar Alexander Roldán Pérez (Colombia)
Attendance: 45,000

ECUADOR: Máximo Orlando BANGUERA Valdivieso, Jorge Daniel GUAGUA Tamayo, Gabriel Eduardo ACHILIER Zurita, Segundo Alejandro CASTILLO Nazareno (83 Óscar Dalmiro BAGÜI Angulo), Édison Vicente MÉNDEZ Méndez (64 Arrinton Narciso MINA Vallalba), Pedro Angel QUIÑÓNEZ Rodríguez (52 Christian Fernando NOBOA Tello), Walter Orlando AYOVÍ Corozo, Juan Carlos PAREDES Reasco, Enner Remberto VALENCIA Lastra (62 Alex Renato IBARRA Mina), Joao Robin ROJAS Mendoza (70 Luis Fernando SARITAMA Padilla), Felipe Salvador CAICEDO Corozo.
Manager: Reinaldo RUEDA Rivera

SPAIN: IKER CASILLAS Fernández (50 VÍCTOR VALDÉS Arribas), SERGIO RAMOS García (67 IÑIGO MARTÍNEZ Berridi), RAÚL ALBIOL Tortajada, Álvaro ARBELOA Coca, JORDI ALBA Ramos, ANDRÉS INIESTA Luján (46 THIAGO ALCÂNTARA do Nascimento), DAVID Josué Jiménez SILVA (46 FERNANDO Javier LLORENTE Torres), Javier "JAVI" MARTÍNEZ Aginaga, Santiago "SANTI" CAZORLA González (78 Jorge Resurrección Merodio "KOKE"), Álvaro NEGREDO Sánchez (46 JESÚS NAVAS González), Cristian TELLO Herrera.   Manager: Vicente DEL BOSQUE González

Goals: Álvaro NEGREDO Sánchez (25), Santiago "SANTI" CAZORLA González (63)

The match was interrupted in the 11th minute in memoriam of the recently deceased Ecuadorian player, Christian Rogelio BENÍTEZ Betancourt.

627.   06.09.2013   FIFA World Cup Qualification – Group I
FINLAND v SPAIN   0-2 (0-1)

Helsingin Olympiastadion, Helsinki

Referee: Ivan Bebek (Croatia)   Attendance: 37,492

FINLAND: Niki Mäenpää, Petri Pasanen, Niklas Moisander, Joona Toivio, Roman Eremenko, Teemu Pukki (81 Erfan Zeneli), Kari Arkivuo, Markus Halsti, Teemu Tainio (69 Riku Riski), Alexander Ring (69 Kasper Hämäläinen), Rasmus Schüller.   Manager: Mika-Matti (Mixu) Paatelainen

SPAIN: IKER CASILLAS Fernández, SERGIO RAMOS García, RAÚL ALBIOL Tortajada, JORDI ALBA Ramos, Francesc "CESC" FÀBREGAS Soler (71 Álvaro NEGREDO Sánchez), ANDRÉS INIESTA Luján, Xavier "XAVI" Hernández Creus, MARIO SUÁREZ Mata, PEDRO Eliezer Rodríguez Ledesma (81 Santiago "SANTI" CAZORLA González), Jorge Resurrección Merodio "KOKE", DAVID VILLA Sánchez (56 JESÚS NAVAS González).
Manager: Vicente DEL BOSQUE González

Goals: JORDI ALBA (18), Álvaro NEGREDO Sánchez (86)

628.   10.09.2013
SPAIN v CHILE   2-2 (1-2)

Stade de Genève, Lancy (Switzerland)

Referee: Adrien Jaccottet (Switzerland)   Attendance: 15,635

SPAIN: VÍCTOR VALDÉS Arribas (59 José Manuel "PEPE" REINA Páez), SERGIO RAMOS García (59 José Ignacio Fernández Iglesias "NACHO"), RAÚL ALBIOL Tortajada, Ignacio "NACHO" MONREAL Eraso, Álvaro ARBELOA Coca, Francesc "CESC" FÀBREGAS Soler (46 ANDRÉS INIESTA Luján), Xavier "XAVI" Hernández Creus (46 JESÚS NAVAS González), Francisco Javier "JAVI" GARCÍA Fernández (79 Jorge Resurrección Merodio "KOKE"), Santiago "SANTI" CAZORLA González, PEDRO Eliezer Rodríguez Ledesma, Roberto SOLDADO Rillo (66 Álvaro NEGREDO Sánchez).
Manager: Vicente DEL BOSQUE González

CHILE: Claudio Andrés BRAVO Muñoz, Gary Alexis MEDEL Soto, Marcos Andrés GONZÁLEZ Salazar, Gonzalo Alejandro JARA Reyes (46 Carlos Emilio CARMONA Tello), Mauricio Aníbal ISLA Isla, Arturo Erasmo VIDAL Pardo, Marcelo Alfonso DÍAZ Rojas, Eugenio Esteban MENA Reveco, David Marcelo PIZARRO Cortés (46 Francisco Andrés SILVA Gajardo), Alexis Alejandro SÁNCHEZ Sánchez (90 Antenor Júnior FERNÁNDES da Silva Vitoria), Eduardo Jesús VARGAS Rojas (86 Jean André Emanuel BEAUSEJOUR Coliqueo).
Manager: Jorge Luis SAMPAOLI Moya

Goals: Roberto SOLDADO Rillo (37), JESÚS NAVAS González (90+2) / Eduardo Jesús VARGAS Rojas (5, 44)

629.   11.10.2013   FIFA World Cup Qualification – Group I
SPAIN v BELARUS   2-1 (0-0)

Son Moix, Palma de Mallorca

Referee: Hendrikus Sebastiaan Hermanus (Bas) Nijhuis (Netherlands)   Attendance: 23,142

SPAIN: VÍCTOR VALDÉS Arribas, SERGIO RAMOS García, Ignacio "NACHO" MONREAL Eraso (46 ANDRÉS INIESTA Luján), Álvaro ARBELOA Coca, GERARD PIQUÉ Bernabéu, Francesc "CESC" FÀBREGAS Soler (84 Jorge Resurrección Merodio "KOKE"), Xavier "XAVI" Hernández Creus, DAVID Josué Jiménez SILVA, SERGIO BUSQUETS Burgos, PEDRO Eliezer Rodríguez Ledesma, Miguel Pérez Cuesta "MICHU" (57 Álvaro NEGREDO Sánchez).
Manager: Vicente DEL BOSQUE González

BELARUS: Alyaksandr Gutar, Egor Filipenko, Maksim Bordachev, Dmitriy Verkhovtsov, Aleksandr Martinovich (80 Sergey Kislyak), Anton Putilo (77 Sergey Kornilenko), Sergey Balanovich, Jan Tigorev, Tsimafei Kalachev, Stanislav Dragun, Vitaliy Rodionov (55 Sergey Kryvets).
Manager: Georgiy Kondratiev

Goals: Xavier "XAVI" Hernández Creus (61), Álvaro NEGREDO Sánchez (78) / Sergey Kornilenko (89)

630.　15.10.2013　FIFA World Cup Qualification – Group I
SPAIN v GEORGIA　2-0　(1-0)
Estadio Carlos Belmonte, Albacete

Referee: Florian Meyer (Germany)　Attendance: 16,133

SPAIN: IKER CASILLAS Fernández, SERGIO RAMOS García, Juan Francisco "JUANFRAN" Torres Belén, GERARD PIQUÉ Bernabéu, ALBERTO MORENO Pérez, ANDRÉS INIESTA Luján (82 Francisco Román Alarcón Suárez "ISCO"), Xavier "XAVI" Hernández Creus (66 Jorge Resurrección Merodio "KOKE"), JESÚS NAVAS González, SERGIO BUSQUETS Burgos, PEDRO Eliezer Rodríguez Ledesma (58 JUAN Manuel MATA García), Álvaro NEGREDO Sánchez.
Manager: Vicente DEL BOSQUE González

GEORGIA: Giorgi Loria, Davit (Dato) Kvirkvelia, Akaki Khubutia, Guram Kashia, Giorgi Khidesheli, Ucha Lobjanidze, Aleksandr Kobakhidze, Irakli Dzaria, Shota Grigalashvili (69 Avtandil Ebralidze), Elguja Grigalashvili (75 Levan Khmaladze), Nikoloz Gelashvili (87 Irakli Modebadze).
Manager: Temuri Ketsbaia

Goals: Álvaro NEGREDO Sánchez (26), JUAN Manuel MATA García (61)

631.　16.11.2013
EQUATORIAL GUINEA v SPAIN　1-2　(1-2)
Nuevo Estadio de Malabo, Malabo

Referee: Joaquin Ela Esono (Equatorial Guinea)
Attendance: 13,500

EQUATORIAL GUINEA: Emmanuel DANILO Clementino Silva, Jimmy BERMÚDEZ Valencia, Carlos AKAPO Martínez, Armando Sipoto "SIPO" Bohale Aqueriaco, Diosdado MBELE Mba Mangue, Javier Ángel BALBOA Osa (85 Rodolfo BODIPO Díaz), Viera Ellong DOUALLA (82 EDUARDO Soares Ferreira), JUVENAL Edjogo Owono Montalbán (89 Rubén BELIMA Rodríguez), Thierry Fidjeu-TAZEMETA (60 Jesús VALERIANO Nchama Oyono), Emilio N'SUE López, Ivan BOLADO Palacios (46 Diouzer "DIO" da Cruz dos Santos).
Manager: Jon Andoni GOIKOETXEA Olaskoaga

SPAIN: José Manuel "PEPE" REINA Páez, Juan Francisco "JUANFRAN" Torres Belén, MARC BARTRA Aregall, IÑIGO MARTÍNEZ Berridi (80 SERGIO RAMOS García), ALBERTO MORENO Pérez, Xabier "XABI" ALONSO Olano (43 SERGIO BUSQUETS Burgos), JESÚS NAVAS González (66 PEDRO Eliezer Rodríguez Ledesma), Santiago "SANTI" CAZORLA González (57 DAVID VILLA Sánchez), JUAN Manuel MATA García, Jorge Resurrección Merodio "KOKE" (56 ANDRÉS INIESTA Luján), Álvaro NEGREDO Sánchez (46 FERNANDO Javier LLORENTE Torres).
Manager: Vicente DEL BOSQUE González

Goals: Jimmy BERMÚDEZ Valencia (36) / Santiago "SANTI" CAZORLA González (13), Juan Francisco "JUANFRAN" Torres Belén (42)

632.　19.11.2013
SOUTH AFRICA v SPAIN　1-0　(0-0)
First National Bank Stadium, Johannesburg

Referee: Osiase William Koto (Lesotho)　Attendance: 36,000

IVORY COAST: Itumeleng Khune, Daylon Claasen (46 Siyanda Xulu), Thabo Nthethe, Bongani Khumalo (46 Siphiwe Tshabalala), Anele Ngcongca, Thabo Matlaba, Oupa Manyisa (63 Bongani Zungu), Andile Jali (50 Kamohelo Mokotjo), Dean Furman, Tokelo Rantie, Bernard Parker (90 Ayanda Patosi).　Manager: Gordon George Igesund

SPAIN: IKER CASILLAS Fernández (46 VÍCTOR VALDÉS Arribas, 81 José Manuel "PEPE" REINA Páez), SERGIO RAMOS García, RAÚL ALBIOL Tortajada, Ignacio "NACHO" MONREAL Eraso, Álvaro ARBELOA Coca, ANDRÉS INIESTA Luján (74 Jorge Resurrección Merodio "KOKE"), Xabier "XABI" ALONSO Olano (62 JUAN Manuel MATA García), SERGIO BUSQUETS Burgos, PEDRO Eliezer Rodríguez Ledesma (62 JESÚS NAVAS González), DAVID VILLA Sánchez (57 Álvaro NEGREDO Sánchez), FERNANDO Javier LLORENTE Torres (46 Santiago "SANTI" CAZORLA González).　Manager: Vicente DEL BOSQUE González

Goal: Bernard Parker (56)

633.　05.03.2014
SPAIN v ITALY　1-0　(0-0)
Estadio Vicente Calderón, Madrid

Referee: Yevhen Aranovskyi (Ukraine)　Attendance: 35,000

SPAIN: IKER CASILLAS Fernández (46 VÍCTOR VALDÉS Arribas), SERGIO RAMOS García (66 RAÚL ALBIOL Tortajada), CÉSAR AZPILICUETA Tanco, JORDI ALBA Ramos, Francesc "CESC" FÀBREGAS Soler (46 DAVID Josué Jiménez SILVA), ANDRÉS INIESTA Luján (66 JESÚS NAVAS González), Javier "JAVI" MARTÍNEZ Aginaga, SERGIO BUSQUETS Burgos (46 Xabier "XABI" ALONSO Olano), PEDRO Eliezer Rodríguez Ledesma (82 Santiago "SANTI" CAZORLA González), THIAGO ALCÂNTARA do Nascimento, DIEGO da Silva COSTA.
Manager: Vicente DEL BOSQUE González

ITALY: Gianluigi Buffon, Andrea Barzagli, Gabriel Paletta, Domenico Criscito (46 Mattia De Sciglio), Thiago Motta (62 Emanuele Giaccherini), Riccardo Montolivo, Christian Maggio (46 Ignazio Abate), Claudio Marchisio, Antonio Candreva (46 Andrea Pirlo), Alessio Cerci (69 Ciro Immobile), Pablo Daniel Osvaldo (69 Mattia Destro).
Manager: Cesare Claudio Prandelli

Goal: PEDRO Eliezer Rodríguez Ledesma (63)

634. 30.05.2014
SPAIN v BOLIVIA 2-0 (0-0)

Estadio Ramón Sánchez Pizjuán, Sevilla

Referee: Lorenc Jemini (Albania)   Attendance: 35,000

SPAIN: José Manuel "PEPE" REINA Páez, GERARD PIQUÉ Bernabéu (46 RAÚL ALBIOL Tortajada), CÉSAR AZPILICUETA Tanco, ALBERTO MORENO Pérez, Xavier "XAVI" Hernández Creus (61 SERGIO BUSQUETS Burgos), Javier "JAVI" MARTÍNEZ Aginaga, Santiago "SANTI" CAZORLA González (62 DAVID Josué Jiménez SILVA), JUAN Manuel MATA García (46 ANDRÉS INIESTA Luján), PEDRO Eliezer Rodríguez Ledesma (80 GERARD DEULOFEU Lázaro), Ander ITURRASPE Derteano, FERNANDO José TORRES Sanz (62 Francesc "CESC" FÀBREGAS Soler).
Manager: Vicente DEL BOSQUE González

BOLIVIA: Romel Javier QUIÑÓNEZ Suárez, Diego BEJARANO Ibañez, Ronald EGUINO Segovia, Ronald RALDES Balcazar (90 Edward Mauro ZENTENO Álvarez), Luis Alberto GUTIÉRREZ Herrera, Marvin Orlando BEJARANO Jiménez, Alejandro Saúl CHUMACERO Bracamonte (64 Danny Bryan BEJARANO Yañez), Gualberto MOJICA Olmos (73 Rudy Alejandro CARDOZO Fernández), Alejandro MELEÁN Villarroal (64 Damir MIRANDA Mercado), Juan Carlos ARCE Justiniano (72 Vicente ARZE Camacho), Marcelo MORENO Martins (82 Alcides PEÑA Jiménez).
Manager: Francisco Xabier AZKARGORTA Uriarte

Goals: FERNANDO José TORRES Sanz (51 pen), ANDRÉS INIESTA Luján (84)

635. 07.06.2014   Road to Brazil Series
EL SALVADOR v SPAIN 0-2 (0-0)

FedExField, Landover (United States)

Referee: Baldomero Toledo (United States)
Attendance: 50,000

EL SALVADOR: Derby Rafael CARRILLO Berduo, Moisés Xavier GARCÍA Orellana, Jonathan Ernesto BARRIOS Alvarado (87 Mark Léster BLANCO Pineda), Alexander Enrique MENDOZA Rodas, Alexander Vidal LARÍN Hernández, Andrés Alejandro FLORES Mejía (75 Milton Alexander MOLINA Miguel), Richard Guillermo MENJÍVAR Peraza (83 Jonathan Josué ÁGUILA Joya), José Arturo ÁLVAREZ Hernandez (65 Jaime Enrique ALAS Morales), Darwin Adelso CERÉN Delgado, Kevin Osvaldo SANTAMARÍA Guzmán (57 Néstor Raúl RENDEROS López), Rafael Edgardo BURGOS Amaya.
Manager: Albert ROCA Pujol

SPAIN: IKER CASILLAS Fernández (83 DAVID DE GEA Quintana), SERGIO RAMOS García, Juan Francisco "JUANFRAN" Torres Belén, JORDI ALBA Ramos, Francesc "CESC" FÀBREGAS Soler (46 DAVID VILLA Sánchez), ANDRÉS INIESTA Luján (46 DAVID Josué Jiménez SILVA), Xabier "XABI" ALONSO Olano (68 SERGIO BUSQUETS Burgos), Javier "JAVI" MARTÍNEZ Aginaga, PEDRO Eliezer Rodríguez Ledesma (46 Santiago "SANTI" CAZORLA González), Jorge Resurrección Merodio "KOKE", DIEGO da Silva COSTA (74 Xavier "XAVI" Hernández Creus).
Manager: Vicente DEL BOSQUE González

Goals: DAVID VILLA Sánchez (60, 87)

Francesc "CESC" FÀBREGAS Soler missed a penalty kick (4)

636. 13.06.2014   FIFA World Cup Final Tournament – Group B
SPAIN v NETHERLANDS 1-5 (1-1)

Complexo Esportivo Cultural Professor Octávio Mangabeira, Salvador (Brazil)

Referee: Nicola Rizzoli (Italy)   Attendance: 48,173

SPAIN: IKER CASILLAS Fernández, SERGIO RAMOS García, GERARD PIQUÉ Bernabéu, CÉSAR AZPILICUETA Tanco, JORDI ALBA Ramos, ANDRÉS INIESTA Luján, Xabier "XABI" ALONSO Olano (63 PEDRO Eliezer Rodríguez Ledesma), Xavier "XAVI" Hernández Creus, DAVID Josué Jiménez SILVA (78 Francesc "CESC" FÀBREGAS Soler), SERGIO BUSQUETS Burgos, DIEGO da Silva COSTA (63 FERNANDO José TORRES Sanz).   Manager: Vicente DEL BOSQUE González

NETHERLANDS: Jasper Cillessen, Ron Vlaar, Daryl Janmaat, Daley Blind, Stefan de Vrij (77 Joël Veltman), Bruno Martins Indi, Nigel de Jong, Wesley Sneijder, Jonathan de Guzmán (62 Georginio Wijnaldum), Robin van Persie (79 Jeremain Lens), Arjen Robben.   Manager: Louis van Gaal

Goals: Xabier "XABI" ALONSO Olano (27 pen) / Robin van Persie (44, 72), Arjen Robben (53, 80), Stefan de Vrij (64)

637. 18.06.2014   FIFA World Cup Final Tournament – Group B

SPAIN v CHILE   0-2 (0-2)

Estádio Jornalista Mário Filho, Rio de Janeiro (Brazil)

Referee: Mark Geiger (United States)   Attendance: 74,101

SPAIN: IKER CASILLAS Fernández, SERGIO RAMOS García, CÉSAR AZPILICUETA Tanco, JORDI ALBA Ramos, ANDRÉS INIESTA Luján, Xabier "XABI" ALONSO Olano (46 Jorge Resurrección Merodio "KOKE"), DAVID Josué Jiménez SILVA, Javier "JAVI" MARTÍNEZ Aginaga, SERGIO BUSQUETS Burgos, PEDRO Eliezer Rodríguez Ledesma (76 Santiago "SANTI" CAZORLA González), DIEGO da Silva COSTA (64 FERNANDO José TORRES Sanz).
Manager: Vicente DEL BOSQUE González

CHILE: Claudio Andrés BRAVO Muñoz, Gonzalo Alejandro JARA Reyes, Eugenio Esteban MENA Reveco, Arturo Erasmo VIDAL Pardo (88 Carlos Emilio CARMONA Tello), Mauricio Aníbal ISLA Isla, Marcelo Alfonso DÍAZ Rojas, Gary Alexis MEDEL Soto, Francisco Andrés SILVA Gajardo, Charles Mariano ARÁNGUIZ Sandoval (64 Felipe Alejandro GUTIÉRREZ Leiva), Alexis Alejandro SÁNCHEZ Sánchez, Eduardo Jesús VARGAS Rojas (85 Jorge Luis VALDIVIA Toro).
Manager: Jorge Luis SAMPAOLI Moya

Goals: Eduardo Jesús VARGAS Rojas (20), Charles Mariano ARÁNGUIZ Sandoval (43)

638. 23.06.2014   FIFA World Cup Final Tournament – Group B

AUSTRALIA v SPAIN   0-3 (0-1)

Estádio Joaquim Américo Guimarães, Curitiba (Brazil)

Referee: Nawaf Abdullah Ghayyat Shukrallah (Bahrain)
Attendance: 39,375

AUSTRALIA: Mathew Ryan, Ryan McGowan, Matthew Spiranovic, Alex Wilkinson, Jason Davidson, Matt McKay, Mathew Leckie, Mile Jedinak, Oliver Bozanic (72 Mark Bresciano), Tommy Oar (61 James Troisi), Adam Taggart (46 Ben Halloran).   Manager: Angelos Postecoglou

SPAIN: José Manuel "PEPE" REINA Páez, SERGIO RAMOS García, Juan Francisco "JUANFRAN" Torres Belén, RAÚL ALBIOL Tortajada, JORDI ALBA Ramos, ANDRÉS INIESTA Luján, Xabier "XABI" ALONSO Olano (84 DAVID Josué Jiménez SILVA), Santiago "SANTI" CAZORLA González (68 Francesc "CESC" FÀBREGAS Soler), Jorge Resurrección Merodio "KOKE", FERNANDO José TORRES Sanz, DAVID VILLA Sánchez (57 JUAN Manuel MATA García).
Manager: Vicente DEL BOSQUE González

Goals: DAVID VILLA Sánchez (36), FERNANDO José TORRES Sanz (69), JUAN Manuel MATA García (82)

639. 04.09.2014

FRANCE v SPAIN   1-0 (0-0)

Stade de France, Saint-Denis

Referee: Alain Bieri (Switzerland)   Attendance: 79,132

FRANCE: Hugo Lloris, Mathieu Debuchy, Patrice Évra (68 Lucas Digne), Mamadou Sakho, Raphaël Varane, Blaise Matuidi (68 Yohan Cabaye), Mathieu Valbuena (75 Rémy Cabella), Moussa Sissoko (78 Morgan Schneiderlin), Paul Pogba, Karim Benzema, Antoine Griezmann (58 Loïc Rémy).
Manager: Didier Deschamps

SPAIN: DAVID DE GEA Quintana, SERGIO RAMOS García, CÉSAR AZPILICUETA Tanco, MIKEL SAN JOSÉ Domínguez, Daniel "DANI" CARVAJAL Ramos, Francesc "CESC" FÀBREGAS Soler (68 PEDRO Eliezer Rodríguez Ledesma), RAÚL GARCÍA Escudero (58 DAVID Josué Jiménez SILVA), Santiago "SANTI" CAZORLA González (78 Francisco Román Alarcón Suárez "ISCO"), SERGIO BUSQUETS Burgos (46 Ander ITURRASPE Derteano), Jorge Resurrección Merodio "KOKE", DIEGO da Silva COSTA (67 Francisco "PACO" ALCÁCER García).
Manager: Vicente DEL BOSQUE González

Goal: Loïc Rémy (73)

640. 08.09.2014   UEFA Euro 2016 Qualifying – Group C

SPAIN v MACEDONIA   5-1 (3-1)

Estadio Ciudad de Valencia, Valencia

Referee: Anasthasios (Tasos) Sidiropoulos (Greece)
Attendance: 18,553

SPAIN: IKER CASILLAS Fernández, SERGIO RAMOS García (68 MARC BARTRA Aregall), Juan Francisco "JUANFRAN" Torres Belén, RAÚL ALBIOL Tortajada, JORDI ALBA Ramos, Francesc "CESC" FÀBREGAS Soler, DAVID Josué Jiménez SILVA, SERGIO BUSQUETS Burgos, PEDRO Eliezer Rodríguez Ledesma, Jorge Resurrección Merodio "KOKE" (77 MUNIR El Haddadi Mohamed), Francisco "PACO" ALCÁCER García (57 Francisco Román Alarcón Suárez "ISCO").
Manager: Vicente DEL BOSQUE González

MONTENEGRO: Tome Pacovski, Vance Sikov, Ardijan Cuculi, Daniel Mojsov, Stefan Ristovski, Besart Abdurahimi (74 Krste Velkoski), Stefan Spirovski (64 Marjan Radeski), Agim Ibraimi, Adis Jahovic, Aleksandar Trajkovski, Ezgjan Alioski (46 Muhamed Demiri).   Manager: Bosko Djurovski

Goals: SERGIO RAMOS García (16 pen), Francisco "PACO" ALCÁCER García (17), SERGIO BUSQUETS Burgos (45+3), DAVID Josué Jiménez SILVA (50), PEDRO Eliezer Rodríguez Ledesma (90+1) / Agim Ibraimi (28 pen)

641.   09.10.2014   UEFA Euro 2016 Qualifying – Group C
SLOVAKIA v SPAIN 2-1 (1-0)

Stadión Pod Dubnom, Zilina

Referee: Björn Kuipers (Netherlands)   Attendance: 9,478

SLOVAKIA: Matús Kozácik, Martin Skrtel, Tomás Hubocan, Peter Pekarík, Ján Durica, Norbert Gyömbér, Viktor Pecovský, Marek Hamsík, Juraj Kucka (83 Filip Kiss), Vladimír Weiss (54 Michal Duris), Róbert Mak (61 Miroslav Stoch).   Manager: Ján Kozák

SPAIN: IKER CASILLAS Fernández, Juan Francisco "JUANFRAN" Torres Belén (81 Santiago "SANTI" CAZORLA González), RAÚL ALBIOL Tortajada (58 PEDRO Eliezer Rodríguez Ledesma), GERARD PIQUÉ Bernabéu, JORDI ALBA Ramos, Francesc "CESC" FÀBREGAS Soler, ANDRÉS INIESTA Luján, DAVID Josué Jiménez SILVA (71 Francisco "PACO" ALCÁCER García), SERGIO BUSQUETS Burgos, Jorge Resurrección Merodio "KOKE", DIEGO da Silva COSTA.   Manager: Vicente DEL BOSQUE González

Goals: Juraj Kucka (17), Miroslav Stoch (87) / Francisco "PACO" ALCÁCER García (82)

642.   12.10.2014   UEFA Euro 2016 Qualifying – Group C
LUXEMBOURG v SPAIN 0-4 (0-2)

Stade Josy Barthel, Luxembourg City

Referee: Pawel Gil (Poland)   Attendance: 8,125

LUXEMBOURG: Jonathan Joubert, Mario Mutsch (86 Maurice Deville), Maxime Chanot, Chris Philipps, Lars Krogh Gerson, Mathias Jänisch, Stefano Bensi, Dwayn Holter, Laurent Jans, Christopher Martins Pereira (61 David Turpel), Daniël da Mota (75 Ben Payal).   Manager: Luc Holtz

SPAIN: DAVID DE GEA Quintana, GERARD PIQUÉ Bernabéu, JORDI ALBA Ramos, MARC BARTRA Aregall, Daniel "DANI" CARVAJAL Ramos, ANDRÉS INIESTA Luján (70 JUAN BERNAT Velasco), DAVID Josué Jiménez SILVA (70 PEDRO Eliezer Rodríguez Ledesma), SERGIO BUSQUETS Burgos, Jorge Resurrección Merodio "KOKE", DIEGO da Silva COSTA (82 RODRIGO Moreno Machado), Francisco "PACO" ALCÁCER García.   Manager: Vicente DEL BOSQUE González

Goals: DAVID Josué Jiménez SILVA (27), Francisco "PACO" ALCÁCER García (42), DIEGO COSTA (69), JUAN BERNAT Velasco (88)

643.   15.11.2014   UEFA Euro 2016 Qualifying – Group C
SPAIN v BELARUS 3-0 (2-0)

Estadio Nuevo Colombino, Huelva

Referee: Kenn Pii Hansen (Denmark)   Attendance: 19,249

SPAIN: IKER CASILLAS Fernández, SERGIO RAMOS García, Juan Francisco "JUANFRAN" Torres Belén, GERARD PIQUÉ Bernabéu, JORDI ALBA Ramos, Santiago "SANTI" CAZORLA González (69 JOSÉ María CALLEJÓN Bueno), SERGIO BUSQUETS Burgos (46 BRUNO Soriano Llido), PEDRO Eliezer Rodríguez Ledesma, Francisco Román Alarcón Suárez "ISCO" (80 ÁLVARO Borja MORATA Martín), Jorge Resurrección Merodio "KOKE", Francisco "PACO" ALCÁCER García.   Manager: Vicente DEL BOSQUE González

BELARUS: Yuri Zhevnov, Sergey Politevich, Sergey Matvejchik, Aleksandr Martinovich (31 Maksim Bordachev), Aleksey Yanushkevich, Sergey Balanovich, Sergey Kryvets (80 Sergey Kislyak), Pavel Nekhaychik, Tsimafei Kalachev, Stanislav Dragun, Sergey Kornilenko (67 Nikolay Signevich).   Manager: Andrey Zygmantovich

Goals: Francisco Román Alarcón Suárez "ISCO" (18), SERGIO BUSQUETS Burgos (19), PEDRO Eliezer Rodríguez Ledesma (55)

644.   18.11.2014
SPAIN v GERMANY 0-1 (0-0)

Estadio Municipal de Balaídos, Vigo

Referee: Stefan Johannesson (Sweden)   Attendance: 23,954

SPAIN: IKER CASILLAS Fernández (77 Francisco "KIKO" CASILLA Cortés), SERGIO RAMOS García (46 MARC BARTRA Aregall), GERARD PIQUÉ Bernabéu (46 RAÚL ALBIOL Tortajada), CÉSAR AZPILICUETA Tanco, RAÚL GARCÍA Escudero (70 JOSÉ María CALLEJÓN Bueno), BRUNO Soriano Llido, SERGIO BUSQUETS Burgos (46 IGNACIO CAMACHO Barnola), Francisco Román Alarcón Suárez "ISCO", JUAN BERNAT Velasco, Manuel Agudo Durán "NOLITO" (77 PEDRO Eliezer Rodríguez Ledesma), ÁLVARO Borja MORATA Martín.   Manager: Vicente DEL BOSQUE González

GERMANY: Ron-Robert Zieler, Benedikt Höwedes, Shkodran Mustafi, Erik Durm, Antonio Rüdiger, Sami Khedira (90+1 Lars Bender), Toni Kroos, Sebastian Rudy, Mario Götze (84 Max Kruse), Thomas Müller (22 Karim Bellarabi), Kevin Volland.   Manager: Joachim Löw

Goal: Toni Kroos (89)

645. 27.03.2015 UEFA Euro 2016 Qualifying – Group C
SPAIN v UKRAINE 1-0 (1-0)
Estadio Ramón Sánchez Pizjuán, Sevilla

Referee: Cüneyt Çakir (Turkey)   Attendance: 33,775

SPAIN: IKER CASILLAS Fernández, SERGIO RAMOS García, Juan Francisco "JUANFRAN" Torres Belén, GERARD PIQUÉ Bernabéu, JORDI ALBA Ramos (79 JUAN BERNAT Velasco), ANDRÉS INIESTA (74 Santiago "SANTI" CAZORLA González), DAVID Josué Jiménez SILVA, SERGIO BUSQUETS Burgos, Francisco Román Alarcón Suárez "ISCO", Jorge Resurrección Merodio "KOKE", ÁLVARO Borja MORATA Martín (65 PEDRO Eliezer Rodríguez Ledesma).
Manager: Vicente DEL BOSQUE González

UKRAINE: Andriy Pyatov, Oleksandr Kucher, Vyacheslav Shevchuk, Artem Fedetskyi, Yevhen Khacheridi, Ruslan Rotan, Anatoliy Tymoshchuk, Taras Stepanenko (76 Denys Garmash), Yevhen Konoplyanka, Andriy Yarmolenko, Roman Zozulya (32 Artem Kravets, 90+1 Pylyp Budkovsky).
Manager: Mykhaylo Fomenko

Goal: ÁLVARO Borja MORATA Martín (28)

646. 31.03.2015
NETHERLANDS v SPAIN 2-0 (2-0)
Amsterdam ArenA, Amsterdam

Referee: William (Willie) Collum (Scotland)
Attendance: 51,500

NETHERLANDS: Kenneth Vermeer, Daryl Janmaat, Stefan de Vrij, Daley Blind (73 Jonathan de Guzmán), Bruno Martins Indi, Jetro Willems, Wesley Sneijder (62 Georginio Wijnaldum), Davy Klaassen, Klaas-Jan Huntelaar (79 Bas Dost), Luciano Narsingh, Memphis Depay (84 Ibrahim Afellay).   Manager: Guus Hiddink

SPAIN: DAVID DE GEA Quintana, RAÚL ALBIOL Tortajada, GERARD PIQUÉ Bernabéu (68 SERGIO RAMOS García), Daniel "DANI" CARVAJAL Ramos, Francesc "CESC" FÀBREGAS Soler, MARIO SUÁREZ Mata (69 MIKEL SAN JOSÉ Domínguez), Santiago "SANTI" CAZORLA González (76 ANDRÉS INIESTA Luján), PEDRO Eliezer Rodríguez Ledesma (46 Víctor Machín Pérez "VITOLO"), Francisco Román Alarcón Suárez "ISCO" (46 DAVID Josué Jiménez SILVA), JUAN BERNAT Velasco, Juan Miguel Jiménez López "JUANMI" (62 ÁLVARO Borja MORATA Martín).
Manager: Vicente DEL BOSQUE González

Goals: Stefan de Vrij (13), Davy Klaassen (16)

647. 11.06.2015
SPAIN v COSTA RICA 2-1 (2-1)
Estadio Municipal Reino de León, León

Referee: Domagoj Vuckov (Coratia)   Attendance: 13,000

SPAIN: DAVID DE GEA Quintana, SERGIO RAMOS García (58 GERARD PIQUÉ Bernabéu), MIKEL SAN JOSÉ Domínguez (74 SERGIO BUSQUETS Burgos), MARC BARTRA Aregall, Daniel "DANI" CARVAJAL Ramos, Francesc "CESC" FÀBREGAS Soler (82 Francisco Román Alarcón Suárez "ISCO"), ALEIX VIDAL Parreu (46 Víctor Machín Pérez "VITOLO"), Jorge Resurrección Merodio "KOKE" (60 Santiago "SANTI" CAZORLA González), JUAN BERNAT Velasco, Manuel Agudo Durán "NOLITO" (59 DAVID Josué Jiménez SILVA), Francisco "PACO" ALCÁCER García.
Manager: Vicente DEL BOSQUE González

COSTA RICA: Keylor Antonio NAVAS Gamboa, Júnior Enrique DÍAZ Campbell (81 Elías Fernando AGUILAR Vargas), Giancarlo GONZÁLEZ Castro, Michael UMAÑA Corrales, Roy MILLER Hernández, Cristian Esteban GAMBOA Luna, David Alberto GUZMÁN Pérez (69 José Miguel CUBERO Loría), Celso BORGES Mora (89 Álvaro Alberto SABORÍO Chacón), Bryan Jafet RUIZ González, Johán Alberto VENEGAS Ulloa (68 Deyver Antonio VEGA Álvarez), Joel Nathaniel CAMPBELL Samuels.
Manager: Paulo Cesar WANCHOPE Watson

Goals: Francisco "PACO" ALCÁCER García (8), Francesc "CESC" FÀBREGAS Soler (30) / Johán Alberto VENEGAS Ulloa (5)

648. 14.06.2015 UEFA Euro 2016 Qualifying – Group C
BELARUS v SPAIN 0-1 (0-1)
Borisov Arena, Borisov

Referee: Robert Schörgenhofer (Austria)
Attendance: 13,121

BELARUS: Andrey Gorbunov, Egor Filipenko, Maksim Bordachev, Igor Shitov, Aleksandr Martinovich, Aliaksandr Hleb (89 Anton Putilo), Pavel Nekhaychik, Sergey Kislyak (78 Stanislav Dragun), Ivan Maevski, Maksim Volodko (81 Ihar Stasevich), Sergey Kornilenko.
Manager: Aleksandr Khatskevich

SPAIN: IKER CASILLAS Fernández, SERGIO RAMOS García, Juan Francisco "JUANFRAN" Torres Belén, GERARD PIQUÉ Bernabéu, JORDI ALBA Ramos, Francesc "CESC" FÀBREGAS Soler (75 Francisco Román Alarcón Suárez "ISCO"), DAVID Josué Jiménez SILVA (85 JUAN BERNAT Velasco), Santiago "SANTI" CAZORLA González, SERGIO BUSQUETS Burgos, PEDRO Eliezer Rodríguez Ledesma (64 Víctor Machín Pérez "VITOLO"), ÁLVARO Borja MORATA Martín.
Manager: Vicente DEL BOSQUE González

Goal: DAVID Josué Jiménez SILVA (44)

649.　05.09.2015　UEFA Euro 2016 Qualifying – Group C
SPAIN v SLOVAKIA 2-0 (2-0)
Estadio Municipal Carlos Tartiere, Oviedo
Referee: Damir Skomina (Slovenia)　Attendance: 19,874
SPAIN: IKER CASILLAS Fernández, SERGIO RAMOS García, Juan Francisco "JUANFRAN" Torres Belén, GERARD PIQUÉ Bernabéu, JORDI ALBA Ramos, Francesc "CESC" FÀBREGAS Soler (67 Santiago "SANTI" CAZORLA González), ANDRÉS INIESTA Luján (85 Jorge Resurrección Merodio "KOKE"), DAVID Josué Jiménez SILVA, SERGIO BUSQUETS Burgos, PEDRO Eliezer Rodríguez Ledesma, DIEGO da Silva COSTA (75 Francisco "PACO" ALCÁCER García).
Manager: Vicente DEL BOSQUE González
SLOVAKIA: Matús Kozácik, Tomás Hubocan, Peter Pekarík, Lukás Tesák, Kornél Saláta, Norbert Gyömbér, Ján Gregus, Dusan Svento, Marek Hamsík (61 Ondrej Duda), Róbert Mak (46 Michal Duris), Patrik Hrosovský (74 Erik Sabo).
Manager: Ján Kozák
Goals: JORDI ALBA (5), ANDRÉS INIESTA Luján (30 pen)

651.　09.10.2015　UEFA Euro 2016 Qualifying – Group C
SPAIN v LUXEMBOURG 4-0 (1-0)
Estadio Las Gaunas, Logroño
Referee: Sébastien Delférière (Belgium)　Attendance: 14,472
SPAIN: IKER CASILLAS Fernández, Juan Francisco "JUANFRAN" Torres Belén, MARC BARTRA Aregall, GERARD PIQUÉ Bernabéu, JORDI ALBA Ramos, SERGIO BUSQUETS Burgos, Francesc "CESC" FÀBREGAS Soler, DAVID Josué Jiménez SILVA (10 JUAN Manuel MATA García), Santiago "SANTI" CAZORLA González, PEDRO Eliezer Rodríguez Ledesma (77 Manuel Agudo Durán "NOLITO"), ÁLVARO Borja MORATA Martín (33 Francisco "PACO" ALCÁCER García).
Manager: Vicente DEL BOSQUE González
LUXEMBOURG: Jonathan Joubert, Mario Mutsch, Kevin Malget, Maxime Chanot, Laurent Jans, Ricardo Delgado, Lars Krogh Gerson, Ben Payal, Christopher Martins Pereira (79 Daniël da Mota), Stefano Bensi (64 Maurice Deville), Aurélien Joachim (89 David Turpel).　Manager: Luc Holtz
Goals: Santiago "SANTI" CAZORLA González (42, 85), Francisco "PACO" ALCÁCER García (67, 80)

650.　08.09.2015　UEFA Euro 2016 Qualifying – Group C
MACEDONIA v SPAIN 0-1 (0-1)
National Arena Philip II of Macedon, Skopje
Referee: Paolo Tagliavento (Italy)　Attendance: 28,843
MONTENEGRO: Tome Pacovski, Vance Sikov, Vladica Brdarovski, Kire Ristevski, Stefan Askovski (77 Enis Bardi), Leonard Zuta, Nikola Gligorov, Milovan Petrovic, Ferhan Hasani, Mirko Ivanovski (69 Aleksandar Trajkovski), Marjan Radeski (85 Agim Ibraimi).　Manager: Ljubinko Drulovic
SPAIN: DAVID DE GEA Quintana, SERGIO RAMOS García, GERARD PIQUÉ Bernabéu, Daniel "DANI" CARVAJAL Ramos, DAVID Josué Jiménez SILVA, Santiago "SANTI" CAZORLA González (69 Jorge Resurrección Merodio "KOKE"), JUAN Manuel MATA García, SERGIO BUSQUETS Burgos, Francisco Román Alarcón Suárez "ISCO" (78 ANDRÉS INIESTA Luján), JUAN BERNAT Velasco, DIEGO da Silva COSTA (62 Francisco "PACO" ALCÁCER García).
Manager: Vicente DEL BOSQUE González
Goal: Tome Pacovski (8 og)

652.　12.10.2015　UEFA Euro 2016 Qualifying – Group C
UKRAINE v SPAIN 0-1 (0-1)
Olimpiysky Natioal Sports Complex, Kyiv
Referee: Milorad Mazic (Serbia)　Attendance: 61,248
UKRAINE: Andriy Pyatov, Oleksandr Kucher, Vyacheslav Shevchuk, Artem Fedetskyi, Yaroslav Rakitskyi, Ruslan Rotan (87 Oleksandr Zinchenko), Taras Stepanenko, Andriy Yarmolenko, Yevhen Konoplyanka, Denys Garmash (58 Serhiy Rybalka), Artem Kravets (87 Yevhen Seleznyov).
Manager: Mykhaylo Fomenko
SPAIN: DAVID DE GEA Quintana, CÉSAR AZPILICUETA Tanco, MIKEL SAN JOSÉ Domínguez, XABIER ETXEITA Gorritxategi, MARIO GASPAR PÉREZ Martínez, José Ignacio Fernández Iglesias "NACHO", Francesc "CESC" FÀBREGAS Soler (64 JUAN Manuel MATA García), THIAGO ALCÂNTARA do Nascimento, Francisco Román Alarcón Suárez "ISCO", Manuel Agudo Durán "NOLITO" (75 JORDI ALBA Ramos), Francisco "PACO" ALCÁCER García (85 SERGIO BUSQUETS Burgos).
Manager: Vicente DEL BOSQUE González
Goal: MARIO GASPAR PÉREZ Martínez (21)
Francesc "CESC" FÀBREGAS Soler missed a penalty kick (24)

653. 13.11.2015
SPAIN v ENGLAND 2-0 (0-0)

Estadio José Rico Pérez, Alicante

Referee: Paolo Mazzoleni (Italy)   Attendance: 25,300

SPAIN: IKER CASILLAS Fernández, MARC BARTRA Aregall (82 CÉSAR AZPILICUETA Tanco), GERARD PIQUÉ Bernabéu, MARIO GASPAR PÉREZ Martínez, JORDI ALBA Ramos, SERGIO BUSQUETS Burgos (78 Jorge Resurrección Merodio "KOKE"), Francesc "CESC" FÀBREGAS Soler, THIAGO ALCÂNTARA do Nascimento (27 Santiago "SANTI" CAZORLA González), ANDRÉS INIESTA Luján (46 Manuel Agudo Durán "NOLITO"), DIEGO da Silva COSTA (64 JUAN Manuel MATA García), Francisco "PACO" ALCÁCER García (74 PEDRO Eliezer Rodríguez Ledesma).
Manager: Vicente DEL BOSQUE González

ENGLAND: Joe Hart, Phil Jones, Kyle Walker, Chris Smalling (86 Gary Cahill), Ryan Bertrand, Fabian Delph (63 Dele Alli), Michael Carrick (90+1 Jonjo Shelvey), Raheem Sterling, Adam Lallana (63 Eric Dier), Ross Barkley (73 Wayne Rooney), Harry Kane.   Manager: Roy Hodgson

Goals: MARIO GASPAR PÉREZ Martínez (72), Santiago "SANTI" CAZORLA González (84)

xxx. 17.11.2015
BELGIUM v SPAIN

Stade Roi Baudouin, Brussels

This friendly match was cancelled the night before it was planned to take place, due to the terror threat following the November 2015 Paris attacks.

654. 24.03.2016
ITALY v SPAIN 1-1 (0-0)

Stadio Friuli, Udine

Referee: Deniz Aytekin (Germany)   Attendance: 23,300

ITALY: Gianluigi Buffon, Leonardo Bonucci, Matteo Darmian, Davide Astori, Thiago Motta, Antonio Candreva (60 Federico Bernardeschi), Emanuele Giaccherini (79 Luca Antonelli), Alessandro Florenzi (89 Lorenzo De Silvestri), Éder Citadin Martins (51 Lorenzo Insigne), Graziano Pellè (60 Simone Zaza), Marco Parolo (89 Jorge Luiz Frello Filho "Jorginho").   Manager: Antonio Conte

SPAIN: DAVID DE GEA Quintana, CÉSAR AZPILICUETA Tanco, SERGIO RAMOS García (46 José Ignacio Fernández Iglesias "NACHO"), Juan Francisco Torres Belén "JUANFRAN" (79 JORDI ALBA Ramos), GERARD PIQUÉ Bernabéu, MIKEL SAN JOSÉ Domínguez, Francesc "CESC" FÀBREGAS Soler, JUAN Manuel MATA García (46 Jorge Resurrección Merodio "KOKE"), THIAGO ALCÂNTARA do Nascimento (61 Francisco Román Alarcón Suárez "ISCO"), ARITZ ADURIZ Zubeldia (71 DAVID Josué Jiménez SILVA), ÁLVARO Borja MORATA Martín (86 Francisco "PACO" ALCÁCER García).
Manager: Vicente DEL BOSQUE González

Goals: Lorenzo Insigne (68) / ARITZ ADURIZ Zubeldia (70)

655. 27.03.2016
ROMANIA v SPAIN 0-0

Cluj Arena, Cluj-Napoca

Referee: Ruddy Buquet (France)   Attendance: 29,631

ROMANIA: Ciprian Tatarusanu, Cristian Sapunaru, Vlad Chiriches, Dragos Grigore, Steliano Filip, Ovidiu Hoban, Mihail Pintilii (90+1 Adrian Ropotan), Nicolae Stanciu (85 Lucian Sânmartean), Adrian Popa (61 Gabriel Torje), Bogdan Stancu (66 Andrei Ivan), Florin Andone (74 Raul Rusescu).
Manager: Anghel Iordanescu

SPAIN: IKER CASILLAS Fernández, MARC BARTRA Aregall, GERARD PIQUÉ Bernabéu (52 José Ignacio Fernández Iglesias "NACHO"), JORDI ALBA Ramos, MARIO GASPAR PÉREZ Martínez, Jorge Resurrección Merodio "KOKE", PEDRO Eliezer Rodríguez Ledesma (67 JUAN Manuel MATA García), SERGI ROBERTO Carnicer (60 Francesc "CESC" FÀBREGAS Soler), DAVID Josué Jiménez SILVA (79 ÁLVARO Borja MORATA Martín), Manuel Agudo Durán "NOLITO" (46 Francisco Román Alarcón Suárez "ISCO"), Francisco "PACO" ALCÁCER García (60 ARITZ ADURIZ Zubeldia).
Manager: Vicente DEL BOSQUE González

656. 29.05.2016
SPAIN v BOSNIA & HERZEGOVINA 3-1 (2-1)

AFG Arena, St Gallen (Switzerland)

Referee: Stephan Klossner (Switzerland)
Attendance: 17,000

SPAIN: SERGIO ASENJO Andrés, CÉSAR AZPILICUETA Tanco, MIKEL SAN JOSÉ Domínguez (83 PABLO FORNALS Malla), MARC BARTRA Aregall, HÉCTOR BELLERÍN Moruno, Francesc "CESC" FÀBREGAS Soler (60 DIEGO Javier LLORENTE Ríos), DAVID Josué Jiménez SILVA (46 DENIS SUÁREZ Fernández), BRUNO Soriano Llido, MARCO ASENSIO Willemsen (60 IÑAKI WILLIAMS Arthuer), ARITZ ADURIZ Zubeldia (46 PEDRO Eliezer Rodríguez Ledesma), Manuel Agudo Durán "NOLITO" (60 MIKEL OYARZABAL Ugarte).   Manager: Vicente DEL BOSQUE González

BOSNIA & HERZEGOVINA: Asmir Begovic, Emir Spahic, Ervin Zukanovic, Ognjen Vranjes (90 Samir Memisevic), Muahmed Besic, Sead Kolasinac, Anel Hadzic (67 Haris Medunjanin), Miralem Pjanic, Edin Visca (46 Izet Hajrovic), Edin Dzeko (22 Milan Djuric, 78 Srdjan Grahovac), Armin Hodzic (57 Haris Duljevic).   Manager: Mehmed Bazdarevic

Goals: Manuel Agudo Durán "NOLITO" (11, 18), PEDRO Eliezer Rodríguez Ledesma (90+4) / Emir Spahic (29)

Sent off: Emir Spahic (45+1)

657.   01.06.2016
SPAIN v SOUTH KOREA 6-1 (3-0)
Red Bull Arena, Wals-Siezenheim (Austria)
Referee: Harald Lechner (Austria)   Attendance: 31,800
SPAIN: IKER CASILLAS Fernández (74 SERGIO RICO González), CÉSAR AZPILICUETA Tanco (46 JORDI ALBA Ramos), MARC BARTRA Aregall, GERARD PIQUÉ Bernabéu (59 ARITZ ADURIZ Zubeldia), HÉCTOR BELLERÍN Moruno, Francesc "CESC" FÀBREGAS Soler (46 SERGIO BUSQUETS Burgos), DAVID Josué Jiménez SILVA (46 PEDRO Eliezer Rodríguez Ledesma), ANDRÉS INIESTA Luján (46 THIAGO ALCÂNTARA do Nascimento), BRUNO Soriano Llido, Manuel Agudo Durán "NOLITO", ÁLVARO Borja MORATA Martín.   Manager: Vicente DEL BOSQUE González

SOUTH KOREA: Kim Jin-Hyeon, Yun Suk-Young (79 Rim Chang-Woo), Kim Kee-Hee (60 Kwak Tae-Hwi), Hong Jeong-Ho, Jang Hyun-Soo (69 Lee Yong), Ki Sung-Yueng, Han Kook-Young (60 Ju Se-Jong), Son Heung-Min (60 Lee Jae-Sung), Nam Tae-Hee, Ji Dong-Won, Hwang Ui-Jo (46 Suk Hyun-Jun).   Manager: Uli Stielike

Goals: DAVID Josué Jiménez SILVA (30), Francesc "CESC" FÀBREGAS (32), Manuel Agudo Durán "NOLITO" (38, 54), ÁLVARO Borja MORATA Martín (50, 89) / Ju Se-Jong (82)

658.   07.06.2016
SPAIN v GEORGIA 0-1 (0-1)
Coliseum Alfonso Pérez, Getafe
Referee: Vilhjálmur Alvar Thórarinsson (Iceland)
Attendance: 14,650

SPAIN: DAVID DE GEA Quintana, SERGIO RAMOS García (46 MIKEL SAN JOSÉ Domínguez), Juan Francisco Torres Belén "JUANFRAN" (46 HÉCTOR BELLERÍN Moruno), GERARD PIQUÉ Bernabéu, JORDI ALBA Ramos, SERGIO BUSQUETS Burgos (76 PEDRO Eliezer Rodríguez Ledesma), Francesc "CESC" FÀBREGAS Soler (46 ANDRÉS INIESTA Luján), THIAGO ALCÂNTARA do Nascimento (46 Jorge Resurrección Merodio "KOKE"), ARITZ ADURIZ Zubeldia, LUCAS VÁZQUEZ Iglesias (61 DAVID Josué Jiménez SILVA), Manuel Agudo Durán "NOLITO".
Manager: Vicente DEL BOSQUE González

GEORGIA: Nukri Revishvili (55 Roin Kvaskhvadze), Aleksandr Amisulashvili, Giorgi Navalovski (84 Aleksandr Kobakhidze), Ucha Lobjanidze, Guram Kashia, Tornike Okriashvili, Solomon Kvirkvelia, Giorgi Aburjania (78 Zurab Tsiskaridze), Jambuli (Jaba) Jighauri, Vladimer Dvalishvili (72 Giorgi Chanturia), Valeri (Vako) Qazaishvili (72 Giorgi Kvilitaia).   Manager: Vladimír Weiss

Goal: Tornike Okriashvili (40)

659.   13.06.2016   UEFA European Championship – Group D
SPAIN v CZECH REPUBLIC 1-0 (0-0)
Stade Municipal de Toulouse, Toulouse (France)
Referee: Szymon Marciniak (Poland)   Attendance: 29,400

SPAIN: DAVID DE GEA Quintana, Juan Francisco Torres Belén "JUANFRAN", SERGIO RAMOS García, GERARD PIQUÉ Bernabéu, JORDI ALBA Ramos, SERGIO BUSQUETS Burgos, Francesc "CESC" FÀBREGAS Soler (70 THIAGO ALCÂNTARA do Nascimento), DAVID Josué Jiménez SILVA, ANDRÉS INIESTA Luján, Manuel Agudo Durán "NOLITO" (82 PEDRO Eliezer Rodríguez Ledesma), ÁLVARO Borja MORATA Martín (62 ARITZ ADURIZ Zubeldia).
Manager: Vicente DEL BOSQUE González

CZECH REPUBLIC: Petr Cech, Roman Hubník, Tomás Sivok, David Limberský, Theodor Gebre Selassie (86 Josef Sural), Pavel Kaderábek, Jaroslav Plasil, Tomás Rosický (88 David Pavelka), Ladislav Krejcí, Vladimír Darida, Tomás Necid (75 David Lafata).   Manager: Vrba Pavel

Goal: GERARD PIQUÉ Bernabéu (87)

660.   17.06.2016   UEFA European Championship – Group D
SPAIN v TURKEY 3-0 (2-0)
Allianz Riviera, Nice (France)
Referee: Milorad Mazic (Serbia)   Attendance: 33,409

SPAIN: DAVID DE GEA Quintana, Juan Francisco Torres Belén "JUANFRAN", SERGIO RAMOS García, GERARD PIQUÉ Bernabéu, JORDI ALBA Ramos (81 CÉSAR AZPILICUETA Tanco), SERGIO BUSQUETS Burgos, Francesc "CESC" FÀBREGAS Soler (71 Jorge Resurrección Merodio "KOKE"), DAVID Josué Jiménez SILVA (64 BRUNO Soriano Llido), ANDRÉS INIESTA Luján, Manuel Agudo Durán "NOLITO", ÁLVARO Borja MORATA Martín.
Manager: Vicente DEL BOSQUE González

TURKEY: Volkan Babacan, Hakan Balta, Caner Erkin, Gökhan Gönül, Mehmet Topal, Arda Turan, Selçuk Inan (70 Yunus Malli), Oguzhan Özyakup (62 Olcay Sahan), Ozan Tufan, Burak Yilmaz, Hakan Çalhanoglu (46 Nuri Sahin).
Manager: Fatih Terim

Goals: ÁLVARO Borja MORATA Martín (34, 48), Manuel Agudo Durán "NOLITO" (37)

661. 21.06.2016   UEFA European Championship – Group D
CROATIA v SPAIN 2-1 (1-1)
Nouveau Stade de Bordeaux, Bordeaux (France)
Referee: Björn Kuipers (Netherlands)   Attendance: 37,245
CROATIA: Danijel Subasic, Darijo Srna, Vedran Corluka, Sime Vrsaljko, Tin Jedvaj, Ivan Rakitic, Milan Badelj, Marko Rog (82 Mateo Kovacic), Ivan Perisic (90+4 Andrej Kramaric), Nikola Kalinic, Marko Pjaca (90+2 Duje Cop).
Manager: Ante Cacic
SPAIN: DAVID DE GEA Quintana, Juan Francisco Torres Belén "JUANFRAN", SERGIO RAMOS García, GERARD PIQUÉ Bernabéu, JORDI ALBA Ramos, SERGIO BUSQUETS Burgos, Francesc "CESC" FÀBREGAS Soler (84 THIAGO ALCÂNTARA do Nascimento), ANDRÉS INIESTA Luján, DAVID Josué Jiménez SILVA, ÁLVARO Borja MORATA Martín (67 ARITZ ADURIZ Zubeldia), Manuel Agudo Durán "NOLITO" (60 BRUNO Soriano Llido).
Manager: Vicente DEL BOSQUE González
Goals: Nikola Kalinic (45), Ivan Perisic (87) / ÁLVARO Borja MORATA Martín (7)
SERGIO RAMOS García missed a penalty kick (72)

662. 27.06.2016   UEFA European Championship – Quarter-final
ITALY v SPAIN 2-0 (1-0)
Stade de France, Saint-Denis (France)
Referee: Cüneyt Çakir (Turkey)   Attendance: 76,165
ITALY: Gianluigi Buffon, Andrea Barzagli, Leonardo Bonucci, Giorgio Chiellini, Mattia De Sciglio, Daniele De Rossi (54 Thiago Motta), Marco Parolo, Alessandro Florenzi (84 Matteo Darmian), Éder Citadin Martins (82 Lorenzo Insigne), Graziano Pellè, Emanuele Giaccherini.
Manager: Antonio Conte
SPAIN: DAVID DE GEA Quintana, Juan Francisco Torres Belén "JUANFRAN", SERGIO RAMOS García, GERARD PIQUÉ Bernabéu, JORDI ALBA Ramos, SERGIO BUSQUETS Burgos, Francesc "CESC" FÀBREGAS Soler, DAVID Josué Jiménez SILVA, ANDRÉS INIESTA Luján, Manuel Agudo Durán "NOLITO" (46 ARITZ ADURIZ Zubeldia, 81 PEDRO Eliezer Rodríguez Ledesma), ÁLVARO Borja MORATA Martín (70 LUCAS VÁZQUEZ Iglesias).
Manager: Vicente DEL BOSQUE González
Goals: Giorgio Chiellini (33), Graziano Pellè (90+1)

663. 01.09.2016
BELGIUM v SPAIN 0-2 (0-1)
Stade Roi Baudouin, Brussels
Referee: Benoît Bastien (France)   Attendance: 38,000
BELGIUM: Thibaut Courtois, Thomas Meunier, Toby Alderweireld, Jan Vertonghen, Jordan Lukaku, Axel Witsel, Radja Nainggolan (46 Moussa Dembélé), Yannick Carrasco (77 Kevin Mirallas), Eden Hazard, Divock Origi (67 Romelu Lukaku), Kevin De Bruyne (87 Steven Defour).
Manager: ROBERTO MARTÍNEZ Montoliú
SPAIN: DAVID DE GEA Quintana, Daniel "DANI" CARVAJAL Ramos (85 SERGI ROBERTO Carnicer), GERARD PIQUÉ Bernabéu (59 MARC BARTRA Aragall), SERGIO RAMOS García, JORDI ALBA Ramos (59 CÉSAR AZPILICUETA Tanco), SERGIO BUSQUETS Burgos, Jorge Resurrección Merodio "KOKE", THIAGO ALCÂNTARA do Nascimento, DAVID Josué Jiménez SILVA (75 LUCAS VÁZQUEZ Iglesias), Víctor Machín Pérez "VITOLO" (75 SAÚL Ñíguez Esclapez), ÁLVARO Borja MORATA Martín (27 DIEGO da Silva COSTA). Manager: Julen LOPETEGUI Agote
Goals: DAVID Josué Jiménez SILVA (34, 63 pen)

664. 05.09.2016   FIFA World Cup Qualification – Group G
SPAIN v LIECHTENSTEIN 8-0 (1-0)
Estadio Municipal Reino de León, León
Referee: Simon Lee Evans (Wales)   Attendance: 12,139
SPAIN: DAVID DE GEA Quintana, SERGIO RAMOS García, GERARD PIQUÉ Bernabéu, JORDI ALBA Ramos, SERGIO BUSQUETS Burgos, Jorge Resurrección Merodio "KOKE", DAVID Josué Jiménez SILVA, THIAGO ALCÂNTARA do Nascimento (46 Manuel Agudo Durán "NOLITO"), SERGI ROBERTO Carnicer, Víctor Machín Pérez "VITOLO" (80 MARCO ASENSIO Willemsen), DIEGO da Silva COSTA (69 ÁLVARO Borja MORATA Martín).
Manager: Julen LOPETEGUI Agote
LIECHTENSTEIN: Peter Jehle, Martin Rechsteiner (71 Seyhan Yildiz), Daniel Kaufmann, Maximilian Göppel, Martin Büchel (85 Robin Gubser), Michele Polverino, Nicolas Hasler, Sandro Wieser, Marcel Büchel, Franz Burgmeier, Dennis Salanovic (78 Sandro Wolfinger).   Manager: René Pauritsch
Goals: DIEGO da Silva COSTA (10, 66), SERGI ROBERTO Carnicer (55), DAVID Josué Jiménez SILVA (59, 90+1), Víctor Machín Pérez "VITOLO" (60), ÁLVARO Borja MORATA Martín (82, 83)

665. 06.10.2016   FIFA World Cup Qualification – Group G
ITALY v SPAIN 1-1 (0-0)

Juventus Stadium, Torino

Referee: Dr. Felix Brych (Germany)   Attendance: 38,470

ITALY: Gianluigi Buffon, Andrea Barzagli, Alessio Romagnoli, Leonardo Bonucci, Daniele De Rossi, Mattia De Sciglio, Marco Parolo (76 Andrea Belotti), Riccardo Montolivo (30 Giacomo Bonaventura), Alessandro Florenzi, Éder Citadin Martins, Graziano Pellè (60 Ciro Immobile).
Manager: Gian Piero Ventura

SPAIN: DAVID DE GEA Quintana, Daniel "DANI" CARVAJAL Ramos, SERGIO RAMOS García, GERARD PIQUÉ Bernabéu, JORDI ALBA Ramos (22 José Ignacio Fernández Iglesias "NACHO"), Jorge Resurrección Merodio "KOKE", SERGIO BUSQUETS Burgos, ANDRÉS INIESTA Luján, DAVID Josué Jiménez SILVA, Víctor Machín Pérez "VITOLO" (84 THIAGO ALCÂNTARA do Nascimento), DIEGO da Silva COSTA (67 ÁLVARO Borja MORATA Martín).
Manager: Julen LOPETEGUI Agote

Goals: Daniele De Rossi (82 pen) /
Víctor Machín Pérez "VITOLO" (55)

666. 09.10.2016   FIFA World Cup Qualification – Group G
ALBANIA v SPAIN 0-2 (0-0)

Loro Boriçi Stadiumi, Shkodër

Referee: Hendrikus Sebastiaan Hermanus (Bas) Nijhuis (Netherlands)   Attendance: 15,425

ALBANIA: Etrit Berisha, Ansi Agolli, Mërgim Mavraj, Ermir Lenjani (46 Naser Aliji), Elseid Hysaj, Berat Djimsiti, Andi Lila, Odise Roshi, Ledian Memushaj (68 Migjen Basha), Taulant Xhaka (75 Jahmir Hyka), Bekim Balaj.
Manager: Giovanni De Biasi

SPAIN: DAVID DE GEA Quintana, Ignacio "NACHO" MONREAL Eraso, SERGIO RAMOS García (80 IÑIGO MARTÍNEZ Berridi), GERARD PIQUÉ Bernabéu, SERGIO BUSQUETS Burgos, Jorge Resurrección Merodio "KOKE", ANDRÉS INIESTA Luján (78 Francisco Román Alarcón Suárez "ISCO"), DAVID Josué Jiménez SILVA, THIAGO ALCÂNTARA do Nascimento, Víctor Machín Pérez "VITOLO" (60 Manuel Agudo Durán "NOLITO"), DIEGO da Silva COSTA.   Manager: Julen LOPETEGUI Agote

Goals: DIEGO da Silva COSTA (55),
Manuel Agudo Durán "NOLITO" (63)

667. 12.11.2016   FIFA World Cup Qualification – Group G
SPAIN v MACEDONIA 4-0 (1-0)

Estadio Nuevo Los Cármenes, Granada

Referee: Robert Schörgenhofer (Austria)
Attendance: 16,622

SPAIN: DAVID DE GEA Quintana, Daniel "DANI" CARVAJAL Ramos, Ignacio "NACHO" MONREAL Eraso, MARC BARTRA Aragall, José Ignacio Fernández Iglesias "NACHO", Jorge Resurrección Merodio "KOKE" (72 Francisco Román Alarcón Suárez "ISCO"), SERGIO BUSQUETS Burgos, DAVID Josué Jiménez SILVA, THIAGO ALCÂNTARA do Nascimento, Víctor Machín Pérez "VITOLO" (87 JOSÉ María CALLEJÓN Bueno), ÁLVARO Borja MORATA Martín (60 ARITZ ADURIZ Zubeldia).
Manager: Julen LOPETEGUI Agote

MONTENEGRO: Stole Dimitrievski, Daniel Mojsov, Stefan Ristovski, Kire Ristevski, Darko Velkovski, Ezgjan Alioski, Stefan Spirovski (60 Leonard Zuta), Ferhan Hasani (87 Nikola Gjorgjev), Enis Bardi, Goran Pandev, Ilija Nestorovski (82 Besart Ibraimi).   Manager: Igor Angelovski

Goals: Darko Velkovski (34 og), Víctor Machín Pérez "VITOLO" (63), Ignacio "NACHO" MONREAL Eraso (84), ARITZ ADURIZ Zubeldia (85)

668. 15.11.2016
ENGLAND v SPAIN 2-2 (1-0)

Wembley Stadium, London

Referee: Ovidiu Alin Hategan (Romania)
Attendance: 83,716

ENGLAND: Joe Hart (46 Tom Heaton), John Stones, Danny Rose (79 Aaron Cresswell), Nathaniel Clyne, Gary Cahill (46 Phil Jagielka), Jesse Lingard, Raheem Sterling (65 Andros Townsend), Adam Lallana (27 Theo Walcott), Jordan Henderson, Eric Dier, Jamie Vardy (67 Marcus Rashford).
Manager: Gareth Southgate

SPAIN: José Manuel "PEPE" REINA Páez, Daniel "DANI" CARVAJAL Ramos, CÉSAR AZPILICUETA Tanco, IÑIGO MARTÍNEZ Berridi, José Ignacio Fernández Iglesias "NACHO", SERGIO BUSQUETS Burgos (78 Manuel Agudo Durán "NOLITO"), JUAN Manuel MATA García (46 IAGO ASPAS Juncal), THIAGO ALCÂNTARA do Nascimento (56 ANDER HERRERA Agüera), DAVID Josué Jiménez SILVA (64 Francisco Román Alarcón Suárez "ISCO"), Víctor Machín Pérez "VITOLO" (46 Jorge Resurrección Merodio "KOKE"), ARITZ ADURIZ Zubeldia (64 ÁLVARO Borja MORATA Martín).   Manager: Julen LOPETEGUI Agote

Goals: Adam Lallana (9 pen), Jamie Vardy (48) / IAGO ASPAS Juncal (89), Francisco Román Alarcón Suárez "ISCO" (90+6)

669. 24.03.2017   FIFA World Cup Qualification – Group G
SPAIN v ISRAEL 4-1 (2-0)
Estadio Municipal El Molinón, Gijón
Referee: Michael Oliver (England)   Attendance: 20,321
SPAIN: DAVID DE GEA Quintana, Daniel "DANI" CARVAJAL Ramos, SERGIO RAMOS García, GERARD PIQUÉ Bernabéu, JORDI ALBA Ramos, Víctor Machín Pérez "VITOLO" (84 IAGO ASPAS Juncal), SERGIO BUSQUETS Burgos, ANDRÉS INIESTA Luján (70 Francisco Román Alarcón Suárez "ISCO"), DAVID Josué Jiménez SILVA, THIAGO ALCÂNTARA do Nascimento (63 Jorge Resurrección Merodio "KOKE"), DIEGO da Silva COSTA. Manager: Julen LOPETEGUI Agote
ISRAEL: Ofir Marciano, Eitan Tibi (19 Taleb Twatiha), Rami Gershon, Eli Dasa, Shir Tzedek, Bibras Natkho, Eran Zahavi, Almog Cohen, Dan Einbinder (60 David Keltjens), Lior Refaelov, Tal Ben Haim (64 Tomer Hemed). Manager: Elisha Levy
Goals: DAVID Josué Jiménez SILVA (13), Víctor Machín Pérez "VITOLO" (45+1), DIEGO da Silva COSTA (51), Francisco Román Alarcón Suárez "ISCO" (88) / Lior Refaelov (76)

670. 28.03.2017
FRANCE v SPAIN 0-2 (0-0)
Stade de France, Saint-Denis
Referee: Felix Zwayer (Germany)   Attendance: 76,419
FRANCE: Hugo Lloris, Christophe Jallet, Laurent Koscielny, Layvin Kurzawa, Samuel Umtiti, N'Golo Kanté, Corentin Tolisso (80 Thomas Lemar), Adrien Rabiot (46 Tiemoué Bakayoko), Kévin Gameiro (80 Ousmane Dembélé), Kylian Mbappé (65 Olivier Giroud), Antoine Griezmann. Manager: Didier Deschamps
SPAIN: DAVID DE GEA Quintana, Daniel "DANI" CARVAJAL Ramos, SERGIO RAMOS García, GERARD PIQUÉ Bernabéu, JORDI ALBA Ramos (86 Ignacio "NACHO" MONREAL Eraso), SERGIO BUSQUETS Burgos, Jorge Resurrección Merodio "KOKE" (74 ANDER HERRERA Agüera), ANDRÉS INIESTA Luján (52 THIAGO ALCÂNTARA do Nascimento), Francisco Román Alarcón Suárez "ISCO" (53 DAVID Josué Jiménez SILVA), PEDRO Eliezer Rodríguez Ledesma (67 GERARD DEULOFEU Lázaro), ÁLVARO Borja MORATA Martín (84 IAGO ASPAS Juncal). Manager: Julen LOPETEGUI Agote
Goals: DAVID Josué Jiménez SILVA (68 pen), GERARD DEULOFEU Lázaro (77)

671. 07.06.2017
SPAIN v COLOMBIA 2-2 (1-1)
Estadio Nueva Condomina, Murcia
Referee: Slavko Vincic (Slovenia)   Attendance: 31,179
SPAIN: José Manuel "PEPE" REINA Páez, CÉSAR AZPILICUETA Tanco, GERARD PIQUÉ Bernabéu (56 GERARD DEULOFEU Lázaro), JORDI ALBA Ramos (46 SAÚL Ñíguez Esclapez), José Ignacio Fernández Iglesias "NACHO", Jorge Resurrección Merodio "KOKE", ANDRÉS INIESTA Luján (46 MARCO ASENSIO Willemsen), DAVID Josué Jiménez SILVA (46 Ignacio "NACHO" MONREAL Eraso), PEDRO Eliezer Rodríguez Ledesma (76 Víctor Machín Pérez "VITOLO"), ASIER ILLARRAMENDI Andonegi, IAGO ASPAS Juncal (56 ÁLVARO Borja MORATA Martín). Manager: Julen LOPETEGUI Agote
COLOMBIA: David OSPINA Ramírez, Santiago ARIAS Naranjo, Davinson SÁNCHEZ Mina (46 Oscar Fabián MURILLO Murillo), Cristián Eduardo ZAPATA Valencia, Pablo Estifer ARMERO, Carlos Alberto SÁNCHEZ Moreno, Abel Enrique AGUILAR Tapias (65 Daniel Alejandro TORRES Rojas), James David RODRÍGUEZ Rubio (79 Luis Fernando MURIEL Fruito), Juan Guillermo CUADRADO Bello (87 José Heriberto IZQUIERDO Jero), Edwin Andrés CARDONA Bedoya (65 Giovanni Andres MORENO Cardona), Radamel FALCAO García Zárate (76 Carlos Arturo BACCA Ahumada). Manager: José Néstor Pékerman
Goals: DAVID Josué Jiménez SILVA (22), ÁLVARO MORATA Martín (87) / Edwin Andrés CARDONA Bedoya (39), Radamel FALCAO García Zárate (55)

672. 11.06.2017   FIFA World Cup Qualification – Group G
MACEDONIA v SPAIN 1-2 (0-2)
Telekom Arena, Skopje
Referee: Pawel Gil (Poland)   Attendance: 20,675
MONTENEGRO: Stole Dimitrievski, Stefan Ristovski, Vance Sikov, Daniel Mojsov (85 Ivan Trickovski), Kire Ristevski, Kristijan Tosevski (74 Aleksandar Trajkovski), Stefan Spirovski, Ostoja Stjepanovic (46 Eljif Elmas), Goran Pandev, Ilija Nestorovski, Ezgjan Alioski.   Manager: Igor Angelovski
SPAIN: DAVID DE GEA Quintana, Daniel "DANI" CARVAJAL Ramos, SERGIO RAMOS García, GERARD PIQUÉ Bernabéu, JORDI ALBA Ramos, SERGIO BUSQUETS Burgos, ANDRÉS INIESTA Luján (90+2 SAÚL Ñíguez Esclapez), DAVID Josué Jiménez SILVA (69 PEDRO Eliezer Rodríguez Ledesma), THIAGO ALCÂNTARA do Nascimento (74 Jorge Resurrección Merodio "KOKE"), Francisco Román Alarcón Suárez "ISCO", DIEGO da Silva COSTA. Manager: Julen LOPETEGUI Agote
Goals: Stefan Ristovski (66) / DAVID Josué Jiménez SILVA (15), DIEGO COSTA (27)

673. 02.09.2017   FIFA World Cup Qualification – Group G

SPAIN v ITALY 3-0 (2-0)

Estadio Santiago Bernabéu, Madrid

Referee: Björn Kuipers (Netherlands)   Attendance: 73,628

SPAIN: DAVID DE GEA Quintana, Daniel "DANI" CARVAJAL Ramos, SERGIO RAMOS García, GERARD PIQUÉ Bernabéu, JORDI ALBA Ramos, Jorge Resurrección Merodio "KOKE", SERGIO BUSQUETS Burgos, ANDRÉS INIESTA Luján (72 ÁLVARO Borja MORATA Martín), DAVID Josué Jiménez SILVA, Francisco Román Alarcón Suárez "ISCO" (89 DAVID VILLA Sánchez), MARCO ASENSIO Willemsen (78 SAÚL Ñíguez Esclapez).   Manager: Julen LOPETEGUI Agote

ITALY: Gianluigi Buffon, Andrea Barzagli, Leonardo Bonucci, Matteo Darmian, Leonardo Spinazzola, Daniele De Rossi, Antonio Candreva (70 Federico Bernardeschi), Marco Verratti, Ciro Immobile (78 Manolo Gabbiadini), Lorenzo Insigne, Andrea Belotti (70 Éder Citadin Martins).

Manager: Gian Piero Ventura

Goals: Francisco Román Alarcón Suárez "ISCO" (13, 40), ÁLVARO Borja MORATA Martín (77)

674. 05.09.2017   FIFA World Cup Qualification – Group G

LIECHTENSTEIN v SPAIN 0-8 (0-4)

Rheinpark Stadion, Vaduz

Referee: Ivaylo Stoyanov (Bulgaria)   Attendance: 5,864

LIECHTENSTEIN: Peter Jehle, Maximilian Göppel, Daniel Kaufmann, Ivan Quintans (60 Seyhan Yildiz), Andreas Malin, Sandro Wieser, Franz Burgmeier (83 Sandro Wolfinger), Martin Büchel, Nicolas Hasler, Dennis Salanovic, Michele Polverino (78 Aron Sele).   Manager: René Pauritsch

SPAIN: DAVID DE GEA Quintana, Ignacio "NACHO" MONREAL Eraso, SERGIO RAMOS García (46 José Ignacio Fernández Iglesias "NACHO"), GERARD PIQUÉ Bernabéu, SERGIO BUSQUETS Burgos, ANDRÉS INIESTA Luján, PEDRO Eliezer Rodríguez Ledesma, THIAGO ALCÂNTARA do Nascimento, DAVID Josué Jiménez SILVA (46 IAGO ASPAS Juncal), Francisco Román Alarcón Suárez "ISCO" (56 GERARD DEULOFEU Lázaro), ÁLVARO Borja MORATA Martín.   Manager: Julen LOPETEGUI Agote

Goals: SERGIO RAMOS García (3), ÁLVARO Borja MORATA Martín (15, 54), Francisco Román Alarcón Suárez "ISCO" (16), DAVID Josué Jiménez SILVA (39), IAGO ASPAS (51, 63), Maximilian Göppel (89 og)

675. 06.10.2017   FIFA World Cup Qualification – Group G

SPAIN v ALBANIA 3-0 (3-0)

Estadio José Rico Pérez, Alicante

Referee: Aleksey Igorevich Eskov (Russia)
Attendance: 25,397

SPAIN: DAVID DE GEA Quintana, SERGIO RAMOS García, GERARD PIQUÉ Bernabéu (60 José Ignacio Fernández Iglesias "NACHO"), JORDI ALBA Ramos, ÁLVARO ODRIOZOLA Arzallus, Jorge Resurrección Merodio "KOKE", THIAGO ALCÂNTARA do Nascimento, SAÚL Ñíguez Esclapez, DAVID Josué Jiménez SILVA (74 MARCO ASENSIO Willemsen), Francisco Román Alarcón Suárez "ISCO", RODRIGO Moreno Machado (82 ARITZ ADURIZ Zubeldia).   Manager: Julen LOPETEGUI Agote

ALBANIA: Etrit Berisha, Elseid Hysaj, Freddie Veseli, Iván Balliu (46 Armando Sadiku), Azdren Llullaku, Ledian Memushaj, Taulant Xhaka, Hysen Memolla (46 Ansi Agolli), Eros Grezda (66 Liridon Latifi), Arlind Ajeti, Ergys Kaçe.

Manager: Christian Panucci

Goals: RODRIGO Moreno Machado (16), Francisco Román Alarcón Suárez "ISCO" (23), THIAGO ALCÂNTARA do Nascimento (26)

676. 09.10.2017   FIFA World Cup Qualification – Group G

ISRAEL v SPAIN 0-1 (0-0)

Itztadion Teddy, Jerusalem

Referee: Craig Alexander Thomson (Scotland)
Attendance: 28,700

ISRAEL: Ariel Harush, Tal Ben Haim, Eitan Tibi, Ofir Davidzada, Bibras Natkho, Almog Cohen, Maor Melikson (55 Tal Ben Haim), David Keltjens, Marwan Kabha (67 Nir Biton), Eliran Atar (74 Yossi Benayoun), Tomer Hemed.   Manager: Elisha Levy

SPAIN: José Manuel "PEPE" REINA Páez, CÉSAR AZPILICUETA Tanco, SERGIO RAMOS García (46 IAGO ASPAS Juncal), Ignacio "NACHO" MONREAL Eraso, José Ignacio Fernández Iglesias "NACHO", SERGIO BUSQUETS Burgos, PEDRO Eliezer Rodríguez Ledesma (76 JOSÉ María CALLEJÓN Bueno), ASIER ILLARRAMENDI Andonegi, JONATHAN VIERA Ramos, MARCO ASENSIO Willemsen, ARITZ ADURIZ Zubeldia (66 Francisco Román Alarcón Suárez "ISCO").   Manager: Julen LOPETEGUI Agote

Goal: ASIER ILLARRAMENDI Andonegi (76)

677. 11.11.2017
SPAIN v COSTA RICA 5-0 (2-0)
Estadio La Rosaleda, Málaga
Referee: Anasthasios (Tasos) Sidiropoulos (Greece)
Attendance: 29,300

SPAIN: KEPA Arrizabalaga Revuelta, SERGIO RAMOS García (46 José Ignacio Fernández Iglesias "NACHO"), GERARD PIQUÉ Bernabéu (46 MARC BARTRA Aragall), JORDI ALBA Ramos, ÁLVARO ODRIOZOLA Arzallus, SERGIO BUSQUETS Burgos (46 SAÚL Ñíguez Esclapez), THIAGO ALCÂNTARA do Nascimento, DAVID Josué Jiménez SILVA, ANDRÉS INIESTA Luján (74 LUIS ALBERTO Romero Alconchel), Francisco Román Alarcón Suárez "ISCO" (65 MARCO ASENSIO Willemsen), ÁLVARO Borja MORATA Martín (46 IAGO ASPAS Juncal).
Manager: Julen LOPETEGUI Agote

COSTA RICA: Danny Gabriel CARVAJAL Rodríguez, Kendall Jamaal WASTON Manley (63 Kenner GUTIÉRREZ Cerdas), Óscar Esau DUARTE Gaitan (56 Giancarlo GONZÁLEZ Castro), Francisco Javier CALVO Quesada, Cristian Esteban GAMBOA Luna, Celso BORGES Mora, Yeltsin Ignacio TEJEDA Valverde, Bryan Josué OVIEDO Jiménez (66 Ronald Alberto MATARRITA Ulate), Christián BOLAÑOS Navarro (60 Rodney WALLACE Burns), Marcos Danilo UREÑA Porras (56 José Guillermo ORTÍZ Picado), Jóhan Alberto VENEGAS Ulloa (75 Osvaldo Roberto RODRÍGUEZ Flores).
Manager: Óscar Antonio RAMÍREZ Hernández

Goals: JORDI ALBA Ramos (6), ÁLVARO Borja MORATA Martín (23), DAVID Josué Jiménez SILVA (51, 55), ANDRÉS INIESTA Luján (73)

678. 14.11.2017
RUSSIA v SPAIN 3-3 (1-2)
Saint Petersburg Stadium, Saint Petersburg
Referee: Gianluca Rocchi (Italy)   Attendance: 45,480

RUSSIA: Andrey Lunev, Fedor Kudryashov (75 Konstantin Rausch), Viktor Vasin, Igor Smolnikov (87 Vladislav Ignatyev), Georgi Dzhikiya, Yuriy Zhirkov (82 Dmitriy Kombarov), Denis Glushakov, Alan Dzagoev (62 Aleksandr Kokorin), Daler Kuzyaev (62 Aleksandr Erokhin), Aleksey Miranchuk (67 Anton Miranchuk), Fedor Smolov.
Manager: Stanislav Cherchesov

SPAIN: DAVID DE GEA Quintana, José Ignacio Fernández Iglesias "NACHO", SERGIO RAMOS García (58 Víctor Machín Pérez "VITOLO"), GERARD PIQUÉ Bernabéu, JORDI ALBA Ramos (46 ALBERTO MORENO Pérez), SERGIO BUSQUETS Burgos (58 DAVID Josué Jiménez SILVA), ANDRÉS INIESTA Luján (46 ASIER ILLARRAMENDI Andonegi), THIAGO ALCÂNTARA do Nascimento (61 SAÚL Ñíguez Esclapez), MARCO ASENSIO Willemsen, RODRIGO Moreno Machado, Jesús Joaquín Fernández Sáenz de la Torre "SUSO" (46 JOSÉ María CALLEJÓN Bueno).   Manager: Julen LOPETEGUI

Goals: Fedor Smolov (41, 70), Aleksey Miranchuk (51) / JORDI ALBA (9), SERGIO RAMOS García (35 pen, 53 pen)

679. 23.03.2018
GERMANY v SPAIN 1-1 (1-1)
Esprit Arena, Düsseldorf
Referee: William (Willie) Collum (Scotland)
Attendance: 50,653

GERMANY: Marc-André ter Stegen, Jérôme Boateng, Mats Hummels, Joshua Kimmich, Mesut Özil, Sami Khedira (53 Ilkay Gündogan), Toni Kroos, Jonas Hector, Julian Draxler (68 Leroy Sané), Thomas Müller (81 Leon Goretzka), Timo Werner (84 Mario Gómez).   Manager: Joachim Löw

SPAIN: DAVID DE GEA Quintana, Daniel "DANI" CARVAJAL Ramos, SERGIO RAMOS García, GERARD PIQUÉ Bernabéu (51 José Ignacio Fernández Iglesias "NACHO"), JORDI ALBA Ramos, Jorge Resurrección Merodio "KOKE", THIAGO ALCÂNTARA do Nascimento (82 Rodrigo "RODRI" HERNÁNDEZ Cascante), DAVID Josué Jiménez SILVA (71 LUCAS VÁZQUEZ Iglesias), ANDRÉS INIESTA Luján (46 SAÚL Ñíguez Esclapez), Francisco Román Alarcón Suárez "ISCO" (59 MARCO ASENSIO Willemsen), RODRIGO Moreno Machado (65 DIEGO da Silva COSTA).
Manager: Julen LOPETEGUI Agote

Goals: Thomas Müller (35) / RODRIGO Moreno Machado (6)

680. 27.03.2018
SPAIN v ARGENTINA 6-1 (2-1)
Wanda Metropolitano, Madrid
Referee: Anthony Taylor (England)   Attendance: 65,541

SPAIN: DAVID DE GEA Quintana, Daniel "DANI" CARVAJAL Ramos, SERGIO RAMOS García, GERARD PIQUÉ Bernabéu (72 CÉSAR AZPILICUETA Tanco), JORDI ALBA Ramos (79 MARCOS ALONSO Mendoza), Jorge Resurrección Merodio "KOKE", THIAGO ALCÂNTARA do Nascimento (82 Daniel "DANI" PAREJO Muñoz), MARCO ASENSIO Willemsen, ANDRÉS INIESTA Luján (56 SAÚL Ñíguez Esclapez), Francisco Román Alarcón Suárez "ISCO" (76 LUCAS VÁZQUEZ Iglesias), DIEGO da Silva COSTA (46 IAGO ASPAS Juncal).   Manager: Julen LOPETEGUI Agote

ARGENTINA: Sergio Germán Romero (22 Wilfredo Daniel (Willy) Caballero), Fabricio Tomás BUSTOS Sein (62 Gabriel Iván Mercado), Nicolás Alejandro Tagliafico, Nicolás Hernán Otamendi, Faustino Marcos Alberto Rojo, Javier Alejandro Mascherano (56 Cristian David Pavón), Lucas Rodrigo Biglia, Éver Maximiliano David Banega (62 Pablo Javier Pérez), Maximiliano Eduardo Meza, Giovani Lo Celso (84 Marcos Javier Acuña), Gonzalo Gerardo Higuaín (59 Lautaro Javier Martínez).   Manager: Jorge Luis SAMPAOLI Moya

Goals: DIEGO da Silva COSTA (12), Francisco Román Alarcón Suárez "ISCO" (27, 52, 74), THIAGO ALCÂNTARA do Nascimento (55), IAGO ASPAS Juncal (73) / Nicolás Hernán Otamendi (39)

681. 03.06.2018
SPAIN v SWITZERLAND 1-1 (1-0)
Estadio de la Cerámica, Villarreal
Referee: István Kovács (Romania)   Attendance: 18,350
SPAIN: DAVID DE GEA Quintana, CÉSAR AZPILICUETA Tanco, ÁLVARO ODRIOZOLA Arzallus (70 José Ignacio Fernández Iglesias "NACHO"), GERARD PIQUÉ Bernabéu, JORDI ALBA Ramos (78 Ignacio "NACHO" MONREAL Eraso), Jorge Resurrección Merodio "KOKE", THIAGO ALCÂNTARA do Nascimento, DAVID Josué Jiménez SILVA (60 MARCO ASENSIO Willemsen), ANDRÉS INIESTA Luján (55 SAÚL Ñíguez Esclapez), DIEGO da Silva COSTA (60 RODRIGO Moreno Machado), IAGO ASPAS Juncal (46 LUCAS VÁZQUEZ Iglesias).   Manager: Julen LOPETEGUI Agote
SWITZERLAND: Yann Sommer, Ricardo Rodríguez (78 François Moubandje), Manuel Akanji, Fabian Schär (46 Johan Djourou), Stephan Lichtsteiner (63 Michael Lang), Denis Zakaria, Valon Behrami (63 Gélson Fernandes), Steven Zuber, Blerim Dzemaili (46 Breel Embolo), Xherdan Shaqiri, Haris Seferovic (46 Josip Drmic).   Manager: Vladimir Petkovic
Goals: ÁLVARO ODRIOZOLA Arzallus (29) / Ricardo Rodríguez (62)

682. 09.06.2018
SPAIN v TUNISIA 1-0 (0-0)
Krasnodar FC Stadium, Krasnodar (Russia)
Referee: Hendrikus Sebastiaan Hermanus (Bas) Nijhuis (Netherlands)   Attendance: 33,116
SPAIN: DAVID DE GEA Quintana, ÁLVARO ODRIOZOLA Arzallus (46 José Ignacio Fernández Iglesias "NACHO"), SERGIO RAMOS García, GERARD PIQUÉ Bernabéu, JORDI ALBA Ramos (76 IAGO ASPAS Juncal), SERGIO BUSQUETS Burgos, THIAGO ALCÂNTARA do Nascimento (46 Jorge Resurrección Merodio "KOKE"), DAVID Josué Jiménez SILVA (60 MARCO ASENSIO Willemsen), ANDRÉS INIESTA Luján, Francisco Román Alarcón Suárez "ISCO" (46 LUCAS VÁZQUEZ Iglesias), RODRIGO Moreno Machado (60 DIEGO da Silva COSTA).   Manager: Julen LOPETEGUI Ago
TUNISIA: Aymen Mathlouthi, Dylan Bronn, Syam Ben Youssef (90 Bassem Srarfi), Yassine Meriah, Ali Maâloul (58 Oussema Haddadi), Fakhreddine Ben Youssef, Saîf-Eddine Khaoui (62 Mohamed Amin Ben Amor), Ellyes Skhiri, Ferjani Sassi, Anice Badri (78 Yohan Ben Alouane), Naïm Sliti (70 Saber Khalifa).   Manager: Nabil Maâloul
Goal: IAGO ASPAS Juncal (84)

683. 15.06.2018   FIFA World Cup Final Tournament – Group B
PORTUGAL v SPAIN 3-3 (2-1)
Fisht Olympic Stadium, Sochi (Russia)
Referee: Gianluca Rocchi (Italy)   Attendance: 43,866
PORTUGAL: RUI Pedro dos Santos PATRÍCIO, Képler Laveran Loma Ferreira "PEPE", JOSÉ Miguel da Rocha FONTE, CÉDRIC Ricardo Alves SOARES, RAPHAËL Adelino José GUERREIRO, JOÃO Filipe Iria Santos MOUTINHO, WILLIAM Silva de CARVALHO, GONÇALO Manuel Ganchinho GUEDES (80 ANDRÉ Miguel Valente SILVA), BRUNO Miguel Borges FERNANDES (68 JOÃO MÁRIO Naval da Costa Eduardo), CRISTIANO RONALDO dos Santos Aveiro, BERNARDO Mota Veiga de Carvalho e SILVA (69 RICARDO Andrade QUARESMA Bernardo).
Manager: FERNANDO Manuel Fernandes da Costa SANTOS
SPAIN: DAVID DE GEA Quintana, José Ignacio Fernández Iglesias "NACHO", SERGIO RAMOS García, GERARD PIQUÉ Bernabéu, JORDI ALBA Ramos, SERGIO BUSQUETS Burgos, Jorge Resurrección Merodio "KOKE", ANDRÉS INIESTA Luján (70 THIAGO ALCÂNTARA do Nascimento), DAVID Josué Jiménez SILVA (86 LUCAS VÁZQUEZ Iglesias), Francisco Román Alarcón Suárez "ISCO", DIEGO da Silva COSTA (77 IAGO ASPAS Juncal).   Manager: Fernando Ruiz HIERRO
Goals: CRISTIANO RONALDO (4 pen, 44, 88) / DIEGO da Silva COSTA (24, 55), José Ignacio Fernández Iglesias "NACHO" (58)

684. 20.06.2018   FIFA World Cup Final Tournament – Group B
IRAN v SPAIN 0-1 (0-0)
Kazan Arena, Kazan (Russia)
Referee: Andrés Ismael Cunha Soca (Uruguay)
Attendance: 42,718
IRAN: Alireza Beiranvand, Ramin Rezaeian, Majid Hosseini, Morteza Pouraliganji, Ehsan Haj Safi (69 Milad Mohammadi), Karim Ansarifard (74 Alireza Jahanbakhsh), Omid Ebrahimi, Mehdi Taremi, Saeid Ezatolahi, Vahid Amiri (86 Saman Ghoddos), Sardar Azmoun.
Manager: Carlos Manuel Brito Leal Queiroz
SPAIN: DAVID DE GEA Quintana, Daniel "DANI" CARVAJAL Ramos, SERGIO RAMOS García, GERARD PIQUÉ Bernabéu, JORDI ALBA Ramos, SERGIO BUSQUETS Burgos, ANDRÉS INIESTA Luján (71 Jorge Resurrección Merodio "KOKE"), DAVID Josué Jiménez SILVA, Francisco Román Alarcón Suárez "ISCO", LUCAS VÁZQUEZ Iglesias (80 MARCO ASENSIO Willemsen), DIEGO da Silva COSTA (89 RODRIGO Moreno Machado).
Manager: Fernando Ruiz HIERRO
Goal: DIEGO da Silva COSTA (54)

685. 25.06.2018   FIFA World Cup Final Tournament – Group B
SPAIN v MOROCCO 2-2 (1-1)
Kaliningrad Stadium, Kaliningrad (Russia)
Referee: Ravshan Irmatov (Uzbekistan)   Attendance: 33,973
SPAIN: DAVID DE GEA Quintana, Daniel "DANI" CARVAJAL Ramos, SERGIO RAMOS García, GERARD PIQUÉ Bernabéu, JORDI ALBA Ramos, SERGIO BUSQUETS Burgos, ANDRÉS INIESTA Luján, DAVID Josué Jiménez SILVA (84 RODRIGO Moreno Machado), THIAGO ALCÂNTARA do Nascimento (74 MARCO ASENSIO Willemsen), Francisco Román Alarcón Suárez "ISCO", DIEGO da Silva COSTA (74 IAGO ASPAS Juncal).   Manager: Fernando Ruiz HIERRO
MOROCCO: Munir El Kajoui, Nabil Dirar, Romain Saïss, Manuel Da Costa, Achraf Hakimi, Nordin Amrabat, Karim El Ahmadi, Younès Belhanda (63 Fayçal Fajr), Moubarak Boussoufa, Hakim Ziyech (85 Aziz Bouhaddouz), Khalid Boutaïb (72 Youssef En-Nesyri).   Manager: Hervé Renard
Goals: Khalid Boutaïb (14), Youssef En-Nesyri (81) / Francisco Román Alarcón Suárez "ISCO" (19), IAGO ASPAS Juncal (90+1)

686. 01.07.2018   FIFA World Cup Final Tournament – Round of 16
SPAIN v RUSSIA 1-1 (1-1, 1-1) (AET)
Grand Sports Arena of the Luzhniki Olympic Complex, Moscow (Russia)
Referee: Björn Kuipers (Netherlands)   Attendance: 78,011
SPAIN: DAVID DE GEA Quintana, SERGIO RAMOS García, GERARD PIQUÉ Bernabéu, JORDI ALBA Ramos, José Ignacio Fernández Iglesias "NACHO" (70 Daniel "DANI" CARVAJAL Ramos), Jorge Resurrección Merodio "KOKE", DAVID Josué Jiménez SILVA (67 ANDRÉS INIESTA Luján), SERGIO BUSQUETS Burgos, Francisco Román Alarcón Suárez "ISCO", MARCO ASENSIO Willemsen (104 RODRIGO Moreno Machado), DIEGO da Silva COSTA (80 IAGO ASPAS Juncal).   Manager: Fernando Ruiz HIERRO
RUSSIA: Igor Akinfeev, Fedor Kudryashov, Sergey Ignashevich, Mário Fernandes, Ilya Kutepov, Yuriy Zhirkov (46 Vladimir Granat), Aleksandr Samedov (61 Denis Cheryshev), Daler Kuzyaev (97 Aleksandr Erokhin), Roman Zobnin, Artem Dzyuba (65 Fedor Smolov), Aleksandr Golovin.   Manager: Stanislav Cherchesov
Goals: Sergey Ignashevich (12 og) / Artem Dzyuba (41 pen)
Penalties: 1-0 ANDRÉS INIESTA Luján, 1-1 Fedor Smolov, 2-1 GERARD PIQUÉ Bernabéu, 2-2 Sergey Ignashevich, Jorge Resurrección Merodio "KOKE" (missed), 2-3 Aleksandr Golovin, 3-3 SERGIO RAMOS García, 3-4 Denis Cheryshev, IAGO ASPAS Juncal (missed)

687. 08.09.2018   UEFA Nations League – Group A4
ENGLAND v SPAIN 1-2 (1-2)
Wembley Stadium, London
Referee: Danny Desmond Makkelie (Netherlands)   Attendance: 81,392
ENGLAND: Jordan Pickford, Kieran Trippier, Harry Maguire, John Stones, Luke Shaw (53 Danny Rose), Joe Gomez, Jordan Henderson (64 Eric Dier), Dele Alli, Jesse Lingard, Harry Kane, Marcus Rashford (90+4 Danny Welbeck).   Manager: Gareth Southgate
SPAIN: DAVID DE GEA Quintana, Daniel "DANI" CARVAJAL Ramos, SERGIO RAMOS García, MARCOS ALONSO Mendoza (87 IÑIGO MARTÍNEZ Berridi), José Ignacio Fernández Iglesias "NACHO", SERGIO BUSQUETS Burgos, THIAGO ALCÂNTARA do Nascimento (80 SERGI ROBERTO Carnicer), Francisco Román Alarcón Suárez "ISCO", SAÚL Ñíguez Esclapez, IAGO ASPAS Juncal (68 MARCO ASENSIO Willemsen), RODRIGO Moreno Machado.   Manager: LUIS ENRIQUE Martínez García
Goals: Marcus Rashford (11) / SAÚL Ñíguez Esclapez (13), RODRIGO Moreno Machado (32)

688. 11.09.2018   UEFA Nations League – Group A4
SPAIN v CROATIA 6-0 (3-0)
Estadio Manuel Martínez Valero, Elche
Referee: Benoît Bastien (France)   Attendance: 26,900
SPAIN: DAVID DE GEA Quintana, Daniel "DANI" CARVAJAL Ramos (75 CÉSAR AZPILICUETA Tanco), SERGIO RAMOS García, José Ignacio Fernández Iglesias "NACHO", JOSÉ Luis GAYÁ Peña, SERGIO BUSQUETS Burgos (59 Rodrigo "RODRI" HERNÁNDEZ Cascante), MARCO ASENSIO Willemsen, Daniel "DANI" CEBALLOS Fernández, RODRIGO Moreno Machado, Francisco Román Alarcón Suárez "ISCO", SAÚL Ñíguez Esclapez (65 THIAGO ALCÂNTARA do Nascimento).   Manager: LUIS ENRIQUE Martínez García
CROATIA: Lovre Kalinic, Domagoj Vida, Josip Pivaric, Sime Vrsaljko (20 Marko Rog), Matej Mitrovic, Luka Modric, Ivan Rakitic, Ivan Perisic, Marcelo Brozovic (62 Marko Pjaca), Mateo Kovacic, Ivan Santini (71 Marko Livaja).   Manager: Zlatko Dalic
Goals: SAÚL Ñíguez Esclapez (24), MARCO ASENSIO (33), Lovre Kalinic (35 og), RODRIGO Moreno Machado (49), SERGIO RAMOS García (57), Francisco Román Alarcón Suárez "ISCO" (70)

689. 11.10.2018
WALES v SPAIN 1-4 (0-3)
Principality Stadium, Cardiff
Referee: Anthony Taylor (England)   Attendance: 50,232
WALES: Wayne Hennessey, Ben Davies (62 Jazz Richards), Ashley Williams (46 James Chester), Declan John (62 Tom Lawrence), Ethan Ampadu (50 Andy King), Joe Allen (62 Matthew Smith), Aaron Ramsey, Harry Wilson (46 David Brooks), Connor Roberts, Sam Vokes, Chris Gunter.   Manager: Ryan Giggs
SPAIN: DAVID DE GEA Quintana (46 KEPA Arrizabalaga Revuelta), CÉSAR AZPILICUETA Tanco (63 Jonathan "JONNY" CASTRO Otto), SERGIO RAMOS García (46 MARC BARTRA Aregall), RAÚL ALBIOL Tortajada, SAÚL Ñíguez Esclapez (46 Jorge Resurrección Merodio "KOKE"), Daniel "DANI" CEBALLOS Fernández, JOSÉ Luis GAYÁ Peña, Rodrigo "RODRI" HERNÁNDEZ Cascante, ÁLVARO Borja MORATA Martín, Francisco "PACO" ALCÁCER García (73 IAGO ASPAS Juncal), Jesús Joaquín Fernández Sáez de la Torre "SUSO" (81 RODRIGO Moreno Machado).   Manager: LUIS ENRIQUE Martínez García
Goals: Sam Vokes (89) /
Francisco "PACO" ALCÁCER García (8, 29),
SERGIO RAMOS García (19), MARC BARTRA Aregall (74)

690.   15.10.2018   UEFA Nations League – Group A4
SPAIN v ENGLAND 2-3 (0-3)
Estadio Benito Villamarín, Sevilla
Referee: Szymon Marciniak (Poland)   Attendance: 50,355
SPAIN: DAVID DE GEA Quintana, SERGIO RAMOS García, MARCOS ALONSO Mendoza, José Ignacio Fernández Iglesias "NACHO", Jonathan "JONNY" CASTRO Otto, SERGIO BUSQUETS Burgos, THIAGO ALCÂNTARA do Nascimento, SAÚL Ñíguez Esclapez (57 Francisco "PACO" ALCÁCER García), MARCO ASENSIO Willemsen, IAGO ASPAS Juncal (57 Daniel "DANI" CEBALLOS Fernández), RODRIGO Moreno Machado (72 ÁLVARO Borja MORATA Martín).   Manager: LUIS ENRIQUE Martínez García
ENGLAND: Jordan Pickford, Kieran Trippier (85' Trent Alexander-Arnold), Harry Maguire, Joe Gomez, Ben Chilwell, Ross Barkley (76 Kyle Walker), Eric Dier, Harry Winks (90+1 Nathaniel Chalobah), Harry Kane, Raheem Sterling, Marcus Rashford.   Manager: Gareth Southgate
Goals: Francisco "PACO" ALCÁCER García (58), SERGIO RAMOS García (90+7) /
Raheem Sterling (16, 38), Marcus Rashford (29)

691.   15.11.2018   UEFA Nations League – Group A4
CROATIA v SPAIN 3-2 (0-0)
Stadion Maksimir, Zagreb
Referee: Aleksey Kulbakov (Belarus)   Attendance: 33,018
CROATIA: Lovre Kalinic, Domagoj Vida, Dejan Lovren, Sime Vrsaljko, Tin Jedvaj, Luka Modric, Ivan Rakitic (68 Nikola Vlasic), Ivan Perisic, Marcelo Brozovic, Andrej Kramaric (89 Marko Pjaca), Ante Rebic (74 Josip Brekalo).   Manager: Zlatko Dalic
SPAIN: DAVID DE GEA Quintana, SERGI ROBERTO Carnicer, SERGIO RAMOS García, JORDI ALBA Ramos, IÑIGO MARTÍNEZ Berridi, SERGIO BUSQUETS Burgos, Francisco Román Alarcón Suárez "ISCO", SAÚL Ñíguez Esclapez (74 Jesús Joaquín Fernández Sáez de la Torre "SUSO"), Daniel "DANI" CEBALLOS Fernández, IAGO ASPAS Juncal (64 ÁLVARO Borja MORATA Martín), RODRIGO Moreno Machado (61 MARCO ASENSIO Willemsen).   Manager: LUIS ENRIQUE Martínez García
Goals: Andrej Kramaric (54), Tin Jedvaj (69, 90+3) /
Daniel "DANI" CEBALLOS Fernández (56),
SERGIO RAMOS García (78 pen)

692.   18.11.2018
SPAIN v BOSNIA & HERZEGOVINA 1-0 (0-0)
Estadio Gran Canaria, Las Palmas de Gran Canaria
Referee: Carlos Miguel Taborda Xistra (Portugal)
Attendance: 15,000
SPAIN: KEPA Arrizabalaga Revuelta (75 PAU LÓPEZ Sabata), Jonathan "JONNY" CASTRO Otto (51 CÉSAR AZPILICUETA Tanco), JOSÉ Luis GAYÁ Peña, DIEGO Javier LLORENTE Ríos, MARIO HERMOSO Canseco, Francisco Román Alarcón Suárez "ISCO", MARCO ASENSIO Willemsen, Daniel "DANI" CEBALLOS Fernández (64 PABLO FORNALS Malla), Jesús Joaquín Fernández Sáez de la Torre "SUSO" (59 BRAIS MÉNDEZ Portela), Rodrigo "RODRI" HERNÁNDEZ Cascante, ÁLVARO Borja MORATA Martín (64 RODRIGO Moreno Machado).   Manager: LUIS ENRIQUE Martínez García
BOSNIA & HERZEGOVINA: Ibrahim Sehic, Ervin Zukanovic, Ermin Bicakcic, Bojan Nastic, Edin Visca (81 Rijad Bajic), Gojko Cimirot, Muhamed Besic, Elvis Saric (79 Sanjin Prcic), Rade Krunic (62 Haris Duljevic), Amer Gojak, Edin Dzeko (85 Kenan Kodro-Maksumic).
Manager: Robert Prosinecki
Goal: BRAIS MÉNDEZ Portela (78)

693. 23.03.2019   Euro 2020 Qualifying – Group F
SPAIN v NORWAY 2-1 (1-0)
Estadio de Mestalla, Valencia

Referee: Andris Treimanis (Latvia)   Attendance: 39,752

SPAIN: DAVID DE GEA Quintana, SERGIO RAMOS García, JORDI ALBA Ramos, IÑIGO MARTÍNEZ Berridi, JESÚS NAVAS González, Daniel "DANI" PAREJO Muñoz (76 Rodrigo "RODRI" HERNÁNDEZ Cascante), SERGIO BUSQUETS Burgos, MARCO ASENSIO Willemsen, Daniel "DANI" CEBALLOS Fernández (74 Sergio CANALES Madrazo), ÁLVARO Borja MORATA Martín (89 Jaime MATA Arnaiz), RODRIGO Moreno Machado.
Manager: LUIS ENRIQUE Martínez García

NORWAY: Rune Jarstein, Håvard Nordtveit, Omar Alebdellaoui, Haitam Aleesami, Kristoffer Ajer, Stefan Johansen (77 Ola Kamara), Markus Henriksen, Ole Selnæs, Tarik Elyounoussi (55 Bjørn Johnsen), Joshua King, Martin Ødegaard (56 Mohamed Elyounoussi).
Manager: Lars Lagerbäck

Goals: RODRIGO Moreno Machado (16), SERGIO RAMOS García (71 pen) / Joshua King (65 pen)

694. 26.03.2019   Euro 2020 Qualifying – Group F
MALTA v SPAIN 0-2 (0-1)
Ta'Qali National Stadium, Attard

Referee: Andrew Dallas (Scotland)   Attendance: 16,542

MALTA: Henry Bonello, Jonathan Caruana (85 Karl Micallef), Joseph Zerafa, Steve Borg, Zach Muscat, Paul Fenech, John Mintoff (69 Michael Mifsud), Juan Corbalan, Kyrian Nwoko, Matthew Guillaumier, Joseph Mbong (65 Rowen Muscat).   Manager: Ray Farrugia

SPAIN: KEPA Arrizabalaga Revuelta, SERGIO RAMOS García, SERGI ROBERTO Carnicer, JUAN BERNAT Velasco (56 Iker MUNIAIN Goñi), JOSÉ Luis GAYÁ Peña, MARIO HERMOSO Canseco, Sergio CANALES Madrazo, SAÚL Ñíguez Esclapez (65 JESÚS NAVAS González), MARCO ASENSIO Willemsen, Rodrigo "RODRI" HERNÁNDEZ Cascante, ÁLVARO Borja MORATA Martín (79 RODRIGO Moreno Machado).
Manager: LUIS ENRIQUE Martínez García

Goals: ÁLVARO Borja MORATA Martín (31, 73)

695. 07.06.2019   Euro 2020 Qualifying – Group F
FAROE ISLANDS v SPAIN 1-4 (1-3)
Tórsvøllur, Tórshavn

Referee: Enea Jorgji (Albania)   Attendance: 3,226

FAROE ISLANDS: Teitur Gestsson, Odmar Færø, Atli Gregersen, Viljormur Davidsen, Brandur Hendriksson Olsen, Sølvi Vatnhamar, Heini Vatnsdal (74 Rógvi Baldvinsson), Hallur Hansson, Árni Frederiksberg (86 Meinhard Olsen), Klæmint Olsen (68 Patrik Johannesen), Gilli Rólantsson.
Manager: Lars Olsen

SPAIN: KEPA Arrizabalaga Revuelta, SERGIO RAMOS García (46 DIEGO Javier LLORENTE Ríos), JOSÉ Luis GAYÁ Peña, SERGI ROBERTO Carnicer, MARIO HERMOSO Canseco, JESÚS NAVAS González, Santiago "SANTI" CAZORLA González, Francisco Román Alarcón Suárez "ISCO" (74 FABIÁN RUIZ Peña), Rodrigo "RODRI" HERNÁNDEZ Cascante, IAGO ASPAS Juncal (56 MARCO ASENSIO Willemsen), ÁLVARO Borja MORATA Martín.
Manager: LUIS ENRIQUE Martínez García

Goals: Klæmint Olsen (30) / SERGIO RAMOS García (6), JESÚS NAVAS González (19), Teitur Gestsson (34 og), José Luis GAYÁ Peña (71)

696. 10.06.2019   Euro 2020 Qualifying – Group F
SPAIN v SWEDEN 3-0 (0-0)
Estadio Santiago Bernabéu, Madrid

Referee: William (Willie) Collum (Scotland)
Attendance: 72,205

SPAIN: KEPA Arrizabalaga Revuelta, SERGIO RAMOS García, JORDI ALBA Ramos, Daniel "DANI" CARVAJAL Ramos, IÑIGO MARTÍNEZ Berridi (88 DIEGO Javier LLORENTE Ríos), Daniel "DANI" PAREJO Muñoz, SERGIO BUSQUETS Burgos, Francisco Román Alarcón Suárez "ISCO", MARCO ASENSIO Willemsen (65 ÁLVARO Borja MORATA Martín), FABIÁN RUIZ Peña, RODRIGO Moreno Machado (71 MIKEL OYARZABAL Ugarte).
Manager: LUIS ENRIQUE Martínez García

SWEDEN: Robin Olsen, Mikael Lustig, Pontus Jansson, Ludwig Augustinsson, Filip Helander, Sebastian Larsson (82 Alexander Isak), Albin Ekdal (86 Kristoffer Olsson), Emil Forsberg, Viktor Claesson (27 Jakob Johansson), Marcus Berg, Robin Quaison.   Manager: Janne Andersson

Goals: SERGIO RAMOS García (64 pen), ÁLVARO Borja MORATA Martín (85 pen), MIKEL OYARZABAL Ugarte (87)

697. 05.09.2019 Euro 2020 Qualifying – Group F
ROMANIA v SPAIN 1-2 (0-1)

Arena Nationala, Bucharest

Referee: Deniz Aytekin (Germany)   Attendance: 50,024

ROMANIA: Ciprian Tatarusanu, Vlad Chiriches, Dragos Grigore, Alin Tosca, Ionut Nedelcearu, Romario Benzar, Ciprian Deac (72 Alexandru Maxim), Nicolae Stanciu (63 Ianis Hagi), Razvan Marin, Claudiu Keserü (56 Florin Andone), George Puscas.   Manager: Cosmin Contra

SPAIN: KEPA Arrizabalaga Revuelta, SERGIO RAMOS García, JORDI ALBA Ramos, DIEGO Javier LLORENTE Ríos, JESÚS NAVAS González, SERGIO BUSQUETS Burgos, SAÚL Ñíguez Esclapez, Daniel "DANI" CEBALLOS Fernández (77 PABLO SARABIA García), FABIÁN RUIZ Peña, RODRIGO Moreno Machado (71 MIKEL OYARZABAL Ugarte), Francisco "PACO" ALCÁCER García (85 MARIO HERMOSO Canseco).   Manager: ROBERT MORENO González

Goals: Florin Andone (59) / SERGIO RAMOS García (29 pen), Francisco "PACO" ALCÁCER García (47)

Sent off: Diego Javier LLORENTE Ríos (79)

698. 08.09.2019 Euro 2020 Qualifying – Group F
SPAIN v FAROE ISLANDS 4-0 (1-0)

Estadio Municipal El Molinón – Enrique Castro "Quini", Gijón

Referee: Krzysztof Jakubik (Poland)   Attendance: 23,644

SPAIN: DAVID DE GEA Quintana, Daniel "DANI" CARVAJAL Ramos, SERGIO RAMOS García (84 UNAI NÚÑEZ Gestoso), JOSÉ Luis GAYÁ Peña, MARIO HERMOSO Canseco, Daniel "DANI" PAREJO Muñoz, THIAGO ALCÂNTARA do Nascimento, Rodrigo "RODRI" HERNÁNDEZ Cascante, RODRIGO Moreno Machado, Jesús Joaquín Fernández Sáez de la Torre "SUSO" (68 PABLO SARABIA García), MIKEL OYARZABAL Ugarte (60 Francisco "PACO" ALCÁCER García).
Manager: ROBERT MORENO González

FAROE ISLANDS: Gunnar Nielsen, Atli Gregersen, Heini Vatnsdal, Viljormur Davidsen, Rógvi Baldvinsson (55 Andrias Eriksen), Jóan Símun Edmundsson (65 Kaj Leo Bartalsstovu), Sølvi Vatnhamar, Hallur Hansson, Brandur Hendriksson Olsen, Jóannes Bjartalíd, Klæmint Olsen (87 Magnus Egilsson).   Manager: Lars Olsen

Goals: RODRIGO Moreno Machado (13, 50), Francisco "PACO" ALCÁCER García (90, 90+3)

699. 12.10.2019 Euro 2020 Qualifying – Group F
NORWAY v SPAIN 1-1 (0-0)

Ullevaal Stadion, Oslo

Referee: Michael Oliver (England)   Attendance: 25,572

NORWAY: Rune Jarstein, Håvard Nordtveit (30 Even Hovland), Omar Alebdellaoui, Haitam Aleesami, Kristoffer Ajer, Stefan Johansen (63 Alexander Sørloth), Markus Henriksen (83 Bjørn Johnsen), Martin Ødegaard, Sander Berge, Ole Selnæs, Joshua King.   Manager: Lars Lagerbäck

SPAIN: KEPA Arrizabalaga Revuelta, SERGIO RAMOS García, RAÚL ALBIOL Tortajada, JUAN BERNAT Velasco (88 IÑIGO MARTÍNEZ Berridi), JESÚS NAVAS González, SERGIO BUSQUETS Burgos, SAÚL Ñíguez Esclapez, Daniel "DANI" CEBALLOS Fernández (64 Santiago "SANTI" CAZORLA González), FABIÁN RUIZ Peña, RODRIGO Moreno Machado, MIKEL OYARZABAL Ugarte (78 Rodrigo "RODRI" HERNÁNDEZ Cascante).
Manager: ROBERT MORENO González

Goals: Joshua King (90+4 pen) / SAÚL Ñíguez Esclapez (47)

700. 15.10.2019 Euro 2020 Qualifying – Group F
SWEDEN v SPAIN 1-1 (0-0)

Friends Arena, Solna

Referee: Clément Turpin (France)   Attendance: 49,712

SWEDEN: Robin Olsen, Andreas Granqvist, Pierre Bengtsson, Mikael Lustig, Victor Lindelöf, Sebastian Larsson, Albin Ekdal (83 Gustav Svensson), Emil Forsberg, Kristoffer Olsson, Marcus Berg (90+3 Sebastian Andersson), Robin Quaison (77 Alexander Isak).   Manager: Janne Andersson

SPAIN: DAVID DE GEA Quintana (60 KEPA Arrizabalaga Revuelta), RAÚL ALBIOL Tortajada, Daniel "DANI" CARVAJAL Ramos (81 JESÚS NAVAS González), IÑIGO MARTÍNEZ Berridi, JUAN BERNAT Velasco, THIAGO ALCÂNTARA do Nascimento (66 RODRIGO Moreno Machado), Daniel "DANI" CEBALLOS Fernández, FABIÁN RUIZ Peña, Rodrigo "RODRI" HERNÁNDEZ Cascante, GERARD MORENO Balaguero, MIKEL OYARZABAL Ugarte.
Manager: ROBERT MORENO González

Goals: Marcus Berg (50) / RODRIGO Moreno Machado (90+2)

701.   15.11.2019   Euro 2020 Qualifying – Group F
SPAIN v MALTA   7-0 (2-0)
Estadio Ramón de Carranza, Cádiz
Referee: Viktor Kassai (Hungary)   Attendance: 19,773

SPAIN: PAU LÓPEZ Sabata, RAÚL ALBIOL Tortajada, SERGIO RAMOS García (60 PAU Francisco TORRES), JUAN BERNAT Velasco, JESÚS NAVAS González, Santiago "SANTI" CAZORLA González (53 Francisco "PACO" ALCÁCER García), THIAGO ALCÂNTARA do Nascimento, PABLO SARABIA García, Rodrigo "RODRI" HERNÁNDEZ Cascante, ÁLVARO Borja MORATA Martín (66 Daniel "DANI" OLMO Carvajal), GERARD MORENO Balaguero.
Manager: ROBERT MORENO González

MALTA: Henry Bonello, Jonathan Caruana, Andrei Agius, Zach Muscat, Rowen Muscat (63 Tristan Caruana), Jurgen Pisani (75 Jake Grech), Kyrian Nwoko, Juan Corbalan (33 Karl Micallef), Brandon Paiber, Dunstan Vella, Joseph Mbong.
Manager: Ray Farrugia

Goals: Álvaro Borja MORATA Martín (23), Santiago "SANTI" CAZORLA González (41), PAU Francisco TORRES (62), Pablo SARABIA García (63), Daniel "DANI" OLMO (69), GERARD MORENO Balaguero (71), JESÚS NAVAS (85)

702.   18.11.2019   Euro 2020 Qualifying – Group F
SPAIN v ROMANIA   5-0 (4-0)
Wanda Metropolitano, Madrid
Referee: Aleksey Kulbakov (Belarus)   Attendance: 36,198

SPAIN: KEPA Arrizabalaga Revuelta, Daniel "DANI" CARVAJAL Ramos, SERGIO RAMOS García (62 RAÚL ALBIOL Tortajada), IÑIGO MARTÍNEZ Berridi, JOSÉ Luis GAYÁ Peña, Santiago "SANTI" CAZORLA González (67 Francisco "PACO" ALCÁCER García), SERGIO BUSQUETS Burgos, SAÚL Ñíguez Esclapez, FABIÁN RUIZ Peña, ÁLVARO Borja MORATA Martín, GERARD MORENO Balaguero (56 MIKEL OYARZABAL Ugarte).
Manager: ROBERT MORENO González

ROMANIA: Ciprian Tatarusanu, Alin Tosca, Romario Benzar, Ionut Nedelcearu, Tudor Baluta, Adrián Rus, Nicolae Stanciu, Razvan Marin (65 Alexandru Cicâldau), Ianis Hagi (73 Dan Nistor), George Puscas, Florinel Coman (56 Alexandru Mitrita).   Manager: Cosmin Contra

Goals: FABIÁN RUIZ Peña (8), GERARD MORENO (33, 43), Adrián Rus (45+1 og), MIKEL OYARZABAL Ugarte (90+2)

703.   03.09.2020   UEFA Nations League – Group A4
GERMANY v SPAIN   1-1 (0-0)
Mercedes-Benz Arena, Stuttgart
Referee: Daniele Orsato (Italy)   Attendance: 0

GERMANY: Kevin Trapp, Antonio Rüdiger, Niklas Süle, Thilo Kehrer, Robin Gosens, Toni Kroos, Ilkay Gündogan (74 Suat Serdar), Emre Can, Julian Draxler, Timo Werner (90+1 Robin Koch), Leroy Sané (62 Matthias Ginter).
Manager: Joachim Löw

SPAIN: DAVID DE GEA Quintana, SERGIO RAMOS García, JESÚS NAVAS González (46 Anssumane "ANSU" FATI Vieira), Daniel "DANI" CARVAJAL Ramos, JOSÉ Luis GAYÁ Peña, PAU Francisco TORRES, SERGIO BUSQUETS Burgos (57 MIKEL MERINO Zazón), THIAGO ALCÂNTARA do Nascimento, FABIÁN RUIZ Peña (80 ÓSCAR RODRÍGUEZ Arnaiz), FERRÁN TORRES García, RODRIGO MORENO Machado.   Manager: LUIS ENRIQUE Martínez García

Goals: Timo Werner (52) / José Luis GAYÁ Peña (90+7)

704.   06.09.2020   UEFA Nations League – Group A4
SPAIN v UKRAINE   4-0 (3-0)
Estadio Alfredo Di Stéfano, Madrid
Referee: Benoît Bastien (France)   Attendance: 0

SPAIN: DAVID DE GEA Quintana, SERGIO RAMOS García (61 ERIC GARCÍA Martret), SERGIO REGUILÓN Rodríguez, JESÚS NAVAS González, PAU Francisco TORRES, THIAGO ALCÂNTARA do Nascimento, MIKEL MERINO Zazón, Daniel "DANI" OLMO Carvajal, Rodrigo "RODRI" HERNÁNDEZ Cascante (69 ÓSCAR RODRÍGUEZ Arnaiz), GERARD MORENO Balaguero (74 FERRÁN TORRES García), Anssumane "ANSU" FATI Vieira.
Manager: LUIS ENRIQUE Martínez García

UKRAINE: Andriy Pyatov, Sergiy Krivtsov, Oleksandr Zinchenko, Mykola Matviyenko, Oleksandr Tymchyk, Bohdan Mykhaylichenko, Marlos (55 Viktor Tsygankov), Igor Kharatin (63 Sergiy Sydorchuk), Andrey Yarmolenko (79 Viktor Kovalenko), Roman Yaremchuk, Ruslan Malinovskyi.
Manager: Andriy Shevchenko

Goals: SERGIO RAMOS García (3 pen, 29), Anssumane "ANSU" FATI Vieira (33), FERRÁN TORRES García (84)

705. 07.10.2020
PORTUGAL v SPAIN 0-0
Estádio José Alvalade, Lisboa
Referee: Paolo Valeri (Italy)   Attendance: 2,500
PORTUGAL: RUI Pedro dos Santos PATRÍCIO, Képler Laveran Loma Ferreira "PEPE" (46 RÚBEN Santos Gato Alves DIAS), JOÃO Pedro Cavaco CANCELO, RÚBEN Afonso Borges SEMEDO, RAPHAËL Adelino José GUERREIRO (68 NÉLSON Cabral SEMEDO), RÚBEN Diogo da Silva NEVES, RENATO Júnior Luz SANCHES, JOÃO Filipe Iria Santos MOUTINHO (46 WILLIAM Silva de CARVALHO), CRISTIANO RONALDO dos Santos Aveiro (72 JOÃO FÉLIX Sequiera), ANDRÉ Miguel Valente SILVA (46 BERNARDO Mota Veiga de Carvalho e SILVA), Francisco António Machado Mota Castro TRINCÃO (79 DIOGO José Teixeira da Silva "JOTA"). Manager: FERNANDO Manuel Fernandes da Costa SANTOS
SPAIN: KEPA Arrizabalaga Revuelta, SERGI ROBERTO Carnicer, DIEGO Javier LLORENTE Ríos, SERGIO REGUILÓN Rodríguez (46 JOSÉ Luis GAYÁ Peña), ERIC GARCÍA Martret (81 SERGIO RAMOS García), SERGIO BUSQUETS Burgos (62 Rodrigo "RODRI" HERNÁNDEZ Cascante), Daniel "DANI" CEBALLOS Fernández (46 JOSÉ Ángel Gómez CAMPAÑA), Daniel "DANI" OLMO Carvajal, RODRIGO Moreno Machado (46 MIKEL MERINO Zazón), GERARD MORENO Balaguero, Sergio CANALES Madrazo (62 ADAMA TRAORÉ Diarra). Manager: LUIS ENRIQUE Martínez García

706. 10.10.2020   UEFA Nations League – Group A4
SPAIN v SWITZERLAND 1-0 (1-0)
Estadio Alfredo Di Stéfano, Madrid
Referee: Ali Palabiyik (Turkey)   Attendance: 0
SPAIN: DAVID DE GEA Quintana, SERGIO RAMOS García, JESÚS NAVAS González, JOSÉ Luis GAYÁ Peña, PAU Francisco TORRES, SERGIO BUSQUETS Burgos, MIKEL MERINO Zazón, Daniel "DANI" OLMO Carvajal (57 Sergio CANALES Madrazo), MIKEL OYARZABAL Ugarte (73 GERARD MORENO Balaguero), Anssumane "ANSU" FATI Vieira (57 ADAMA TRAORÉ Diarra), FERRÁN TORRES García (88 Rodrigo "RODRI" HERNÁNDEZ Cascante). Manager: LUIS ENRIQUE Martínez García
SWITZERLAND: Yann Sommer, Ricardo Rodríguez, Fabian Schär, Nico Elvedi, Loris Benito (81 Steven Zuber), Silvan Widmer (86 Mario Gavranovic), Admir Mehmedi (60 Xherdan Shaqiri), Granit Xhaka, Remo Freuler (86 Edimilson Fernandes), Djibril Sow (60 Ruben Vargas), Haris Seferovic. Manager: Vladimir Petkovic
Goal: MIKEL OYARZABAL Ugarte (14)

707. 13.10.2020   UEFA Nations League – Group A4
UKRAINE v SPAIN 1-0 (0-0)
Olimpiysky National Sports Complex, Kyiv
Referee: Pawel Gil (Poland)   Attendance: 10,495
UKRAINE: Georgiy Bushchan, Eduard Sobol, Oleksandr Karavayev, Vitaliy Mykolenko, Illya Zabarnyi, Sergiy Sydorchuk (60 Viktor Kovalenko), Yevhen Makarenko, Mykola Shaparenko, Andrey Yarmolenko, Roman Yaremchuk, Oleksandr Zubkov (65 Viktor Tsygankov). Manager: Andriy Shevchenko
SPAIN: DAVID DE GEA Quintana, SERGIO RAMOS García, JESÚS NAVAS González, SERGIO REGUILÓN Rodríguez, PAU Francisco TORRES, Sergio CANALES Madrazo (73 Daniel "DANI" OLMO Carvajal), MIKEL MERINO Zazón (46 Daniel "DANI" CEBALLOS Fernández), Rodrigo "RODRI" HERNÁNDEZ Cascante, RODRIGO Moreno Machado (58 MIKEL OYARZABAL Ugarte), ADAMA TRAORÉ Diarra, Anssumane "ANSU" FATI Vieira (58 FERRÁN TORRES García).   Manager: LUIS ENRIQUE Martínez García
Goal: Viktor Tsygankov (76)

708. 11.11.2020
NETHERLANDS v SPAIN 1-1 (0-1)
Johan Cruijff ArenA, Amsterdam
Referee: Davide Massa (Italy)   Attendance: 0
NETHERLANDS: Marco Bizot, Owen Wijndal, Joël Veltman, Nathan Aké (6 Daley Blind), Hans Hateboer (46 Denzel Dumfries), Georginio Wijnaldum (46 Davy Klaassen), Donny van de Beek, Frenkie de Jong (46 Stefan de Vrij), Luuk de Jong, Steven Berghuis (46 Calvin Stengs), Memphis Depay (79 Ryan Babel).   Manager: Frank de Boer
SPAIN: UNAI SIMÓN Mendibil, IÑIGO MARTÍNEZ Berridi (85 SERGIO RAMOS García), JOSÉ Luis GAYÀ Peña (29 SERGIO REGUILÓN Rodríguez), HÉCTOR BELLERÍN Moruno, ERIC GARCÍA Martret, Sergio CANALES Madrazo (72 MARCOS LLORENTE Moreno), Jorge Resurrección Merodio "KOKE", Rodrigo "RODRI" HERNÁNDEZ Cascante, ÁLVARO Borja MORATA Martín (62 Daniel "DANI" OLMO Carvajal), GERARD MORENO Balagueró (61 FERRÁN TORRES García), MARCO ASENSIO Willemsen (62 ADAMA TRAORÉ Diarra). Manager: LUIS ENRIQUE Martínez García
Goals: Donny van de Beek (47) / Sergio CANALES Madrazo (18)

709.   14.11.2020   UEFA Nations League – Group A4
SWITZERLAND v SPAIN 1-1 (1-0)
St. Jakob Park, Basel
Referee: William (Willie) Collum (Scotland)   Attendance: 0
SWITZERLAND: Yann Sommer, Ricardo Rodríguez, Nico Elvedi, Manuel Akanji, Steven Zuber (73 Renato Steffen), Remo Freuler, Granit Xhaka, Xherdan Shaqiri (73 Djibril Sow), Edimilson Fernandes, Haris Seferovic (84 Becir Omeragic), Breel Embolo (90+1 Admir Mehmedi).
Manager: Vladimir Petkovic

SPAIN: UNAI SIMÓN Mendibil, SERGIO RAMOS García, SERGI ROBERTO Carnicer, SERGIO REGUILÓN Rodríguez, PAU Francisco TORRES, SERGIO BUSQUETS Burgos (73 Jorge Resurrección Merodio "KOKE"), FABIÁN RUIZ Peña (56 ÁLVARO Borja MORATA Martín), Daniel "DANI" OLMO Carvajal (73 Sergio CANALES Madrazo), MIKEL OYARZABAL Ugarte (73 ADAMA TRAORÉ Diarra), FERRÁN TORRES García, MIKEL MERINO Zazón (80 GERARD MORENO Balagueró).
Manager: LUIS ENRIQUE Martínez García

Goals: Remo Freuler (26) /
GERARD MORENO Balagueró (89)
SERGIO RAMOS García missed two penalty kicks (57, 80)
Sent off: Nico Elvedi (79)

710.   17.11.2020   UEFA Nations League – Group A4
SPAIN v GERMANY 6-0 (3-0)
Estadio Olímpico de Sevilla, Sevilla
Referee: Lars Christian Andreas Ekberg (Sweden)
Attendance: 0
SPAIN: UNAI SIMÓN Mendibil, SERGIO RAMOS García (43 ERIC GARCÍA Martret), SERGI ROBERTO Carnicer, JOSÉ Luis GAYÁ Peña, PAU Francisco TORRES, Sergio CANALES Madrazo (12 FABIÁN RUIZ Peña), Jorge Resurrección Merodio "KOKE", Daniel "DANI" OLMO Carvajal (73 GERARD MORENO Balagueró), Rodrigo "RODRI" HERNÁNDEZ Cascante, ÁLVARO Borja MORATA Martín (73 MIKEL OYARZABAL Ugarte), FERRÁN TORRES García (73 MARCO ASENSIO Willemsen).
Manager: LUIS ENRIQUE Martínez García

GERMANY: Manuel Neuer, Niklas Süle (46 Jonathan Tah), Matthias Ginter, Philipp Max, Robin Koch, Toni Kroos, Ilkay Gündogan, Leon Goretzka (61 Florian Neuhaus), Serge Gnabry, Leroy Sané (61 Luca Waldschmidt), Timo Werner (76 Benjamin Henrichs).   Manager: Joachim Löw

Goals: ÁLVARO Borja MORATA Martín (17), FERRÁN TORRES García (33, 55, 71), Rodrigo "RODRI" HERNÁNDEZ Cascante (38), MIKEL OYARZABAL Ugarte (89)